재일한인의
인류학

서울대학교 비교문화연구소 한국인류학총서 4

재일한인의 인류학

초판 1쇄 발행 2021년 12월 30일

편저자 지은숙·권숙인·박승현

펴낸곳 서울대학교출판문화원
주소 08826 서울 관악구 관악로 1
도서주문 02-889-4424, 02-880-7995
홈페이지 www.snupress.com
페이스북 @snupress1947
인스타그램 @snupress
이메일 snubook@snu.ac.kr
출판등록 제15-3호

ISBN 978-89-521-3039-6 94330
978-89-521-2872-0 (세트)

서울대학교 비교문화연구소
한국인류학총서 4

재일한인의 인류학

지은숙·권숙인·박승현 편저

서울대학교출판문화원

Anthropology of Korean Diaspora in Japan

Edited by JEE Eunsook
KWEON Sug-In
PARK Seung-Hyun

Seoul National University Press

머리말

재일한인 인류학의 현재

이 책은 광복 이후에도 지속되어온 재일한인(在日韓人)의 분단, 이산(離散), 귀환의 경험을 인류학적으로 탐구한 연구성과를 모은 학술도서다. 1990년대 이후 탈냉전의 확산과 일본과의 왕래 증가에 따라 국내외 학계에서 재일한인에 관한 연구가 급증했다. 연구의 양적 증가도 눈에 띄지만, 내용 면에서도 국적, 출신지역, 이념적 지향 등에 따라 재일한인 내부를 구획해왔던 기존의 전제에서 벗어나 새로운 접근이 등장한 변화가 주목할 만한 지점이다. 특히 2000년대 이후 디아스포라 관점에서 재일한인에 접근하는 연구가 부상하기 시작했고, 이것은 기존의 재일한인을 하나의 응집된 정치·경제적 단위로 간주해왔던 논의 구도에 신선한 활력을 불어넣었다. 디아스포라(diaspora)는 여러 세대에 걸쳐 '본토'를 떠나 이산·유동해온 사람들을 지칭하는 개념이다. 최근의 디아스포라 연구는 경계인으로서의 이들의 정체성을 불완전함이 아니라 혼종된 문화정체성과 다중적 소속이 창조해낼 수 있는 새로운 가능성에 주목한다. 특히 재일한인을 소수민족이나 피식민 이주자가 아니라 디아스포라의 관점에서 연구하는 것은 이들이 거주국 그리고 모국과 맺는 다양한 관계성, 이주의 경로(routes)와 기원(roots)의 복잡한 얽힘, 다중적 소속과 정체성의 협상과 재구축을 둘러싼 역동을 좀 더 민감하게 고찰할 수 있게 해준다. 이러한 관점은 전지구화에 따른 모빌리티(mobility)의 급격한 확산에 따라 더욱 중요해지고 있다.

이 책은 2000년 이후 다변화되어온 재일한인 연구의 이러한 성과를 한자리에 모아보려는 취지에서 기획되었다. 여기서 재일한인이란 1945년 이전에 일본으로 이주했던 조선인, 소위 '올드커머(old comer)' 재일한인과 그 후손, 그리고 1965년 한일협정 이후 이주한 '뉴커머(new comer)' 재일한인과 그 후손을 모두 포괄하는 개념이다. 본문에서 김웅기도 지적하고 있는 바(제3장)와 같이 재일한인은 그 내부 구성이 다양하다. 일본으로 건너간 시기에 따른 구분 외에도, 성별, 국적, 거주지역, 정치성 등 다른 지역의 재외한인에 비해 고려해야 할 요소가 많다. 그러나 그동안 한국 학계의 연구가 이러한 재일한인 내부의 다양한 층위와 갈등의 질적 측면을 충분히 반영했다고 말하기는 어렵다. 그 이유를 짚어보자면, 재일한인사회 내부에 굳게 자리 잡아온 남북분단의 영향과 한국 연구자가 그것에 접근하는 데 따른 제약을 꼽을 수 있을 것이다. 더불어 개발국가시기 이래로 한국에서 형성된 해외이주자를 바라보는 도구적 민족주의 관점이 재일한인 연구에도 작용했다는 측면이 고려되어야 할 것이다.

한편 한국 인류학계의 재일한인 연구를 살펴보면 1983년 이광규가 『재일한국인: 생활실태를 중심으로』를 펴낸 이래 소수민족, 소수자의 관점에서 재일한인에 접근하는 연구 흐름이 형성되었다. 2002년에는 한국문화인류학회의 학자들이 다수 참여하여 일본지역 한인동포의 생활문화를 종합적으로 기술한 조사보고서를 발간하기도 했다. 그 속에서 인류학자들은 재일한인을 국민국가의 틀 속에서 바라보는 접근의 한계를 지적하였고, 보편적 인권의 차원에서 재일한인 문제에 접근할 것을 역설하기도 했다. 하지만 안미정이 지적하고 있는 바(제1장)와 같이 이러한 문제의식의 저변에도 여전히 재일한인의 문화적·인종적 동질성을 가정하고 있다는 한계는 드러나 있었다.

이 책에 실린 연구들은 경계인으로서 재일한인이 구축해온 이주의 역사를 조명하고, 그들의 모빌리티가 산출한 다채로운 정체성을 규명했다는 점에서 기존의 연구와 차별성을 지닌다. 따라서 이 책의 출간이 동북아의 정치적·군사적 긴장이 지속되는 가운데 재일한인 내부의 다양성이 증가해온 맥락과 이에 따라 다변화해온 이들의 정체성에 대한 한국사회의 이해를 높이는 데 기여할 것으로 기대한다. 특히 이 책은 디아스포라 관점의 채택이 기존의 재일한인 연구에 어떤 자극과 활력을 부여했는가를 잘 보여주는 사례들을 풍부하게 담고 있다.

이 책에 실린 글에서는 디아스포라로서 재일한인들이 엮어가는 실천과 역학이 해당 집단이나 개인이 처한 위치에 따라 매우 다양하게 나타나는데, 이 점은 다변화되고 있는 재일한인 연구의 지층을 조망하려는 이 책의 기획 의도가 잘 드러나는 대목이기도 하다. 예를 들어 김이향(제6장), 마커스 벨(제8장), 권숙인(제10장)의 연구가 디아스포라 관점을 적극적으로 수용하여 다양한 경로로 이루어진 재일한인의 귀환/이주의 경험을 분석하고 이들이 형성하는 초국적 정체성의 새로움을 포착하고 있다면, 김웅기(제3장)와 야마모토 가오리(제9장)의 연구는 여전히 민족과 '조국'에 기대어 자신들의 정체성을 형성해갈 수밖에 없는 오늘의 자이니치(在日) 청년들의 현실에 강조점을 두고 있다. 특히 야마모토는 조선학교 학생들의 정체성 형성의 중요한 '의례'인 조국(조선민주주의인민공화국)으로의 수학여행에 대한 수차례의 동행조사를 바탕으로 청년들이 조국·민족·내셔널리즘을 정체성으로 흡수하는 과정을 구체적으로 규명함으로써 코스모폴리탄을 지향하는 재일한인 논의를 반박하고 있다.

또한 이 책에서는 그동안 재일한인 이주사에서 비가시화되었던 그룹의 경험을 새롭게 발굴하고 조명한 점도 주목할 만하다. 대표적인 예를 들면 다음과 같다. 해방 직후 히로시마에서 귀환한 피식민자 1.5세와 2세들의 이주자로서의 경험에 주목한 오은정의 연구(제4장)는 일본에서 나고 자란 세대에게 해방 직후의 조선은 꿈에 그리던 고국과 고향이라기보다는 두려움과 우려를 불러일으키는 낯선 이향(異鄕)이었다는 사실을 환기하면서 시작한다. 오은정은 1945년부터 1952년 사이 현해탄을 건너는 귀환과 이주를 거듭한 이들의 구술생애사를 토대로, 귀환이주자와 모국의 관계를 당연히 통합되어야 할 민족적 정체성만으로 구획하여 보는 것이 아니라, 다층적 요소가 복합적으로 작동한 혼종성의 공간으로 접근해야 할 필요성을 강조한다.

그런가 하면 마커스 벨(제8장)은 1959년부터 1980년대 초까지 북한으로 송환되었다가 일본으로 다시 돌아온 재이주민의 경험을 민족지적 조사를 통해 조명한다. 마커스는 이들 귀환자를 '태생지 귀환'과 '상상된 귀환'으로 나누었다. 태생지 귀환자가 일본에서 태어나서 북한으로 이주했다가 자신이 태어난 나라로 돌아온 사람들이라면, 상상된 귀환자는 일본에서 북한으로 이주한 부모가 북한에서 낳은 사람으로서 실제로 태어난 곳으로 귀환한 것이 아니라 상상 속에서 고향으로 그리던 곳으로 이주한 경우다. 이러한 사례에서 마커스는 그들이 감정적·친족적 애착을 강하게 느끼는 대상이 일본이라는 국가라기보다는 일본 내의 재일한인공동체였다는 점에 착목하여 디아스포라로서 재일한인 송환자들의 소속감과 정체성이 반복적으로 굴절되고 재구축되는 것을 생생하게 보여준다.

또 김이향(제6장)은 1960~80년대 한국인 남성과 결혼하여 한국에 정착한 '자이니치' 2세 여성들의 귀환 경험을 조사하면서 모빌리티를 통해 소속감에 대한 새로운 이해가 출현하는 과정을 추적해낸다. 그러면서 김이향은 결혼을 통해 한국으로 귀환한 자이니치 여성들에게 '재한(在韓) 자이니치(在日)'라는 역설적인 이름을 붙여준다. 이러한 명명을 통해 한국인 남성과 결혼함으로써 '자이니치'라는 좁은 '민족'에서 벗어나고자 했으나 일본에서 태어나 일본어를 모국어로 하는 이들이 '한국인'으로 살 수는 없음을 깨닫고 '귀환 자이니치'로 한국에서 살아온 여성 이주자들의 경험을 집약적으로 제시한다.

한편 이 책에 실린 몇몇 연구는 재일한인 귀환자가 조상의 나라로 간주하고 방문하는 한국사회의 재일한인에 대한 인식이 그들의 정체성에 미치는 영향에 관심을 기울이고 있다. 권숙인(제10장)에 따르면 재일한인에 대한 한국사회의 수용 태도에는 다른 지역 출신 디아스포라 귀환자 집단의 경우와 달리, 이들의 존재가 일본 식민지배에 기원을 둔다는 역사적 관계가 크게 작용한다. 이 때문에 정주국에 문화적으로는 높은 동화 양상을 보이면서 구조적으로는 낮은 수준으로 동화되어 있는 재일한인의 특수성에 대해 한국사회가 비수용적 태도와 노골적인 거부감을 드러내기도 한다. 그 결과 '더 진짜 한국인'이 되기 위해 조상의 나라인 한국을 방문했던 재일한인 청년들은 '한국인이 될 수 없음'을 깨닫고 그동안 거부했던 재일교포라는 범주를 비로소 자신의 정체성으로 받아들이기도 한다.

지은숙(제5장)은 한국사회의 재일한인에 대한 이와 같은 비수용적 태도가 박정희정권이 등장한 이후 본격화된 개발국가의 문화정치가 개입함으로써 강화되었음을 1960~70년대 한국영화에 드러난 재일교포 남성과 한국여성의 만남의 서사에 대한 분석을 통해 드러낸다. 한편 안미정(제1장)은 이렇듯 화해하기 어려운 갈등이 내재된 디아스포라와 본국 사이에서 거멀못 역할을 하며 '관계의 영속성'을 이어온 것이 여성들의 친족노동(kin-work)이었음을 재일한인 1세 여성들의 생애사를 통해 그려낸다.

마지막으로 이 책에는 민족과 국가의 표식 아래 여전히 안전을 위협받는 재일한인의 현황을 직시하면서도 혐한선동, 재해, 강제연행 문제 등 다양한 갈등 상황을 재일한인과 일본인이 서로 협력하면서 미래를 창조해나가는 과정으로 바꾸어낸 사례들을 수록하고 있다. 김웅기(제3장)는 다양한 사회적 위치와 입장에 있는 재일한인들이 최근 일본사회에 확산된 헤이트스피치의 피해자로서 각기 어떠한 충격을 받았고 어떻게 대응했는지 분석한다. 그러면서 헤이트스피치 국면에서 일본의 평범한 시민들이 당사자로 나서 재일한인과 함께 행동하게 된 새로운 흐름에 주목한다. 김웅기에 따르면 이것은 기존 재일한인의 권익운동이나 인권운동에서는 찾아볼 수 없었던 현상이고, 재일한인이 일본사회에 뿌리내리는 과정에서 환영할 만한 일이라고 할 수 있다. 그런데 고베의 나가타지역의 케미컬슈즈산업에 대한 현장연구를 수행한 박승현(제2장)은 이 지역에서는 이미 오래전부터 업계의 발전을 위해 "자이니치나 일본인이나 구별 없이 협동"하는 전통이 이어져왔음을 조명한다. 또 정병호(제11장)는 한국과 일본의 자원활동가들이 20년간 일제 강제노동 조선인 희생자의 유골을 공동으로 발굴하고 수습하는 활동을 수행한 끝에 희생자 유골 115구를 모시고 '70년 만의 귀향'을 이루어낸 것을 민족간 화해와 인류의 평화를 모색하는 바람직한 사례로서 주목한다. 이 기억과 추모의 공공인류학적 실천을 통해 정병호는 동북아의 탈분단, 탈냉전 과제의 인도적 해결은 한국과 일본의 시민사회가 연대해서 추진해나가야 하는 것임을 역설한다.

이 책의 필진은 2000년대 이후 새롭게 등장한 재일한인 연구의 성과를 모으고자 하는 기획 취지에 걸맞게 국내외 학계에서 활동하는 다양한 연구자들로 구성되어 있다. 국내 연구자들의 연구성과뿐만 아니라 상대적으로 한반도의 분단과 냉전 상황에 따른 연구 제약을 덜 받는 일본의 연구자들과 영국에서 활동하는 연구자의 최신 연구성과도 수록하고 있다.

이 책에 수록된 글 중에는 이미 완성되어 학술잡지 등에 게재된 것을 단행본에 걸맞게 다시 고쳐 쓴 것도 있지만, 이 책을 위하여 새로 집필한 글도 포함되어 있다. 이 책에 참여한 11명의 저자 모두 기획 취지에 걸맞게 원고를 수정하고 새롭게 집필하는 작업을 거듭함으로써 학술서로서의 완성도를 높이기 위해 노력했다. 이러한 과정을 통해 완성한 글들은 총 3부로 나누어 수록했다. 제1부는 '오늘, 일본을 살다'를 표제로 재일한인사회의 현재를 다룬다. 제2부가 '자이니치(在日) 경계를 넘다'를 제목으로 경계에 선 존재로서의 재일한인 디아스포라의 정체성과 기억, 표상을 다루었다면, 제3부 '나의 집(home)은 어디인가?'는 디아스포라에게 있어 고향, 집(home)이라는 근원의 의미를 묻는 내용으로 구성되어 있다. 각 장의 내용을 간략하게 소개하면 다음과 같다.

제1부 '오늘, 일본을 살다'의 첫 번째 글은 "오사카 재일한인 세 여성의 가족과 친족"이다. 안미정이 쓴 이 글은 재일한인 세 여성의 생애사를 바탕으로 고향에 대한 경제적 후원과 친족의 다양한 도덕적 의무를 실행하며, 가족과 친족의 위기 앞에서 '관계의 영속성'을 지탱해온 여성들의 친족노동을 조명한다. 그 실천들은 고향의 제사와 경제적 후원, 산소 정비, 종친회, 장남의 가계계승 등 유교적 가부장제 문화 안에서 이뤄진 것들이었다. 저자는 이와 같은 활동을 가부장제 문화에 매인 것이라기보다는 불안정한 사회적 조건에서 정치적으로나 사회적으로 약자였던 여성들이 자신과 가족을 위해 '찾은' 문화적 해법이었다는 차원에서 접근하고 있다. 이러한 친족노동을 통해 세 여성은 가족과 친족관계의 매개자이자 조정자로서의 위치를 획득하는 한편, 냉전의 이념과 체제로 구축된 경계들을 넘어섰던 것이다.

제2장 "고베 구두마을 나가타와 재일코리안의 '케미컬슈즈'"는 고베의 대표적인 지역산업인 동시에 재일(在日)산업인 나가타지역의 '케미컬슈즈'에 대한 연구다. 재일코리안은 일제강점시기 고베 고무산업의 노동자로 나가타지역에 유입되었고, 오늘날 케미컬슈즈산업의 중심

이라 할 '메이커' 경영자의 60% 이상은 재일코리안이라 할 만큼 이들은 지역산업의 주역으로 존재하고 있다. 이 글에서는 재일코리안 집주지인 동시에 일본의 대표적인 구두 생산지이며, 1995년 발생한 한신·아와지대진재의 최대 피해지인 '구두마을 나가타'의 인류학적 지형을 고찰한다.

제1부 마지막 장은 "헤이트스피치의 충격을 통해 보는 재일코리안 사회의 다양성"이다. 이 글은 2014년 여름 저자가 일본 각지를 오가며 혐한 현상으로 야기된 헤이트스피치의 피해자로서 재일코리안 55명의 경험을 심층인터뷰한 내용을 바탕으로 작성한 것이다. 이 글을 통해 일본으로 이주한 시기와 세대, 거주지역 등에 따른 재일코리안사회 내부의 다양성이 혐한시위에 대한 대응과 반응에서 각각 어떠한 차이를 만들어냈는지를 확인할 수 있다. 또 다른 한편, 본격적으로 혐한시위로 표출되기까지의 일본 극우세력의 성장과정과 혐한세력의 성장배경이 된 2000년 이후 한일관계의 변화와 이에 대한 일본사회의 반응, 혐한세력이 주장하는 '재일특권'의 내용 등도 논의한다.

제2부 '자이니치(在日), 경계를 넘다'의 처음은 "현해탄의 남은 빛: 히로시마 재일조선인 1.5세, 2세의 귀환과 해방공간의 기억"으로 시작한다. 이 글은 일제강점시절 히로시마와 나가사키에 거주하던 중 피폭당하고 해방 후 조선으로 돌아온 재일조선인 1.5세, 2세의 생애구술사 면담과 호적 자료를 바탕으로 이들의 '귀환'과 '해방공간'의 기억을 담았다. 그간 한국 원폭피해자들의 피해자됨에 관한 많은 사회과학적 연구가 있었지만, 해방 후 한국으로 이주해온 '귀환자'로서의 경험은 거의 다루어지지 않았다. 귀환자 연구 분야는 제국의 붕괴, 동아시아의 국민국가 간 경계 질서와 지배권력의 재편과정에서의 정치적 구획과 민족적 정체성 문제에 초점이 맞추어졌다. 또 이 시기 대규모로 이루어진 귀환자의 이주과정과 귀환자에 대한 정치적 차별을 다룰 때 귀환자들이

소속국에 통합될 당연한 성원인 것으로 표상하는 경우가 대부분이었다. 그러나 이 글은 한국 원폭피해자들의 역사를 귀환이주사라는 측면에서 살펴보면서 '해방공간'도 패전을 맞은 제국 일본의 '전후공간'도, 국민국가와 민족이라는 경계만을 통해 서로를 완전히 타자로 적대시하는 순전무결한 '통합성의 공간'이 아니라, 다층적 요소가 복합적으로 작동하며 정치적·사회문화적 부딪침과 갈등이 모이고 분기하던 '낯선 공간'이었음을 보여준다.

제5장 "개발국가시기 재일한인의 표상과 젠더: 재일교포 남성과 한국여성의 만남의 서사"는 1960~70년대 영화를 중심으로 한국의 대중미디어에 나타난 재일교포 남성과 한국여성의 만남의 서사에 대한 분석을 통해 개발국가시기 재일교포 표상의 변화와 이와 결부된 젠더 담론의 작동을 드러내고 있다. 이러한 작업은 재일교포와 결혼한 한국여성들의 존재를 재일한인 이주사에 위치 짓기 위한 선행작업으로서의 의의를 갖는다.

제2부 세 번째 글은 "자이니치 2세 여성의 모국 귀환과 결혼: 정체성 재구성의 과정을 중심으로"다. 이 글에서는 그동안 거의 연구된 바가 없는 1960~80년대 한국남성과 결혼하여 한국에 귀환하고 정착한 재일조선인 2세 여성들의 귀환 경험에 주목한다. 저자는 디아스포라된 이주자가 조국에 소속의식을 갖는 동시에 출생지에 대해 애착을 갖는 현상을, 뿌리(roots)의 공간과 경로(routes)의 공간에서 각각 집을 형성하는 집의 이중성 관점에서 분석하고 있다. 특히 저자는 디아스포라가 조국으로 귀환한 후에도 이러한 집의 이중성이 지속되는 맥락에 주목하여 1960~80년대 한국의 자이니치에 대한 인식이 2세 여성들의 결혼 후의 가정 내 경험에 미친 영향에 초점을 맞추어 그동안 뿌리와 경로로 분리되어온 디아스포라의 집 인식에 대해서 재고한다.

제2부 마지막은 가와바타 코헤이가 쓴 "뿌리와 월경의 현재: 서울

에서 생활하는 자이니치 코리안의 이야기"다. 이 글에서 저자는 2002년부터 수행한 젊은 세대의 자이니치 코리안, 주로 3세와 4세에 해당하는 이들과의 면담조사를 바탕으로 세대의 경과와 전지구화에 따라 다변화되고 있는 자이니치 코리안 정체성의 현주소를 분석한다.

제3부 '나의 집(home)은 어디인가?'의 첫 번째 글은 마커스 벨이 쓴 "애국적 혁명주의자이자 제국의 동조자: 북한 송환 재일한인의 정체성과 자아"다. 이 글에서는 민족지적 조사와 문헌 자료를 활용하여 1959년부터 1980년대까지 일본에서 북한으로 이주한 사람들이 경험한 정치적 정체성의 변화와 그들이 민족의 고향 북한, 과거 식민지배국 일본과 맺어가는 관계를 고찰한다. 저자는, 일본에서 온 사람들이 초래한다고 상상되는 위협을 억제하려는 북한정부의 노력이 갈라진 가족 간의 초국적 교류로 인해 결국 실효를 거두지 못함을 보여준다. 특히 이동이라는 계기를 통해, 스스로를 한민족 동포라고 여겨온 사람들이 자신을 일본에 있는 친족과 공동체에 초지역적으로 연결하며 이를 근거로 새로운 정체성을 만들어가는 방식을 보여준다.

두 번째로 수록한 글은 야마모토 가오리의 "〈조국(祖國)〉(=조선민주주의인민공화국)으로의 수학여행"이다. 이 글에서는 일본사회가 그동안 비판의 표적으로 삼아왔던 조선학교 학생들에게 〈조국〉(=조선민주주의인민공화국)이 어떤 의미를 갖는가를 살펴본다. 즉, 조선학교와 학생들이 왜 북한을 〈조국〉으로서, '정당한 국가'로서 인정해왔는가 하는 것을 당사자 입장에서 답을 구한다. 저자는 조선고등학교 3학년 학생의 조국방문 수학여행에 6회에 걸쳐서 동행조사를 했고, 조선학교 관계자들을 인터뷰했다. 그동안 '세뇌'당했다고 일축되기에 십상인 조선학교 학생들의 조국관을, 당사자들의 경험을 통해서 그려냈다는 데 이 연구의 의의가 있다.

세 번째로 수록한 "디아스포라 재일한인의 '귀환': 한국사회에서의 경험과 정체성"은 권숙인이 쓴 것이다. 이 글에서는 조국으로 귀환한 재일한인들이 한국사회와 조우하는 방식과 이를 통해 자신의 정체성을 협상하고 타협해가는 양상을 고찰한다. 저자가 만난 재일한인들은 한국 국적을 유지하고 있지만, 언어를 포함해 한국문화에 무지하거나 서투르다. '보다 온전한 한국인'이 되기 위해 한국으로 온 이 재일한인 귀환자들은 '조국'에서 여러 종류의 예상치 못한 제도적·일상적 편견과 배제를 경험하면서 민족적 정체성을 타협해간다. 한국에 오면 '더 진짜 한국인'이 될 거라 기대했지만 한국인이 될 수 없음을 깨닫게 되고, '자이니치' 혹은 '재일교포'라는 범주를 자신의 정체성으로 긍정해간다.

마지막으로 수록한 글은 정병호가 쓴 "70년 만의 귀향: 일제 강제노동 희생자 발굴과 추모의 인류학"이다. 이 글에서는 미완의 과제로 남아 있는 일제 강제노동 문제를 다룬다. 한국과 일본의 민간단체가 장기간 공동으로 진행해온 강제노동 희생자 귀향사업의 전개과정을 세밀한 현장연구를 통해 서술한다. 일본 홋카이도 강제노동 현장에서 1997년에 시작한 희생자 유골발굴은 가해자 측과 피해자 측이 서로 협력해서 유족조사, 현장탐방, 상호이해 프로그램을 진행하는 '동아시아 공동워크숍'으로 발전했다. 2015년에는 희생자 유해 115구를 고향 땅으로 모시고 오는 '70년 만의 귀향' 사업을 성사시켰고, 아직 돌아오지 못한 희생자를 찾고 기리는 기억과 추모 사업을 계속 추진하고 있다. 이 작업은 역사적 상처 치유를 위해 진실을 밝히고 인도적 해결을 위해 함께 노력하는 화해와 평화 운동으로서 의미가 있다.

끝으로 '재일한인'의 명칭과 관련해 이 책이 채택한 원칙에 관해 적어두고자 한다. 첫머리에도 서술한 것처럼 이 책은 2000년대 이후 다변화해온 재일한인 연구의 지층을 조망하려는 취지에서 기획되었다. 이러한 취지에 비추어 이 책의 본문에서는 재일한인과 관련된 다양한 호칭/명칭은 재일교포, 재일한인, 자이니치, 재일코리안, 자이니치 코리안, 재일조선인 등 개별 원고 저자들의 명명법을 그대로 따랐다. 각각의 호칭이 담고 있는 역사성과 정치성이 다르고, 그런 이유로 당사자 개인이나 집단이 스스로를 칭하는 호칭도 서로 다르기 때문에 어느 한 명칭으로 무리하게 통일하기보다는 재일한인의 다양한 지형(configuration)을 드러내고 존중하고자 하는 취지다. 책의 제목과 머리말의 서술에서 '재일한인'을 채택한 것은 한반도에 뿌리를 두고 있으면서 일본이라는 공간에 다양한 방식으로 귀속감을 느끼며 살아가는 한민족을 포괄하는 용어로서 적절했기 때문이다. 여기서 '한인(韓人)'은 의미상 국적으로서의 한국인보다는 한민족(ethnic Korean)에 가깝다. 개별 원고 저자들의 명명과 관련된 문제의식은 각 원고의 본문과 주석을 참조 바란다.

2021년 12월

지은숙·권숙인·박승현

차례

머리말 • v

| 제1부 | 오늘, 일본을 살다

제1장 오사카 재일한인 세 여성의 가족과 친족 _ 안미정 • 3

1. 재일한인의 고민: 가족의 서로 다른 국적 • 3
2. 재일한인사회 형성과 오사카의 제주도민 • 6
3. 오사카로의 이주와 정착: 세 여성의 가족과 친족 • 17
4. 이념과 체제를 넘어서는 가족들 • 30

제2장 고베 구두마을 나가타와 재일코리안의 '케미컬슈즈' _ 박승현 • 35

1. 구두마을 나가타 • 35
2. 재일산업 '케미컬슈즈' • 40
3. 고베 성냥산업에서 케미컬슈즈까지 • 44
4. 해방 후 조선인 커뮤니티 • 46
5. '메이커' 중심의 지역 내 분업 • 50
6. 1995년 한신대지진, 지역과 산업의 피해 • 56
7. '지역'에 뿌리내린 재일코리안 • 60

제3장 헤이트스피치의 충격을 통해 보는 재일코리안사회의 다양성 _ 김웅기 • 69

1. 2014년 여름 • 69
2. 피해자로 둔갑한 일본인이 얻게 된 해방감 • 74
3. 가해자의식에서 벗어나기 위한 도구로서의 '재일특권' • 78
4. 혐오의 표적이 된 재일코리안사회의 다양성과 공포심의 배경 • 86
5. 헤이트스피치를 둘러싼 재일코리안의 다양한 인식 • 95
6. 혐한으로 드러난 다양한 변화를 어떻게 볼 것인가? • 113

| 제2부 | 자이니치(在日), 경계를 넘다

제4장 현해탄의 남은 빛: 히로시마 재일조선인 1.5세, 2세의 귀환과 해방공간의 기억 _ 오은정 • 119

1. 패전, 해방 그리고 귀환 • 120
2. 히로시마의 조선인 • 125
3. 패전의 공간, 해방의 공간, 그리고 귀환 • 127
4. "그땐 완전 왜년이지, 왜년으로 살았제" • 138
5. 다시 현해탄을 건너며 • 151
6. 고국, 낯선 이향(異鄕) • 156

제5장 개발국가시기 재일한인의 표상과 젠더: 재일교포 남성과 한국여성의 만남의 서사_ 지은숙 • 161

1. 개발국가시기 재일교포 남성과 한국여성의 만남의 서사 발굴하기 • 161
2. 〈동경서 온 사나이〉: 4·19 이후의 일본 붐과 때늦은 귀환자 • 167
3. 〈사랑은 파도를 타고〉: 박정희정권의 문화정치와 재일교포의 '한국여자론' • 174
4. 〈나와 나〉: 초남성성에 잠식당한 만남의 서사 • 182
5. 개발국가시기 재일교포와 결혼한 한국여성들의 존재가 비가시화된 까닭 • 191

제6장 자이니치 2세 여성의 모국 귀환과 결혼: 정체성 재구성의 과정을 중심으로_ 김이향 • 199

1. 자이니치 2세 여성은 누구인가 • 199
2. '민족' 안과 밖의 2세 여성 • 206
3. 한국의 '집' • 214
4. 한국에서, '자이니치'로서 • 218
5. 결혼이주 후에도 계속되는 '자이니치(在日)' • 222

제7장 뿌리와 월경의 현재: 서울에서 생활하는 자이니치 코리안의 이야기_ 가와바타 코헤이 • 227

1. 오카야마에서 만난 자이니치 코리안과 한국 경험 • 227
2. 글로벌 도시 서울을 걷다 • 231
3. '나를 찾기 위한 여행'으로서의 서울 체류 • 234
4. 서울에서 일하고, 결혼하기 • 238
5. 캘리포니아에서 서울로 • 242
6. 사회운동의 현장을 걷다 • 246
7. 한국에서 북한을 바라보다 • 249
8. 경계를 넘는 자이니치들 • 252

| 제3부 | 나의 집(home)은 어디인가?

제8장 애국적 혁명주의자이자 제국의 동조자: 북한 송환 재일한인의 정체성과 자아_ 마커스 벨 • 261

1. 북한 송환 재일한인과 정체성 • 261
2. 일본에서의 현지조사 • 267
3. 이주, 자아, 그리고 정체성 • 269
4. 북한에서의 삶 • 277
5. 계속되는 정체성의 여정 • 290

제9장 〈조국(祖國)〉(=조선민주주의 인민공화국)으로의 수학여행_
야마모토 가오리 • 297

1. 조선학교에서 〈조국〉의 의미 고찰 • 297
2. 분석 시점 • 302
3. '조국방문'의 배경과 내용 • 306
4. 조국방문 동행조사까지의 과정 • 313
5. 조선고급학교 학생들이 본 〈조국〉 • 318
6. 〈조국〉이라는 것: "어째서 〈조국〉이라고 느끼는가?" • 327
7. 결론을 대신하여: 재일조선인과 민족·〈조국〉·내셔널리즘 • 333

제10장 디아스포라 재일한인의 '귀환':
한국사회에서의 경험과 정체성_ 권숙인 • 339

1. 디아스포라의 귀환 • 340
2. 재일한인의 특수성과 조국으로의 귀환 • 341
3. 한국으로의 귀환 경험과 정체성 협상 • 345
4. 초국적시대 재일한인 디아스포라의 귀환 • 367

제11장 70년 만의 귀향: 일제 강제노동
희생자 발굴과 추모의 인류학_ 정병호 • 375

1. 일제 강제노동 희생자들의 '70년 만의 귀향' • 375
2. 유골발굴 공동워크숍과 기억의 인류학 • 384
3. 70년 만의 귀향과 추모의 인류학 • 394
4. 기억과 추모의 상징: 평화디딤돌 • 403

찾아보기 • 411
발간사 • 423

| 제1부 |

오늘, 일본을 살다

제1장 오사카 재일한인 세 여성의 가족과 친족

제2장 고베 구두마을 나가타와 재일코리안의 '케미컬슈즈'

제3장 헤이트스피치의 충격을 통해 보는 재일코리안사회의 다양성

제1장

오사카 재일한인 세 여성의 가족과 친족*

안미정

1. 재일한인의 고민: 가족의 서로 다른 국적

2006년 저자는 오사카에 살고 있는 한 재일 1세 달래 할머니의 친정아버지 제사에 참석한 적이 있다. 할머니는 인근에 사는 남동생을 대신해 제사음식을 장만해야만 했는데, 제사음식을 모두 올린 후 사진을 찍던 연구자에게 할머니는 제사상이 제대로 차려졌는지, 뭔가 잘못된 것은 없는지를 물었다. '재일동포'가 지내는 제사상이 '진짜' 고국의 사람이 보기에 뭔가 잘못된 것은 없을까, 혹은 뭔가 빠뜨린 것은 없을까 신경이 쓰였던 것이다. 제사를 마친 후, 음식을 먹으면서 모인 가족들(여동생과 남동생 2명, 모두 일본에서 출생) 사이에서 언쟁이 벌어졌다. 가족 가운데

* 이 글은 저자의 논문 "국경이 놓인 오사카 재일한인 여성의 가족과 친족"(『지방사와 지방문화』 13(1): 403-440, 2010)을 수정·보완한 것이다. 필자에게 큰 도움을 주신 세 분의 할머니들께 감사드리며, 고인이 되신 고봉래, 양의헌 할머니께 이 글을 바친다.

에서 장녀인 할머니만이 유일하게 고향(제주도)을 간 적이 없는데 다른 가족들은 그 이유가 '조선'으로 되어 있는 국적(國籍) 때문이라고 생각했다. 만약 달래 할머니가 조선국적을 '한국'으로 바꾼다면 고향 방문은 한층 더 쉬울 것이라 보고 있는 것이다. 한국과 일본에 있는 양쪽 가족 사이에서 할머니는 유일하게 우리말(제주말)을 할 수 있었기에 그녀가 국적을 바꾼다면 고향의 친척들과 단절된 관계를 회복시켜주길 기대했다. 그러나 할머니는 다른 형제들의 제안에 "왜 나의 국적이 문제가 되느냐?"라며 "그렇게 해서 가야 하는 고국이라면 가지 않겠다!"라고 '항변'했다.

이날의 상황에서 달래 할머니의 '국적'은 단지 그녀 자신만이 아니라 친정의 가족과 고향에 있는 친척들이 서로 만날 수 있는 계기를 만드는 데 중요한 일로 인식되며, 그런 면에서 할머니의 국적은 이들 모두의 문제가 되기도 한다는 것을 의미한다. 또한 할머니의 항변에서 보듯이 국적을 변경해야 한다는 것이 왜 고향 방문에서 중요하냐는 점, 즉 '그렇게 해서 가야 한다'는 것이 도대체 무엇 때문인가 하는 물음을 던지고 있다.

2009년 저자가 다시 오사카에서 달래 할머니를 만났을 때, 그사이 할머니는 국적 변경에 관해 알아봤다고 했으나 '서류'가 복잡하여 그 일을 그만두었다고 했다. 제삿날의 언쟁과 복잡한 국적 변경 앞에서 할머니의 친정 가족이 고향을 방문하는 일은 더욱 멀어져 가고 있었다. 왜 할머니의 국적은 가족과 친척 사이에서 복잡한 요인으로 작용하고 있는 것일까? 그리고 왜 할머니는 국적을 바꾸려고 하지 않았던 것일까? 재일 1세들에게 있어 국적은 개인 정체성의 핵심이라고 지적되기도 한다. 재일 1세들은 민족교육, 고향 방문 등과 같은 활동을 통해 조국과의 유대를 지키려 하고, 그러한 의미에서 이들의 정체성은 '민족적(national)'인 특성을 띠고 있다고 한다(윤인진 2002: 35). 그럼에도 앞에 언급한 것처럼, 국적에 의해 파생되는 다양한 상황은 개인의 정체성 문제만으로 환원되지 않으며, (그것이 분석적 수준에서라 할지라도) 여전히 현실 속에서 개인에게 작동하는 사회적 상황은 남아 있다. 1945년 일본에서 해방을 맞이한 재일한인들은 서둘러 귀국했으나 여러 사정으로 잔류할 수밖에 없었던 사람들도 있었고, 귀국했으나 재차 일본으로 건너간 사람들도 있었다. 이들은 지금의 재일한인사회를 형성해온 토대라고 할 수 있으며, 그 안에는 식민지 경험뿐만 아니라 세계적 냉전체제 속의 남북분단과 현대 한국사회의 정치적 파장 등 본국의 정치경제적 변동과 깊은 연관 속에서 형성되어온 나이테가 있다.

이와 같은 중층성(重層性)은 또한 역으로, 이들이 한반도를 둘러싼 여러 국가 간의 이해와 외교적 긴장관계에 따라 요동치는 파장 안에 있다는 것을 의미한다. 식민지와 냉전, 급격한 경제개발 등 한국사회의 압축적 변화 이면에는 가족주의 질서가 강화되어왔으며, 한국에서는 가족주의에 기초한 '압축적 근대성'이 이루어져왔다는 지적을 참고 삼아 말한다면(장경섭 2009: 15), 고향과 모국을 떠나 이주사회를 형성하고 있는 재일한인의 가족과 친족 연구에서는 압축적 근대가 이룬 그 증폭 또한 고려해야 한다. 해방 이전에 이주사회를 형성해온 재일한인의 경우, 이들은 다른 재외한인과 달리 식민통치의 본국에 거주하고 있다는 점에서 다른 사회정치적 배경 속에 위치하고 있다. 특히 재일 1세들의 일상이 그렇다. 만약 개인이 삶의 안정성 혹은 연속성을 지향한다고 할 때, 외부적 파장을 최소화하며 자신의 목적과 가치를 달성하기 위한 행위와 그 가치에도 주목해볼 필요가 있다.

가족과 친족은 혈연관계에 의해 기초적 사회관계를 형성하지만 여타의 사회적 요인들의 영향을 받으며 변화하고, 개인의 정체성과 생애의미에도 영향을 준다. 그러므로 가족과 친족관계에 영향을 미치는 사회적 요인들이 무엇이며, 개인은 또 어떻게 그 영향 속에서 관계를 유지·형성해나가는 것일까? 이 글은 일제강점기에 고향을 떠나 일본에 거주하게 된 재일 1세 가족과 친족 사이에 소통을 어렵게 하는 사회적 경계가 무엇인지 살펴보고자 한다. 가족과 친족은 가장 원초적·기본적 사회관계로서 그 변동의 의미를 가장 잘 보여준다고 생각하기 때문이다. 일제강점기 고향인 제주도를 떠나 도일한 후 현지에 정착하여 살아온 여성의 생활사를 통해 초기 이주 정착과정과 생활, 귀향에 얽힌 사회문화적 지형을 분석하려 한다. 국가와 민족, 식민지와 제국주의, 차별과 인권이라는 거대 담론의 층위와 달리 국경을 넘어 '이쪽과 저쪽'에 존재하는 재일 1세의 가족과 친척들이 어떻게 지속적 관계를 형성하며, 실제 가족과 친족 사이에 놓여 있는 일상의 문제들을 중심으로 재일한인의 생활이 어떻게 구성되는지 살펴본다. 구체적 접근 방법으로는, 한국의 제주도 출신으로 일본의 오사카시(大阪市)에 거주하는 세 여성의 생애를 바탕으로 살펴볼 것이다. 어쩌면 이 글은 일제강점기부터 한국의 근현대사를 거쳐온 지역주민의 관점에서 바라보는 것이자 여성이 말하는 가족과 친족 그리고 고향에 관한 이야기라고 할 수 있다. 연구자는 2005년부터 2009년까지 매년 1회 이상 오사카에 장·단기간 머물며 세 여성의 일상에 참여하여 인터뷰한 자료들을 토대로 이 글을 구성했다.

2. 재일한인사회 형성과 오사카의 제주도민

1) 재일한인 연구와 제주도

재일교포, 재일동포, 재일한국·조선인, 재일조선인, 재일코리안, 재일한인 등 일본에 거주하는 조선과 한국 국적의 사람들을 지칭하는 용어는 다양하다. 이 용어들은 일본이라는 거주공간과 조선(북한)과 한국이라는 두 개의 국적을 공통분모로 하여 지칭되고 있는 것인데, 이 바탕에는 한

(민)족이라는 민족성(ethnicity)[1]이 깔려 있다. 지금의 재일한인사회를 구성하고 있는 층위는 다양하다. 한반도에서 건너간 도래인(渡來人)도 있었지만, 이를 지금의 재일한인사회 속으로 들여오기에는 무리가 있다. 도노무라 마사루(外村大)는 일본에서의 재일한인사회가 형성된 시점을 1920년대로 보고 있다. 그의 정의에 비춰볼 때, 이 글에서 언급하는 세 여성은 1945년 이전 일본에서 정주하기 시작했거나 혹은 그 가족이나 친척이 일본에 거주함에 따라 도일하게 된 '재일조선인'이라고 할 수 있다(外村大 2004: 3). 그런데 이때의 재일'조선인'이란 오늘날의 국적 의미가 아님을 지적할 필요가 있다. GHQ(연합국군최고사령관총사령부) 점령시기에 일본은 '외국인등록령'을 통해 "재일조선인은 당분간 외국인으로 간주한다"라고 규정하고 외국인등록을 하도록 했으며, 외국인등록상의 국적 기재는 전부 '조선'으로 했다. 일본정부가 국적을 전부 조선으로 기재한 것은 이것을 국적으로 고려해서가 아니라, 일반적으로 조선 전체를 나타내는 명칭으로서 조선을 사용하는 것이 편리했기 때문이었다. 그런데 1950년 1월 이후 한국정부가 GHQ에 이 국적란의 조선을 '한국'으로 변경할 것을 요구하였고, 이에 GHQ는 일본정부에 한국으로 바꿀 것을 지시했다. 일본의 법무총재는 담화를 통해 이것은 "간단한 용어의 문제이고, 실질적인 국적의 문제나 국가의 승인 문제와는 전연 관계가 없고, 조선인이든 대한민국인이든 어디를 사용해도 그 사람의 법률상 취급을 다르게 하는 것은 아니다"라고 했지만, 조선에서 한국국적으로 바꾸는 것만을 인정할 뿐 한국국적에서 조선으로 바꾸는 것은 인정하지 않았다(山田照美·朴鐘鳴 編 1992: 154-155).

이처럼 현재 대다수 재일 1세들이 '재일조선인'이라 불리고, 그들

1 종족성이라고 표현할 수 있겠으나, 민족성이라고 한 것은 이광규 교수의 『민족과 국가』(1997: 14)에서 지적한 것을 따랐다.

의 국적이 조선이라 하여도 이것은 북조선에서 태어나서 혹은 자신이 선택한 것이라기보다는 식민지체제에서 냉전체제로 전환되던 동북아시아의 정세 한가운데에서 교집합처럼 중복되었던 이들을 국민국가의 틀로 분류함에 따라 국적의 의미로 바뀐 것이다. 그러므로 실상 '간단한 용어의 문제'는 아니었다. 게다가 이들의 가족은 남북한을 가로질러 존재한다. 한일 양국의 근현대사 속에서 재일 1세는 재일한인사회를 형성해온 기층 토대이며, 이 세대가 바라보는 식민지 해방과 냉전은 국내에서 국민으로서 겪었던 경험이나 일본으로 건너온 새로운 이주자들('뉴커머')과는 다른 맥락에 서 있다. 가령, 재일 1세들에게 1945년의 '해방'은 한민족(남북한)이 일제의 억압에서 해방되었다는 사실 외에도, 또 다른 가족 이산의 시작이었기 때문이다.

그동안 재일한인 연구의 동향을 보면 몇 가지 주제로 압축해볼 수 있다. 첫째, 재외한인학회에서 발간하는 『재외한인연구』는 한민족공동체를 상정하고, 세계 여러 지역에 흩어져 있는 한인의 이주 역사와 민족정체성을 주요 내용으로 다루고 있는 것을 볼 수 있다(재외한인학회 2002년 12, 13호 참조). 해외 한인들의 현지 지역사회와의 사회관계보다는 '한민족'적 특성을 담지하고 있는 '공동체'로 가정하여 한민족경제공동체, 문화공동체의 가능성을 검토하는 작업들이 이루어져왔다. 이것은 '재외동포'의 '민족적' 상황에 대한 집약적 논의를 끌어내는 데에는 용이하나, 하나의 공동체로서 민족을 가정함에 따라 그 안에서의 다양한 변동과 갈등의 질적 측면을 놓쳐버릴 수도 있다. 이에 재외한인사회의 형성과정을 현지사회의 적응과 갈등, 타 민족과의 관계 속에서 고찰하는 시도들이 이어져왔다(문옥표 외 2006).

둘째, 소수민족, 소수자의 관점에서 재일한인에 대한 연구가 이루어져왔다. 2002년 한국문화인류학회의 학자들이 참여하여 펴낸 『일본 관서지역 한인동포의 생활문화』는 일본에 거주하는 '한인동포'의 이주

역사 및 가족과 친족, 직업과 경제, 의식주, 의례와 신앙, 언어와 민족교육, 세시놀이 등을 종합적으로 기술한 조사보고서라 할 수 있다. 여기에는 재일한인을 국민국가의 틀 속에서 바라보는 한계와 민족교육을 억압하는 현실을 인권의 문제로 바라봐야 한다는 지적도 있다. 다만 이러한 차별과 억압에 대한 문제의식의 저변에는 재일한인을 문화적·인종적으로 같다는 동질성을 가정하고 있기에 또 다른 국민국가의 통합 이데올로기라는 비판이 제기될 수 있다. 동질성의 이데올로기는 비단 재일한인뿐만 아니라 일본사회의 또 다른 소수집단에 대한 차별의 논리로 작용하기 때문이다(Weiner 1997: xiii).

셋째, 재일한인에 관해 일본에서 진행된 연구들을 언급할 필요가 있다. 주요하게는 일본사회 내의 조선인(한인)사회 형성과 차별의 역사가 조명되어왔다(姜在彦 1976; 山田照美·朴鐘鳴 編 1992; 文道平 1998; 外村大 2004). 그리고 재일 2·3세의 정체성과 국적·법적 지위에 관한 연구들은 민족적 정체성만이 아니라 일본의 사회적 변화(전후보상, 인권보장 및 공생사회를 실현하기 위한 일본의 변화)에 초점을 두고 있는 것을 볼 수 있는데(李進熙 編 1980; 福岡安則 2008), 이는 디아스포라 관점에서 문화적 정체성의 혼성화를 다루는 영미권의 연구(Lee and De Vos 1982)와 미묘한 차이가 있다.

넷째, 재일한인사회는 남북한과 일본의 정치적·사회적 변화 속에서 다층성을 형성해왔다는 것을 고려할 필요가 있다. 재일한인사회는 독자적으로 형성되어온 사회도 아니며, 그 안에 세대 간의 차이만 있는 것도 아니다. 한국전쟁 이후 한반도에서 구축된 냉전 문제는 재일한인사회와 별개의 것이 아니었다. 해방 후 일본에 있던 재일한인이 자신의 고향, 그리고 체제가 다른 북한(북조선)으로 이주하게 된 '귀국사업'에는 북한과 조선총련(재일본조선인총연합회, 조총련) 외 일본, 한국, 소련, 미국 등 각국 정부, 적십자와 귀국을 지원한 각종 단체 등이 관여하여 정치적이고 전략적인 의도가 복잡하게 결합되어 있었다(菊池嘉晃 2009).[2]

1959년부터 1984년까지 지속된 이 귀국사업은 동아시아 냉전체제를 이해하는 데 빼놓을 수 없는 '사건'이며(姜尙中 2005; Morrris-Suzuki 2007; 菊池嘉晃 2009), 개인의 차원에서 이것은 이주를 전제로 하고 있었다는 점에서 가족의 또 다른 이산의 시작이었다고 할 수 있다. 이때의 가족은 재일한인사회의 제1세대가 일본에서 이룬 가족들과의 이산을 의미한다. 이러한 점에서 재일 1세의 생애사는 식민지의 역사적 경험과 한반도의 냉전사가 각인되어 있는 역사라고 할 수 있다(小熊英二·姜尙中 編 2008). 귀국자 가운데에는 재일한인 외에도 일본인 배우자와 중국인들도 있었다. 자세한 내역을 보면 〈표 1〉과 같다. 〈표 1〉에서 '조선인'은 재일한인을 말하며, 1968년부터 1970년 사이에는 귀국사업이 중단됐었다.

다섯째, 재일한인 연구의 한 가지 특징은 제주도 지역연구로 두각을 나타내왔다는 점이다. 제주도 출신자들이 오사카 이쿠노구(生野區)에 모여 살며 나타난 지역 커뮤니티 연구가 이뤄져왔다. 이러한 제주-오사

표 1. 북한으로 간 귀국자 수 (단위: 명)

연도	귀국자 수	귀국자 수 내역			
		조선인	일본인	중국인	미분류
1959~67	88,611	81,962	6,642	7	–
1971~84	4,729	2,337	88	0	2,304
총인원	93,340	84,299	6,730	7	2,304

출처: 菊池嘉晃, 2009,『北朝鮮歸国事業』, p. 255.

2 기쿠치 요시아키(菊池嘉晃)는 『北朝鮮歸国事業』(2009)에서 북한(북조선)으로 이주하게 된 '귀국사업'에 북한과 조선총련(재일본조선인총연합회) 외, 일본, 한국, 소련, 미국 등 각국 정부, 적십자와 귀국을 지원한 각종 단체 등이 관여하여 정치적이고 전략적인 의도가 복잡하게 결합되어 있었다고 말한다. 그는 당시 관련국의 자료와 최근 공개된 적십자국제위원회(ICRC)의 자료를 토대로 이와 같이 주장한다.

카 간의 긴밀한 연관성은 제주도 사람들의 가족과 친족 또는 동향 사람들 간의 네트워크에 기반하여 형성된 것이다.[3]

2) 제주도민과 오사카

1차대전 초기 일본의 산업은 급속 성장했으며, 새로운 산업 분야 및 산업시설에 노동인구의 수요가 발생하였고, 한반도는 한일합병에 따라 일제의 농업 및 원료 생산기지와 값싼 노동력의 공급지가 되었다(김게르만 2005: 376). 게다가 조선 농민의 빈곤화는 조선에 지속적으로 이주한 일본인 인구 증가와 함께 진행되어 조선 농민의 이주를 더욱 강요했다고도 한다.[4] 1920년대 초 조선 전체 인구의 86%가 농업에 종사하고 있었으며, 이 때문에 토지를 잃은 농민들이 늘어나 조선 농민의 비중은 점차 감소했다.

그런데 이 농민 출신의 한인 이주민은 한반도 북부보다 남부지방 출신이 많았다. 1923년 오사카의 한인 노동자 가운데 80%가량이 전라남도 출신이었고 이 중 60%가 제주도 출신이었다(김게르만 2005: 386). 1923년 오사카와의 직항 항로는 여러 학자가 지적하다시피, 제주도 사람들이 오사카로 이동하는 데 발판과 같은 역할을 했다(枚方市教育委員会 1991: 55-56). 그러나 제주도 사람들이 일본으로 가게 된 시점은 이보다

---

3 제주-오사카 사이의 항로에 대한 연구(枚方市教育委員会 1991; 河原典史 2006; 塚崎昌之 2009)와 글로벌 속 제주도라는 지역연구(제주발전연구원·제주대학교 사회과학연구소·제주대학교 탐라문화연구소 2005; 오사카제주도연구회 2008)가 있다. 이외에 오사카의 제주도민 문화 연구들(이광규 1981; 이문웅 1988; 유철인 2000; 伊地知紀子 2000, 2006; 국립민속박물관 2002; 김창민 2003; 안미정 2008)이 이뤄져왔다.

4 평균적으로 보면, 일본인 1명당 한인 3명이 일본으로 떠났다는 지적이 있다. 또한 마을 전체가 일본인으로 완전히 대체된 사례들도 볼 수 있다고 한다(김게르만 2005: 384-388).

앞선 1915년부터라는 주장도 있다(塚崎昌之 2009: 34). 제주도 사람들의 이동은 1923년 직항 항로 개설 이전부터 증가 추세에 있었다고 하겠다.

당시 도일(渡日)한 조선인(한인)은 대부분 남성이었다. 도일한 재일한인을 성별-연령별로 보았을 때, 남녀의 성비가 비슷해진 것은 1970년대 중반에 이르러서였다(姜在彦 1976: 30). 단지 성비 대비만을 통해 추론해본다면, 강제징용된 조선인(한인)은 물론, "모집"[5]과 같이 경제적 목적으로 간 사람들에게도 일본은 정착을 목적으로 삼아 도일했다기보다는 한시적 목적으로 이동한 것이었다고 할 수 있다. 일본 관서지역 재일한인의 이주유형을 보면 먼저 ① 가족 중 1인(아버지나 아들)이 도일하여 살길을 마련한 후 다른 가족이 이주한 형태, ② 젊은 부부가 어린 자녀를 데리고 처음부터 가족 단위로 이주한 경우, ③ 친척을 통해 일자리를 구하기 위해 도일한 경우가 있다(문옥표 2002: 108-109). 생활환경이 어려웠던 재일동포들이 대가족을 형성한다는 것은 현실적으로 어려웠던 것으로 보이며, 2002년 시점에서는 젊은 세대의 직업에 따른 이동과 일본인과의 혼인, 자녀들의 분가 등에 의한 소가족, 핵가족 형태가 전개되고 있었다. 재일한인의 가족 구성원과 거주형태의 변화는 더불어 가족 및 친족 관계의 변화가 일어났음을 추정해볼 수 있다. 재일동포들의 친족 관계가 이민사회라는 특수성으로 인하여 여러 면에서 제한이 있었다고

5 재일 1·2세들의 생애사에서 "모집"으로 (일본으로) 갔다는 것을 곧잘 접할 수 있어, "모집"의 성격에 대해 언급해둘 필요가 있다. 모집을 '자주'적 선택에 의한 이주로 보는 주장(塚崎昌之 2009)도 있지만, 이는 1930~40년대의 정황에서 고찰할 필요가 있다. 1937년 중일전쟁 발발 이후, 1938년 5월 일본은 국가총동원법을 시행, 이에 근거해 1939년 7월 노무동원계획을 발표했다. 총독부는 각 현에 모집인원을 할당하였고 조선의 여러 마을에서 모집을 진행했다. 예정 수의 노무자를 확보하기 위해 강제력이 수반되었다는 점, 이후 징용 방식으로 전개되었다는 점에서 모집은 자발적 선택이라고 볼 수 없다는 주장이 있다(姜在彦 1976: 25-26).

하겠으나, 우선적으로는 "모든 친척이 일본에 와 있는 것이 아니(라)"는 점과 세대가 바뀌고 이동성 및 귀화의 사례가 늘면서 친족 간에도 지속적 관계 유지가 어려웠다고 볼 수 있다(문옥표 2002: 129).

1945년 8월 15일, 해방과 동시에 200만여 명의 재일조선인은 모두 귀국할 수 있는 상황이 아니었으며, 그들은 새로운 국면에 직면해 있었다. 재일한인들이 조국으로 귀국을 서둘렀기에 시모노세키 및 하카타, 그리고 그 주변의 항(港)은 대혼란에 빠졌으며, 큰 역 주변에도 귀국을 기다리는 조선인(한인)집락이 형성될 정도였다. 그러나 1946년 3월경까지 공식·비공식적으로 집계된 귀국자는 130만여 명이었다(姜在彦 1976: 27). 1949년 9월, GHQ의 G-2 조사보고서에 따르면, 해방 후 "조선남부(남한)"의 취직난과 높은 생활비는 귀국자가 직면한 2대 문제였다고 한다. 이 때문에, "일단 귀국한 후에 일본으로 돌아가는 다수 불법입국자의 원인"이 되고 있었고, 이러한 엄혹한 실정이 재일사회에 널리 퍼져 있어 다른 사람들의 귀국을 주저하게 하고 있었다. 남북분단과 미소 대립 역시 귀환을 숙고케 하는 요소였다(菊池嘉晃 2009: 22). 또한 일본에서 태어난 아이들이 있는 가정에서는 우리말이 원활하지 않은 아이의 문제 등 일본에 잔류를 선택한 데는 생활상의 이유도 많았다(菊池嘉晃 2009: 23).

해방 당시 일본에 있던 재일한인 인구 수는 총 220만 6,541명으로 추산된다(外村大 2004: 42). 당시 재일조선인(한인)은 일본 전국에 분포해 있었으며, 주요 거주지역을 보면 〈표 2〉와 같다.

해방 이전부터 오사카는 재일한인이 압도적으로 많이 거주하던 곳이었으며 이후에도 그 추세는 지속되었다. 주요 거주지의 재일한인들의 출신지는 경상남도 출신자의 점유율이 가장 높음에도, 유일하게 오사카만은 제주도 출신자들이 가장 많이 거주하고 있었다(外村 大 2004: 375). 오사카 내에서도 제주도 출신자들은 이쿠노구(生野區)에 모여 살았다(生野區役所 1997: 127). 이쿠노구에 한인들이 모여 살기 시작한 것은 1919년부

표 2. 재일한인의 거주지역별 인구 수 (단위: 명)

연도	도쿄(東京)	아이치(愛知)	오사카(大阪)	고베(兵庫)	야마구치(山口)	후쿠오카(福岡)
1910	348	42	206	75	163	335
1920	2,053	405	4,494	2,562	1,640	6,798
1930	33,742	23,543	73,622	15,964	10,858	25,838
1935	53,556	51,461	202,311	46,589	27,347	39,865
1940	87,497	77,951	312,269	115,154	72,700	116,864
1945	101,236	142,484	333,354	144,318	144,302	205,452
1947	21,440	29,569	104,982	58,416	41,773	37,825
1959	60,085	40,792	133,069	55,193	40,264	33,661
1964	65,682	44,331	151,448	57,034	38,713	27,793

출처: 外村大, 2004, 『在日朝鮮人社会の歴史学的研究』, 綠蔭書房: p. 44, 372.
주: 〈표 1-10〉과 〈표 6-5〉에서 인구가 많은 상위 6위까지 연구자가 재편집함.

터 1923년까지 진행된 히라노가와(平野川)의 하천공사가 행해지면서라고 알려졌으나(高贊侑 2007: 49), 공사 이전부터 이 지역의 고무, 유리공장에 다니던 노무자 가운데 한인이 있었다는 주장도 있다(이광규 1981: 29). 1923년 제주도와 오사카를 잇는 항로가 생기면서 더 많은 제주도 사람들이 오사카로 모여들었다. 해방 전후의 재일한인 가운데 제주도 출신자의 비율은 〈표 3〉과 같다.

1934년 재일제주인은 약 5만 명이었으며, 당시 제주도 인구가 20만이었던 것을 감안해볼 때 도민 4명 중 1명이 일본으로 왔던 것이다. 노인이나 아이들을 제외하고 일할 수 있는 사람들은 대개가 오사카로 왔다고 말할 수 있을 정도였고, 이 때문에 제주도에서는 농업을 하는 사람이 줄어들고 선조의 묘가 방치되기도 하는 등(枚方市教育委員会 1991: 56-57), 제주도민의 도일은 이전 시대에 없었던 큰 이동의 물결이었다.

표 3. 재일·재오사카 한인과 제주도 출신자 인구 구성비 (단위: 명)

<table>
<tr><th rowspan="2">연도</th><th colspan="3">재일한인</th><th colspan="3">재오사카한인</th><th rowspan="2">재일제주인 중 재오사카 제주 출신자</th></tr>
<tr><th>계</th><th>제주 출신자</th><th>재일한인 중 제주 출신자</th><th>계</th><th>제주 출신자</th><th>재오사카한인 중 제주 출신자</th></tr>
<tr><td>1934</td><td>537,695</td><td>50,053</td><td>9.3%</td><td>171,160</td><td>37,938</td><td>22.2%</td><td>75.8%</td></tr>
<tr><td>1974</td><td>638,806</td><td>101,378</td><td>15.9%</td><td>178,720</td><td>63,972</td><td>35.8%</td><td>63.1%</td></tr>
</table>

출처: 枚方市教育委員会, 1991, 『在日朝鮮人の歴史』, じんのう(株), p. 56.
표는 연구자가 재편집함.

3) 한인타운 조선시장

2009년 3월 기준, 오사카시 전체의 인구증가에도 불구하고 이쿠노구의 인구는 계속 감소하고 있었으나 여전히 인구밀도는 높았다.[6] 주민들은 대개 제조업에 종사했으나 지금은 사양산업이 되었다(生野区制50周年記念事業実行委員会 1993: 84). 오사카시 전체로 볼 때, 재일한인이 거주하는 주요 지역은 일본철도(JR) 노선 가운데 시내를 순환하는 환상선(環状線)의 동편 3개 역[쯔루하시(鶴橋), 모모타니(桃谷), 데라다쵸(寺田町)]과 이마자토(今里) 역까지 넓게 나타난다. 쯔루하시역 주변으로는 한국에서 온 물산과 음식점들이 즐비하여 국제시장으로 알려졌으며 한인타운의 중심지 역할을 하고 있다. 지금의 한인타운이 넓게 분포하게 된 그 핵심 모태가 된 곳이 '조선이치바(朝鮮いちば, 조선시장)'이다.

조선시장은 본래 모모타니에 있는 히라노가와 서쪽에 위치한 일본인 상가였으며, 이곳에 재일한인 여성들(제주도 출신 여성들)이 채소와 해산물, 김치 등을 팔기 시작하면서 한인들 사이의 거래가 형성되기 시작했다. 조선시장은 도일한 제주여성들의 생계활동의 근간이 된 장소이고,

---

6 大阪府 홈페이지 〈データおおさか 2006〉, 大阪府統計協会 자료 참조.
http://www.pref.osaka.jp/toukei2/jinkou_n/xlslist.html (2009. 10. 29. 접속)

재일한인들의 소비경제와 사회적 네트워크, 문화적 소통공간의 역할을 하고 있다(안미정 2008: 190-193).

조선시장은 하나의 긴 가로(街路)를 말한다. 길 동편에는 히라노가와 다리, 길이 끝나는 서쪽 지점엔 신사가 하나 있다. 일직선으로 난 길 양쪽으로 각종 한국음식점과 부식가게, 한류바람을 타고온 가수와 연예인들의 상품과 화장품을 파는 가게들이 즐비하다. 예전에는 이 길을 중심으로 한인사회에서도 냉전구도가 형성되어 있었다고 한다. 길 북쪽에는 재일본대한민국거류민단(이하 민단)이, 남쪽에는 재일본조선인총연합회(이하 조총련) 사무실이 있는데, 시장에서 만나는 사람들끼리 싸움이 벌어지곤 했기 때문이다. 그러나 2000년 남북정상회담이 이루어진 이후 이곳에도 변화가 생겼다. 서로 모여 앉아 이야기하기 시작한 것이다. 이 이야기를 저자는 조선시장 중간쯤 위치한 T상점의 할머니들한테서 들었다.

T상점은 콩나물과 고사리, 톳, 깻잎, 김치를 파는 부식가게다. 근처 제주 출신 할머니들은 이 부식가게에 거의 매일 모여 콩나물을 다듬거나, 커피를 마시고, 점심을 같이 먹기도 하고, 한담을 나누다가 헤어지곤 했다. 이 가게의 주인인 김 씨 할머니(1919년생)는 늘 콩나물을 다듬으며, 제주도에서 온 조카와 외손녀를 직원으로 두고 있었다. 이렇게 거의 매일 오는 동네 할머니 가운데 두 할머니는 조선국적을 가지고 있었다. 현자 할머니(1917년생)도 그 경우인데, 그녀의 자녀들 가운데 세 아들이 귀국사업 때 북한으로 갔다. 조선시장 바로 한귀퉁이를 돌면 있는 현자 할머니의 집 2층 방에는 이북에 사는 아들들을 위한 선물이 잔뜩 쌓여 있었다. 북일 간 정치적 마찰(일본인 납치사건)로 말미암아 왕래가 끊어지고 말았기 때문이다.

조선시장은 일제강점기 제주에서 일을 찾아온 남성들이, 그리고 이어 생계를 위해 온 여성들이 장사를 하며 번성하였고, 큰 자본이 없던 사람들이 모여 거래를 통해 정착 기반을 마련한 곳이었다. 과거 남북한의 대립이 이곳에도 형성되었으나 변화된 정치적 상황은 할머니들의 일상세계도 바꾸고 있었다. 여전히 국적이 다르고, 이념이 완전히 불식된 것이 아님에도 이들은 서로 제주말을 하며 일상생활을 함께하고 있었다. 길에서 서로 날을 세우며 싸우던 과거 '냉전의 시대'를 거쳐왔으며, "남한사람은 경제를, 북한사람은 민족교육을 이루었다"라고 평가했다. 하지만 불식되지 않은 채 여전히 남아 있는 것 가운데 하나인 갈등 요소가 조선시장에서 만나 싸우던 이웃이 아니라, 가족들에게 흔적을 남기고 있었다.

3. 오사카로의 이주와 정착: 세 여성의 가족과 친족

이제 1세기 가까운 세월이 흐르는 동안 재일한인의 가족과 고향의 친족 사이는 어떠한 연속과 단절의 관계가 이어져왔는지 살펴보도록 하겠다. 가족과 친족은 가장 원초적·기본적 사회관계로 오랜 시간에 걸쳐 일어난 한일 간 사회적 변동의 실질적 양상과 의미를 알게 해준다. 여기에 소개하는 세 명의 제주 출신 여성들은 모두 일제강점기에 제주에서 태어나 다양한 계기로 일본으로 건너간 사례에 해당한다. 애초에 정착을 목적으로 이주했던 것이라기보다는 경제적 목적과 부모와의 상봉, (남편 또는 자신의) 정치적 피신 등의 이유로 일본으로 갔던 것이 오늘날까지 이어진 것이다.

세 명의 여성은 모두 젊은 나이에 도일하였고, 오사카에서 제주 출신의 남성과 결혼하여 자녀들을 두었다. 해방 후 잠시 귀국도 했으나 생활상의 이유로 오사카에 남게 되었다. 처음 세 여성을 만난 것은 2005년 제주에서 일본으로 간 제주도 잠녀(해녀)를 인터뷰하면서였다. 처음

달래 할머니를 만났고 같은 동네에 살고 있던 순이 할머니를 알게 되었다. 현자 할머니는 조선시장 T상점에서 알게 되었다. 세 여성의 생애 이야기를 두 편의 논문으로 발표한 적이 있는데, 시간이 흘러 한 분은 고인이 되었고, 두 분도 치료 중이거나 자녀의 도움을 받으며 살고 있다. 이 글은 기본적으로 2005년부터 2009년까지 세 여성을 인터뷰했던 내용에 기초하고 있다. 그러나 이후에도 달라진 상황이 있어 그 내용을 반영하여 소개한다.[7]

1) 달래 할머니 가족의 국적과 고향 방문

달래 할머니(1926~2020년)의 고향은 한때 제주도에서는 염전(鹽田)으로 유명한 마을이었다. 다섯 살 무렵 부모가 오사카로 건너가 일하게 됨에 따라 고향에서 조부모와 함께 생활했다고 한다. 소금 만드는 일 외에도 소를 돌보고, "물질(자맥질)"을 했다. 기억 속의 고향을 떠올릴 때면 언제나 쉼 없이 일을 했던 것과 일본에 있는 부모를 향한 그리움으로 채워졌다. 1944년 "해녀 모집"이 있어 이를 계기로 그녀는 "부모를 만나기 위해" 일본으로 왔다고 한다. 그러나 부모를 만날 수 있었던 것은 해방 후인 1945년에 이르러서였다. 그사이 달래 할머니는 '모집'된 해녀들과 함께—23명가량—시모노세키(下關), 오키노시마(隱岐の島), 모지(門司) 등으로 일하러 다녔다. 이전에도 쓰시마(對馬島)에 물질하러 간 적이 있었다. 달래 할머니는 어장을 찾아다니는 선주의 인솔로 일본의 이곳저곳을 다녔고, 이렇게 '모집'으로 온 일이 끝난 것이 1945년이었다.

해방 소식을 듣고 그녀는 동료 한 명과 함께 다른 일행들과 헤어져 오사카로 향했다. 오사카에는 그녀의 부모와 동생들이 살고 있었다. 달

7 이 글에서 이들 여성의 이름은 개인정보보호를 위해 모두 가명을 사용했다.

래 할머니의 형제자매는 그녀를 포함해 2남 2녀로 그녀가 장녀였다. 동생들은 모두 오사카에서 태어났다. 남편은 그녀처럼 오사카에 거주하던 제주도 출신이었으며, 결혼 후 전철역 근처 공원에서 붕어와 잔술을 팔며 생계를 이었다. 이후 남편이 친정아버지가 하던 양복 "마도메(まとめ, 양복을 마무리 짓는 손질과정)" 기술을 배우고 나서는 부부가 함께 그 일을 했다.

달래 할머니를 만났던 2005년 당시, 할머니의 남편은 돌아가셨고 외손자, 외손녀와 함께 살고 있었다. 할머니는 한글을 가르쳐주는 '어머니학교'를 다녀 읽고 쓰기를 할 수 있었다. 우리말로 된 신문을 정기구독하고, 집에서 할 수 있는 작은 부업을 하는 것이 일과였다. 한번은 외손녀와 딸, 그리고 저자가 함께 할머니와 해수욕을 간 적이 있다. 여름이 되면 할머니가 오사카에서 기차를 타고 약 한 시간가량 떨어진 해변에서 우뭇가사리를 채취했다는 이야기를 듣고 동행하게 된 것이다. 자맥질해서 채취한 우뭇가사리를 할머니는 오사카의 이웃(제주도 출신)들과 우무를 만들어 먹곤 했다.

2008년 저자가 다시 일본을 방문하여 만났을 때까지도 할머니는 국적이 '조선'이었다. 이것은 할머니의 고향 방문을 힘겹게 하는 난제로 인식되고 있었다. 열아홉 살에 해녀 모집으로 온 이후 60년 넘게 할머니는 한국은 물론 고향에 가본 적이 없었다. 결국 친정의 재산상속과 관련한 일들을 부모의 사망과 자신의 고령화로 더는 미룰 수 없는 시점에 이르러, 할머니는 동생들과 딸을 데리고 단 한번 제주도에 다녀왔다.

〈그림 1〉은 달래 할머니의 고향 제주와 일본에 거주하는 가족과 친척들을 나타낸 것이다. 그룹 A와 B는 일본에 거주하는 가족이며, 그룹 C와 D는 잠시 일본에 살았으나 귀국하여 고향이 아닌 타지에 살고 있는 경우다. 고향에 거주하는 친척은 숙부(III세대에서 둘째아들)뿐이며, 현재 숙부의 두 번째 부인과 그 두 딸이 있을 뿐이다. 아들 한 명은 한국의 타지에 거주하고 있다. A그룹 안에서도 국적에 따라 몇 개의 그룹을 볼

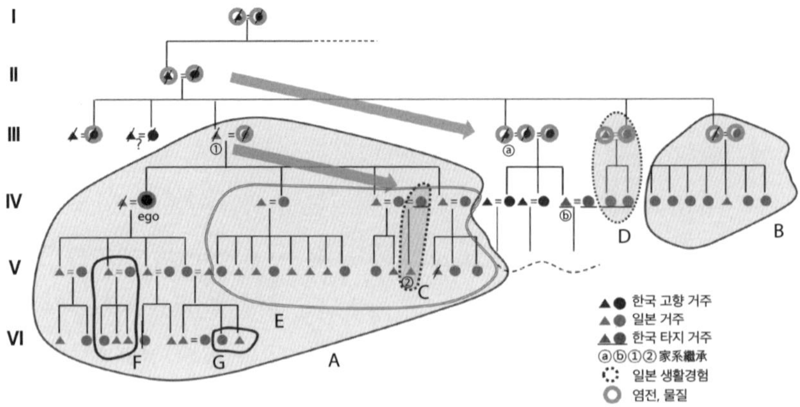

그림 1. 달래 할머니의 친정 가계도

수 있다. 그룹 E(C를 포함)와 F는 한국, 그룹 G는 일본, 그리고 나머지는 '조선' 국적을 가지고 있다.

이 가계도에서 주목되는 것은, 첫째 달래 할머니의 위치에 관해서다. 할머니는 제주와 오사카라는 두 지역의 가족과 친척을 매개하는 위치에 있으며, 실질적으로 고향의 친척들과 유일하게 소통할 수 있는 사람이었다. 또, III세대의 도일로 일본의 정주가 시작된 이래, 그녀는 현재 일본의 가족과 친척 가운데 가장 만이였다. 둘째, 그녀의 가족은 여러 국적으로 나눠지고 있으며 그것은 IV세대에서 VI세대에 걸쳐 나타나고 있다. 거주 공간도 오사카만이 아니라 도쿄, 오카야마 등 점차 여러 지역으로 확산되고 있다. 셋째, 가계계승과 관련하여, II세대에서 III세대로 가계는 장남이었던 부친을 대신하여 차남(ⓐ)에게로 이어지고 있음을 볼 수 있다. 장자(長子)보다 고향에 머물러 있는 자에게 재산상속과 함께 제사와 벌초의 의무가 주어지고 있는 것이다. '고향에 거주한다는 것'이 장자상속의 원리보다 우선적으로 고려되고 있음을 보여준다. 그러한 면에서, III세대에서 IV세대의 가계계승이 이어져야 할 ⓑ가 고향이 아닌 타지에 거주하고 있다는 사실은 가계계승을 불확실하게 만드는 상황임을 암시한다. 이는 C의 상황에서도 마찬가지였다.

이와 같은 상황에서 달래 할머니가 고향을 방문해야 하는 이유는 부친을 대신하여, 또 오사카에서만 살았던 동생들을 대신하여 고향의 재산과 친척의 의무 등에 관해 정리하거나 조정해야 하는 일들이 이들의 가족, 친족에게 남아 있기 때문이다.

그러나 할머니의 '조선'국적은 남북의 냉전체제로 말미암아 고향의 친척들에게도 왕래와 소통을 멀리해야 하는 요소로 작용했다. 앞에서 지적했다시피 재일 1세들의 조선국적은 엄밀한 의미에서 국적이라기보다 민족의 정체성을 나타내는 것이었고, 냉전체제에서 국적의 의미가 강화된 것이다.

게다가 '재일동포'의 달라진 경제적 위상도 고향 방문에 영향을 미치고 있었다. 해방 후 제주도의 지역사회와 마을, 그리고 가족과 친인척에 이르기까지 '재일교포'의 공식적·비공식적인 경제적 후원은 지역경제에 크게 기여했다.[8] 한때 할머니의 남동생 역시 고향에 기부금을 낼 만큼 여유가 있었으나 경제적 파산을 겪은 후 고향으로 갈 엄두를 내지 못하고 있었다. 그녀 역시 고향의 시모를 위해 집을 마련하는 등 경제적 후원자로서 해야 할 역할을 일임했다. 하지만 고령에 이르러 예전처럼 고향 사람들에게 나눠줄 '선물'을 마련하는 것은 경제적으로 부담스러운 일이 되었다. 이처럼 기존에 제주 지역사회에서 바라보는 재일동포에 대한 기대감은 더는 '부유한 사람'일 수 없는 달래 할머니의 고민을

8 1966년부터 2007년까지 제주의 교육, 공공문화사업 등 공식적으로 추계되는 금액은 총 281억여 원에 이르고, 총 기증 건수는 8,640건이다. 최대 후원 건수는 1970년대가 가장 많았다(제주특별자치도, 2007, 『애향의 보람』 참조). 이것은 공식기관을 통한 후원이며, 실제 마을과 친인척에 '베풀어진 후원'은 이보다 훨씬 웃돌 것이다.

그림 2. 달래 할머니 친정부모의 제사 장면(2006. 8. 15)

더욱 깊게 만들었던 것이다.

2) 달래 할머니 친족들 사이의 교환관계

가족의 일원이 이주하게 되면 남아 있는 가족과 친족의 관계에는 어떠한 변화가 일어나게 되는 것일까? 달래 할머니 남편의 가계도(그림 3)를 통해 살펴보기로 하겠다. 할머니의 남편은 일본으로 이주하였던 제1세대로 3남 2녀 중 차남이다. 결혼하기 전 장남이었던 형과 함께 오사카로 가게 되었다. 먼저 가 있던 사촌누이의 알선으로 이루어진 일이었다(②). 그런데 장남이었던 형은 제II세대 숙부의 집에 양자(養子)로 간 상태이고(①), 따라서 차남인 남편이 대신 시부모의 제사를 맡아야 했다. 하지만 남편은 고향을 떠나 일본에 정주하게 됨에 따라 시부모의 제사와 벌초를 할 수 있는 처지가 되지 못했다. 이에 다시 고향에 있던 3남인 막냇동생이 시부모를 봉양하고 제사와 벌초를 담당하게 되었다. 일본의 장·차남인 두 형제는 시모가 살 집을 마련하여 막내에게 주었고(③), 막냇동생은 일본으로 간 두 형을 대신하여 부모를 모시고 친족의 의무를 대신 맡은 셈이었다.

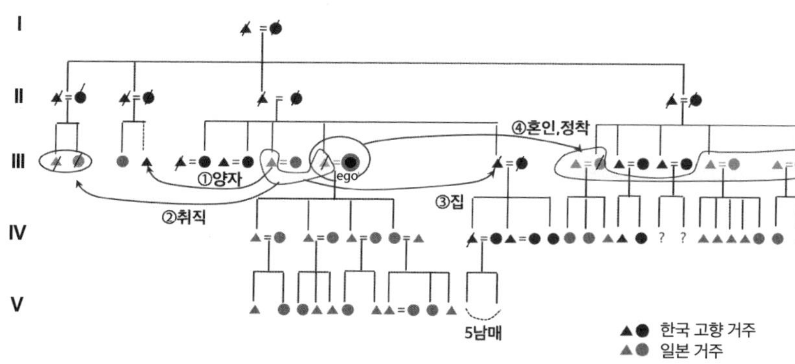

그림 3. 달래 할머니 시댁 가족과 친족 사이의 교환

한편 일본에서 정주기반을 마련한 할머니 부부는 자신들이 그랬던 것과 같이 사촌형제의 도일과 혼인, 정착에 도움을 주었다(④). 이처럼 같은 세대 안에서 양자를 비롯하여 도일과 취직, 혼인, 집 마련 등의 다양한 지원이 오갔다. 그리고 고향을 떠난 가족과 남은 가족 사이에는 양도되어야 하는 권리와 의무가 있었고, 그에 따른 역할이 조정되었다. 고향에 남은 가족에게는 가계계승과 친족의 의무가 부여되었고, 그 대신 고향을 떠난 가족은 경제적 후원 및 새로이 도일하는 친척들에게도 다양한 생활상의 지원을 했다. 고향을 떠나 생활공간이 달라지는 가족과 친족 관계 안에서 상호간의 역할 재조정과 교환관계가 국경을 넘어 형성되어 있음을 볼 수 있다.

3) 순이 할머니의 이산과 친족관계의 복원

순이 할머니는 달래 할머니와 같은 동네, 같은 길목에 살았다. 1930년 오사카에서 태어났고 부모의 고향은 제주도다. 2남 6녀 중 차녀로 태어나 유년시절을 보냈고, 해방 때 부모와 함께 귀향했으나, 1948년 제주 4·3사건이 일어나자 이를 피해 다시 혼자 오사카로 가게 되었다. 일본으로 피신한 딸의 일로 부친이 사망하고 언니가 고초를 겪었다. 오사카

에 있는 친척의 집에서 살다 이웃의 소개로 제주도 출신 사람과 혼인을 했다. 이후 가족의 생계를 위해 그녀가 한 일은 "마도메" 일이지만 이외 제주사람들과의 "다노모시(たのもし, 頼母子)"를 하며 자녀의 혼사와 학비를 마련할 수 있었다. 다노모시란 한 사람의 대표자("오야, 親")를 중심으로 여러 명이 그룹을 지어 회비를 모으고, 모인 큰돈을 정기적으로 돌아가며 회원 1명이 쓸 수 있도록 하는 것이다. 곧 소액의 돈을 가진 사람들이 여럿이 모여 목돈을 만들고, 만들어진 목돈을 회원들이 돌아가며 받을 수 있다. 먼저 받는 사람과 나중에 받는 사람 사이에는 기간 차에 따른 이자가 발생하고 나중에 받을수록 이익이다. 그러나 도중에 이 목돈을 가지고 사라지는 사람도 있기 때문에 상호 신뢰에 기반하지 않고서는 성립되기 어려운 점이 있다. 그럼에도 은행에서 대출을 받을 수 없었던 재일 1·2세의 생활에서 다노모시는 급전이 필요하고 목돈이 필요한 사람들에게 유용한 목돈 마련 방식이었다. 순이 할머니는 다노모시의 대표자를 줄곧 하였고, 동시에 3개의 다노모시를 운영할 때도 있었다. 일본말과 일본글, 우리말과 우리글을 할 수 있었던 점은 순이 할머니에게 중요한 '자본'이었던 것이다. 할머니의 남편은 학자가 되어 사회적으로 안정적인 기반을 마련할 수 있었고, 자녀들을 모두 분가시킨 후 연금을 받으며 혼자 지내다 2~3년 전부터는 막내딸과 함께 살고 있다.

순이 할머니는 고향의 친정 가족들 외에도 종친회(宗親會)에 후원하게 된 일을 계기로 고향방문을 하였고, 이후 국적도 바꿨다. 종친회의 활동은 할머니가 국적을 바꾸는 중요한 계기였다. 오사카에서 종친 10명을 모집하여 고향 종친회의 묘지 조성을 위한 모금활동을 폈던 것인데, 이 활동이 할머니의 귀향에 중요한 전환점이었고, 이후 시댁 가족의 묘를 마련하는 일로도 이어졌다.

고향의 종친회에서 활동하기 이전, 순이 할머니는 오사카에서 조국의 통일을 위한 사회단체 활동도 활발히 하였으나 어느 자식도 (북으

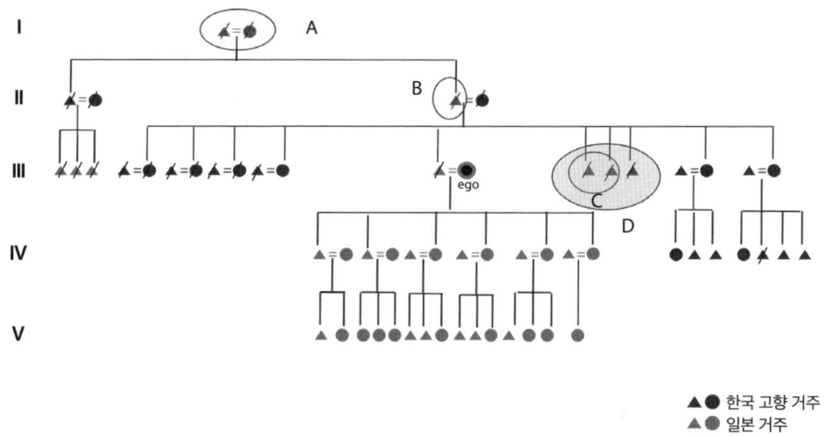

그림 4. 순이 할머니의 시댁 가족과 친족

로) '귀국'시키지는 않았다. 북으로 가는 귀국은 가족의 또 다른 이산의 시작일 것이기 때문이었다. 자신이 어려서 부모와 헤어져 일본으로 건너왔고, 또 자신으로 인해 부친의 죽음을 겪는 등 할머니의 생애에서 가족 이상으로 중요한 것은 없었다고 한다.

국적을 조선에서 한국으로 바꾸고 종친회 활동을 통해 고향의 친척들과 관계를 회복할 수 있었던 순이 할머니에게 어쩌면 조국의 '통일'이란 그녀의 생애를 보면 가족이 더는 이산을 겪지 않는 것, 곧 그것이 분단의 상황을 넘어서는 것과 다르지 않음을 의미하는 것 같다.

한국과 일본에서 오랫동안 떨어져 살아온 가족과 친족의 단절된 관계를 회생시키는 구체적인 일은 고향의 산소를 정비하는 것이었다. 순이 할머니는 고향을 방문할 때면 언제나 부모의 산소를 찾아 인사하고, 또 정비하는 일을 해왔다. 모친의 산소 돌담을 정비하는 일부터 시작하여, 2009년에는 선산 땅을 구입하여 시조부모(2기), 시부의 묘(1기), 4·3사건에서 희생된 남편 형제들의 묘(3기 중 2기) 등 총 5기(그림 4의 A, B, C)의 묘를 마련했다. 여기에 든 비용은 상속받은 재산을 고향의 다른 가족에게 양도해서 마련했다. 그 외에도 남편의 묘는 일본에 마련하였고 아들딸들이 이후에라도 쉽게 찾아볼 수 있도록 '가족묘' 부지를 조성했다. 그녀 자신도 그곳에 안장되어 일본 가족의 제1대 '조상'이 될 것이다. 이처럼 순이 할머니는 제주도와 일본에서 묘를 만드는 일과 친척들 사이에 재산상속에 관한 일을 몇 년에 걸쳐 마무리했다.

고향을 방문한 그녀의 활동을 보면, 자신의 친정과 시댁 "조상들"의 묘를 마련하는 것이 가장 중요한 고향 방문의 목적이었다. 그녀는 이제 고향과 일본 두 곳 모두에서 '안정적'인 가계계승을 도모할 수 있게 되었다. 많은 돈을 들여 묘를 만드는 것은 가계계승의 안정성을 도모하는 의지가 투영되어 있다고 하겠으며, 이러한 의미에서 묘는 가계의 지속성을 암시하는 상징이라고 하겠다. 다시 고향을 찾은 이주자들이 선조의 묘를 찾고 또 묘를 만드는 행위에는 유교적 예(禮)를 행하는 것뿐만이 아니라, 가족과 친족의 일원으로 존재하는 개인의 위치를 재확인하는 의미도 있음을 고려해볼 수 있다.

4) 일본과 남과 북의 가족들

처음 현자 할머니(1917~2015년)를 알게 된 것은 조선시장의 가게인 T상점에서였다. 한국음식, 특히 김치와 콩나물을 주로 파는 이 가게의 주인 할머니도 제주도 출신이었다. 김치와 몇 가지 반찬이 나열된 진열대 안쪽에 있는 작은 가게에서 큰 통의 콩나물을 쏟아붓고 콩나물 뿌리를 다듬는 일이 오전 내내 이 가게의 주요 일과였다. 주인 할머니를 도와 일을 하는 여직원 두 명은 주인 할머니의 조카와 외손녀였다. 콩나물 다듬기가 끝나면 김치를 만들고 전국에서 주문온 김치 택배를 처리하는 일을 했다. 이 두 명의 젊은 여성도 모두 할머니가 김치가게로 번성하자 제주도에서 이주해왔다. 조선시장 주변에 사는 동네 할머니들은 이 가게에 모여 제주말을 하며 콩나물 다듬기를 거들어주기도 하다가 병원에 가거나 집으로 돌아가는 것이 일상이었다. 현자 할머니는 이 가게의 단골이었다. 흰머리에 모자를 쓰고 자전거를 타고 동서로 긴 조선시장 길을 달리던 현자 할머니는 혼자 살고 있었다.

현자 할머니는 제주시 근교 해안마을 출신으로 5남 3녀 중 막내딸로 태어났다. 유년시절은 유복했으나 처음 혼인한 남편이 사고로 죽고 재혼을 했다. 두 번째 남편 역시 재혼이었다. 그리고 해방 이후 제주 4·3사건이 발생하여 엄혹한 상황을 피해 오사카로 이주하게 되었다. 해방 이전에도 일본에서 살았기에 할머니의 일본행은 어려운 일이 아니었다고 한다. 남편이 경제활동을 할 수 없었기에 가족의 생계는 온전히 할머니의 몫이었다. 봄부터 가을까지 일본 이곳저곳을 다니며 물질을 하였고, 늦가을부터 겨울에는 조선시장 떡방앗간에서 일했다. 열심히 일하여 번 돈으로 자녀들을 교육하고 집도 살 수 있었다.

처음 현자 할머니를 만나고 헤어질 때, 할머니는 저자에게 제주도로 가게 되면 자신의 고향 아무개에게 돈을 전해 달라고 했다. 친정 부모의 제사에 참여하지 못하였기에 얼마간의 돈이라도 보태고 싶다는 것이었다. 또 몇 년 후 이번엔 저자가 부산으로 간다고 하자, 부산 영도의 아무개를 찾아 일본에 고모가 있는지를 물어보고 나서 있다고 하면 그 사람에게 얼마간의 돈을 쥐어달라고 부탁했다. 저자는 이런 일이 현자 할머니만이 아니라 예전부터 여성들이 하던 고향과 소통하는 방식이 아니었을까 짐작한다. 인편(人便)을 통해 가족과 친척의 소식을 묻고 또 돈을 전하는 방식은 달래 할머니를 통해서도 들었고, 재일 1, 2세대 사람들이 고향에 갈 수 없었던 사정으로 말미암아 형성된 방식이다. 은행이나 우체국을 통해 전할 수도 있었을 테지만 인편을 통해 전달하는 여성들의 방식은 고향 사람이라는 네트워크가 없이는 불가능한 것이었다. 또한 한일협정 이전의 단절된 국교, 냉전으로 말미암아 자금 전달이 도리어 고향 가족에게 손해를 끼치는 등의 문제들이 있기 때문이었

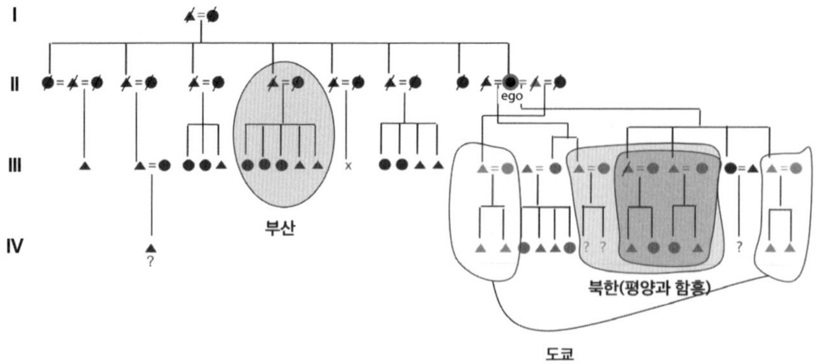

그림 5. 현자 할머니의 친정 가족과 친족

다. 더러는 이를 악용하는 경우도 있었다. 제주도가 고향이라면 무턱대고 믿고 돈을 빌려줬다가 사기를 당하기도 했다. 그럼에도 현자 할머니는 여전히 인편을 통해 고향에 소식을 전하고자 했다.

〈그림 5〉는 현자 할머니의 가계도를 나타낸 것으로, 할머니의 가족들은 오사카 외에도 남과 북에 흩어져 있었다. 큰아들과 막내아들은 도쿄에 거주하며, 차남, 삼남, 사남은 귀국사업으로 북으로 간 후 생이별하게 되었다. 도쿄의 장남은 거의 매일 거르지 않고 안부 전화를 했다. 장남을 위해 할머니는 곰국을 끓여 보내거나 틈틈이 가능한 대로 음식을 챙겨보내고 있었다. 그리고 2층 방에는 막힌 뱃길이 열리면 북에 사는 아들들과 며느리, 손자·손녀들에게 보낼 선물이 방 한쪽 벽을 가릴 만큼 높이 쌓여 있었다. 당시 일본과 북한을 왕래하던 만경봉호의 뱃길이 끊겼기 때문이었다.

현자 할머니를 제외한 모든 친정 식구들이 한국(제주와 부산)에 살고 있었고, 할머니의 가족들은 거의 일본과 북한에 거주하는 중이었다. 현자 할머니는 5남 2녀를 두었다. 그 가운데 장남은 의붓아들이고, 본인의 첫 결혼으로 낳은 1남 1녀와 재혼으로 3남 1녀를 두었다. 귀국사업으로 북에 간 아들은 차남과 삼남, 사남이다. 곧 장남과 막내아들을 제외한 나머지 아들 셋이 모두 북으로 간 것이다. 자신의 첫 결혼으로 낳은 첫째 아들(즉 차남)도 북으로 갔다. 현자 할머니는 아들들의 북으로의 '귀국'을 극구 반대했었다. "거기 부모가 있어요, 누가 있어요? 왜 북으로 보내야 합니까?" 할머니는 그렇게 남편에게 따져 물었다고 한다. 하지만 남편의 의지를 꺾을 수 없었다. 북을 왕래할 수 있었을 때는 그나마도 다행이었다. 그리운 아들들과 손자·손녀들에게 선물을 나눠줄 수도 있었으니까. 그러나 뱃길이 중단된 이후 중국을 통해 아들들을 만나는 방법으로 바꿨다. 그리고 선물 대신 조금의 돈을 보태는 것으로 대신해야 했다. 세 명 가운데 한 명은 사망했다고 한다.

이유를 물어보진 못했으나 할머니의 아들들 가운데 장남과 막내아들만은 일본에 남아 있었다. 할머니를 만날 때마다 할머니의 단골 화제는 도쿄에 사는 장남에 관한 이야기였고, 그 이야기를 할 때만큼은 얼굴에 화색이 돌았다. 곰국을 자주 끓여서 시 가스회사에서 전화가 왔을 정도였다. 한국의 가계계승 전통이 장남을 중심으로 이어진다는 점이 이러한 선택을 한 까닭이 아닌가 짐작해본다. '귀국사업'이라는 특수한 상황은 할머니 가족에게 있어 어느 아들인가와는 이산가족이 되어야 했으며, 장남과 막내를 남겨둔 할머니 가족의 선택에는 부계친족 원리에 따라 가족의 해체를 막고 싶은 바람과 세대의 영속성을 지향하는 가치가 투영되어 있다고 생각한다.

앞서 귀국사업은 한반도의 식민지에서 냉전체제로의 전환과정에서 일어난 것으로 남북한, 일본, 소련, 미국, 국제적십자 등이 관여되어 있었다고 지적했다. 가족의 만남이 이어지다가 단절되는 데는 남한과 북한, 북한과 일본 간의 정치적 관계가 직접적 영향을 주었다. 그래서 현자 할머니의 가족사는 동아시아의 식민주의와 냉전의 역사를 구체적 삶의 국면들로 전환해 재인식해야 함을 말하고 있다. 할머니가 하던 인편의 방식, 설령 사기를 당할지라도 그 원초적 네트워크 방식의 지속이 목적한 것은 끊어질지도 모를 가족과 친족 관계로부터 소외됨 없이, 가족해체의 위기를 넘어서려는 적극적인 실천이었다고 본다. 또한 이것은 재일한인의 역사로부터 소급되는 잠재된 불안정성의 한 단면이다.

4. 이념과 체제를 넘어서는 가족들

흔히 일본은 '가까운 이웃'이라고 말한다. 이는 비단 지리적 가까움만을 말하는 것이 아닐 것이다. 국경을 사이에 두고 '이쪽과 저쪽'의 세계에서 살아가는 가족들의 역사는 지금도 이어지고 있고, 뉴커머로 일컬어지는 새로운 이주한인을 포함한 재일한인사회의 저변을 형성하고 있다. 또 가까운 이웃은 가족이나 친족처럼 비단 혈연관계가 아니더라도 정치적·역사적·사회문화적 측면에서 서로 고려되어야 하는 중요한 타자라는 사실을 함축한다.

식민주의 통치와 냉전의 이념이 만든 동아시아의 근현대체제를 세 여성의 삶을 통해 보면, 구축된 체제에 묶여 있으면서 동시에 이를 극복하려는 실천이 가족과 친족 안에서 전개되었던 것도 엿볼 수 있었다. 남북분단의 고리로 상징되는 동아시아 냉전체제는 일본이라는 이주공간에서 살아가는 가족들의 이산과 친족관계의 반목을 낳는 갈등의 메커니즘으로 작동했다. 그러나 이를 극복하려는 실천은 여성들의 삶의 국면마다 나타나고 이어졌다. 달래 할머니는 국적 바꾸는 일을 자신의 삶과 정체성을 바꿔야 하는 것으로 인식하면서도 동시에 고향과의 단절을 극복하는 수단으로 팔십 세가 넘어 이를 실행했다. 순이 할머니는 젊은 시절의 정치적 활동으로 이산의 아픔을 겪었지만, 일본과 고향의 가족과 친족을 위해 산소를 정비하거나 종친회 후원활동을 하는 등의 전통적 방식으로 실천을 이어나갔다. 현자 할머니는 고향이 아닌 '고국'으로 세 명의 아들들이 '귀국'해야만 했던 상황을 남편의 신념에 따라 행했으며, 체제의 분단선을 넘어 제3의 공간을 통해 지속적으로 아들들과 소통했다. 세 여성의 생애를 보면, 재일한인의 가족과 친족의 세계는 식민주의 역사와 냉전체제의 이념적 고리에 엮여 부침(浮沈)을 겪어왔던 것을 짐작할 수 있다. 그러나 이념과 체제에 묶여 있지는 않았다. 그 경계들을 초월하는 방식을 세 여성은 문화적 전통 안에서 찾고 있었다. 고향 제사, 산소 정비, 종친회, 장남의 가계계승 등 세 여성의 실천은 유교적 가부장제 문화에서 나타나는 실천들이었다. 여성주의 관점에서 볼 때 이러한 실천은 세 여성을 가부장제 문화에 매여 있는 존재로 오히려 강화했다고 지적할 수도 있을 것이다. 그러나 저자는 불안정한 사회적 조건에서 정치적으로나 사회적으로 약자였던 이 세 여성에게는 이것이 자신과 가족을 위한 문화적 해법이었다고 생각한다. 그럼으로써 이들은 이념과 체제가 구축한 경계를 넘어섰다. 또한 이들은 윗세대와 아랫세대, 고향과 현지의 가족과 친척, 시가와 친정 등 여러 관계의 매개자인 동시에 관계를 조절하는 위치에 있었다.

끝으로 정리해보자면, 국경은 국가의 통치권이 미치는 분명한 경계선으로 존재하지만, 또한 국경은 사회관계 속에서 비가시적이고 다층적으로 존재하기도 한다. 그래서 이쪽과 저쪽으로 분리하고 귀속하는 국민국가의 틀은 어느 한쪽으로 온전히 재단될 수 없는 이들의 또 다른 소외를 만들어낸다는 것을 직시해야만 한다.

참고문헌

국립민속박물관, 2002, 『일본 관서지역 한인동포의 생활문화』, 서울: 태웅그래픽.

김게르만, 2005, 『한인이주의 역사』, 서울: 박영사.

김창민, 2003, "재일교포 사회와 제주 마을 간의 관계 변화: 1930-2000," 『비교문화연구』 9(2): 195-221.

문옥표, 2002, "가족 및 친족생활," 『일본 관서지역 한인동포의 생활문화』, 국립민속박물관, pp. 105-131.

문옥표 외, 2006, 『해외한인의 민족관계』, 서울: 아카넷.

안미정, 2008, "오사카 재일(在日) 제주인 여성의 이주와 귀향," 『탐라문화』 32: 179-218.

______, 2010, "국경이 놓인 오사카 재일한인 여성의 가족과 친족," 『지방사와 지방문화』 13(1): 403-440.

오사카제주도연구회, 2008, 『在日제주인의 과거와 현재』, 학술세미나자료집.

유철인, 2000, "제주 사람들의 생활세계에서의 '일본'," 『한국문화인류학』 33(2): 361-378.

윤인진, 2002, "세계 한민족의 이주 및 정착의 역사와 한민족 정체성의 비교연구," 『재외한인연구』 12(1): 5-64.

이광규, 1981, "在日韓國人의 調査研究: 大阪 生野區를 中心으로(1)," 『한국문화인류학』 13: 1-52.

______, 1997, 『民族과 國家』, 서울: 일조각.

이문웅, 1988, "재일 제주인의 의례생활과 사회조직," 『제주도연구 제4차 전국학술대회 자료집』, pp. 51-58.

장경섭, 2009, 『가족·생애·정치경제』, 서울: 창비.

재외한인학회, 2002, 『재외한인연구』 12.

______, 2002, 『재외한인연구』 13.

제주발전연구원·제주대학교 사회과학연구소·제주대학교 탐라문화연구소, 2005, 『在日 제주인의 삶과 제주도』, 학술세미나자료집.

제주특별자치도, 2007, 『애향의 보람』, 제주: 해동인쇄사.

姜尙中, 2005,『在日 ふたつの祖国への思い』, 東京: 講談社.
姜在彦, 1976, "在日朝鮮人の65年,"『季刊 三千里』8(冬), 서울: 삼천리사, pp. 22-37.
高賛侑, 2007,『コリアタウンに生きる: 洪呂杓 ライフヒストリ』, 大阪: エンタイトル出版.
菊池嘉晃, 2009,『北朝鮮歸国事業』, 東京: 中公新書.
枚方市教育委員会, 1991,『在日朝鮮人の歴史』, 枚方市市民歴史講座記錄集.
文道平, 1998,『在日朝鮮人の歴史と展望: 近現代朝鮮と日本の関係史』, 大阪: 大阪経済法科大学出版部.
福岡安則, 2008(1993),『在日韓国·朝鮮人』, 東京: 中公新書.
山田照美·朴鐘鳴 編, 1992(1991),『在日朝鮮人』, 東京: 明石書店.
小熊英二·姜尙中 編, 2008,『在日一世の記憶』, 東京: 集英社.
外村大, 2004,『在日朝鮮人社会の歴史学的研究』, 東京: 綠蔭書房.
伊地知紀子, 2000, "日常の生活実践誌: 韓国近現代と済州島の經驗から,"『変貌する現代韓国社会』, 世界思想史, pp. 188-211.
______, 2006, "済州島と日本における済州人の生活,"『済州島』10: 51-70.
李進熙 編, 1980,『季刊 三千里』24, 東京: 東洋経済印刷(株).
塚崎昌之, 2009, "大阪-済州島航路の経済と濟州島民族資本,"『在日朝鮮人史研究』39: 29-60.
河原典史, 2006, "植民地期済州島の水産加工工場と日本人の移動,"『済州島』10: 25-33.
East Rock Institute, 2000, "Korean in Japan: New Dimensions of Hybrid and Diverse Communities" in Sonia Ryang (ed.), *Korean And Korean American Studies Bulletin* 11(1). (柏崎千佳子 訳, 2007,『ディアスポラとしてのコリアン: 北米, 東アジア, 中央アジア』, 東京: 新幹社)
Lee, Changsoo and George De Vos, 1982, *Koreans in Japan: Ethnic Coflict and Accomodation*, Berkeley: University of California Press.
Morris-Suzuki, Tessa, 2007, "Japan's Hidden Role in the 'Return' of Zainichi Koreans to North Korea" (http://zmag.org/znet/viewArticle/6926).
Weiner, Michael (ed.), 1997, *Japan's Minorities: The Illusion of Homogeneity*, Oxford: Routledge.

生野区役所, 1997,『生野区50年の歴史と現況』, トリオ印刷.
生野区制50周年記念事業実行委員会, 1993,『生野区50年のあゆみ』.

大阪府 홈페이지 http://www.pref.osaka.jp/shichoson/juki/juki2103.html (2009. 10. 29. 접속)
大阪府 データおおさか2006, http://www.pref.osaka.jp/toukei2/jinkou_n/xlslist.html (2009. 10. 29. 접속)

제2장

고베 구두마을 나가타와 재일코리안의 '케미컬슈즈'*

박승현

1. 구두마을 나가타

그림 1. 신나가타역 앞 구두 조형물

촬영: 저자 2020. 1. 15.

1월 17일이 가까워질수록 고베는 지진 이야기로 가득하다. 2020년 1월 17일은 1995년 한신 · 아와지대진재(阪神·淡路大震災, 이하 한신대지진)가 일어난 지 25년이 흐른 날이었다. 고베시 나가타지역의 중심이라 할 JR신나가타역 앞 광장은 아침부터 추모식 준비로 분주했다. 1월 17일 직전 일요일에는 시민단체들의 주도로 '고베 아이워크

* 이 글은 저자의 논문 "지역산업 속의 재일(在日)의 역사와 현재: 고베 구두마을 나가타와 재일코리안의 '케미컬슈즈'"(『일본연구논총』 51: 91-121, 2020)를 수정·보완한 것이다.

(Kobe I-Walk)'라는 행사가 열렸다. 각지에서 온 참가자들이 공원에 모여 나가타지역 골목골목을 함께 걸었다. 행사주체자들은 중간지점에 멈추어 지진 당시의 상황을 얘기했고, 당시의 사진을 펼쳐 현재의 모습을 대조하면서 나가타지역의 피해와 복구 과정을 설명했다. 지역주민들은 한신대지진 당시를 떠올리며 소방차가 제대로 도착하기도 어려웠지만, 도착한 소방차도 소방수가 모자라 눈앞에서 번지는 불을 보면서도 자연연소될 때까지 속수무책이었다고 얘기했다. 한 퇴직 소방관은 지진으로 무너진 집 앞에서 소리를 질러 반응이 있으면 구조작업을 하고 반응이 없으면 지나칠 수밖에 없었다고 하며, 당시의 참혹함을 떠올렸다. 한신대지진으로 인한 지역의 피해 상황은 케미컬슈즈산업 또한 얼마나 큰 피해를 보았는가의 이야기로 이어졌다.

롯코산을 배경으로 한 이국적이고 세련된 도시 이미지가 고베의 한 얼굴이라면, 고베 패션을 대표한다고 할 구두는 이 나가타지역에서 만들어졌다. 개항 이후 성냥산업, 그 뒤를 이은 고무산업, 그리고 1950년대 이후의 케미컬슈즈로 이어지는 나가타지역 제조업의 흥망성쇠는 고베의 개항 이후 및 전쟁시기와 전후의 정치경제사를 고스란히 담고 있다. 그리고 전후의 혼란과 고도경제성장기, 1995년 한신대지진으로 인한 피해와 그 복구 과정에서 나가타지역은 성냥, 고무, 그리고 케미컬슈즈[1]로 이어지는 지역산업의 현장으로, 또한 효고현의 대표적인 재일코리안 집주지로 존재해왔다. 재일코리안 노동의 역사는 나가타지역 안에 구두의 곡선을 기운 실들처럼 촘촘하게 엮여 있으며, 오늘날 "메이커 경영자의 60% 이상은 자이니치"라고 할 만큼 재일코리안들은 구두

1 케미컬슈즈는 '갑피는 합성수지 혹은 합성피혁으로, 바닥은 고무나 합성수지 혹은 그 혼합물을 사용하며, 갑피와 바닥을 접착제로 붙인 구두(운동화 제외)'이며, '신소재를 적극적으로 사용한 패션구두'다.

산업의 주축으로 존재하고 있다.

나가타지역은 영세공장 밀집, 낙후된 주거시설, 환경오염 등의 문제를 안고 있는 주공(住工) 혼재 지역이다. 1971년 사회학자 이오카 쓰토무는 나가타구 미노지구에 대해 쓰레기가 넘치고 냄새가 진동한다고 언급하며 공장의 매연, 악취와 소음, 과밀한 생활환경 및 위생, 주민의 건강문제를 지적했다(井岡勉 1971: 45-46; 広原盛明 1996: 9-10). 이 논문에서 나가타지역은 고베시에서 인구가 가장 조밀하고 고무공장이 밀집한 지역으로, 목조뿐 아니라 막사 등의 형태로 고무공장, 상점, 주택·숙소 등이 혼재해 도시환경이 극히 열악하다고 묘사된다. 이 때문에 화재 한 건당 소실면적은 고베시 일반의 약 4배이며 진폐병의 위험도 컸다. 나가타구 소방서의 자료에 따르면 1958년부터 1968년 사이에 나가타구의 화재 건수는 1,271건이었고, 화재로 인한 소실면적의 46%는 고무공장이었다. 대부분 목조건물이며, 외벽이 철근콘크리트라도 내부 칸막이가 대부분 베니어판이며 공장 내 인화성 물질이 많아 화재에 매우 취약했기 때문이다(稲見悦治·藤岡ひろ子 1971: 334).[2] 1963년에는 나가타구의 한 고무공장에서 화재가 발생해 17명이 사망한 사건도 있었다. 1961년의 기록을 보면 고베시 결핵 환자 수는 전국 1, 2위를 다투었는데, 그중에서도 나가타구가 제일 많았다. 특히 나가타구에는 도중에 치료를 중단하는 환자가 많았는데, 생계부양자여서 입원할 수 없거나, 어린아이의 경우는 입원해 있는 동안 돌볼 어른이 없는 경우가 많았기 때문이다. 나가타구는 고령자, 독거노인, 고령자부부 세대의 비율이 고베시에서 가장 높아, 고령화에 따른 문제가 전형적으로 나타나는 지역이기도 했다(道上

---

2 1968년 고베시 통계서를 참고하면 나가타구의 인구밀도는 19,780명/km²로 고베시 전체에서 가장 조밀하며, 그중에서도 고무공업 밀집지역의 인구밀도는 약 35,000명/km²에 이르렀다.

圭子 1995: 10-14).

나가타지역의 도시경관 및 주거환경, 지역산업은 서로 톱니바퀴처럼 맞물려 지역의 일상적 생태를 만들어왔다. 나가타의 도시문제가 조명된 1970년대 초 당시는 나가타지역 케미컬슈즈산업의 최전성기이기도 했다. 1969년에 케미컬슈즈공업조합의 연간 생산족수는 1억 4,000만 족으로 절정기였고, 1973년에 일본케미컬슈즈공업조합 가입기업은 322개사로 최고조였다.[3] 1971년까지 케미컬슈즈는 생산량의 약 40%를 미국 등으로 수출하는 주요 수출품목이기도 했다.

나가타구 케미컬슈즈에 대한 연구에서 빠지지 않고 언급되는 것은 그 영세함이다. 그러나 영세함은 케미컬슈즈의 탄생 배경이기도 했다. 애초 '케미컬슈즈'는 영세업자들이 가격과 공급이 불안정한 생고무 없이도 구두를 제작할 방안을 고안한 것에서 출발했다. 가내업자들은 우비 등에 쓰이던 염화비닐에 색깔을 입혀서 형형색색의 구두를 만들기 시작했고, 고무밑창과 염화비닐 접착 기술이 안정됨으로써 한국전쟁이 끝난 1953년 즈음부터 이 신소재 구두는 본격적으로 팔리기 시작했다. 개별 사업장의 영세함에도 불구하고 나가타지역은 가내부업을 포함한 촘촘한 분업구조, 생산유통의 네트워크 속에서 거대한 작업장으로 존재했다.

나가타지역은 효고현의 대표적인 재일코리안 집주지다. 『재일기업

3 1957년 일본케미컬슈즈공업조합의 전신인 케미컬슈즈공업회가 설립되었다. 그리고 1959년 5월에 오사카통상산업국(현 긴키경제산업국)의 허가를 받아 '케미컬슈즈공업조합'으로 조직을 변경했다. 1963년에 통산성(현 경제산업성)으로부터 전국조합으로 인가를 받아 '일본케미컬슈즈공업조합'으로 명칭을 변경했다. 1971년 오일쇼크 이후 엔고가 지속되면서 케미컬슈즈는 수출형에서 내수형으로 급격히 전환되고, 현재는 100% 일본 내에서 유통되고 있다. 2019년 11월 현재 일본케미컬슈즈공업조합에는 85개 회사가 가입되어 있다(일본케미컬슈즈공업조합 제공 자료).

의 산업경제사』에서 한재향(韓載香 2010: 26, 51-54)은 산업구성의 특화도[4]에 주목하여 재일(在日)산업을 분석하는데, 1975년과 1997년의 기업실태를 보면, 효고현에서 재일기업의 특화도가 가장 높은 부문은 가죽구두제품이며 그다음은 고무산업이었다. 한편 나가타지역에는 효고현 전체 재일기업의 약 20%(128건) 가까이가 집중되어 있으며 그 절반은 구두산업에 집중되어 있었다. 또한 한신대지진 직전인 1994년의 나가타구 외국인 거주자는 28개국의 1만 382명으로, 주오구(中央区)에 이어 두 번째로 외국인 거주자가 많았는데, 국적별로는 한국·조선인이 9,208명[5]이었다. 이로써 나가타지역은 구두를 중심으로 한 '재일산업'이 집적한 재일코리안 집주지임을 알 수 있다.

나가타지역은 한신대지진의 최대 피해지다. 한신대지진의 피해는 '불량주거'와 '고령자'에 집중된 '인재'라는 비판을 받아왔는데 나가타지역의 피해가 바로 그러하다. 한신대지진은 건물과 가옥의 파괴, 화재로 인한 대규모 인명피해를 초래했고, 나가타지역의 피해를 묘사하는 기사와 문헌에서는 "궤멸적인 피해"라는 표현이 반복된다. 나가타구는 고베시에서 고령화율이 가장 높을 뿐 아니라, 오래된 목조주택은 지진에 무방비했으며, 구두제조업체들이 고밀도로 연쇄되어 있어 대형화재의 불씨가 되었다. 이미 버블붕괴와 해외 저가구두 수입의 증가로 '예전 같지 않았던' 나가타지역 케미컬슈즈산업은 한신대지진으로 회복하기 어려운 타격을 입었다. 한신대지진으로 지역과 산업이 일순간에 붕괴된

---

4 지역 및 일본 전체 산업구성 비율을 분모로 하고, 당해 지역의 재일산업 구성비를 분자로 한 것으로, 특화계수가 1보다 큰 것은 재일코리안이 일본 전체의 구성에 비해 상대적으로 해당 산업 분야에 집중되어 있음을 의미한다.

5 '고베시재주외국인문제환담회부흥제언(神戸市在住外国人問題歓談会復興提言) 1994. 12. 1.'에서 참조한 한신대지진 당시 고베 시내 행정구역별 외국인등록자 수(김백영 2010: 158).

것이다.

저자는 2018년부터 간세이가쿠인대학(関西学院大学) 재해부흥제도연구소, 인간과방재미래센터(人と防災未来センター), 다문화다언어커뮤니티방송국 FMYY를 거점으로 한신대지진 이후 고베지역의 재편과 재생에 대한 자료를 수집했다. 고베시 나가타지역에서의 현지조사(field work)는 한신대지진 이후 25년이 흐른 2020년 1월 17일을 전후로 열흘 동안 진행했으며, 이 글은 당시의 현지조사를 바탕으로 집필했다.

2. 재일산업 '케미컬슈즈'

제조업은 재일코리안 경제활동의 주요한 부문으로 꼽히지만 '고무, 플라스틱, 신발, 수리, 가방, 지갑' 등으로 열거될 뿐, 그 작업방식과 생활세계는 학문적인 조명을 받지 못했다. 이 글은 재일코리안 집주지 나가타지역, 그리고 고베의 대표적인 지역산업으로서의 '케미컬슈즈'의 역사와 현재를 고찰하고, 이를 통해 지역사회와 지역산업에 깊이 새겨진 재일코리안의 발자국을 조명하고자 한다. 고베개항 이후 성냥산업, 고무산업, 구두산업으로 이어지는 제조업의 부침의 역사 속에서 오늘날 케미컬슈즈산업의 중심이라 할 '메이커 경영자'의 60% 이상은 재일코리안이다. 이에 저자는 케미컬슈즈의 역사와 그 작업방식에 주목하여 케미컬슈즈산업이 오늘날 대표적인 '재일산업'으로 존재하게 된 배경을 살피고자 한다.

한재향(韓載香 2007: 27)은 논문 "파친코산업과 재일한국조선인기업"에서, 재일(在日)이 소유하고 경영하는 기업(이하 재일기업)이 엮어내는 산업구조의 특징으로 특정 산업에 매우 집중되어 있고, 시대가 흐름에 따라 성장산업에의 집중이 강화되며, 그 과정에서 빠른 퇴출과 진입이 이루어지는 다이나믹한 변화가 보이는 점을 꼽았다. 1960~70년대 파친코 산업 호황기에 파친코산업으로 재일코리안이 대거 유입되는 동시에 제조업에서의 전업이 진행된 것이 그러하다. 이는 교토의 전통섬유산업에서 재일코리안의 이탈에 대한 권숙인(2011)의 분석과도 일맥상통한다. 재일코리안은 1910년대부터 교토의 전통섬유산업의 저변을 뒷받침해 왔으며, 패전 직후 혼란기에는 산업을 유지하는 데 주도적인 역할을 하기도 했다. 그러나 1970년대 이후 섬유산업의 지속적인 쇠락 속에 재일기업 대부분이 전·폐업한다. 권숙인은 기모노산업 전반의 쇠퇴국면에 앞서 이미 1950년대부터 고도경제성장기의 고급화 경향 속에서 재일조선인들은 파친코산업 등으로 전업하기 시작했음에 주목했다.

교토에서 '입는 것'이 만들어졌다면, 고베에서는 '신는 것'이 만들어졌다. 그리고 전통섬유산업의 고급화가 재일조선인의 이른 이탈을 초래했다면, 고베 케미컬슈즈는 생고무 공급과 가격변동에 시달려온 영세업자들이 고안한 대중적인 소재였다는 점에서 대조적이다. 염화비닐에 색깔을 입힌 '신소재' 슈즈는 한국전쟁이 끝난 1953년 이후 그 생산이 본격화되었으며, 영세함이야말로 재일코리안들이 경영자로 발돋움할 수 있는 발판이었다.

케미컬슈즈산업에 대한 인터뷰 중에 '우리는 자이니치나 일본인이나 구별 없이 협동한다'라는 구술을 접했다. 이는 차별적인 노동조건과 열악한 생활환경에 처해, 공공영역에서의 제도적 배제와 취업차별, 민족교육차별 등에 거세게 항의해온 재일코리안의 역사를 두고 생각한다면 매우 낯선 구술이다. 김웅기(金雄其 2018) 역시 나가타지역의 케미컬슈즈산업의 역사를 다룬 논문에서, 현지조사 중에 만난 케미컬슈즈 관계자들이 재일코리안과 일본인이 '차별 없이' 업계발전을 위해 함께 힘썼다는 자부심을 드러내는 것을 보고 다소 당혹감을 느꼈다고 표현한다. 저자는 이러한 구술에 대해 케미컬슈즈에 종사하고 있는 이들에게 되물었고, 이에 대해 "케미컬슈즈는 원래 협동하지 않으면 안 되는 산업"이라는 답을 들었다. 케미컬슈즈산업의 중심조합이라 할 일본케미컬슈즈공업조합의 이사진 구성에도 일본인과 재일코리안이 반반씩 동수로 참여해왔다는 사실 역시 이와 같은 케미컬슈즈산업의 특성을 보여주는 일면이다.

일본 학계에서는 드물게 케미컬슈즈산업의 재일코리안에 주목한 연구자는 경제학자 야마모토 슌이치로(山本俊一郎 2002, 2008)다. 그는 나가타지역 케미컬슈즈산업의 메이커, 가공업자, 재료업자, 도매업자 간의 생산유통 네트워크에 주목하며, 한신대지진 직후인 1997년 인터뷰조사를 통해 재일한국·조선인 기업의 거래관계와 생산유통 네트워크를 조사했다. 그리고 이들 기업의 거래관계의 고려사항은 '경영성'이며 민족적 동질성에 기반한 거래는 찾아보기 힘들다는 결론을 내린다. 이는 나가타지역에서 케미컬슈즈산업은 "민족차별 없이 협동했다"라고 하는 구술과 상통하는 맥락에 있기에 주목된다.

'우리는 민족차별 없이 협동한다'라고 하는 구술의 배경을 살피는 것은 재일코리안 집주지인 동시에 일본의 대표적인 구두 생산지이며, 또한 한신대지진의 최대 피해지인 '구두마을 나가타'의 인류학적 지형을 드러내는 작업이 될 것이다. 이는 또한 재일코리안이 종사해온 제조업의 성격을 이해하고, '한국인도 일본인도 아닌 떠다니는 일개 부초'(가네시로 가즈키 2006: 248)가 '지역'에 뿌리내린 경위를 조명하는 과정이 될 것이다.

유혁수(2016)는 변호사와 연구자 등 전문직을 중심으로 사회적·경제적 차별뿐 아니라 법적·제도적 차별 속에서, 그리고 이에 맞선 투쟁 속에서 1990년대 후반에서야 가능했던 재일코리안의 '신분상승'에 주목한다. 재일코리안의 사회경제적 지위변화에 대한 연구에서 히구치 나오토(2016)는 재일코리안은 취직차별에 의해 자영업에 종사할 수밖에 없었으나, 1980년대 이후 취직차별이 완화되었다는 통설을 인구조사 데이터로 검증한다. 이를 통해 재일코리안이 자영업에만 집중되어 있다는 것은 과거의 이미지이며, 취직차별로 인해 재미아시아계 이민자들보다 한 세대 더 걸려 3세에 이르러서야 가능했지만, 높은 교육수준을 기반으로 화이트칼라로 진출하고 있다고 분석한다. 그렇다면 오늘날의 나가타 케미컬슈즈를 조명하는 것은 재일코리안의 직업이 다변화하는 동안 제조업을 떠나지 않았던 이들, 지역사회에 뿌리를 내리고 지역산업의 주축이 된 재일코리안들의 삶의 여정에 관한 인류학적 기술이 될 것이다.

한반도에 뿌리를 두고 일제강점기부터 오늘에 이르기까지 일본에 거주하고 있는 민족집단은 재일조선인, 재일동포, 재일한국인, 재일코리안, 자이니치, 재일한국·조선인 등으로 불려왔다. 그러나 어떠한 이름도 역사적 존재로서의 '재일'을 담아내기에 만족스럽지 않기에 연구자들은 자신이 왜 특정 용어를 쓰기로 했는가를 별도로 밝히곤 한다. 전후 일본에서 외국인등록자의 압도적 다수는 '한국·조선'사람이었다. 따라서 일본에 거주하는 외국인을 의미하는 '재일', 즉 '자이니치'는 곧 재일조선인을 의미했다. '자이니치'는 재일조선인들이 스스로를 가리키는 이름이기도 하여, 현지조사를 수행하는 중 나가타지역에서는 '자이니치'의 용어로 대화를 나누었다. 그러나 세대를 거듭할수록 '자이니치'사회는 분화하고 있으며 일본에 거주하는 외국인의 국적 역시 다양해지고 있다. 일제강점기부터 또한 해방 이후 이주하여 나가타지역에 거주해온 '자이니치'들은 글로벌 노동이동 속에서 또 다른 '재일'의 에스닉그룹을 끌어들이고 있다. 이 현재진행형의 상황을 염두에 두고 민족적 뿌리를 한반도에 두고 일본에 거주하고 있는 이들을 '재일코리안'이라는 용어로 지칭하고자 한다. 한편 인터뷰 중 '자이니치'의 용어로 대화를 하였기에, 그 맥락 속에서는 '자이니치'라고 표현할 것이다. 또한 일본의 행정기록 등에서는 국적을 기준으로 '재일한국·조선인'으로 표기하기에 이를 인용할 때는 이에 따르고자 한다.

3. 고베 성냥산업에서 케미컬슈즈까지

1858년 미일수호통상조약으로 개항한 후 고베는 신흥공업도시로 변모한다. 1894년 당시 성냥은 고베의 주요수출품으로, 생산량은 일본 전국의 90%를 차지했다. 한편 동남아시아 성냥이 대두하는 등 국제경쟁에서 밀려 1920년대 중반 이후 성냥산업은 급속히 쇠퇴한다. 그리고 성냥산업으로 축적된 유황가공기술은 고무산업에 활용된다. 고베의 고무산업은 1910년에 던롭고무주식회사가 고베로 들어온 것으로 시작되었고, 성냥공장은 그대로 고무공장으로 이용되었다. 1918년 즈음 생고무를 잘라붙여 만든 고무장화가 그 방수효과 덕분에 홋카이도나 도호쿠지방 등 추운 지역에서 팔리기 시작했고, 가황작업을 통해 '신발다운 신'을 만들기 시작한 1920년대에 고무신 제조법이 확립되었다. 한편 1923년 관동대지진으로 인한 관동지방 고무공장 소실로 고무 및 신발 생산은 고베로 집중되었고, 이로써 1927년의 '부현별고무제조생산액'에서 효고현은 1위를 기록하고, 전국 고무수출의 80%가 고베항에 집중되었다. 고베 고무신은 1930년에는 수출량 3,400만 족으로 세계 1위를 기록할 정도였다. 이 고무신이 제조된 곳이 나가타지역 일대다(金宣吉 2014).

고무산업 성장의 이면에는 저임금 노동자로서의 조선인 노동자가 존재했다. 1912년의 고베시 거주 조선인 수는 21명이었으나 1913년부터 조선에서 직접 직공과 여공을 모집하기 시작하여, 1926년에 고베시 내에 조선인이 2,795명, 그중 나가타구(당시 모리타구森田区)에 1,411명이 거주했다. 1930년에는 고베시의 조선인 수가 1만 1,912명으로 그중 나가타구에 5,035명이 거주했다(神戸市 1931; 岩崎信彦 編 1999: 203). 한편 1929년 세계대공황 발생으로 고무산업은 결정적인 타격을 입었고 대량해고가 일어났다. 나가타구가 조선인 집주지였다는 점은 당시 조선인 실업자등록수에서 나가타구가 압도적인 비중을 차지한 것으로도 알 수 있다. 1925년부터 10년간의 실업자 구제사업에 대해 당시 고베신문은 나가타구의 실업자는 대부분 조선인이라고 쓰고 있다. 특히 나가타구의 특징으로는 여성 실업자 등록이 많은 것이 언급되었다(堀内稔 2017: 12).[6] 고무제조소 미싱공 등 조선인 구두직공의 부당해고에 대한 항의와 파업 또한 빈번하게 기사화되었다. 한편 1937년 중일전쟁 발발로 1938년 「국가총동원법」이 공포되고, '고무사용제한', '고무신발 판매금지', '고무배합통제규칙'의 조치가 발령되었다. 이어서 1941년과 1943년의 기업정리로 전국에 1,100곳이던 고무공장이 49곳으로 줄어들고, 나가타의 공장들도 대부분 정리대상이 되어 구두제조 역시 패전 직후까지 일시정지된다(高龍弘 2015: 8).

'생고무' 공급 차질로 인한 산업의 부침이 반복되는 가운데 영세업자들은 고무 없이도 구두를 만들기 위한 시도를 거듭했다. 그리고 1949년 즈음 우비나 우산 등을 만드는 염화비닐로 구두를 만들기 시작했다. 이 신발들은 '모드슈즈', '뉴모드슈즈', '뉴스타일슈즈', '패션슈즈', '비니루 슈즈'라고 불렸다. 갑피와 밑창을 접착하는 본드가 시판되고 케미컬슈즈 제작의 기술이 확립된 것은 한국전쟁이 끝난 1953년이다. 1954년에 도쿄고무조합은 '화학소재로 만든 구두이니, 케미컬슈즈라고 부르면 어떨까'라는 제안을 했다. 그리고 이 이름은 리듬감이 있고 또한 지금까지는 없었던 새로운 구두라는 분위기를 자아내는 고유명사가 되었

6 해방 전 나가타구 조선인들의 생활과 노동, 노동운동사에 대해서는 堀内稔(1998), 兵庫朝鮮関係研究会(1993) 참고.

다. 케미컬슈즈는 이전의 고무구두에 비해 장식, 디자인, 색채 등에 있어 자유롭고, 수요에 맞춰 생산 탄력성이 강한 특징이 있다. 나가타의 영세업자들은 대기업과의 직접적 경합을 회피하는 형태로 구두산업의 새로운 존립 기반을 만든 것이다(関満博·大塚幸雄 2001: 56).

4. 해방 후 조선인 커뮤니티

일본 패전 직후인 1946년, GHQ가 생고무 5천 톤의 수입을 허가하고 군부의 통제물자가 대량 암시장으로 방출되는 가운데, 해방 후 나가타 일대 조선인 노동자의 상황은 일변한다. 암시장에서 유통되는 생고무로 가내영세작업장에서 고무신을 만들기 시작하면서 조선인들은 노동자로서만이 아니라 경영자로 나서게 된 것이다(高龍弘 2015: 9). 재일상공인들이 1995년 설립한 신용조합 오사카흥은(大阪興銀) 30년사에는 "토방·인부합숙소장(飯場頭)에서 토목·건설청부업자가 된 것처럼, 고무, 유지, 메리야스 봉제공장의 견습공, 도제공이 전후의 혼란 속에서 … 야미업 등을 배경으로, 상당히 큰 공장을 가지게 되었다. … 당시 고무산업의 경우에는 롤이나 가황장치가 있으면 가내공업으로 충분히 경영할 수 있었기 때문에, 오사카와 그 주변, 도쿄, 고베지구에도 한국인 신흥 고무업자가 일시에 속출했다(大阪興銀 1987: 22-23; 韓載香 2010: 43에서 재인용)"라고 기록되어 있다.

전후 재일코리안의 기업활동 조건은 이전과는 크게 달라졌다. 전전(戰前)의 재일산업은 제한된 재일조선인사회를 시장기반으로 두었고, 제조업은 저임금을 기반으로 성립했다. 이에 비해 전후는 시장과 자원 조달처의 양면에서 사정이 달라지는데, 해방 후 귀국으로 인한 조선인 인구감소로 재일조선인사회 독자의 시장기반 자체가 축소되고, 재일코리안은 재일코리안사회 밖의 일반시장에 참여해야 하는 상황에 놓인다(韓載香 2010: 16-17). 이런 속에서 경영자로 진입하는 이들이 늘어나면서 나가타의 재일코리안 커뮤니티에도 큰 변화가 생긴다. 조선인자유상인연합회는 1946년부터 1948년까지 현의 허가를 받아 산노미야국제마켓에 고무제품 도매거리를 조성하기도 했다. '점령기 암시장부터의 고베의 부흥'을 연구한 무라카미 시호리는 해방 직후 국제마켓의 상황을 '재일조선인의 서바이벌'이라는 제목으로 기술한다(村上 2018: 191-215).

종전 직후 생고무를 얻을 수 있는 정규 루트는 고무통제조합이었는데, 생고무를 얻기 위해 1946년을 시작으로 110곳의 재일기업이 이 조합에 가입했다. 고무통제조합은 1947년 4월 효고고무공업협동조합으로 재결성되었고, 재일코리안 경영자도 임원으로 이름을 올렸다. 그러던 중 재일코리안 고무사업자들은 1947년 5월에 조선인고무공업협동조합(현 고베고무공업협동조합)을 설립하고 효고고무공업협동조합에서 집단 탈퇴했다. 일본인 업자와 조선인 업자는 사업의 역사, 규모, 설비 등 경영의 모든 측면에서 상당히 차이가 있어 당면과제 및 대책이 다르다는 것이 그 이유였다(神戸ゴム工業協同組合 1987: 17). 해방 후 정치적 변화 속에서 민족주의가 고양되었고, 조선인은 '외국인'으로서 고무원료의 입수에 GHQ의 통제가 적었던 실질적인 이유 또한 그 배경에 있었다.

1948년 2월에 조선인고무공업협동조합에 70개 회사가 가입하였고, 조선인조합은 전국조직인 일본고무공업협동조합연합회에 정식 가입한다. 이러한 변화는 재일기업 수 자체가 무시할 수 없는 규모로 늘어났기 때문이다. 효고현 고무회사 중 재일기업 수는 1948년에는 60곳, 1949년에는 70곳이었다. 재일기업을 뺀 기업은 같은 해 각각 85곳, 102곳으로, 재일기업이 상당한 비중을 차지하고 있음을 알 수 있다. 1945년부터 1949년 사이에 기업과 공장의 증가율은 효고현이 전국 최고였는데, 이는 종전 시점에는 존재하지 않았던 재일기업이 다수 설립된 것에 기인

한 것으로 보인다(日本ゴム工業会 1969: 562; 韓載香 2010: 50, 377에서 재인용). 고베고무공업협동조합의 기념지를 보면 "전쟁 전이나 전시 중, 고무공장의 하청으로 일했던 동포가 많다. 이러한 경위로 전후에 동포들의 고무 및 관련업계 활동이 평가를 받아, 재일코리안은 고베 고무공업계에서 은연중에 세력을 가지게 되었다"라고 쓰고 있다(神戸ゴム工業協同組合 1987: 53-55, 118; 韓載香 2010: 379에서 재인용).

나가타지역은 공습 등의 전쟁피해가 적어 대규모 정비사업 없이 목조연립주택 나가야(長屋)가 밀집된 상태로 전후를 맞았다. 1950년 4월에는 고무공업 통제가 끝나고 곧 한국전쟁이 발발한다. 고베의 고무생산량은 한국전쟁 직전 766톤에서 8월 1,000톤, 10월 15,000톤으로 치솟는다. 그러나 경기특수 속에서 고무제품값이 폭락하고 다시 고무회사는 무더기로 도산한다. 조선인고무협동조합 회원기업도 1/3로 줄었다. 위기를 타개하고자 1953년에는 조선인 경영자 18명이 기존의 조합을 해체하고 '고베고무공업협동조합'을 설립한다(高龍弘 2015: 9). 구두완제품을 만드는 '메이커' 경영자뿐 아니라 재료업자, 가공업자 등 재일코리안의 고무 관련 조합으로 존재해온 고베고무공업협동조합은 재일코리안 커뮤니티의 중요한 거점이었다.

1957년 2월 21일 일본계와 조선계의 고무조합은 '동서 구분 없이, 규모에 상관없이, 민족 여하를 넘어서, 하나의 깃발 아래'라는 이념으로 케미컬슈즈공업회를 결성한다(高龍弘 2015: 5). 1959년 5월 23일에는 통산성의 정식 허가를 받아 가맹사 209곳을 갖춘 일본케미컬슈즈공업조합의 결성에 이른다. 1994년 일본케미컬슈즈공업조합 가입기업은 전국 총 236개 사였고, 그중 80%는 나가타지역의 업체였기에 나가타지역의 메이커 경영자들이 공업조합의 중심이었다. '동서 구분 없이, 규모에 상관없이, 민족 여하를 넘어서, 하나의 깃발 아래'라는 이념 아래 공업조합에는 이사진 구성에 있어서 재일코리안 경영자와 일본인 경영자가 같은 수로 참여했다. 재일코리안들이 그들의 권익을 보호하고 또한 지역사회에서 대등한 협력자로 존재하기 위해 분투했음을 보여주는 대목이다.

케미컬슈즈공업조합에는 구두 완제품을 만드는 '메이커' 경영자만 참여할 수 있었기 때문에 부자재, 재단과 미싱에 종사하는 비중이 높았던 재일코리안들은 고베고무공업협동조합에 가입했다. 1월 14일에 만난 민단의 관계자는 "250~300개 업체가 고무조합에 가입했고, 이런 조합이 있으니 일본인들도 신용을 가지고 거래했다. 고무협동조합에 있는 사람들이 케미컬슈즈공업조합 이사로 많이 참여했다"라고 말했다. 고베고무공업협동조합은 일본인 회사들에 비해 자본, 납품, 네트워크가 취약했던 조선인 고무업자의 권익을 보호하는 경제적 멤버십의 구심점으로 존재한 것이다.

한편 이와 같은 '대등한' 분위기는 보다 공식적인 부문에서는 그 한계를 드러내는데, "케미컬슈즈공업조합이 경제산업성의 인가를 얻은 전국조합이기도 하여" 이사장은 암묵적으로 일본인이 맡아왔다는 구술이 이를 보여준다. 한편 케미컬슈즈 업계가 축소됨에 따라 "지금은 케미컬슈즈공업조합 자체가 규모가 작아졌고 민족을 따지는 것이 의미가 없어져 5~6년 전부터는 일본인과 재일코리안이 반반씩 이사진의 수를 나누던 구분이 사라졌다." 현재는 재일코리안 경영자가 조합의 이사장을 맡고 있기도 하다. 케미컬슈즈산업은 '메이커'를 중심으로 한 고밀도 사회적 분업을 통해 유지되기 때문에 메이커 경영자뿐 아니라 재료와 하청의 상당 부분을 담당하고 있는 재일코리안을 포함한 지역 전체의 유기적인 협업이 구두 제작의 핵심적인 사항이었다. 케미컬슈즈 제작 과정을 통해 이를 상세하게 고찰해보자.

5. '메이커' 중심의 지역 내 분업

나가타지역의 특징은 메이커, 원료업자, 고무 등 원료가공업자, 금속형제조, 목제형제조, 재단과 봉제, 고정작업 및 부착작업, 힐, 장식, 포장재 및 상자제작, 운송 등 구두 생산에 필요한 기능들이 지역 내에 집적해 있다는 것이다. 메이커 사장이 차에 원단을 싣고 골목길 미싱집 현관에 내려놓으며 "내일까지 부탁합니다"라고 전표를 끊어 전하고, 다음날 다시 와서 실어가는 것이 나가타의 흔한 풍경이었다. "누구는 풀만 붙이고, 누구는 상자만 만들고, 누구는 배송만 하고, 누구는 미싱만 박는" 분업체제에서, 기능이 각기 다른 미싱 몇 대를 두고 집에서 작업하는 미싱사에 이르기까지 다양한 규모로 부분작업이 이루어졌다. 지금은 가족 모두 그만두었지만 케미컬슈즈 덕분에 대학까지 졸업했다고 한 재일코리안 2세 50대 남성은 "케미컬슈즈의 분업방식은 가족 전원 취업을 요하는 재일코리안 사정과 맞았다"라고 얘기했다.

구두 생산과 유통의 중심이며 생산의 조직자가 되는 것은 '메이커'다. 구두의 각 부분은 '메이커' 경영자의 주문으로부터 제작되어 최종적으로 '메이커'로 모여 완제품이 나오기 때문이다. 지역에서 만난 구두업 종사자들은 "메이커를 가진다는 것은 완성품을 만든다는 것이다"라고 했다. 재일코리안이 운영하는 카페에서 우연히 만난 일본인 재료상은 "재일코리안들이 메이커로 성공하는 것을 보며 대단하다고 느꼈다. 메이커를 해야 돈을 벌 수 있고 회사를 키우는 것도 가능하지만, 메이커를 하는 것은 정말 힘들다"라고 했다.

나가타지역의 메이커들은 보통 부분작업을 외주화하며 각 부분을 최종 합체하여 완성품을 만들어 판매한다. 그러나 '메이커'라고 해도 그 규모는 다양하여, 전 공정을 자체적으로 완결하는 대규모 메이커도 있지만, 임대공장에서 소규모로 작업하는 곳도 있다. 저자가 나가타에 위치한 민단효고현지방본부 관계자의 소개로 만나게 된 재일코리안 메이커 경영자 B씨와 그의 삼남 K씨와의 인터뷰를 통해 그들이 운영하는 '메이커' M사의 작업방식을 살펴보자.

M사의 역사는 1950년에 제주 출신의 재일코리안 1세가 나가타에 구두 노동자로 정착한 것으로 거슬러 올라간다. 메이커 경영을 시작한 것은 2세부터다. 현재는 2세인 B씨와 함께 3세인 2남 1녀가 장남은 '영업', 차녀는 '사무', 삼남은 '공장'을 맡아 M사를 함께 운영하고 있다. M사는 22명의 종업원이 매일 700켤레의 구두를 만드는 규모이며, 1층은 창고 및 물품 배송, 2층은 쇼룸을 둔 영업 및 사무공간, 3층은 공장이다. B씨는 판매처와 하청 등을 모두 합하여 통상 70~80곳과 거래한다고 했는데, 이 거래처의 규모야말로 '메이커'를 중심으로 한 협업방식을 보여준다. 삼남 K씨는 한국의 대학에서 유학한 경험이 있으며, 한국생활에 익숙해져 남대문의 구두재료업체에 취업을 했으나, 일본에 돌아와 M사에서 7년째 일하고 있다. 구두를 제작하는 과정을 K씨는 다음과 같이 설명한다.

> 겉의 에나멜, 속의 스펀지, 바닥과 굽 등 모든 부분은 나가타지역 재료업체에서 주문하고, 고무는 중국에서 원료 수입해서 이 지역에서 가공합니다. 끈 몇 센티 달라고 하고, 밑창 부분도 재료업체에 주문하면 중국에서 재료 사서 이런 모양으로 만들어주고, 쿠션도 따로 주문을 해서 받고, 힐이 있는 구두라면 힐도 또 다른 공방에서 만들어 가져옵니다. 미싱은 근처 베트남인, 자이니치들이 운영하는 가내공장에서 미싱작업을 합니다. 레이스천은 남대문(K씨가 근무했던 곳)에서 원단을 받고, 여기서(나가타) 재단합니다. 이렇게 부분부분 만든 것을 회사에서 합체합니다. 여기서는 본드 작업이 많습니다. 본드가 조금 새는 정도로도 반품이 되니까 우리는 소통이나 숙련이 중요해서 외국인 고용은 안 하고 있습니다. 운 좋게도

오래 근무한 분들이 많아서 아직 인력 문제는 없습니다. (2020년 1월 14일 M사 K씨와의 인터뷰)

이와 같이 '메이커'를 경영한다는 것은 재료업자, 가공업자, 하청업자들을 통한 각 부분 공정을 최종집결시켜 완성품을 만든다는 의미다. 인터뷰조사와 케미컬슈즈산업에 대한 기존 연구(関満博·大塚幸雄 2001; 山本俊一郎 2008)를 종합하면, 메이커를 중심으로 케미컬슈즈를 만드는 과정은 다음과 같다.

먼저 메이커 경영자가 가죽이나 고무, 바닥 소재 등을 원료상 또는 재료업자에게 주문하여 사들인다. 재료업자의 9할 이상은 나가타구에 입지하여 신속하게 재료조달을 할 수 있다. 이후에 이 재료를 기반으로 재단과 봉제가공, 그리고 외피와 바닥을 잇고 고리나 단추를 달고 끈을 만들고 힐을 만드는 등의 각종 작업을 주문한다. 각 하청업체의 전문

그림 2. M사의 쇼룸

촬영: 저자 2020. 1. 20.

그림 3. M사 제조 구두

촬영: 저자 2020. 1. 14.

이 다르고, 한 공장에서 소화할 수 있는 작업량이 한정되어 있기 때문에 보통의 메이커는 재단업체 2~3곳, 봉제업체 5~7곳, 가내부업작업 2~3곳과 상시거래를 한다. 분업과정에는 다양한 수준의 숙련작업이 포함된다. 구두는 곡선의 발 모양에 섬세하게 맞아야 하므로, 재단이나 미싱작업은 상당한 숙련이 필요하며 숙련도에 따라 임금 차이도 크다. 한편 디자인에 따라 구멍을 뚫는 등 숙련이 덜 필요한 단순 작업도 있어 노동참여의 진입 장벽이 낮다. 각 부분이 메이커에 모이면, 메이커의 공장에서 갑피와 바닥을 합체하고 안쪽 깔개를 깔고 리본을 붙이는 등 마무리 작업과 포장작업을 한 후 구두가 완성된다.

메이커의 구두 판매는 중간도매상이 메이커의 구두 샘플을 쇼룸에서 보고 발주하는 방식이 가장 일반적인 방법이다. 나가타의 메이커 중에서 자사의 구두를 브랜드화하여 매장을 경영하는 경우도 있으나, M사와 같이 제조에 집중하는 것이 더 일반적이다. 이 경우 사업을 확장하는 데는 한계가 있지만, 시장의 동향에 촉각을 세우거나 재고처리나 점포운영에 대한 부담 없이 제조에 집중할 수 있다는 용이함이 있다. 〈일반사단법인재일한국상공회의소 효고〉에서 실시한 2014년 12월~2015년 1월의 케미컬슈즈업계 현황 및 전망에 관한 앙케트(이하 상공회의소 앙케트)를 참고하면, 가격결정은 메이커, 혹은 메이커와 도매상의 협상에 따르며, 메이커와 중간도매상은 공생관계로 인식한다(在日韓国商工会議所兵庫 2015: 29).

이와 같이 지역 내에는 구두의 생산과 판매를 두고 중간도매상, 메이커, 가공업자와 하청업자, 가내업자가 연결된 수직적이며 수평적인 거래관계가 복합적으로 존재한다. 메이커는 하청업자가 적정가격, 기술적 완성도, 납품기한을 맞출 것을 기대하고, 거래는 주로 어음으로 이루어지기 때문에 하청업자와 메이커, 중간상은 서로 경영의 안정성을 신뢰해야 거래가 가능하다. B씨는 "재료나 미싱이나 메이커가 일체가 되어 일하는 분위기가 예전부터 있었고, 협동하지 않으면 안 되는 산업이었다"라고 얘기했는데, 이와 같은 제작방식은 신뢰에 기반하며 '생산'과 '생활'이 결합된 지역사회 네트워크에 기반한다. 이로써 단기간에 다품종소량생산을 하는 기동력 있는 나가타 방식이 가능한 것이다.

케미컬슈즈산업의 특징으로도 빠지지 않고 언급되는 것은 그 영세성이다. 다품종소량생산 역시 영세업체의 집적이라는 조건에 따른 것이다. 나가타지역 특유의 임공장제도는 영세업체의 난립을 더욱 부추겼다. 이는 공장 소유자가 공장을 칸막이로 분할하여 다른 업자에게 이를 임대하는 방식을 의미한다.[7] 나가타 구두의 전성기였던 1965년 고베시의 고무공업실태조사보고에 따르면, 조사대상 391개 공장 중 약 1/3이 29평 이하였고, 평균면적은 40평이었다. 종업원 후생 등은 기대하기 어려웠고, 마주한 공장 사이의 칸막이는 베니어판 정도였다. 나가타구 고무공장 수 추이를 보면, 공장 전체 수가 1960년부터 1969년 사이에 두 배 가까이 늘어났으며, 단독공장의 수는 큰 변화가 없으나 임대공장은 325곳에서 650곳으로 두 배 늘었다. 가내하청, 뒷골목이나 교량 밑에서 이루어지는 하청, 조합 등에 속하지 않아 집계되지 않는 수공업적 영세사업장도 상당수 존재했다(稲見悦治·藤岡ひろ子 1971: 338-339).

케미컬슈즈는 창업은 쉽지만, 6년 안에 1/3 정도가 바뀌며, 기업이 도산하면 종업원들이 독립하여 두세 곳의 기업이 탄생하는 순환이 있

7 이는 나가타구의 독특한 임공장제도로, 1980년대에는 3층 이상의 민간임대공장이 약 60개 동의 450개 공장으로 운영되었다. 이러한 임공장이 생기는 경위는 다음과 같다. 고무공장이 경영에 어려움을 겪으면 공장을 접는 한편, 보유하고 있던 공장 건물을 몇 칸으로 나누어 가내업자들에게 임대한다. 소규모공장이 갖추기 힘든 가황 설비 등을 공동 이용할 수 있게 하고 그 사용료를 받기도 한다. 메이커의 72%, 하청의 93%, 부품가공의 51%, 미싱 및 부업의 42%가 이와 같은 임대공장에서 운영되었다. 메이커의 22%만이 자사 건물을 보유했다(安藤元夫 2003: 256).

었다(関満博·大塚幸雄 2001: 92-93). 독립할 수 있는 기회가 있으면 경쟁적으로 오너가 되려는 경향이 강하기 때문에, 소기업의 난립으로 인한 과다경쟁이 발생하기도 했다. 1968년 케미컬슈즈 작업장의 자본규모는 공업조합이 조사한 공장 수 213개 중 300만 엔 이하 자본의 공장이 전체의 60%를 차지했다. 또한 200명 이상 업체는 10곳 정도에 불과하며, 29명 이하 소규모공장이 전체의 80%를 차지했다(稲見悦治·藤岡ひろ子 1971). M사의 B씨 역시 "이전에는 두 군데가 문을 닫으면 세 군데가 생겼다"라고 얘기했다. 늘 새로운 참여자가 지역 내 생산과 유통의 순환 속에 진입하며 각축하는 가운데, 창업의 장벽은 높지 않으나 업계에서 살아남기 위한 경쟁은 극심했음을 짐작할 수 있다. 한편 상공회의소의 앙케트를 참고하여 52개 메이커의 앙케트 결과를 보면, 창업자는 제조업자 출신이 87%를 차지하여, 본래 제조와 관련된 이들이 메이커로 성장했음을 알 수 있다(在日韓国商工会議所兵庫 2015: 20).

그렇다면 여기서 창업을 하는 재일코리안의 경우는 어떠했을까? 2000년 3월과 10월에 재일한국·조선인이 경영하는 17곳 기업에 대한 경제학자 야마모토 슌이치로(山本俊一郎 2008: 74-78)의 인터뷰를 참고하면, 이들의 창업연도는 1950년부터 1979년까지 폭넓으며, 종업원 수도 4~53명으로 규모가 다양하다. 이 중 재일코리안 1세가 경영하는 기업은 1곳으로, 나머지 16개 회사는 2세, 혹은 3세가 경영하고 있었다. 조사기업 17개 중 9개 회사가 창업 당시 친족 중에 케미컬슈즈 경영자가 있었고, 2개 회사는 다른 동포기업에서 일한 경험이 있는 경우여서, 창업이나 세대교체 시에 친척이나 동포 네트워크가 중요하다는 것을 보여준다. 또한 상공회의소의 앙케트에서 사업 후계자로 자녀나 조카를 꼽은 경우가 50%를 차지하며, 간부사원이 10%, 미확정이 35%, 폐업이 4%로, 재일코리안의 직업 다양화에도 불구하고 가족경영의 비중이 크다는 것을 보여준다. 한편 야마모토는 재일한국·조선인 메이커 경영자가 재료업자나 외주하청업자를 선정할 때 동포 간 거래가 이루어지는가를 조사했는데, 거래처 선정에 있어 동포기업을 우선하는 경향은 보이지 않으며, 거래량에서도 동포 간의 연대가 두드러지는 경우는 없다고 분석한다.

나가타지역에는 JR신나가타역을 중심으로 도보거리에 한국민단효고현지방본부와 효고재일한국상공회의소가 위치하며, 고베코리아교육문화센터를 중심으로 재일코리안 커뮤니티가 활성화되어 있다. 재일코리안이 대표로 있는 고베정주외국인지원센터 KFC와 KFC 산하 고령자데이서비스센터 등 복지시설도 운영되고 있다. 또한 나가타지역에는 재재일코리안이 경영하는 식당과 카페, 식품점을 쉽게 찾을 수 있다. 그 네트워크에 대한 조사를 본격적으로 진행하지는 못했지만, 일상적으로 존재하는 동포 네트워크는 거래관계로 파악되지 않는 사회적 기능을 발휘해왔음이 분명하다. 그럼에도 거래관계에서 민족적 고려가 보이지 않는다고 하는 것은 케미컬슈즈산업의 부침의 경험과 더욱 심화된 가격 및 품질경쟁 속에서 '경영성'이 다른 요인들을 압도해왔음을 알 수 있다.

6. 1995년 한신대지진, 지역과 산업의 피해

K씨는 지진 당시 초등학교 3학년이었다고 회상하면서 동네에 오코노미야키집이 정말 많았고 동네 사람들은 오코노미야키집이 많아 화재가 커졌다고 얘기하곤 했다고 말했다. 오코노미야키를 많이 파는 서민적인 동네, 오래된 목조연립주택 나가야의 골목들은 대지진과 뒤이은 화재에 무방비했다. 안도 무토 등(安藤元夫 等 1999)의 조사를 통해 대표적인 케미컬슈즈산업지역인 나가타구 가구라지구(神楽小学校区)의 한신대지진 당시

피해상황과 그 원인을 파악해보자.

나가타구 가구라지구는 전용주택(45%), 겸용주택(19%), 비주택(36%)이 섞인 주공혼합지역이다. 이 중 목조 비율을 보면 전용주택의 92%, 겸용주택의 70%, 비주택의 44%로 전체적으로는 목조건물(대부분 2층)이 70% 이상을 차지했다. 건설연도를 보면 1948년부터 1961년 사이에 지어진 건물이 전체의 절반이다. 이와 같이 오래된 목조건물이 많았던 탓에 지진으로 인한 건물의 피해가 전파 58%, 반파를 합하면 70%에 이르렀고, 1972년 이전의 건물은 90% 가까이 '전멸하였다'. 1985년(쇼와 60년) 이후의 주택은 단 9채밖에 없었으나 목조주택이어도 피해가 적었다. 보통 도로나 공원이 불이 번지는 것을 막아주는데, 1인당 공원면적이 나가타구는 1.43m^{2}인 데 비해 이외의 구들은 2m^2 이상으로, 나가타구가 고베시에서 공원면적이 가장 적었다.

이로써 나가타구는 지진 직후 가옥 무너짐과 화재로 인한 인명 피해가 그 어느 지역보다 컸다. 나가타구에서 지진으로 무너진 건물은 23,803동으로, 고베시 전체의 건물 무너짐 비율(倒壊率)이 30.8%였는데 나가타구는 그 두 배에 가까운 57.2%였다. 지진으로 인한 화재로 소실된 면적은(焼損延床面積) 고베시 전체 약 810,000m^2 중 나가타구 520,000m^{2}로 나가타구에 집중되었다(나가타구 홈페이지).[8] 전소된 건물 수도 고베시 전체 6,965동 중 나가타구에 4,759동이 집중되었다.[9]

---

8 고베시 나가타구 홈페이지 https://www.city.kobe.lg.jp/h20870/kuyakusho/nagataku/anzen1/index2/quake03.html (2020. 3. 15. 접속)

9 1995년 3월 16일 현재 효고현 경찰이 발표한 재일코리안 사망자 수는 121명이었다. 민단과 총련은 사망자 확인을 위해 명부를 교환하는 등 획기적으로 교류하여 동포 안부를 확인했다. 민단효고현본부는 사망자 123명, 생사불명 및 국적 미확인자 9명, 조선인총연합회효고현본부는 사망자 125명이라고 했다. 경찰 발표가 본명보다 통명으로 이루어졌으며, 혼인 이후 성이 바뀌는 등으로 확인 작업에 어려움이 있었다(粉川大義 1995: 75-78).

지역사회의 타격은 곧 케미컬슈즈 산업의 타격이었다. 캐미컬슈즈 공업조합에 당시 가맹했던 192곳 중 158곳이 전파 혹은 반파 피해를 입었고, 재단, 재봉, 가공업자 등의 연관회사를 포함하면 1,680곳의 80%가 피해를 입었다(高龍弘 2015: 8). 미싱작업과 가내부업은 나가야에서 이루어진 경우가 많아 피해가 가장 컸다.

회복 불가능인 것 같던 나가타지구 재생의 움직임은 가설공장에서 풍기는 신나 냄새, '접착공 급구', '미싱공 모집' 같은 구인 전단이 붙은 벽보로 나타났다(門野隆弘 1995: 95). B씨는 "시장은 기다려주지 않기 때문에 가능한 방법을 모두 동원해서 납품을 서둘러야 했다"라고 당시를 회상한다.[10] 자금이나 자재, 판매 면에서 모두 어려움에 처한 업체들이 '공동공장'을 열기도 했다. 영세할수록 피해가 컸기에 미싱과 가내부업의 재개가 가장 늦었으나, 3월까지 구두 관련 업자들의 3/4은 조업을 재개했다. 피해 규모에 비해 조업 재개는 신속하게 이루어졌다. 지진 이후에도 메이커와 가공업자, 재료업자, 하청업자 상호 거래관계는 거의 변화가 없어, 나가타지역 생산유통의 네트워크는 기본적으로 유지되었다(山本俊一郎 2008: 62-63). 당시의 상황에 대해서 인터뷰한 재료업자와 운반업자는 "거래처가 큰 피해를 입어 조업 재개가 늦어졌다", "메이커가 도산하면 우리도 희망이 없었다", "메이커가 나서주었기에 우리도 조업할 수 있었다"라고 말했다. 거래관계가 얽혀 있기 때문에 서로 독려하

10 지진 발생 직후부터 가설주택과 함께 가설공장이나 가설판매장이 현장에 마련되었다. 고베시가 2차에 걸쳐 모집한 케미컬슈즈 가설임대공장은 약 100호였다. 나가타구 내 가설공장은 최고 32:1의 입주경쟁률을 보여 공장 확보의 어려움을 보여준다. 고무제품협동조합은 초장기융자제도 등 대책을 요구했으나, 고베시는 '가설공장의 건설도 경제국 설립 이후 최초이며, 고베시 대부분이 피해를 입고 세수도 줄어든 상황에서 특정업자만 지원할 수는 없다'라고 하며 중앙정부의 지원을 호소했다(門野隆弘 1995: 106).

는 분위기 속에서 조업이 재개된 것이다.

메이커들은 서둘러 조업을 재개하였으나, 대부분 작업면적이나 종업원 수가 줄어든 상태에서 이전 수준의 생산은 불가능했다. 메이커 경영자라 하더라도 임대공장에서 조업하는 경우가 많은 등 자기자본율이 낮았기에 어음으로 거래 대금을 받지 못할 위험 등으로 불안한 경우가 많았다. 지진으로 생산에 차질이 생기자 도매상들은 재빨리 중국제품 수입을 늘렸고, 해외제품이 나가타지역 구두시장을 압박했다. 이런 속에서 조업을 재개했어도 폐업과 도산이 잇달았고, 거래관계에 있던 업자들은 연쇄적으로 어려워졌다. 이미 나가타지역의 지가하락에 연동하는 담보력 저하의 문제가 있던 터였다.

이미 기울어져가고 있던 케미컬슈즈산업에 한신대지진은 회복하기 어려운 타격을 가했다. 케미컬슈즈공업조합이 제공한 〈표 1〉의 생산고 추이 자료를 보면, 한신대지진이 일어난 1995년에 케미컬슈즈의 생산량과 생산금액이 이전 해의 절반 이하로 떨어진 것을 알 수 있다. 2000년까지는 생산량이 조금씩 회복되어 재해 전의 2/3 수준까지 회복되었으나, 이후 다시 하락한다. 종업원 수 역시 지진 이전의 절반 수준을 유지하다 생산량 감소와 함께 줄어든다. 특히 재단, 봉제 등 숙련을 요구하는 주요 업종은 절반 가까이 업체 수가 줄어든다(山本俊一郎 2008: 58). 나가타지역에서 운송업을 했던 한 주민은 지진 이후 고베항이 기능을 못하여 물류가 막히자 버티지 못하고 폐업을 했다고 한다. 나가타지역의 재료상은 공장 피해가 큰 사람들이 아예 공장을 중국으로 이전하기도 했는데 "거기는 거기 방식이 있으니 성공한 사람이 드물다"라고 했다. 1995년을 기점으로 지역사회와 지역산업이 얼마나 크게 흔들렸는가, 얼마나 크게 무너졌는가를 알 수 있다.

표 1. 케미컬슈즈 생산고 추이

연도	생산 수량 (만 켤레)	생산금액 (백만 엔)	조합원 수 (회사 수)	종업원 수
1980	3,890	61.619	272	7,137
1984	4,749	76,987	248	6,876
1990	4,475	86,588	241	6,739
1993	3,228	68,436	233	6,567
1995	1,416	28,514	214	3,640
1996	1,626	36,535	204	3,621
1998	1,851	45,878	192	3,778
2000	2,096	52,232	177	3,689
2002	2,020	51,263	155	3,431
2008	1,786	46,980	112	3,145
2015	1,436	37,219	85	2,587
2018	1,417	36,198	91	2,641

출처: 日本ケミカルシューズ工業組合 제공 자료 데이터.

7. '지역'에 뿌리내린 재일코리안

현재 케미컬슈즈 메이커 경영자 중에서 자이니치는 60% 이상이다. 한신대지진을 분기점으로 폐업 및 도산으로 '메이커'가 급속히 줄어드는 가운데 일본인 경영자가 줄어들면서 재일코리안 경영자의 비중이 높아진 것이다. 케미컬슈즈공업조합에서도 재일코리안 경영자의 비중이 높아져 '이사장은 일본인 경영자가 맡는다는 암묵적인 합의'를 깨고 현재 케미컬슈즈공업조합의 이사장 역시 재일코리안이다. B씨는 한신대지진 이후 망연자실한 속에서 재일코리안들 사이에 다시 해나가자는 분위기가 있었다고 회상했다.

공장 자체가 무너진 곳들이 많았고, 그래서 그만두게 된 메이커도 있고, 거기에 딸려 있던 부품 하던 이들도 이제 무리라고 그만뒀습니다. 특히 후계자가 없는 경우는 다들 그만뒀어요. 다시 해보자고 한 이들은 자이니치가 압도적으로 많았습니다. 한 재료상은 자이니치의 힘에 기대하고 있다는 말을 하기도 했습니다. 자이니치들 사이에서 잘해보자는 분위기가 있었습니다. 그만둬야겠다는 사람에게 힘내자고 했습니다. 다른 방도가 없기도 했습니다. 우리 회사는 지진 3개월 후에는 다시 (제품을) 만들 수 있었습니다. 지진 직후에는 공장에서 밥을 지어 먹으면서 일했어요. 메이커가 줄어들기 때문에 장인들이 많이 떠나갔습니다. 봉제를 잘하는 이들이 나가타 케미컬슈즈로는 생활이 안 되니 떠나가기도 했습니다. 시장은 여기가 일어설 때까지 기다려주지 않았습니다. 메이커가 앞장서지 않으면 케미컬슈즈는 어렵습니다. 나는 나가타에서 일해왔기에 지역에 기여하고 싶습니다. (2020년 1월 9일 M사 B씨와의 인터뷰)

지진으로 많은 가옥이 무너지거나 소실되어 타 지역으로 이동했기에 지진 직후 나가타구 인구는 9만 6,807명으로 전년도 13만 466명에 비해 30%가 감소했다. 이후 10만 명을 겨우 회복했다가 2013년 이후 다시 10만 명 이하로 줄어든다.[11] 나가타구 인구는 케미컬슈즈 전성기였던 1965년에 21만 4,345명이었는데, 지금은 그 절반에도 미치지 못하는 것이다. 한편 2019년 법무성 재류외국인통계[12]를 참고하면, 2019년 1월 1일 나가타구 외국적 인구비율은 7.26%인데, 한국·조선인이 4,161

11 고베시 나가타구 홈페이지 https://www.city.kobe.lg.jp/h20870/kuyakusho/nagataku/anzen1/index2/quake03.html. https://www.city.kobe.lg.jp/a89138/shise/toke/toukei/jinkou/jinkouugoki/jinkouugoki2.html (2020. 3. 15. 접속)

12 일본법무성 홈페이지 http://www.moj.go.jp/housei/toukei/toukei_ichiran_touroku.html (2020. 3. 5. 접속)

명으로 줄어든 반면, 베트남인은 1,594명으로 증가했고 중국인 740명이 거주하고 있다. 재일한국·조선인은 지진 직전인 1994년 이후 절반 이상이 지역을 떠났고, 그런 가운데 지난 25년간 나가타지역의 에스닉 구성이 다양해졌음을 알 수 있다. 한신대지진 이후 재봉과 미싱 등 숙련공들이 떠나고, 게다가 숙련노동자들의 고령화로 일손 부족이 심화하는 가운데 이들이 떠난 자리에 새로운 이주노동자가 유입되고 있다. 재일한국·조선인과 일본인 외의 다른 에스닉그룹에서는 메이커 경영자로 진입한 이가 아직 없기에, 재일코리안이 이들을 고용하거나 하청을 맡기는 구조가 형성되었다.

일본 거주 외국인은 1990년「입관법(출입국관리 및 난민인정법)」 개정 이후 꾸준히 증가했고, 일본사회의 민족적·문화적 다양성이 증대됨에 따라 1990년대 이후 다문화공생의 개념이 등장한다. 특히 한신대지진 이후 이주민 지원활동을 계기로 1995년 오사카에서 '다문화공생센터'가 발족한 이후 많은 시민단체가 다문화공생을 키워드로 활동하게 되었다. 김백영(2010)과 이혜진(2012)은 한신대지진 이후 재해복구와 도시재건 과정에서 나가타구의 다문화다민족 커뮤니티가 강화되는 양상에 주목한다.

다문화공생의 논의 속에서 재일코리안이라는 역사적 존재의 고유성은 다시금 부각된다. 재일코리안은 일본의 '다문화공생' 담론에 포섭되기에는 이미 '다문화'적이지 않으며, 민족차별의 역사와 일본사회의 우경화에 따른 불협화음 속에서도 이미 '공생'하고 있기 때문이다. 앞서 인터뷰한 K씨는 마감작업에는 소통이나 숙련이 중요하기에 외국인은 고용하지 않고 있다고 했다. 국적으로 구분한다면 K씨 역시 여전히 한국국적을 유지하고 있는 나가타 거주 외국인이지만, 일상적으로 그는 '외국인'으로 살고 있지 않은 것이다.

K씨는 학창시절을 모두 나가타지역에서 보냈고, 아버지 세대까지

는 조선학교에 갔지만, 자신은 이미 3세여서 일본학교에 다녔다고 했다. 대학 졸업 후 일본에서 취직했으나, 부상으로 쉬는 동안 아버지의 권유로 한국의 대학에서 유학했고, 그때 한국말을 처음 배우고 한국문화를 처음 접했다고 했다. 그는 "일본에 살면서 일본어를 말해도 나는 한국인이라고 생각했는데, 내가 한국인이라고 해도 한국사람들은 한국인이 아니라 자이니치라고 해서 충격을 받았다"라고 당시를 회상했다. 그리하여 자신은 일본도, 한국도 아니고 자이니치문화에서 자란 것이라 생각하게 되었다고 얘기했다.

재일코리안의 이주와 정주의 역사와 정체성을 설명하기에 초국가적 이주집단이나 국민국가 내의 소수민족집단이라는 분석은 모두 충분하지 않다. 그러기에 1990년대 이후 재일코리안을 코리안 디아스포라로 이해하는 논의들이 활발하게 전개되었다. 신기영(2016: 44)은 코리안 디아스포라의 개념이, 어느 쪽에도 속하지 않는 불완전성이 아니라 경계에 위치하는 존재로 재일코리안의 제3의 정체성을 긍정할 수 있는 가능성을 열었다는 점에 주목한다. K씨는 "한국인이 아니라고 해서 충격을 받았다"라고 얘기하면서도 한편으로는 다양한 사람과 교류하고 다양한 체험을 할 수 있던 계기로 한국 유학의 경험을 긍정적으로 회상했고, 지금도 자신이 취업했던 남대문 원단업체와 거래를 유지하고 있다. 또한 한국 유학 중에 만난 '한국인'과 결혼했고 앞으로도 한국국적을 유지할 생각이지만, 자녀는 일본에서 살아가기에 편리하도록 일본국적을 취득하는 것도 좋다고 하며 국적에는 개의치 않는다고 얘기했다.

케미컬슈즈산업을 기반으로 나가타지역이 재일코리안 집주지가 된 역사적 경위는 일제강점기로부터의 민족차별에 기인한다. 재일코리안은 일본의 조선강제병합, 식민지배 속에서 생겨난 역사적 존재이며, 해방 이후에도 취업차별로 인해 재일코리안의 직업은 제조업, 파친코, 야키니쿠 등 특정 분야에 집중되었다. 나가타지역에서 재일코리안들은 노동자이자 경영자로서 지역사회와 지역산업에서 저변을 확대했다. 그러나 그 물리적 취약함으로 인하여 나가타지역은 한신대지진의 최대 피해지가 되었고, 이미 내리막길에 들어섰던 케미컬슈즈산업은 회복하기 어려운 타격을 입었다. 그렇기에 "민족차별 없이 협동했다"라는 구술은 중층적인 해석의 여지를 가진다. 이미 내리막길을 걷고 있는 산업의 주역으로 남아 있다는 것은 "달리 방도가 없는" 에스닉 마이너리티의 사회적 취약성을 드러내는 것이기도 하다. '민족차별 없이' 운영된 케미컬슈즈공업조합은 재일코리안 커뮤니티의 고군분투의 자취이기도 하다.

상공회의소의 인터뷰에 응한 한 메이커 경영자는 "이 업계는 이 지역에서 제로부터 시작되었고, 자이니치가 시작했다고 해도 과언이 아니다. … 3세, 4세는 대부분 일본에서 교육받고 지역에 뿌리를 내리고 있으니, 이 지역에서 어떤 식으로든 공헌을 하지 않으면 안 된다. … 전후 70년이 되는데, 재일한국·조선인은 여기서 일하고 생활하면서 지역 사람들과 함께 살아가는 형태로 어느 정도 뿌리를 내렸다고 생각한다. … 최선을 다해 살아가는 가운데 결과적으로는 그렇게 되었다"라고 구술한다(在日韓国商工会議所兵庫 2015: 87). 세 자녀에게 메이커 경영을 잇게 하며 케미컬슈즈산업의 활로를 모색하고 있는 B씨가 "이 지역에서 일해왔으니 지역에 기여하고 싶다"라고 얘기한 것과 같은 맥락에 있다. 2006년 개정된 상표법에 따라 케미컬슈즈공업조합은 2014년에 구두업계 처음으로 지역명을 붙인 '고베슈즈'로 브랜드화했다. 고무장화, 고무신, 케미컬슈즈에 이어, 다시 '고베슈즈'의 고급화로 판로를 모색하고 있는 것이다. 공동브랜드 '고베슈즈'를 지역단체상표로 특허청에 등록했다. '100% 메이드 인 나가타'로 차별화하며 '일본인의 발에 맞는 구두'를 만드는 것이다.

국가나 민족으로 환원되지 않는 '재일코리안'이라는 정체성이 새로이 구성되고 있다고 할 때, '일본' 혹은 '한국'의 이쪽도 저쪽도 아닌 '재일코리안' 정체성의 중요한 기반, 일상적인 생활세계로서의 '지역'이 간과되어온 것이 아닐까. "일본도 한국도 아니고 자이니치문화에서 자랐다"라는 구술에서 표현되는 '자이니치문화'는 곧, 나가타지역 고유의 자이니치문화라 할 것이다. 생활과 생업이 밀착한 나가타지역이야말로 이들의 정체성의 근거이며 뿌리내린 장소다.

일제강점기로 거슬러 올라가는 민족차별의 역사 속에서 나가타지역 케미컬슈즈산업으로 유입되고, 가족과 친족의 에스닉 네트워크 속에서 영세자본을 통해 제조업 경영자로 성장하고, 또한 내리막길로 들어선 지역산업을 이어가고 있는 것은 '상승'과 '성공'의 사례로는 조명되지 않는, 에스닉 마이너리티의 경로라 할지도 모르겠다. 그러나 지역산업의 주역인 동시에 지역사회의 오랜 멤버로 존재하는 나가타지역 재일코리안을 조명한 본 연구는, '한국인도 일본인도 아닌 떠다니는 일개 부초'(가네시로 가즈키 2007: 248)가 '지역'에 뿌리내린 역사와 현재에 대한 인류학적 기록이라 할 것이다.

참고문헌

가즈키, 가네시로, 2006, 『GO』, 김난주 역, 서울: 북폴리오.

권숙인, 2011, "일본의 전통, 교토의 섬유산업을 뒷받침해온 재일조선인," 『한국사회사학회』 91.

김백영, 2010, "지진과 공동체, 파괴와 재건: 고베시 나가타구 다문화 커뮤니티의 형성과 변화," 권숙인 엮음, 『다문화사회 일본과 정체성 정치』, 서울: 서울대학교출판문화원.

김종권, 2014, "재일조선인으로서의 정체성과 가치지향성: 재일 조선인 3세를 중심으로," 『통일인문학』 59: 31-57.

신기영, 2016, "디아스포라론과 동아시아 속의 재일코리안," 『일본비평』 14: 22-49.

유혁수, 2016, "전문가집단의 현황을 통해 본 재일동포사회," 『일본비평』 14: 106-133.

이혜진, 2012, "일본의 다문화공생 개념과 커뮤니티라디오방송국 FMYY," 『경제와사회』 12: 360-401.

나오토, 히구치, 2016, "재일코리안의 직업적 지위의 동태," 『일본비평』 14: 82-105.

門野隆弘, 1995, "工場も家も失ったケミカル業界," 酒井道雄 編, 『神戸発阪神大震災以後』, 東京: 岩波新書.

粉川大義, 1995, "検証·阪神大震災と「在日」社会," 酒井道雄 編, 『神戸発阪神大震災以後』, 東京: 岩波新書.

金宣吉, 2014, "国際化と都市政策が生み出した神戸市長田区への外国人集積: グローバリゼーションのが引き起こすマイノリティの周辺化," 『海港都市研究』 9: 27 - 41.

金雄基, 2018, "神戸長田地域におけるケミカルシュ…ーズ産業の萌芽と在日コリアンの定着," 『일본학』 46: 1-16.

村上しほり, 2018, 『神戸 闇市からの復興: 占領下にせめぎあう都市空間』, 東京: 慶應義塾大学出版会.

道上圭子, 1995, "地域はもう一つの病棟," 酒井道雄 編, 『神戸発阪神大震災以後』, 東京: 岩波新書.

山本俊一郎, 2002, "神戸ケミカルシューズ産地におけるエスニシティの態様: 在日韓国·朝鮮人経営者の社会経済的ネットワーク," 『季刊地理学』 54: 1-19.

______, 2008, 『大都市産地の地域優位性』, 京都: ナカニシヤ出版.
稲見悦治·藤岡ひろ子, 1971, "都市の過密とゴム工業の関連: 神戸市長田区," 『地理学評論』 44(5): 333-346.
関満博·大塚幸雄, 2001, 『阪神復興と地域産業: 神戸市長田ケミカルシューズ産業の行方』, 東京: 新評論.
安藤元夫, 2003, 『阪神·淡路大震災 被災と住宅·生活復興』, 京都: 学芸出版社.
安藤元夫·幸田稔·小島孜·曽根秀一, 1999, "震災前の木造密集市街地の実態と被災による市街地建物·住宅被害の構造に関する研究," 『日本建築学会計画系論文集』 520: 287-295.
太田修治, 2001, 『都市政策·神戸都市学』, 神戸: みるめ書房.
井岡勉, 1971, "大都市における地域福祉運動(I): 京阪神3つのモノグラフによる考察," 『華頂短期大学研究紀要』 15: 45-46.
岩崎信彦 [ほか] 編, 1999, 『被災と救援の社会学』, 京都: 昭和堂.
韓載香, 2007, "パチンコ産業と在日韓国朝鮮人企業," 『社会経済史学』 73-4(337), 27-50(400).
______, 2010, 「京都繊維産業における在日企業のダイナミズム」, 『「在日企業」の産業経済史: その社会的基盤とダイナミズム』, 名古屋: 名古屋大学出版会.
堀内稔, 1998, 『兵庫朝鮮人労働運動史 八·一五解放前』, むくげ叢書(5), 神戸: むくげの会.
______, 2017, "失業救助士事業と朝鮮人労働者(2)六甲縦走道路工事(1)," 『むくげ通信』 285: 11-12.
兵庫朝鮮関係研究会, 1993, 『在日朝鮮人90年の軌跡: 続·兵庫と朝鮮人』, 神戸: 神戸学生青年センター出版部.
樋口直人, 2010, "在日外国人のエスニック·ビジネス: 国籍別比較の試み," 『アジア太平洋レビュー』 7: 2-16.
広原盛明, 1996, 『震災·神戸都市計画の検証: 成長型都市計画とインナーシティ再生の課題』, 東京: 自治体研究社.
高龍弘, 2015, "ケミカルシューズ産業の歴史," 在日韓国商工会議所兵庫 編, 『成熟経済におけるケミカルシューズ業界の新たな挑戦報告書』, 一般社団法人在日韓国商工会議所兵庫.
大阪興銀, 1987, 『大阪興銀三十年史』.
神戸市, 1931, 「神戸市勢調査結果表」.

神戸市, 2010, “神戸市（新長田地区）中心市街地活性化基本計画,” 平成20年7月.

神戸ゴム工業協同組合, 1987,『創立40周年記念 神戸ゴム工業協同組合史』.

神戸市企画調整局政策企画部政策調査課, 2016, “平成28 神戸市統計報告,” 平成28年度 No.4.

神戸ゴム工業協同組合, 1987,『創立40周年記念,神戸ゴム工業協同組合史』, 神戸ゴム工業協同組合.

日本ゴム工業会, 1969,『日本ゴム工業史』(第2巻), 東洋経済新聞社.

日本ケミカルシューズ工業組合, 2007,『創業50周年記念誌: 偉大なる足跡と未来への飛翔』, 日本ケミカルシューズ工業組合.

在日韓国商工会議所兵庫, 2015,『成熟経済におけるケミカルシューズ業界の新たな挑戦 報告書』, 一般社団法人在日韓国商工会議所兵庫.

고베시 나가타구 홈페이지 https://www.city.kobe.lg.jp/a89138/shise/toke/toukei/jinkou/jinkouugoki/jinkouugoki2.html (2020. 3. 5. 접속)

일본법무성 홈페이지 http://www.moj.go.jp/housei/toukei/toukei_ichiran_touroku.html (2020. 3. 5. 접속)

제3장

헤이트스피치의 충격을 통해 보는 재일코리안사회의 다양성*

김웅기

1. 2014년 여름

저자는 혐한 현상의 충격이 가시지 않은 2014년 여름, 1년에 365회 일어나는 시위현장에서 난무하는 헤이트스피치의 표적이 된 재일코리안[1]

---

* 이 글은 일본정경사회학회, 2015, "혐한 현상으로 인한 재일동포사회의 충격"(2014년 재외동포재단 조사연구 용역사업)의 내용을 바탕으로 집필했다.

1 이 글에서는 일본에서 거주하는 한민족을 가리키는 여러 용어 가운데 "재일코리안"을 사용하기로 한다. 다양성과 동시에 갈등적인 정치적 속성을 아우르는 데 있어 최선(best)의 대안이기 때문이다. 이때 "재일조선인"은 하부 영역 중 한 집단을 뜻한다. "재일조선인"이 역사적 존재, 즉 일제강점의 결과 일본으로 이주, 정착하게 된 한민족 디아스포라라는 의미로 사용되는 데 대해서는 저자도 동의하는 바다. 그러나 오늘날 남북분단이 엄존하고 조선민주주의인민공화국/재일본조선인총연합(조선총련) 지지라는 함의를 내포하고 있는 점 또한 부정할 수 없다. 한편 "재일코리안"은 일본사회에서 갈수록 거세지고 있는 "북(조선) 때리기"를 회피하기 위해 총련계 인사들 스스로가 사용하는 경우도 찾아볼 수 있다. 이 같은 상황을 감안해볼 때, "재일조선인"을 총칭으로 사용할 것을 고집한다는 것은 일종의 정치적 선택으로 간주할 수 있다. 다만 전전 시기 및 총련 출범 이전 시기와 관련된 기술에서는 이 글에서도 '조선(인)'을 사용할 것이다.

들을 만나기 위하여 네 차례에 걸쳐 일본에 다녀왔다. 코로나19 이전 저가항공(LCC) 업계가 한일 간 노선을 속속 신설하여 지방공항과 일본 곳곳을 연결함에 따라 한국에 사는 연구자가 어디서든 생각날 때마다 일본으로 날아갈 수 있던 시절의 일이다. 전 세계적으로 항공업계가 존망의 위기에 빠져 이동이 쉽지 않은 오늘날 상황에서는 격세지감을 느낀다. 연구비 고민을 하지 않을 수 없는 저자에게는 이 국제 간 저가항공이라는 원군은 너무나도 큰 힘이 되었다. 20세기 말 한국의 지방공항이 일본노선을 개설하자마자 IMF 사태를 맞이하게 되었고 일본노선이 다시 개설되기까지 10년 이상 걸렸다는 사실을 생각해보면 앞날이 우울해진다.

저자가 만나러 다니던 대상은 혐한시위와 헤이트스피치의 직접적 피해자인 재일코리안들이다. 재일코리안은 일본으로 건너간 시기, 세대, 성별, 국적, 거주지역, 정치성 등이 다양해, 여타 재외동포에 비해 고려해야 할 요소들이 많다. 재일코리안 내부가 다양한 만큼 헤이트스피치로부터 받은 충격에도 어떠한 차이가 있는지 궁금했다. 규슈에서 관동(간토)까지 1,000km 이상을 2주에 걸쳐 육로로 이동했던 것은 이를 면밀하게 파악하는 데 중요한 역할을 했다. 또한 '차별의 지역성' 같은 것을 파악하는 데도 도움이 됐다. 그리고 무엇보다도 증오의 대상이 된 이들이 피부로 느끼는 공포감을 실감할 수 있었다. 커피숍, 전철역조차 헤이트가 깔린 사회적 분위기는 도망갈 곳이 없는 이들에게는 공포 그 자체였다.

저자가 만난 재일코리안들은 구면인 소개자를 통해 섭외하는 경우도 있었지만, 이동하는 길에서 "이런 사람을 만나고 싶다" 하고 떠오른 사람에게 "내일 어디로 갈 테니 시간을 내주세요"라는 식으로 뜬금없이 연락을 취하여 만난 경우도 적지 않았다. 이를 가능케 했던 것은 SNS 덕분이었다. SNS의 위력을 실감했다. 저자가 운영하던 커뮤니티에 가입된 재일코리안 회원 1,500명 중에서 "어느 지역에 사는 어느 성별, 연령대, 어느 국적, 몇 세대"와 같은 식으로 인터뷰 대상자를 찾는 것은 그리 어려운 일이 아니었다. SNS를 통한 정보발신이 저자에 대한 심리적 장벽을 어느 정도 허물어뜨리는 것도 도움이 되었을 것이다. 갑작스러운 연락에도 불구하고 오래된 친구라도 만나듯이 인터뷰에 응해주었다. 인터뷰를 거절받은 일은 한 건밖에 없었다.

일본으로 들어갈 때마다 헤이트스피치에 일상적으로 노출되는 재일코리안들의 긴장감을 떠올리지 않을 수 없었다. 잠시 일본에 들르는 저자마저 예전과 다른 긴장감을 느꼈기 때문이다. 원래 이질적인 것, 특히 외국어에 불관용하다는 것이 일본사회의 특징이라 할 수 있겠지만, 당시는 여기에다가 노골적인 반한감정이 더해진 상태였다. 전철 안에서 스마트폰으로 한국어 기사를 보는 일조차 눈치가 보일 정도였다. 그럴수록 지역마다 차이가 있는지를 실제로 확인해보아야 했다.

혐한과 헤이트스피치는 '한일단교,' '재일특권(在日特權)'이라는 구호 그대로 일본 극우의 정치적 목표를 제대로 성사시켰다. 일본정치사 중에서 이토록 성과를 거둔 정치운동이 과연 존재했을까? 외국인 인구의 다양화에 따라 재일코리안에 대한 존재감이 점차 낮아지는 현상이 지속되면서 정치적 희생양으로 이들을 재등장시킨 것이다. 재일외국인 가운데 재일코리안은 과거사를 짊어지는 최대의 외국인집단이라는 점과 일본사회 내부의 피차별집단들 가운데 유일하게 외국국적이라는 약점이 잡힌 결과로도 볼 수 있다. 그러나 결정적으로 보수-진보를 막론하고 아시아인, 특히 '조센(チョーセン)'에 대한 멸시라는 과거사 청산을 직면하지 않으려는 일본국민 공통의 의식구조 없이 혐한은 성공할 수 없었을 것이다. 그러한 맥락에서 한국사회의 지식계층을 중심으로 팽배해 있는 일본 진보진영에 대한 '과대한' 기대심리 내지 망상의 근거가 과연 어디에 있는지 궁금하다. 또 다른 선민의식인가?

그래서 언제나 그래왔지만, 대다수 재일코리안은 안전(security)이 보장된 상태에서 자신의 속마음을 털어놓을 수 있는 공간이 전혀 없는 경우가 대부분이다. 그럴수록 커뮤니티의 소중함을 느끼는 것도 사실이다. 대다수 재일코리안이 일본 이름을 쓰고 정체성을 숨기느라 동포끼리조차 만날 수 없는 채로 고립되어 살아가는 현실에 주목해야 할 필요를 느꼈다. 손쉬운 조사여행으로는 접근하지 못하는 '고립된 아픔'에 다가갈 필요가 있었다.

대부분 초면인 사람들이었지만 어색함이 없어지는 데는 5분도 채 걸리지 않았다. 저자를 평생 따라다니며 괴롭히는 자이니치의 주홍글씨가 도움이 되는 일도 있구나 하는 생각에 잠길 때가 적지 않았다. 이들은 한꺼번에 자신의 속마음을 쏟아내는 경우도 있었고, 어렵사리 한마디씩 이어가는 경우도 있었다. 여하튼 저자가 만난 다양한 재일코리안은 많은 언어와 복잡한 감정을 가지고 있었던 것은 틀림없다. 자잘한 대화의 행간에서 아픔과 체념이 느껴졌다. 한참 울음바다가 된 후 후련해졌다며 활짝 웃으며 돌아가는 모습을 적지 않게 접하기도 했다. 이것만으로도 사람들을 만나러 다닌 의미가 있을 것 같았다.

그러나 한편으로 만남은 무거운 책임감으로 다가오기도 했다. 그저 연구자 개인의 실적을 쌓기 위한 차원이었다면 애당초 이 연구는 시작도 하지 않았을 것이기 때문이다. 어떤 조사활동에서도 그렇지만 재일코리안들이 적극적으로 인터뷰에 응하는 이유는 대략 두 가지다. 하나는 자신의 존재를 세상이 알아주기를 바라는 마음이고, 또 하나는 무언가 개선되기를 기대하는 심정 때문이다. 이 점을 감안할 때, 비록 학술연구 본연의 목적과 걸맞지 않을 수는 있어도 헤이트스피치라는 인간의 존엄과 사활이 걸린 절박한 문제를 가진 이들의 이와 같은 기대심리를 저버리기는 어려웠다. 이 연구가 재외동포재단 용역사업[2]으로 시작되었기 때문에 정책제언을 포함하는 것이 필수였던 점이 저자의 마음을 다소나마 가볍게 해주었다.

이 글은 2014년 6~8월에 추진된 재일코리안 55명(일본인까지 포함하면 65명)에 대한 심층인터뷰(in-depth interview) 내용 중 일부를 거론하면서 재일코리안 전체에 헤이트스피치가 어떠한 충격을 주었는지 그 내용에 대해 논의하는 것을 목적으로 한다. 우선 혐한 현상이 일어나는 시점을 전후한 한일관계와 재일코리안의 위상 변화에 대해 요약하고 재일코리안사회 내부의 정치적 다양성에 대해 논의한 다음, 혐한시위가 일어날 때까지의 과정을 살펴볼 것이다

'재일특권을허용하지않은시민모임(在日特權を許さない市民の会, 이하 재특회)'[3]이라는 일개 넷우익(ネトウヨ) 세력은 행동하는 보수(行動する保守)라는, 기존 우익과 다른 배외주의를 앞세우는 극우세력이다. 먼저 이들이 온라인 공간에서 얻은 지지를 바탕으로 길거리로 나서 대중을 동원할 수 있게 된 과정을 추적해볼 것이다. 이어서 정치적 성향에 따라 재일코리안이 받은 충격의 차이에 대해 살펴볼 것이다. 남북분단 논리에 입각한 민단과 총련이라는 지나치게 단순화된 이분법으로 재일코리안사회

2 일본정경사회학회, 2015, 「혐한 현상으로 인한 재일동포사회의 충격」, 2014 재외동포재단 조사연구 용역사업.

3 재특회는 2006년 1월 약 130명의 회원으로 출범했으며, 2013년 12월 4일 시점 1만 4천 명 이상으로 급속도로 세력을 확대했다. 풀뿌리운동으로서의 시민운동 형태를 취하는 극우단체라는 점과 직접적 행동을 한다는 점에서 새로운 정치운동이라고 할 수 있다. 이 같은 형태는 행동하는 보수(行動する保守)로 일컬어진다. 재특회의 핵심 주장은 재일코리안이 가지고 있는 일본 내 체류자격인 특별영주제도 폐지, 통명(通名, 일본식 이름) 사용 금지, 생활보호 수혜 배제, 조선학교에 대한 지원금 폐지 등에 있으며, 이들을 '특권(재일특권)'이라며 비판 여론을 확산하는 일에 몰두해오고 있다. '재일특권'의 공통점은 과거사가 제대로 청산되지 못한 상황에서 그나마 재일코리안들이 얻어낸 보상적 제도라는 점이다. 이를 '특권'이라며 '반일'행위로 규정하여 공격하는 것은 일본 역사수정주의의 맥락으로 이해할 수 있다. 기존 홈페이지는 폐쇄되었고, 현재 홈페이지는 다음을 참조. https://www.zaitoku814.com (2020. 9. 20. 접속)

를 인식하는 한, 관찰하지 못하는 내부의 다양성이 존재한다는 점을 드러내는 데 역점을 둘 것이다. 마지막으로 이 과정을 통해 도출될 정치적 속성에 따른 차이점과 공통점에 바탕하여 혐한 현상과 헤이트스피치가 재일코리안사회 전체에 어떠한 영향을 미치고 있는지를 논의할 것이다.

2. 피해자로 둔갑한 일본인이 얻게 된 해방감

혐한 현상의 직접적인 계기가 2012년 이명박 전 대통령에 의한 독도 방문과 천황(일왕) 비하 발언에 있었다는 것에 논란의 여지는 없을 것이다. 이때 한일 간의 영토분쟁보다 일본의 국가 존엄을 비하했던 점이 더욱 중대하다. 이념을 막론하고 일본인의 공분을 야기했기 때문이다. 이 충격은 2002년 김정일이 북한 권력에 의한 일본인 납치 사실을 시인했던 것만큼이나 큰 것이다. 좀처럼 감정을 드러내지 않는 일본인이 격노라고 해도 지나치지 않을 정도의 감정이 급속도로 확산되는 모습을 드러낸 것은 당시 저자에게도 공포로 다가왔다. 한일월드컵이 열린 2002년 김정일의 폭탄선언, 즉 북한 국가에 의한 일본인 납치 사실 시인으로 재일본조선총연합(총련)계가 일본사회에서 정치적 희생양으로 당해왔던 만큼이나 이후 여타 재일코리안들도 똑같이 제물이 될 것이 분명했기 때문이다. 세상이 뒤바뀌었다고 해도 지나치지 않을 정도의 충격이었다.

재일코리안사회가 당시 방관만 했던 것은 아니었다. 재일본대한민국민단(민단) 오공태 중앙단장(당시)은 청와대를 비롯한 한국정부와 국회 관계자들을 만나 한일관계에 더는 악영향을 끼치지 않도록 관계 개선을 촉구했지만, 이 같은 재일코리안의 목소리는 묵살됐을 뿐 아니라 오히려 '어느 나라 사람이냐'라는 비판의 대상이 되기까지 했다. 이 일화는 소수자가 되어본 경험도 문제의식도 부족한 한국인이 사태의 심각성에 대해 인지하지 못했거나, 적어도 재일코리안의 안위에 대해 얼마나 무관심한지를 여실히 보여주었다. 여하튼 그 후 혐한 현상의 확산에 따라 한일관계 및 재일코리안의 위상에 많은 변화가 일어났다. 이러한 변화를 새삼 확인하게 해주는 일도 적지 않았다. 단적인 예를 들어봐도 그 폭은 대단히 방대하다.

첫째, 일본사회 내 피차별집단 중 하나인 재일코리안을 공공연히 차별하는 데 대한 윤리적 금기가 풀렸다. 그동안 재일코리안의 존재 자체가 일본 과거사와 밀접하게 얽힌 존재라는 인식이 그나마 차별에 대한 방파제 역할을 해왔다. 그러나 '재일특권'을 부당하게 누리는 사회악이라는 언설이 확산함으로 인해 이 같은 방어선이 무너졌다. 둘째, 재특회가 확산시킨 이른바 '재일특권'은 '있을 수 없는 논리'로 날조된 악성 루머지만, 적지 않는 일본인이 이를 사실로 간주하며 반감을 갖기 시작했다. 셋째, 한편으로는 그동안 국제사회에 노출되는 일이 드물었던 일본사회의 재일코리안 차별에 헤이트스피치/헤이트크라임(hate speech/hate crime), 인종차별(racial discrimination)이라는 국제적으로 통용되는 용어가 부여됨에 따라 공론화가 용이해졌다. 넷째, 차별 선동의 중심에 선 재특회의 정식명칭이 '재일특권을허용하지않는시민모임'이라는 점에서도 알 수 있듯이, 차별행위의 참가자/동조자들이 평범한 일본국민이라는 점은 주목할 만한 변화다. 다섯째, 르완다에서 일어난 제노사이드 선동에서 라디오가 동원되었던 것처럼 혐한 현상에 있어서는 인터넷이 그 역할을 했다. 여섯째, 이 같은 재일코리안 차별에 대해 그동안 반대 목소리를 내온 것은 주로 좌익운동에 종사하는 이들이었지만, 사상이나 활동과 무관하게 평범한 일본인이 차별문제를 자신의 문제로 인식하여 처음으로 차별에 대해 항의 목소리를 내기 시작했다. 카운터활동(counter actions) 또는 맞불시위로 일컬어지는 일련의 움직임이 등장했다. 이들의 동원수단 또한 인터넷이다. 일곱째, '조센'뿐만 아니라 '간코쿠(韓國)' 또한 일본사회에서 차별어로 인식되어 공공연한 폄하와 공격의 대상이 되기 시작했다. 후술하듯이 이에 대한 인식에는 차이가 존재하지만, 한국(인)이 '반일(反日)'과 동일어로 간주되면서 그동안 그나마 '조센'보다 한 수 위의 위상이었던 '간코쿠'가 이제 격하되었다. 큰 변화가 아닐 수 없다. 여덟째, 2011년 동일본대지진 당시조차 일시체류자가 아닌 재일코리안의 안위에 별 관심을 보이지 않았던 한국 언론이 이번 헤이트스피치 문제에 대해서는 적극적으로 보도했다. 한국정치가 도화선이 되었다는 점과 한국에서 성인이 된 후 일본으로 건너가 정착한 이른바 뉴커머(new comer)들도 피해자가 됐던 점이 영향을 미친 것으로 여겨진다. 뉴커머들이 올드커머(old comer)의 처지를 공유하게 되면서 서로를 이해하는 계기가 되었다고도 볼 수 있을 것이다. 올드커머에 대한 차별문제가 다루어지는 일은 그나마 가시적 존재이며 한국어 소통이 가능한 조선학교 문제에만 치중해왔던 점을 감안해본다면, 이 점 또한 큰 변화다. 아홉째, 한일관계에서는 북일관계와 마찬가지로 여전히 정치관계가 압도적으로 우위(high politics)에 있다는 점이 재확인되었다. 한류 붐에 뒷받침된 문화적 교류 등 소프트파워(soft power)의 영향력은 변화하지 않은 한일관계의 구조적 그리고 압도적인 정치관계의 한계로 인해 단숨에 날아가고 말았다. 열째, 일본국적 취득이 재일코리안의 차별 해소에 그리 도움이 되지 못한다는 점이 확인되었다. 국적 취득이 출신민족의 문화, 언어계승 등 다문화 존중의 보장을 의미하지 않은 일본에서는 여전히 자신의 뿌리(roots)가 스티그마(stigma)로 작용하기 때문에 민족 정체성은 변함없이 숨겨야 하는 대상으로 남을 수밖에 없다. 게다가 남북한에서도 구 종주국 일본으로 이주한 재일코리안은 사회통념상 부정적 시선을 받는다는 이중고를 겪고 있다. 열한째, 국적국인 한국이 지금까지 보여준 재일코리안에 대한 무관심한 자세는 일본 극우세력이나 동조자에게 "모국에서도 차별받는다"라는 '핑계'를 제공해주고 있다. '국민이지만 주민이 아닌 재외동포', 즉 재외국민이라는 신분이 법적으로 제도화되어 있는 점은 한국에서 여러 재외동포를 아우르는 합리성을 지니고 있을지는 몰라도, 재일코리안에게는 "왜 한국에서도 안 해주는 권리보장을 일본에서 보장해주어야 하느냐"라는 반감 섞인 의문을 야기하는 쪽으로 기능하고 있다.[4] 열둘째, 이는 결국 재일코리안의 존재 자체가 일제강점이라는 과거사 존재 사실을 부정할 수 없게 하는 증거라는 점에서 비롯된다. 재일코리안의 존재를 일본 정사(正史)에서 지운다는 것은 일본 역사를 미화하려는, 이른바 역사수정주의를 완수하기 위해서는 빼놓을 수 없는 과업이다.

---

4 예를 들어 한국국적자인 재일코리안이 병역을 마치더라도 일본 영주자격을 포기하지 않은 한, 국내에서 내국인과 동일한 주민등록을 할 수 없다. 이와 대조적으로 복수국적자인 재미동포 등의 경우, 병역을 필하면 거주국 국적을 포기하지 않은 채 국내에서 주민의 지위를 누릴 수 있다. 이는 일본이 국적 부여에 있어 혈통주의를, 미국 등이 출생지주의를 채택한다는 실정이 반영되지 않는 채 제도설계가 이루어진 결과다. 재외국민용 주민등록제도가 2015년 1월부터 시작되었으나, 굳이 내국인과 구별하여 권리에서 배제하고 있다. 이처럼 재외동포 간에 계층화가 일어나고 있는 것으로 이해할 수 있다. 무권리의 외국인으로 일본에서 살아가고 있는 재일코리안은 거주국 국적이 있는 중국 조선족이나 CIS 고려인이 일반 외국인에 비해 우월적 지위인 외국적동포라는 지위를 국내에서 누릴 수 있는 것과 대조적으로, 모국에서도 열위의 국민의 지위를 감수해야 한다는 점에서 '밑바닥의 재외동포'라고 해도 과언이 아닌 상황이다. 2ch(현 5ch, https://5ch.net) 등 혐한 댓글들이 올라오는 일본 게시판 사이트에서는 "재일동포 여러분, 병역 축하!" "모국에서도 차별받는 불쌍한 존재" 등의 비방 글이 난무한다.

3. 가해자의식에서 벗어나기 위한 도구로서의 '재일특권'

여기서는 재특회가 '재일특권'에 대해 주장하는 바가 무엇이며, 그것이 어떻게 확산하고 확대재생산하는지와 재일코리안에 대한 혐오감이 어떻게 증폭되는지를 살펴보기로 한다. 재특회가 재일특권에 대해 주장하는 바를 한마디로 요약하면, 재일코리안이 다른 재일외국인에 비해 부당하게 유리한 위치에 있을 뿐만 아니라 일본인과 비교해도 복지나 징세 등 행정적 혜택까지 누리고 있다는 것이 재특회 측의 주장이다. 재일특권은 혐한감정을 품게 된 이들에 의해 정보왜곡이 일어난 뒤 온라인상에 유포된다. 이를 바탕으로 증오가 증폭되다가 그 왜곡된 정보가 다시 왜곡되어 다시 확산되는 순환 과정이 이루어지는 것이 특징이다. 재일특권은 마치 아렌트(Hannah Arendt)가 나치의 반유대주의 선동에 대해 "잘만 한다면 그리고 충분히 큰 목소리로 호소만 한다면 언제 어떤 때라도 선동으로 모든 일을 이루어낼 수 있고 어떤 일이든 모든 이들을 믿게 만들 수 있다"라고 했던 것과 궤를 같이한다.

〈그림 1〉은 재일특권을 홍보하기 위한 전단들이다. 왼쪽은 재특회가 작성한 것이고, 오른쪽은 온라인상에 유포되고 있는 출처 불명의 자료다. 재특회 전단에는 ① 특별영주자격, ② 조선학교에 대한 보조금 지급, ③ 생활보호 지급상의 우대, ④ 통명(通名), 즉 일본식 이름의 사용이라는 네 가지 재일특권이 명시되어 있다. 이들이 어떤 내용을 담고 있는지 살펴보기로 한다.

첫째, 재특회는 올드커머 대부분에게 부여되고 있는 특별영주자격이 여타 외국인에게는 주어지지 않는 데다가 일본인과 거의 동등하게 생활을 누릴 수 있다는 이유로 폐지할 것을 주장한다. 그러나 이 같은 주장의 이면에 역사수정주의가 깔려 있다는 점에 주의를 기울여야 한다. 말 그대로 이 특별한 영주자격은 일제강점으로 인해 일본에 정착하

그림 1. 재일특권을 홍보하기 위한 전단

재특회가 제작한 전단(오른쪽), 정보 왜곡이 한층 심화된 출처 미상의 전단(왼쪽)

게 된 재일코리안과 대만인의 후손들에게 부여되는 체류자격이다. 일본 정부가 이들에게 국적선택권 등 권리로서의 일본국적 취득 기회를 부여하지 않았기 때문에 이 같은 체류자격이 필요한 것이다. 1991년「일본국과의 평화조약에 의거하여 일본국적을 이탈한 자 등의 출입국관리에 관한 특례법」(日本国との平和条約に基づき日本の国籍を離脱した者等の出入国管理に関する特例法, 이른바 입관특례법)에 의해 규정된 특별영주자격은 일본이 연합국에 정식으로 항복한 1945년 9월 2일 이전부터 일본 내지(内地)에 거주하고 있던 구 식민지 출신자 및 그 자손을 대상으로 삼고 있다. 즉, 일본 과거사를 여실히 드러내는 증거로서의 기능을 지니고 있는 것이다.

둘째, 조선학교에 대한 보조금 지급과 관련해서는 조선학교가 학교교육법상의 제도권 학교(교육기본법 1조에 속하는 학교)가 아님에도 불구하고 각 지자체가 보조금을 지급해온 점을 문제 삼고 있다. 조선학교는 도쿄한국학교나 중화학교, 여타 인터내셔널스쿨 등과 마찬가지로 자유로운 커리큘럼 운영이 가능한 각종학교로 인가를 받아 운영되고 있다. 각종학교 또한 소위 1조교에 비해 액수가 상대적으로 적기는 하지만 학교 운영지원금 지급대상이다. 그런데 재특회가 헤이트스피치의 대상으로 삼고 있는 것은 오로지 한국학교와 조선학교뿐이다.

제도권 교육을 실시하는 1조교의 경우, 일본 공교육의 학습지도요령을 따를 수밖에 없기 때문에 민족교육을 추진하는 데 한계가 따르지 않을 수 없다. 조선학교가 각종학교로 운영되고 있는 것은 이런 까닭이다. 그런데 재특회는 "문부성이 정한 학습지도요령을 무시하며 민족교육이라는 이름의 반일교육을 행함에도 불구하고 1조교와 동등한 권리를 얻기 위해 적극적인 활동을 벌이고 있다"라는 비방을 일삼고 있는 것이다.

셋째, 생활보호 지급상의 우대에 대해 재특회는 재일외국인에 대한 지급을 '국민에 대한 보호'를 외면하는 일이라고 비판한다. 그러고서 재일코리안에 대한 지급률이 "이상할 정도로" 높다고 비판하며, 그 근거로 재일외국인 생활보호대상자 중 재일코리안이 70%를 차지하고 있다는 후생노동성의 통계를 들고 있다. 이 수치가 틀린 것은 아니지만 인상조작이라고 할 수 있다. 왜냐하면 생활보호수급자의 97%를 일본국적자가 차지하고 있다는 분석[5]이 있음에도 불구하고 이 같은 논의를 외면하기 때문이다.

넷째, 통명 사용에 대한 재특회의 주장은 재일코리안이 잠재적 범죄자라는 인상을 심어주기에 충분하다. 재일외국인 누구나가 통명을 사용할 수 있지만, 실질적으로 이 제도를 활용하는 것은 재일코리안뿐이라고 주장한다. 여기에 "범죄를 저질러도 본명을 숨길 수 있기 때문에 범죄를 조장하는 일"이라는 주장이 더해지면, 재일코리안을 잠재적 범죄자라고 인식시키기에 충분하다. 그러나 이에 대한 근거는 아무것도

5 松永英明, 2012, "生活保護受給者の97%は日本国籍(「生活保護·在日」問題に関する統計)," 『BLOGOS』. https://blogos.com/outline/40233 (2020. 10. 1. 접속)

제시되지 않고 있다.

재특회 전단 말미에는 재일코리안에 대한 불안감과 적대심 그리고 피해감정으로 인한 혐오감을 조장하는 내용이 기술되어 있다. 즉, 이 네 가지 재일특권 외에도 "다양한 재일특권이 이 일본에 존재하며, 이 나라가 특정 외국인으로 인해 침식당하고 있습니다"라는 내용이 그것이다. 정확한 정보를 알지 못한 일반인들 사이에서 이 같은 선동이 진실로 인식되고 있는 경우가 적지 않으며, 현재에 이르기까지 불식되지 못하고 있다.

이렇게 선동된 이들에 의해 제작된 것이 〈그림 1〉의 오른쪽 전단이다. 재특회가 교묘하게 사실과 허구를 섞어가면서 재일특권을 선동하는 데 촉발되어 제작된 이 전단에는 한술 더 뜬 내용이 담겨 있다. 과장이나 왜곡에 대한 자각이 전혀 없다는 생각마저 들게 하는 내용이다. 한 예로 일본 인구 1억 2,800만 명 중 0.5%에 불과한 재일코리안에게 무려 2조 3,000억 엔이라는 국가총예산의 약 2%에 해당하는 막대한 생활보호비가 지급되고 있다는 내용이 적혀 있다. 2013년도 일본 국가예산이 92조 6,115억 엔이었던 점만 알고 있다면 이 같은 주장이 터무니없다는 것을 쉽게 알 수 있다. 국가예산 총액의 2.48%라는 막대한 액수가 오로지 재일외국인 중 한 집단에 불과한 재일코리안을 대상으로 하는 생활보호비에만 쓰인다는 주장이 얼마나 터무니없는 것인지 알 수 있지만, 많은 사람이 깊이 생각하지 않은 채 이러한 선동에 넘어가고 만다.

여기서 주목해야 할 점은 이 같은 과장과 허구에 대해 재특회가 취한 태도와 행동이다. 재특회 홍보국장 요네다(米田隆司)는 한 토론회에서 다음과 같이 재특회의 핵심논리인 '재일특권'의 허구성을 스스로 시인했다.

지금 인터넷에서 나돌고 있는 … 예를 들어 '생활보호를 바로 얻을 수 있다,' 'NHK는 공짜,' '공공요금도 공짜,' 기타 등등 '공영주택에도 바로 입주할 수 있다.' 이런 것들은 모두 유언비어입니다.

그러나 한편으로 그는 이 같은 주장을 재특회가 만들어낸 것이 아니라며 발을 뺐다. 이 점이 바로 재특회를 가볍게 여길 수 없는 이유다. 왜냐하면 카운터, 즉 맞불시위의 중심적인 인물인 노마(野間易道)가 지적하듯이, 재특회의 주장은 넷우익들이 만들어낸, 누가 보아도 뻔히 알 수 있는 유언비어와는 달리 "어떠한 숫자든 데이터든 법률이든 제시하며, 그것을 일단 근거로 삼아 '재일특권이다'라고 주장"하기 때문이다. 사실을 제대로 알고 있다면 "논지의 바꿔치기나 숫자조작, 억지해석 등에 의해 구성된 것이기에 결국 '유언비어'"라는 점을 알아낼 수 있지만, 전문가가 아니고서는 알아내기가 쉽지 않다. 그러나 '재일특권'의 허구성은 재특회가 이를 간파한 이들과의 토론을 극도로 꺼렸던 점으로도 입증된다.

2013년 10월 말에 한 주간지가 기획한 토론회 제안을 재특회 회장 사쿠라이(櫻井誠, 본명 다카다 마코토高田誠)가 거절했던 일은 상징적인 사례다. 상대는 앞서 언급한 노마였지만, 이때 조건은 당시 출판을 앞둔 '재일특권'의 허구성을 밝힌 노마의 단행본[6] 원고를 사전에 사쿠라이가 읽어볼 수 있다는 것이었다. 게다가 토론을 기획한 주간지는 보수언론으로 알려진 후지-산케이그룹 계열이었다. 이처럼 사쿠라이에게 유리한 조건들이 두루 갖추어졌음에도 불구하고 토론을 기피했다는 것은 재특회가 주장하는 재일특권이 결국 허구에 불과하고 재일코리안 혐오를 선동하는 데 목적이 있었음을 방증한 것이다. 그러나 잠재적이든 가시

6 野間易通, 2013, 『「在日特権」の虚構: ネット空間が生み出したヘイト·スピーチ』, 東京: 河出書房新社.

적이든 재일코리안에 대한 멸시감정이 여전히 떠도는 사회적 분위기가 있는 한, 재특회 스스로 재일특권의 허구성을 인정했음에도 불구하고 언설 자체는 인터넷 공간을 통해 지금도 끊임없이 확대재생산되고 있는 것이다.

사쿠라이 마코토는 한일관계와 재일코리안 문제에 관한 네티즌 논객으로 중앙일보 번역게시판이나 네이버 게시판 등에서 활동했다. 그는 한국 네티즌들을 설득하려 했지만 평행선만 달리자, 일본인을 선동하는 쪽으로 방향을 선회했다. 재특회를 비롯한 배외주의자들의 과격한 가두시위가 본격화된 것은 재특회가 결성된 후 활동을 시작한 2008년의 일이다. 혐오의 대상은 올드커머, 뉴커머를 막론한 재일코리안 전체, 민단/총련 등의 민족단체, 국가로서의 한국과 북한, 한국인과 차별어로서의 '조센(징)'이 내포하는 모든 사상(事象)이다. 독도문제나 일본인 납치 등 한일/북일관계의 갈등과 교토 우토로마을, 조선학교 무상화 문제 등 재일코리안 권익문제들은 예외 없이 재특회의 공격대상이 되어왔다. 심지어 보수를 표방하는 재특회의 공격대상에는 '조센'을 넘어 여타 외국인과 반천련(反天聯)을 비롯한 반(反)우익단체들까지 포함된다.

2007년 초 설립 당시 회원 수 130명 규모로 출범한 재특회가 2014년 시점에서 15,000명 선까지 세력을 확장한 데는 크게 다섯 가지 사건이 계기가 되었다. 미등록상태로 일본에서 체류하다가 적발된 필리핀인 가족의 추방문제를 놓고 딸만 일본 체류가 허용된 데 대한 반대시위(칼데론 일가 추방 촉구 시위, 2009년), 국내에서도 많이 알려진 교토조선제1초급학교 습격사건(2009년), 조선학교에 대한 기부금을 모으고 있던 교사노조를 습격한 사건(도쿠시마현 교조 습격사건, 2010년), 배우 김태희 씨를 광고모델로 쓴다며 기업을 위협한 사건(로또제약 강요사건, 2012년), 그리고 결정적으로 한류 드라마만 편파적으로 공중파가 방송한다며 무려 8,000명이 가두시위를 벌인 사건(후지TV 한류 편향방송 항의시위, 2011~12년) 등이 그

그림 2. 후지TV 한류 편향방송 항의시위
출처: YouTube 캡처

것이다. 후지TV에 대한 시위 때는 여러 단체가 번갈아 주최를 맡으면서 연속적으로 시위를 조직함으로써 사회적 주목도를 높였고 이에 따라 대중동원의 규모가 급격하게 확대되었다. 일본은 한류가 한국에 대한 공감대가 아니라 반감을 초래한 유일한 나라가 되었다. 이 연장선상에 2012년 8월부터 시작된 혐한시위가 있다.

그 시작은 2012년 6월 24일 신오쿠보에서 일어났다. '조센징을 모조리 죽여라(朝鮮人を皆殺しにせよ)' 등의 헤이트스피치를 확성기로 외쳐대며 겉으로 보기에는 평범한 이들이 행진한다는 식의 오늘날 혐한시위의 유형이 이때 다져진 것이다. 혐한시위에 대한 관심이 한층 고조된 직접적인 계기는 2012년 8월 10일 이명박 전 대통령의 독도 방문이었다. 이후 8월 25일 사쿠라이와 주변 인사들이 발기인이 되어 신오쿠보에서 대규모 혐한시위가 일어난 것을 시작으로, 신오쿠보에서만 2012년 말까지 4회, 2013년 11월 말까지 최소 10회의 혐한시위가 벌어졌다.

혐한시위의 과격함과 위험성의 본질은 이에 앞서 2011년 5월 사쿠라이가 교토조선학교 습격사건과 관련하여 강연했던 내용에서 찾을 수 있다. 재특회 등에 의한 선동이 단지 혐오 차원에 그치지 않고 물리적 폭력[7]까지 동원한 권력전복까지 염두에 두고 있다는 점이 확인된다.

> 나는 역사를 전문적으로 보아왔다. 그래서 잘 알고 있다. 곧 이 나라에서 살육전(殺戮戰)이 일어날 것이다. 재일한국인·조선인 그리고 극좌, 지금 이곳에서 활동하는 멍청이들과 목숨을 주고받으며 때려죽여야 할 때가 반드시 올 것이다. … 곧 이 '행동하는 보수 운동'도 '싸우는 보수 운동'으로 변화될 것이다, 반드시. 그때 우리가 싸워야 할 상대는 어쩌면 반일세력뿐만이 아닐지도 모른다. 농담이 아니라 경찰과 부딪쳐야 할지도 모른다. 앞서 말했듯이 교토경찰, 즉 아무리 권총을 가지고 있는 공적(公的) 야쿠자라고 해봤자 고작 3,000명에 불과하다. 1만 명이 에워싸면 우리가 이기는 것이다.[8]

혐한시위의 배경에 깔린 이 같은 폭력성과 더불어 또 하나의 충격은 '조센,' '한국'에 대한 모욕적인 감정 표출이 금기시되어온 일본사회의 윤리장벽을 허물어뜨렸다는 데 있다. 즉, 온라인 공간에 갇혀 있던 멸시감정을 이제 공공장소에서 헤이트스피치라는 형태로 공공연히 표출할 수 있게 되었다는, 일종의 해방감을 일본 대중에게 안겨준 것이다.

이 같은 혐한시위의 광경은 동영상을 통해 점차 확산되어갔다. 이를 시청한 것으로 추정되는 한 일본인 청년은 다음과 같은 글을 게시판 사이트에 올렸다.

---

7 2011년 7월 9일 '배해자 1주기 데모'에서 "때려죽여라(叩き殺せ)"라는 구호가 등장하기 시작했다.

8 櫻井誠による「在日朝鮮人根絶やし宣言, 『在特会 全国連続講演会 第三部』, 2011. 5. 7. 이 강연의 내용 정리는 http://togetter.com/li/483179 참조. (2020. 10. 1. 접속)

처음 봤어! 한국이 마음속으로부터 싫다고 표명해도 된다는 거야. 기쁘다. 차별하지 마라, 평화가 중요하다 하며 계속 사로잡혀 있었으니까 말이다. 이제 속내를 드러내도 괜찮은 거다. 난 히로시마에 사는데 (시위현장인 도쿄가) 부럽다![9]

그동안 자학사관(自虐史觀)이라 불리는 일본 주류역사 담론에 대해 반감을 가지면서도 역사수정주의적 발언을 공언할 수 없었던 것은 사회적 알력과 지탄 그리고 사회적 소외를 피할 수 없었기 때문이다. 그런데 일본에서 과격하고도 노골적인 반감 표시를 아무 거리낌 없이 내뱉을 수 있는 혐한시위는 그야말로 해방감을 안기기에 충분한 충격으로 다가왔다. 혐한시위는 적지 않은 일본인들의 자의식을 이제 가해자의식을 부당하게 강요받는 피해자로 바꾸어놓은 것이다.

4. 혐오의 표적이 된 재일코리안사회의 다양성과 공포심의 배경

남북한 국가와 떼놓을 수 없는 재일코리안의 한민족으로서의 특수성이란 이들이 구 종주국에 살고 있다는 점과 거주국 국적을 권리로서 취득할 수 없다는 점에 있다. 한국국적을 가지고 있든, 통일되기 전의 한반도에 귀속되고자 하는 의지표명으로서의 조선적(朝鮮籍)을 가지고 있든, 일본인이 아닌 외국인이라는 점에서 차이는 없다. 전후 일본은 재일코리안을 외국인으로 규정함으로써 시민권적 권리로부터의 배제를 정당

9 http://desktop2ch.tv/ms/1340573889 (2014. 12. 30. 접속. 현재 접속 불가)

화해왔다. 따라서 한국 내 인식과는 달리 일본에서 재일코리안의 존재는 한국에 귀속하는 존재로 인식되고 있으며, 법적으로도 뒷받침되고 있다.

재일코리안의 특수성을 규정하는 또 하나의 요소는 재일코리안 사회 내부에서 굳게 자리 잡고 있는 남북분단이다. 그렇다고 재일코리안 사회 내부가 민단-총련이라는 단순한 양분 구도로 형성되어 있는 것은 아니다. 민족교육, 취업차별, 지문날인 등 자신들의 권익문제에 대해 운동을 벌여온 경험을 통해 재일코리안사회는 정치적 다양성을 지니고 있다. 일본에 정주하려는 성향이 굳어질수록, 세대가 내려갈수록 이 경향이 두드러지고 있다.

거기다가 일본국적자의 증가가 재일코리안사회의 다양성을 한층 심화시키고 있다. 귀화라는 요인도 있지만, 한일 혼인가정의 증가와 1984년 일본정부가 도입한 국적법상의 양계주의에 따라 갈수록 더블(double)로 일컬어지는 한일 이중국적자가 늘어나고 있다. 오늘날 95%라고 일컬어지는 재일코리안의 일본인과의 혼인 상황은 재일코리안의 일본 정착이 이미 5, 6세대에 이르고 있는 것을 감안한다면 지극히 자연스러운 일이다. 다만 이들 가운데 대부분이 한국 출생등록을 마치지 않아 일본국적자로만 간주되고 있는 점에 유의해야 한다.

그리고 잘 알려진 바와 같이 여행자유화 이후 자발적으로 일본으로 건너가 정착한 뉴커머들도 늘어나고 있다. 뉴커머 중 1세들은 한국사회와의 유대관계가 건재하며 한국과의 밀접한 관계성이 생계수단이 되는 경우도 잦지만, 2세들은 일본사회가 더 친숙하다. 이른 시기에 태어난 뉴커머 2세의 경우, 이제 40대를 맞이하고 있는 상황이다. 어떤 측면에서 2세들은 올드커머들과의 공통점이 더 많다고도 볼 수 있다.

지금까지의 논의에 바탕하여 오늘날 재일코리안사회 상황을 정리하면 〈표 1〉과 같다.

표 1. 재일코리안(동포)사회 현황

	조선적		한국국적		일본국적	
구정주자	총련 구성원/지지자	비 총련 지식층/고령자	중립적 한국국적자 (시민층/무관심층)	민단 구성원/지지자	더블 (한일혼인 가정 2세)	귀화자
신정주자	X		자발적 해외이주자		더블	귀화자

출처: 일본정경사회학회, 2015, "혐한 현상으로 인한 재일동포사회의 충격", 2014 재외동포재단 용역 사업, p. 3.

재일코리안사회의 다양성을 구성케 하는 요소는 이에 그치지 않는다. 지역성 또한 중요한 요소가 된다. 인구통계적으로 본다면 올드커머의 경우, 오사카를 비롯한 관서지방이 도쿄를 중심으로 하는 관동지방에 비해 두 배 정도가 되며, 반대로 뉴커머는 관동이 관서의 두 배 정도가 된다. 올드커머 집주지역은 관서(오사카 이쿠노구, 고베 나가타구 등)와 관동(도쿄 아라카와구 등)에 각각 있는 데 비해, 뉴커머는 잘 알려진 도쿄 신주쿠구 신오쿠보 외에 눈에 띄는 집주지역은 최근 후쿠오카에 소규모로 형성되고 있는 것 외에는 없는 상황이다. 집주지역의 존재 여부는 일본인과의 관계성에 영향을 미치고 있다. 혐한시위에 대한 맞불시위에 있어서도, 관동은 일본인이 압도적으로 다수인 데 반해, 관서에서는 재일코리안이 주도하는 경우가 더 흔하다. 여기에는 주된 재일코리안 시민단체의 구성이 일본인과의 혼재냐, 재일코리안 당사자만이냐 하는 요소도 영향을 미치고 있다.

혐한시위에 맞선 맞불시위의 정치적 특징에 대해 언급하자면 일본인이든 재일코리안이든 '개인' 차원에서 참여한다는 점이 특징이다. 특정 정치단체나 민족단체 그리고 신조와 무관하게, 오로지 혐한/헤이트스피치에 대한 문제의식이 참여의 이유가 되고 있다. 즉 이웃인 재일코리안을 보호한다는 목적도 있지만, 자신이 사는 일본사회가 차별에 대한 경각심이 없는 방향으로 가도록 내버려둘 수 없다는 등의 동기가 맞불시위에 참여하는 이유가 되고 있는 것이다. 재일코리안의 권익투쟁에 있어 이 같은 특성을 지닌 맞불시위는 좌익운동과 무관하다는 점과 일본인이 전면에 서서 싸운다는 점에서 이례적이다. 재일코리안의 양대 단체인 민단과 총련이 모두 전면에 나서지 않았던 점도 여기에 영향을 미치고 있다. 관서지방의 경우, 재일코리안 단체 중에서도 시민층에 속하는 코리아NGO센터와 같은 중간층/시민층 단체가 일본인들과 연대하여 맞불시위를 조율하는 형태가 정착되었다.

맞불시위에 있어서는 다채로운 운동방식이 도입되었다. 체포될 각오로 혐한시위 참가자들과 물리적 충돌을 마다하지 않은 일본인들이 시위 참가자들과 몸싸움을 하는 활동도 했지만, 이념에 구애받지 않고 다양한 사람이 가급적 심리적 부담을 느끼지 않는 시위 방법 또한 강구되었다. 피켓이나 현수막을 들고 길가에 서 있거나, 홍보영상물을 제작하여 번화가에 있는 전광게시판을 통해 방영하거나, 아예 안티헤이트 인터넷방송을 운영하는 등의 실천들이 이에 해당한다. 맞불시위세력 스스로 반차별을 호소하며 가두시위를 벌이는 일도 있었다. 이 같은 맞불시위를 관통하는 특징이란 인권문제를 좌익진영의 전유물로 축소시키지 않음으로써 평범한 일본시민들이 자신이 할 수 있는 일을 실천할 수 있게 하는 여건을 마련한 점이다. 이들의 문제의식은 자신들이 살아가는 지역사회가 차별로 얼룩지는 것을 막는다는 단일쟁점정치(single issue politics)에 가까운 것이었다. 이에 따라 참여의 심리적 장벽이 낮아졌던 것이다. 재일코리안의 차별문제를 일본사회의 문제로 인식하여 당사자가 아니라 일본인이 전면에 나선 것은 이때가 처음이라는 점에서, 맞불시위 또한 혐한 현상의 또 다른 충격이라고 할 수 있다.

한편 기존의 민족단체들은 이렇다 할 활동을 펼치지 못했던 것이 현실이다. 민단은 2014년 4월 지방 간부들의 거센 요구로 중앙본부 안에 인권옹호위원회가 설치되기 전까지 별다른 활동을 펼치지 않아 원

그림 3. 맞불시위 플랜카드부대와 홍보영상

출처: YouTube 캡처

성의 대상이 되었다. 시민사회보다 정치권, 특히 보수정당과 관계가 밀접한 민단이지만, 2000년대 후반 재일코리안의 일본 지방참정권 획득 운동에 몰입하는 과정에서 진보성향인 일본 민주당을 지지했다. 재일코리안의 시민권 획득을 위한 선택이었기 때문에 이를 비난할 수는 없다. 그러나 2012년 12월에 아베정권이 들어서자 그동안 구축해온 보수정당과의 관계가 결정적으로 금이 갔다는 점이 확인되었다. 여러 번의 호소에도 불구하고 자민당 관계자는 민단의 헤이트스피치 제재 요구를 무시했다. 자민당이 외국인 지방참정권 부여에 줄곧 반대하는 입장을 고수해왔기 때문이다. 일종의 보복이라고도 할 수 있다. 그러나 인권옹호위원회 발족 후 인종차별철폐위원회에서 일본정부에 대한 심사가 열렸을 때 사절단을 제네바로 파견하는 등 점차 정치권 외의 활동을 펼치기 시작했다. 이제 민단은 헤이트스피치에 대한 반대를 중앙 차원에서 활동목표에 포함하는 등 맞서겠다는 의사를 분명히 밝히게 되었다. 그러나 민족조직에 가입하지 않은 재일코리안이나 일본시민들과 공조하여 맞불시위에 적극적으로 나선 것은 한참 뒤의 일이다. 그동안 한국정부는 재일동포 문제를 '민단중심주의'라고 표현할 수 있는 민단 일임정책을 견지해왔지만, 혐한시위는 그 한계를 드러낸 것으로 이해할 수 있다.

총련의 대응은 한층 더 심각하다. 일본인 납치문제로 북한에 대한 여론이 극도로 부정적이어서 손발이 묶인 상태이기 때문이다. 이로 인해 줄곧 전면에 나서지 못하고 있다. 로비활동 등에 있어 별도로 목적성 단체를 구성하여 우회적으로 맞서기도 하지만, 재특회에 의한 조선학교 습격 등 직접적인 피해가 분명하여 일본사회 전반의 반발을 야기하지 않을 경우를 제외하고는 이렇다 할 활동을 펼치지 못하는 상황이다. 민족교육 등에서 많은 성과를 거둔 총련은 북한을 추종하는 한, 일본사회에서 두드러진 활동을 펼치지 못할 것이다. 헤이트스피치와 혐한시위는 이 같은 사실을 여실히 드러냈다.

뉴커머, 특히 신오쿠보 코리아타운에 집주하는 주민과 상인들에 대한 타격은 직접적이고 위협적이었다. 혐한시위 종료 후 시위 참가자들이 '오산뽀(お散歩)'로 일컬어지는 상가 배회와 파괴행위를 일삼았기 때문이다. 시위참가자들은 "(한국으로) 돌아가라" 구호를 집단적으로 연호하는 등 위협을 가했고, 일본인 고객을 향해서는 "너는 자이니치 편이냐?" 등 위협적으로 시비를 걸기도 했다.[10] '오산뽀'는 8월 25일 신오쿠보 혐한시위 때 발생하기 시작한 후, 신오쿠보에서뿐만 아니라 오사카 등 각지에서 찾아볼 수 있는 현상이 되었다.[11] 피해자 측 충격에 대해 뉴커머인 오영석 신주쿠한국상인연합회 회장은 다음과 같이 설명한다.

헤이트스피치가 욕설과 막말에 그치지 않고, 가게 안으로 들어와 종업원

---

10 야스다(安田浩一)는 신오쿠보와 츠루하시에서 멈춘 것은 사실이기는 하나, 여타 지역에서는 '오산뽀'가 여전히 자행되고 있다고 주장한다. 카운터세력이 등장하게 된 직접적 계기는 '오산뽀'를 몸소 막기 위해서였다. 『毎日新聞』, "在特会らの在日韓国·朝鮮人への嫌韓デモに『表現の自由』はない, 根絶へ新法で規制を," 2013. 11. 3일자.

11 위의 기사.

을 위협하고 기물을 건드리는 등 손님이 다시는 가게를 찾지 않도록 영업을 방해한다. 관련 법규가 없어 경찰의 역할에도 한계가 있는 상황이다.[12]

'오산뽀'는 2013년 2월에 들어 카운터, 즉 맞불세력에 의해 제동이 걸릴 때까지 지속되었고, 뉴커머 상점들의 심각한 매출감소로 이어졌다. 저자가 현지에서 조사한 바로는 주인들의 추산치지만 업종에 따라 적게는 40%, 많게는 70~80% 매출이 감소했다.

뉴커머는 일본 정착기간이 짧아서, 이들의 인적·문화적 접근이 상대적으로 쉬운 한국과 관련된 사업에 종사하는 경우가 많다. 이로 인해 한일관계 악화라는 부정적 영향이 생업에까지 미쳤던 것이다. 비록 사회적 차별이 여전히 뿌리 깊게 남아 있지만, 올드커머의 경우가 시대 경과와 일손 부족 그리고 무엇보다도 취업차별 철폐 투쟁 등 복합적인 요인들이 작용하여 점차 직업상의 제약이 축소되고 한일관계의 영향을 덜 받게 된 것과 대조적이다. 그동안 한국과의 유대관계와 문화적 자부심을 자랑해온 뉴커머들이 일본에서 차별받는 올드커머를 자신과 다른 존재로 인식하며 '깔보는' 경향이 있었던 것도 부정하기 어려운 사실이다. 그 근저에는 자신을 일본에서 멸시받는 대상으로 간주하지 않는 인식이 있었다. 그러나 혐한시위는 이 같은 뉴커머들 또한 일본인 앞에서는 올드커머와 마찬가지로 차별어로서의 '조센징'에 불과하다는 냉엄한 현실을 받아들이지 않을 수 없게 했다.

한편 올드커머에게 혐한시위는 생소한 일이 아니었다. 후술하게 될 당사자들에 대한 심층면접에서 이 같은 증언이 다수 확인되었다. 그

12 『조선일보』, "도넘은 嫌韓… 日학생들까지 '조센징 先生은 한국 가라'", 2015. 2. 7일자.

들은 익숙한 일상적 차별이 변용된 형태로 재생산된 것이 헤이트스피치라고 인식하고 있었다. 뉴커머가 혐한시위를 생소한 일로 받아들인 것과 대조적이다.

저자가 보기에 혐한시위와 헤이트스피치가 재일코리안에게 불러일으키는 공포심은 매우 뿌리 깊고 강렬하다. 그럴 수밖에 없는 이유로 크게 두 가지를 들 수 있다. 하나는 학살의 역사에 대한 일본사회의 망각이며, 또 하나는 증오선동에 대해 어떠한 제재장치도 없다는 사실이다.

일본은 제노사이드(genocide)를 경험했음에도 불구하고 진상규명조차 꺼리고 있는 상황이 100년 가까이 지속되고 있는 나라다. 1923년 관동대지진 당시 일어난 조선인학살이 그것이다. 반성과 재발 방지를 위한 시책이 강구된 흔적을 거의 찾아볼 수 없다는 점은 증오선동의 최종지점인 대량학살이 언제 재발할지 모른다는 관동대지진의 트라우마를 불식하지 못하고 있다. 이 점에서 한국에서 교육을 받은 뉴커머들의 공포심은 다소 질이 다른 것이라고 할 수 있다. 관동대지진에 대한 망각은 한국도 마찬가지이기 때문이다. 공교육에서 제대로 가르치지 않고 있어 그 사실조차 모르는 경우도 적지 않다. 역사의 망각은 일본에서만 일어나고 있는 것이 아니다.

한편 일본에는 2016년 6월까지 재일외국인에 대한 차별을 금지하는 어떠한 제재수단도 없었고, 이 점이 혐한시위가 활성화되는 결정적인 요인으로 작용했다. 혐한시위 현장에서 맞불시위 참가자들의 항의에 대해 일선 경찰관들이 상투적으로 답한 것은 "단속할 만한 근거가 없다", 즉 법이 없다는 것이었다. 오늘날에도 일본에는 과거 신분에 따른 차별인 부락민 차별이나 선주민족인 아이누에 대한 차별 등이 뿌리 깊게 남아 있다. 그런데 이들 두 집단은 일본국적자이기 때문에 차별 시정을 위한 법률제정과 예산지원이 이루어진 반면, 외국인으로 규정된 재일코리안의 경우는 지난 70년 동안 차별방지를 위한 법적 보호가 전무한 채 방치되어왔다. 요컨대 재일코리안은 일본사회에서 약자 중 약자라는 것이다. 혐한시위 역시 표현의 자유라는 미명하에 방치되었다. 차별금지법이 존재하지도 않고, 독립적 기능을 갖춘 인권구제기관도 존재하지 않는 일본에서, 관할경찰서에 집회신고만 한다면 그 내용을 묻지도 따지지도 않고 집회를 열 수 있다는 점이 남용되어 신오쿠보뿐만 아니라 일본 전국에서 헤이트스피치가 난무하는 혐한시위가 열린 것이다. 그 횟수가 2014년 한 해 동안 365회에 달했다는 보고도 있다.

혐한시위는 헤이트스피치에 대한 법적제재 장치를 제정하기 위한 계기를 마련했고, 이때부터 많은 법률전문가, 정치가, 시민운동 진영이 공동으로 규제를 위한 법적 근거 제정을 위해 움직이기 시작했다. 그러나 국회에서 압도적인 의석수를 차지하는 자민당과 공명당이 표현의 자유를 고수하며 법적 근거 마련을 꺼리는 상황에서 그들이 거부하는 처벌규정을 포함하는 일은 무산되었다. 이 같은 과정을 거쳐 2016년 6월에 겨우 국회를 통과하여 제정된 것이 이른바「헤이트스피치해소법」[13]이다. 그러나 단속을 위한 처벌규정이 여당의 반대로 무산된 탓에

13 정식명칭은「본방외출신자에대한부당한차별적언동의해소를위한실천의추진에관한법률(本邦外出身者に対する不当な差別的言動の解消に向けた取組の推進に関する法律)」이다. 이 법은 차별적 언동에 대해 "차별의식을 조장하는 목적으로 공공연히 위해를 가할 것을 고지하거나 현저히 모멸하는 등 지역사회로부터 배제할 것을 선동하는 일"로 규정했다. 이 법에서 '본방외출신자'란 "오로지 본방 역외에 있는 국가 또는 지역 출신인 자 또는 그 자손 중 적법하게 거주하는 자"를 가리키며, 이들에 대한 '부당한 차별적 언동'을 "본방외출신자에 대한 차별의식을 조장하거나 유발할 목적으로 공개적으로 그 생명, 신체, 자유, 명예 또는 재산에 위해를 가하는 취지를 고지 또는 본방외출신자를 크게 모멸하는 등 일본방 역외에 있는 국가 또는 지역 출신이라는 점을 이유로 본방외출신자를 지역사회에서 배제할 것을 선동하는 부당한 차별적 언동"으로 정의했다(2조). 국가가 피해상담 체계를 정비하거나, 교육, 계몽활동에 충실하게 노력할 것을 책무로 규정하고 지자체에도 동일한 대책을 강구하도록 촉구한다는 내용도 포함되어 있다.

충분한 제재 효과를 거둘지는 여전히 미지수다. 그러나 이를 계기로 지자체 차원에서도 조례를 제정하여 헤이트스피치에 대처하는 움직임도 확산되고 있다. 또한 그동안 미진한 활동을 보인 법무성 인권옹호국도 계몽활동에 나서는 등 과거 일본의 모습을 생각한다면 적지 않은 변화가 일어나고 있는 것도 사실이다.

5. 헤이트스피치를 둘러싼 재일코리안의 다양한 인식

혐한시위에 대한 한국사회의 반응이 분노였다면, 재일코리안들이 느낀 것은 공포다. 혐한시위는 일본 밖에 있는 사람들에게는 어디까지나 간접경험에 그치며, 실감하기 어려울 수밖에 없다. 언론을 통해 접하는 혐한시위 보도에 분노하고 피해자들이 눈물을 흘리는 모습에 안타까움을 느끼는 것은 피부로 와닿는 공포심에서 자유롭기 때문이다.

여기서는 재일코리안이 피부로 느낀 공포심이 과연 어떤 것이었는지 살펴보기로 한다. 1절에서도 언급한 바와 같이 저자는 재일코리안의 다양성—세대, 성별, 연령대, 국적, 이주 시기 및 경위, 정치성향, 지역성—을 감안하여 2014년 6~8월 사이에 〈표 2〉와 같이 분류되는 55명의 재일코리안에 대해 심층면접을 실시했다. 되도록 재일코리안사회 내부의 속성별 분포에 충실하게 대상자를 선정하려 했지만 완벽하게 반영되었다고 보기는 어려울 것이다. 그러나 일본국적을 취득한 뉴커머를 제외하고 나머지 속성들에 대해 모두 인터뷰를 실시한 점은 적어도 재일코리안사회에 다양성이 존재한다는 사실을 확인하는 데 도움을 줄 것이다. 거듭 언급하지만, 이는 한국사회가 재일코리안을 '민단 아니면 총련'이라는 이분법으로 나누는 것이 얼마나 현실과 동떨어진 것인지를 이해하기 위해서도 의미가 있다.

표 2. 심층면접 대상자 분포

	조선적		한국국적		일본국적	
구정주자	총련 구성원/ 지지자 7명	중립적 조선적자 (고령자/ 지식층) 3명	중립적 한국국적자 (시민층/무관심층) 21명	민단 구성원/ 지지자 13명	더블 (한일간 혼인가정 2세) 2명	귀화자 3명
신정주자	X		자발적 해외이주자 6명		귀화자 0명	

맞불시위에 처음부터 참여한 재일코리안은 민단도 총련도 아닌, 중간층 혹은 시민계층에 속하는 이들이 대부분이다. 이들이 재일코리안 사회의 다수를 차지하고 있는 점에 대해 국내 학계가 인지한 흔적이 거의 없는 점은 재일코리안에 대한 이해를 왜곡하는 데 한몫하고 있다. 매우 안타까운 현실이다. 맞불시위에 처음부터 참여하며 후에 재특회 관계자들과의 소송에서 원고가 되어 승소 판결을 받아내기도 한 신혜진(가명)은 이에 대해 다음과 같이 말한다.

> (적어도 관서지방에서는) 카운터세력이 상당히 세거든요. 자이니치들도 많기는 하지만 일본인이 많다는 게 큰 특징이에요. 하지만 민단이든 총련이든 조직과 관련된 사람들은 안 와요.

그는 피해당사자인 재일코리안뿐만 아니라 일본인이 다수 참여하고 있다는 점을 높이 평가했다. 1948년 이른바 한신교육투쟁에서는 전적으로 당사자들에 의해 조선인학교 강제폐쇄 반대운동이 전개됐다가, 1970년대 민간기업의 취업차별에 대한 소송, 1980년대 외국인등록상의 지문날인 철폐운동 등 인권문제와 직결된 권익운동에서는 당사자가 전면에 나서고, 일본인은 뒤에서 지지하는 형태로 이루어졌다. 그런데 맞불시위에서는 일본인들이 함께 전면에 나섰다는 점에서 새로운 국면을 맞이하게 되었다고 할 수 있다. 재일코리안에 대한 차별문제를 일본인 자신의 문제로 인식하는 문제의식이 최초로 대두되었기 때문이다.

이와 대조적으로 신혜진은 민단과 총련, 즉 남한과 북한 정부에 각각 종속적인 민족단체에 대해 지극히 비판적이었다. 자신이 주최한 반차별시위(2014년 7월)에 총련 관계자들이 참여하지 않았을 뿐만 아니라 조직 차원에서 참여를 막은 것으로 알고 있었기 때문이다. 민단 또한 마찬가지였다. 1,500명이 모여 전국뉴스가 되기도 한 이 시위에 비협조로 일관했다. 저자도 현장에 있었지만 민단 관계자는 개인 자격으로 참가한 2, 3명에 불과했다.

헤이트스피치가 난무하는 당시 상황에서 재일코리안, 특히 여성의 SNS에 대한 일본 넷우익들의 공격이 격해짐에 따라 심리적 부담을 느껴 SNS를 폐쇄하는 사례가 속출했다. 그럼에도 신혜진은 하루에 수백 건에 달하는 비방글을 혼자 감당하고 있었다. 그가 비판적이었던 것은 재일코리안 민족조직보다도 일본 좌익운동이었다. 그 이유를 다음과 같이 말했다.

신혜진: '헤사요('헤이트스피치에 반대하는 모임' 같은 좌익조직에 대해 카운터세력 내부에서 유통되는 속어)'가 재특회를 없애버려야 한다고 해도 결국 또 다른 재특회가 등장하게 될 것이니 결국 무너뜨려야 하는 건 일본이다, 일본정부다, 이런 식이잖아요.

저자: 동의하나요?

신혜진: 전혀. 대체 무슨 생각을 하는 건지…. 그렇게 자기네 (좌익)운동이 올바르다고 인정받고 싶어 하는 거죠.

저자: 자이니치는 일본이 무너지기를 바라는 건가요?

신혜진: 그렇진 않아요. 운동의 중심에 자기들(=헤사요)이 서 있어야 한다는 것밖에 없는 거예요. 관심을 끌어 지지자를 모으고 싶을 뿐이

에요. … 예를 들어 나카파레(오사카에서 일어난 반차별시위)를 했을 때, "사이좋게 지내자(仲よくしようぜ)"는 "일본에의 동화다"라고 욕하고, 자기네들은 "반일 퍼레이드"를 했었지요.

저자: "사이좋게 지내자"의 반대가 "반일"이라고요?

신혜진 옆에 같이 앉아 있던 사람: 헤이트스피치를 늘어놓은 넷우익이 볼 때 재일은 반일이지요.

저자: 그럼 헤사요가 볼 때는?

신혜진: 반일이에요. 헤사요가 볼 때도 재일은 반일. 정신적으로 문제가 있는 사람들이 많은데, "우리(=헤사요)야말로 올바른 정치비판을 하는 집단이다" 헤사요 중에 아시하라라는 (한국 핏줄의) 쿼터가 있는데, "신혜진과 ○○○와 ○○○는 한국 국정원 간첩"이라고 욕하죠. 그리고 다른 헤사요는 "북한 간첩"이라고 해요. 그래서 같은 헤사요끼리 의사통일도 안 되는 거냐고…. (웃음)

저자: 사상으로 사람들이 뭉칠 수 있나요?

신혜진: 없죠. 그런 복잡하고 귀찮은 사람들은 오겠다고 해도 사양이죠. One Issue로 모이는 사람들이면, LGBT도 그렇고 얼마든지 이 문제(반차별)에 있어서는 손을 잡을 수 있어요.

이 같은 신혜진의 인식은 재일코리안을 자신의 세력 확대를 위해 이용해온 공산당을 비롯한 일본 좌익운동의 본질을 염두에 둔 것으로 이해할 수 있다. 또한 그의 말을 통해 재일코리안을 반일적 존재로 규정하는 데는 우익과 전혀 다를 바 없다는 점을 알 수 있다. 필요에 따라 동원되지만 결국 타자라는 재일코리안의 일본 내 위상을 재확인할 수 있는 대목이다.

역시 반차별시위에 참여한 오사카의 30대 회사원 김미화(가명)는 헤이트스피치를 야기하는 원인과 관련하여 올드커머들의 일본 체류자격인 특별영주제도를 들었다. 재특회가 궁극적으로 목표로 하는 것이 이 제도의 폐지에 있다. 재특회 회장 사쿠라이는 이것만 폐지된다면 재특회를 해산해도 된다고까지 말한 바 있다.

특별영주제도란 1965년 한일기본조약의 부속조약 중 하나인 이른바 재일한국인협정에 따라 한국국적을 선택한 재일코리안에게 주어진, 이른바 협정영주제도에 뿌리가 있다. 1991년 한국국적을 선택하지 않은 조선적(朝鮮籍, 북한국적이 아님) 등 올드커머 전반에 대해서까지 영주권 부여 대상이 확대된 것이 특별영주제도다. 일본정부가 최초이자 유일하게 먼저 나서서 일본과 한반도 간의 역사적 경위, 즉 식민지배를 감안하여 마련한 법적제도다. 즉, 특별영주제도란 역사수정주의자도 부정할 수 없는 공식적인 식민지배의 증거라고 할 수 있다.

한반도 식민지배의 잔재인 재일코리안이야말로 일본 과거사의 민낯을 여실히 드러내는 존재이며, 특별영주자격을 폐지하고 여타 외국인들과 동일한 취급을 해야 한다는 재특회의 주장은 일본의 역사수정의 완성을 의미한다. 김미화는 대학까지 줄곧 통명(일본 이름)을 사용하며 일본학교에 다니다가 재일코리안 청년단체 중 하나인 재일코리안청년연합(KEY)에서 활동하기 시작했다. 그 과정을 통해 처음으로 또래 동포 청년들을 만나고 민족명을 되찾았다. KEY가 민단에 비해 상대적으로 고학력자들이 모이는 특색이 있어 정체성 회복을 위한 학습모임이 자주 개최됐다는 여건 또한 김미화의 정체성 회복에 도움을 주었다. 그가 "원체 용서할 수 없잖아요. 한계선을 넘었지요"라며 분노를 토로할 수 있는 것도 정체성 회복과 밀접하게 연관이 있어 보인다. 김미화를 포함해 평소 재일코리안의 이주사나 인권문제에 대한 문제의식이 높은 KEY 회원들은 여러 재일코리안 청년단체 가운데 맞불시위 활동에 가장 적극적으로 참여했다.

정체성이 제대로 확립되어야 차별에 맞설 수 있다는 인식은 중학교까지 조선학교에 다니다가 고등학교 때부터 일본학교를 다니기 시작한 오사카의 대학생 박철민(남, 10대, 대학생)도 마찬가지다. 그는 헤이트스피치가 끊임없이 야기되는 원인을 다음과 같이 재일코리안 자신들에게서 찾는다.

'Non-Korean'들이 그걸 피하니까 반대로 미움을 받는 게 아닐까요?

이 말의 주어로 그는 '논코리안(Non-Korean)'이라는 조어(造語)를 사용했다. 이는 민족성을 상실한 재일코리안이라는 함의를 담고 있다. 또한, '그걸 피하니까'의 '그거'란 뿌리를 찾기 위한 민족교육을 가리킨다. 즉, 대다수 재일코리안들의 민족교육 부재가 이들을 '숨어서' 일본사회에 동화되어 살게 하는 요인이 되고, 이로 인해 주류사회 편입은커녕 떳떳하지 못함으로 인해 증오를 초래한다는 것이다.

그렇다면 일본정부와 사회의 반감에도 불구하고 '그거'를 고수하고 있는 총련계 사람들에게 혐한의 충격이란 과연 어떤 것인지, 특히 통일된 고향으로서의 조선반도를 상징하는 법적 지위인 조선적을 고수하는 이들의 인식은 어떤 것인지 살펴보고자 한다.

KEY와 만나지 않았더라면 자신도 논코리안의 삶을 살았을 것이라고 한 김미화는 일본사회에서 '조센(징)', '간코쿠(징)'의 함의가 이렇게 변화했다고 말한다.

조센징을 넘어서 이제 (헤이트스피치로 인해 차별 대상이) 간코쿠징으로까지 넘어왔구나. 요즘은 '간코쿠징'도 많이 (차별어로) 쓰이잖아요. 그전까지는 조센징이 쓰여왔었는데….
이제 간코쿠징도 포함되잖아요. 그게 큰 것 같아요.

이제 '간코쿠(징)', 즉 한국(인) 또한 조선(인)과 마찬가지로 차별과 멸시, 비하의 대상이 되었다는 것은 조선이 북한을 가리킨다는 사회통념을 감안할 때, 일본사회에서 그동안 상대적으로 좋았던 한국에 대한 인식이 북한과 같아졌다는 것을 의미하게 됐다는 것이다. 그러나 민족에 대한 강한 자부심을 기르는 민족교육을 커뮤니티의 중심에 두며 끈끈한 유대감을 유지하고 있는 총련계 사람들, 특히 조선적을 유지하며 살아가는 이들의 인식은 다소 다르다. 이들의 인식은 김미화의 그것과는 약간 차이가 있다. '조선'을 밝히는 일이 당연하면서도 두려움을 느끼지 않을 수 없다는 것이다. 그만큼 북한/총련에 대한 일본사회의 인식이 부정적이라는 점을 시사한다. 실제로 저자가 면접한 7명의 총련계 조선적자 중 3명이 이 같은 인식을 밝힐 정도로 이런 생각은 공유된 것이었다. 조선학교 교사 성현주(가명)는 다음과 같이 말한다.

> 성현주: ('조선'에 대한 자부심을 묻는 말에 대해) 네, 어렸을 때부터 아침이 아름답다는 뜻으로 배워왔으니까요.
>
> 저자: 그럼 "내가 조선인"이라고 남들 앞에서도 말씀하시겠네요.
>
> 성현주: 어, 저는 아름답다고는 생각하지만, 밖에서 "현주 씨, 어느 나라 사람이에요?"라고 물어오면 당당하게 말할 자신이 없거든요. 일본사람들이 안 좋게 생각할 거니까요. 지금은 별로 고민 안 하지만…. ○○○에 와서부터는 몇 년 동안 감추고 살았던 적도 있습니다.
>
> 저자: 일본 이름도 안 쓰시는데 어떻게 감출 수 있나요?
>
> 성현주: 적당히 말을 흘리죠. "한국인입니다." 뭐 이런 식으로. '한국인'이라고 하는 쪽이 반응이 좋다고 할까….

이처럼 '조선(인)'보다 '한국(인)'이 사회적으로 긍정적으로 받아들여지고 있고 기댈 만한 말이라는 인식을 확인할 수 있다. 김미화의 인식과는 대조적이다. 2002년 김정일과 북한이 일본인들을 납치했다는 사실을 시인한 발언을 한 이후 이들이 느끼고 있는 심적 부담이 얼마나 큰지를 이를 통해 짐작할 수 있다.

일본인의 반응을 의식한다는 점에서는 대학생 유나윤(가명)도 마찬가지다. 그는 "자신이 한국국적이 아니라 조선적"이라는 사실을 "이렇게 힘든 기억"이라고 말할 정도로, 조선적자로 살아가는 삶에 고통을 느끼고 있었다. 자신이 살던 지역에 조선학교가 없어 중학교까지 일본학교에 다닌 그는 '도래인'이라며 놀림을 받는 게 일상인 환경에서 자랐다고 한다. 고등학생 때 조선학교로 진학한 후 비로소 심리적 안정을 찾았지만, 조선어라는 또 다른 어려움에 부딪쳤다고 한다. 대학에서는 다시 일본 학교로 진학한 그는 "좋은 언니들을 만나고 있다"라고 하면서도 무언가 불안한 감정을 느끼고 있다고 했다. 그만큼 일본사회가 재일코리안에게 험지라는 것을 의미하기도 한다. 기댈 곳 없이 일본 이름을 쓰며 숨어서 살아가고 있는 재일코리안들과 또 다른 심리적 갈등이 이렇게 존재한다는 것이다.

그러나 줄곧 동포 커뮤니티 안에서만 자란 경우에는 또 다른 인식이 존재하는 것도 사실이다. 중학교 때까지 일본학교에 다닌 대학생 유나윤과는 달리, 유치원시절부터 조선학교에 다니다가 일본 대학으로 진학한 양무위(가명, 대학생)는 "그렇게 명확한 차별은 없었다"라며 조선학교 커뮤니티 안에서는 차별을 느끼지 않는 환경이었다는 점을 강조했다. 그만큼 총련 커뮤니티는 동포들만의 공간이라는 것을 짐작할 수 있다. 실제로 유치원만 일본학교에 다닌 후 초급학교부터 줄곧 조선학교에 다닌 우정수(대학생, 가명)는 "(일본 유치원에 다닐 때부터) 이미 차별을 겪었다"라고 했다. 그는 일본 대학을 다니는 총련계 학생단체인 류학동 활동을 통해 일본사회와의 소통에 자신감을 얻고 있다고 한다. 총련 조직 중 하나인 류학동은 일본 대학을 다니는 동포학생 서클연합체며, 조선학교 졸업생에게는 일본학교에 다닌 동포학생과 함께 할 수 있는 기회이자 일본사회와의 통로 역할도 담당한다. 우정수는 다음과 같이 자신의 경험을 소개한다.

> 류학동 덕분인데요, 꽤 자신이 붙었다고 할까요. 역시 이대로는 안 된다고 생각하기 때문에요. 최근에 대학교수님이 소련이나 조선에 대해 발언을 한다든가 바보 취급하는 발언을 클래스에서 해서, 그것을 들었을 때 이건 아니라고 생각해서 직접 메일을 보냈어요.

이 같은 인식은 총련 커뮤니티 구성원만의 것이 아니다. 이 같은 안정감에 대한 갈망은 확실히 재일코리안들 사이에 존재한다. 나고야의 30대 회사원 나민지(가명)는 다음과 같이 말한다.

> 저자: (온라인상의 혐오 글을 보며) 정신적으로 힘들지 않으세요? 밤에 기억이 떠오른다든가….
>
> 나민지: 밥도 못 먹을 때가 있어요. 집단 왕따를 당하는 느낌이라 할까요…. 차별은 아니지만, 중학생 때 이지메를 당했을 때 기분이랑 비슷해요.
>
> 저자: 일본에서 살고 싶으신가요? 아이도 있으시잖아요.
>
> 나민지: 일본학교에 보내는 게 무섭지요. 그래서 내년부터 조선학교에 입학시키려고 하거든요.
>
> 저자: 조선학교에 보내는 데 저항감이 없나요?
>
> 나민지: 있어요. 저항감이 있어요. 물론 거기에 전부 다 맡길 생각도 없고, 100% 신뢰하는 것도 아니고….
>
> 저자: 민족교육을 배운다면 헤이트에 저항할 힘이 생길까요?

나민지: 저는 어렸을 때 동포 친구가 한 명도 없었어요. 그래서 많이 불안했었거든요. … 혼자 있으니까 마음이 힘들 때가 있었어요. 이지메나 차별을 당한다고 할 때 곁에 같은 처지의 친구가 한 명이라도 있었더라면 받을 충격이라는 건 상당히 다를 것 같아요. 즐거운 일도 많은데 싸우기 바빴고 하니까, 시간이 너무 아까웠다고 생각해요. 그래서 그렇게 할 거예요. (조선학교로 아이를 보내는 이유는 같은 동포) 친구를 사귀었으면 하는 마음뿐이거든요.

과거에 비해 약화되어가고는 있지만, 여타 속성을 가진 재일코리안들에 비해 총련계 커뮤니티는 상대적으로 이처럼 동포들을 위한 공간을 확보하는 데 많은 노력을 기울이고 있다. 나민지의 말은 정체성이 다양해지기는 했지만 동포들끼리 모일 수 있는 안정된 공간이 여전히 필요하다는 점을 시사한다.

한편 저자에게는 이번 조사를 시작하기 전부터 한 가지 의문이 있었다. 한국사회에 풀멤버십을 가지며[14] 권리의식도 강할 것으로 여겨지는 뉴커머들이 왜 혐한시위 앞에서 침묵하는가 하는 점이다. 그럴 수밖에 없는 이유가 있다면 그 사정이 궁금했다. 같은 재외동포라 해도 재미코리안의 경우처럼 한미 양국 정치에 적극적으로 참여하는 것과는 매우 대조적이기 때문이다.

---

14 재외국민용 주민등록제도가 시행되기 전부터 해외이주법은 실질적으로 공문화되어 있었다. 대부분의 재외국민이 주민등록 말소를 우려해 공관에서 재외국민등록을 하지 않기 때문이다. 이에 따라 원래 주민등록번호가 있는 내국인이 출국하더라도 주민등록이 말소되는 경우는 거의 없다. 또한 금융기관 등에서는 말소된 주민등록번호로도 실질적으로 거래가 가능했기 때문에 주민등록번호가 없어 불편을 겪어온 것은 한국국적을 유지해온 일본 출생 재일동포가 대부분이었다. 이 같은 사정이 2012년 대통령선거 당시 민단을 비롯해 재일동포들이 각 후보자에게 주민등록제도를 재외국민에게 적용할 것을 주장한 이유다.

그 이유와 관련하여 신주쿠 신오쿠보에서 한류 콘텐츠 사업체를 운영하는 윤창진(가명, 40대)은 일본 권력으로부터의 '보복'에 대한 두려움을 들었다. 그는 지극히 구체적인 사례를 들었다. 상인들이 많은 신오쿠보에서는 세금조사가 상황을 불안하게 만들 수 있다는 것이다. 사업 규모 면에서 볼 때, 상인들의 정착 기간이 짧아 영세한 업체가 많은 탓에 혐한시위에 맞서 싸웠을 때 혹여나 혐한세력이 보복성 신고를 하여 세금조사를 받게 된다면 추징될 세금을 감당하기 어려울 업체들이 대부분이라는 것이 그의 설명이다. 그래서 혐한시위 후에 골목 상가나 고객들이 기물파손이나 폭행을 당하더라도 나서기가 어려웠다는 것이다. 윤창진은 올드커머들이 교토조선제1초등학교 습격사건 재판에서 승소한 소식을 접하자 "우리도 재판했어야 했다"라며 아쉬움을 토로하기도 했다. 실제로 재특회가 '도쿄한국학교 무상화 철폐 집회'를 열기도 했다. 그런데 저자가 조선학교 소송에 대해 알려줄 때까지 윤창진은 이 사실을 모르고 있었다. 일본사회에서 대대적으로 보도되었음에도 말이다. 그만큼 올드커머와 뉴커머 사이에 벽이 존재한다는 것이다.

차별금지에 대한 법적 근거가 취약하며 처벌규정이 없는 일본에서도 피해당사자가 특정될 경우에는 소송이 가능하다. 앞서 거론한 신혜진이 재특회 회장 등을 상대로 민사소송을 제기할 수 있었던 것은 신혜진을 직시한 비방글이나 발언이 있었기 때문이다. 혐한시위 참가자들이 기물파손을 하는 동영상까지 SNS를 통해 확산한 상황에서, 소송을 제기한다면 승소 가능성은 매우 높은 상황이었다. 그럼에도 제소하지 못했던 이유가 궁금했다. 임명승은 다음과 같이 일본에서의 체류자격이 불안하다는 점을 들었다.

> 추방당할 생각을 하고 싸워야 하는데…. 당연히 추방당하죠. 예를 들어서 싸운다고 하는 거는 같이 데모하면서 맞서는 건데, 구속되든 연행되든

할 텐데요. 체포되면, 물의를 일으키면 당연히 추방이죠.

바로 이 점이야말로 뉴커머들의 취약점이다. 어느 한 측에만 거점을 두는 경우가 더 많지만, 한일 양국에서 사업을 하는 경우도 있고, 경제활동의 법적 규제가 일본에 비해 상대적으로 더 많은 한국에서 불편을 겪지 않도록 뉴커머들은 일본 영주권 취득에 소극적이다. 이들은 한국에서 자랐기 때문에 주민등록 발급 경력이 있으며, 일본에 정착한 이후에도 대부분 그 효력이 유지되고 있다. 한편 일본에서는 사업 등 장기 체류성 체류자격으로 거주하는 경우가 많은데 이것은 영주권과는 달리 갱신문제에서 자유로울 수 없다. 혐한 현상이라는 비상사태를 맞이하게 되자 평상시에는 와닿지 않던 체류자격의 불안정성이 부각되기 시작했다. 결국 뉴커머들은 일본에서의 체류자격이 상대적으로 확실하고 안정적인 올드커머만큼의 발언권을 누리지 못하고 있다는 현실을 직시하게 된 것이다.

그렇다고 이들이 가만히 있었던 것은 아니었다. 2012년부터 시작된 재외국민참정권을 활용하여 한국 공관이나 정계를 향해 자국민보호 차원에서 대응해줄 것을 요구했다. 이것은 한국사회에 대한 이해가 있어야 가능한 일이다. 이 점과 관련하여 신오쿠보에서 학원을 운영하는 임명승(가명, 40대)은 다음과 같이 설명한다.

임명승: 동포들이 투표권이 있잖아요. 생겼잖아요. 불과 몇 년 안 됐지만. 간과 못하는 거죠.

저자: 국정참정권이란 게 대단한 무기네요.

임명승: 예전 대사관하고 지금하고 많이 달라졌어요. 예전 대사관은 별로 신경 안 썼어요, 이쪽 일에. 참정권이 있고 난 이후에 제일 먼저 바뀐 게 정치권의 움직임이에요. 새누리당, 민주당 사람들이

자주 옵니다. 자주 와서 한인회든 뭐든 민단 분들도 만나시고 관계하는 사람들 만나요. 그렇게 되니까 대통령도 관심을 갖는 거죠. 대통령도 신문 보니까, 박근혜 대통령이 하신 말씀이 공관에 있는 사람들이 뭘 하느냐, 주재국에 (있는) 국민을 잘 보살펴야지, 그렇지 않고서는 안 된다, 이렇게 다그쳤다고 얘기하더라고요. 그렇게 얘기할 정도면 관심을 안 가질 수가 없는 거죠.

저자: 그렇군요.

임명승: 아무래도 투표권이 있기 전에는 사실 (공관이) 관심을 안 가져도 특별히 이분들이 액션을 취하는 것도 아니고, 하지만 투표권이 생긴 다음부터는 어떻게든 정치권에서 하달을 받긴 할 거 아니에요. 여당이 새누리당이면 그쪽 사람들이 일본에 자주 올 거 아닙니까. 공관에 와서 우리 유권자들한테 얘기할 것이고, 잘하라고 할 것이고. 여기 있는 민단이든, 뉴커머들도 새누리당이 어떤 식으로든 줄이 닿잖아요. 얘기하는 거죠. 유력 정치인들이 공관에 또 얘기하고, 표랑 연결되어 있기 때문에 서로 쉬워지는 거죠. 없을 때는 줄이 연결이 안 되다가 유권자니까 연결이 된 거죠.

저자: 뉴커머 분들이 공관에 도움을 요청한다는 거네요.

임명승: 꼭 그렇지만은 않아요. 다양한 방법을 씁니다. 공관에만 얘기하는 것이 아니고 오히려 어떤 식으로든 한국에 연줄이 있으니까 국회의원일 수도 있고, 정부의 고관일 수도 있고, 어떤 식으로든 자기들이 필요하면 하달을 받게 하는 거죠.

이 같은 모국 자원과의 접근성은 2000년대 초 뉴커머사회에서 올드커머를 멸시할 수 있는 근거로 작용했던 것도 사실이다. 이제 60, 70대가 된 뉴커머 상인 중 일부는 올드커머와 심각한 갈등을 빚기도 했다. 도쿄에 단 한 곳 있는 올드커머가 세운 한국학교의 운영을 놓고 한국입시교육에 대응하도록 올드커머 이사진에 대해 집단시위와 폭력사건까지 일으키기도 했다. 당시 상황은 가히 '상호멸시'라고 표현해도 무방할 정도였다.

이 같은 뉴커머들의 멸시 감정은 자신들이 올드커머들에게 당했다는 피해의식에서 비롯된 측면도 있는 듯하다. 신오쿠보에서 한류 콘텐츠 사업체를 운영하는 40대 윤창진은 다음과 같이 말한다.

> 민단이 (우리가) 어렸을 때 사실은 잘못했어. 왜냐면, 우리 같은 애(=뉴커머)들이 무시당하고 그랬거든. 우리가 가도, ○○○단장만 해도 쳐다보지도 않았는데. 그니까, 그런 게 우리가, 굉장히 우리가 다가가면 자꾸 멀어지려고 그랬었어요.

이 같은 상황을 수습하려는 움직임이 자생적으로 일어난 것은 아이러니하게도 혐한현상을 겪은 직후였다. 이 시기에 뉴커머들이 주축이 된 한인회와 올드커머 단체인 민단과의 관계회복 노력이 시작됐다. 서로의 처지와 취약점을 이해하게 됨에 따라 한인회와 민단 간의 소통이 시작된 것이다. 저자가 한인회를 방문했을 당시에도 민단 중앙단장이 한인회에서 "재일코리안의 역사와 미래"라는 주제의 강연[15]을 하는 등 구체적인 움직임이 확인되기도 했다. 저자가 조사하러 다닌 2014년 당시, 민단은 헤이트스피치 현상 초기에 보인 외면하는 자세를 바꾸어 조직적으로 맞설 의지를 천명한 상태였다. 뉴커머와의 공생 노력은 이러한 실천 중 하나였다. '상호멸시'가 '상호이해'로 바뀐 것으로 이해할 수 있다.

---

15 『민단신문』, "오공태 단장이 한인회에서 강연—민단의 역사 등," 2014. 8. 15일자.

이러한 재일코리안사회 내부의 공생 노력에 대해서는 대체로 긍정적인 평가였지만, 임명승은 또 다른 측면에서 민단의 인식 변화가 필요하다고 지적한다.

임명승: 자꾸 한국에만 성금을 보내줄 게 아니고 일본 지역사회에서 공헌하고 인정을 받아야 일본사람들이 재일교포를 존경하는 거지.

저자: 그게 많이 부족하다고 보세요?

임명승: 그렇지 않을까요. 지금까지 교포들은 많은 차별을 받아왔잖아요. 여러 가지 공무원도 안 되고 그런 피해의식이 있잖아요. 나름대로 그런 어려운 과정에서 성공하신 분들이에요. 그런 분들이 결국은 본인의 부를 축적한다든가 아니면 그걸 자손한테 물려주든가, 아니면 한국에다 뭘 하든가, 표시도 안 나잖아요. 한국정부가 딱히 환영하는 것도 아니고….

일본에서 사업으로 성공한 이들이 주축을 이루고 있는 민단인 만큼, 시대는 다르지만 맨주먹으로 사업을 시작해 성공한 임명승과 같은 뉴커머들이 올드커머의 처지나 심정을 헤아리게 된 것으로 이해할 수 있다. 지극히 아이러니한 일이기는 하지만 혐한시위로 이들이 같은 처지에 놓인 것이 서로를 이해하는 계기를 마련했을지도 모른다.

한편 임명승의 발언에는 일본사회로 환원해야 일본사회에서 재일코리안에 대한 인식의 변화를 기대할 수 있다는 내용도 담겨 있다. 일본사회, 즉 지역사회에 대한 기여라는 자잘하면서도 꾸준한 실천이 혐한시위를 막는 데 도움을 줄 수 있다는 것으로 이해할 수 있다. 한국을 향해 애국심을 과시해온 것과 대조적으로, 재일코리안이 일본사회 내에서는 공공성에 대한 인식이 부족했던 것으로 비쳐질 수도 있다는 지적이다.

그렇다면 오늘날 경제가치로 환산할 때 1,000조 원이 넘는 것으로 추산되는 경제적 기여가 있었다는 주장이 제기될 정도로 적극적으로 한국 발전에 기여했던 올드커머, 특히 민단은 과연 한국에서 어떤 대접을 받고 있을까? 특히 혐한시위 상황에서는 발언권이 있는 것일까 하는 점이 궁금해졌다.

민단은 강령 제1항에 '우리는 대한민국의 국시(國是)를 준수합니다'를 내걸 정도로 대한민국에 대한 충성심이 강한 단체이며, 재일코리안은 민단을 통해야 모국 정부와의 관계성을 구축할 수 있는 것이 현실이다. 재외동포를 지원하는 재외동포예산 중 재일코리안을 위한 예산은 거의 모두 민단에 지급되고 있다. 그만큼 민단은 모국 제도권과 유대관계가 긴밀한 재일코리안 대표단체다.

맞불시위를 벌이는 사람들 사이에서 민단의 헤이트스피치에 대한 소극적 대응을 비판하는 목소리가 컸던 것은 사실이며, 저자 또한 같은 인식을 하고 있었다. 그러나 2014년 3월 중앙본부 안에 인권옹호위원회가 설치되자, 민단은 스위스 제네바에서 열린 UN인종차별철폐위원회의 일본정부에 대한 심사에 대표단을 파견하기도 하고, 한국 국회도서관에서 최재천 새천년민주연합 의원의 주선으로 '혐한 출판물' 전시회를 주최하기도 했다. 국내 언론도 적극적으로 이를 보도하여 여론의 관심을 모으는 데 역할을 담당했다. 그러나 민단 청년조직인 청년회에서 활동하는 20대 여유희(가명)의 인식은 다소 부정적이었다. 그는 민단의 호소력이 지극히 약할 뿐만 아니라 모국 측이 재일코리안 보호에 관심을 보이지 않은 데 실망이 컸다.

저자: 그렇게 (헤이트스피치로) 큰 충격을 받았군요, 정신적으로…. 스스로도 놀랄 정도로?

여유희: 컸어요.

저자: 그렇다면 (저항하는) 방법은?

여유희: 방법이요? 기댈 곳이 이제 민단으로는 안 된다고 생각해요.

저자: 그렇다면 (한국)정부에 무언가 구체적으로 기대해본 적이 있나요?

여유희: 없어요.

저자: 어떤 의미에서요?

여유희: 아, 작년에 개인적으로가 아니고 (민단)청년회에 있을 때 (국내 정관계 관계자들에게) 말했었거든요. 그런데 진지하게 안 받아들여졌어요. 새누리당과 민주당 두 당에 자세히 말해서 청년회 본부로서도 간부로서도 문서 제출까지 했어요. 그런데 졸고 있더군요.

저자: 두 당 모두?

여유희: ○○○당은 그나마 깨어 있었어요. 그런데 xxx당 재외국민위원회에서 가장 높은 분이 나와주셨는데 졸고 있더군요.

저자: 진지하게 받아들이지 않았다? 지금도? 이에 대해 어떻게 생각하는지요?

여유희: 저는 기대하고 갔었거든요. 정부에 말하면 뭔가 해줄 거라고 생각했는데 안 됐으니까.

저자: 외교부에는 가봤어요? 그들은 정치가가 아니잖아요. 외교부, 즉 공무원에게는 가봤어요?

여유희: 가봤는데요. 대책은 내주지만 그래도 보이지는 않아서….

여기서 주목할 점은, 이 같은 국내 정관계에 대한 청원활동을 중앙본부가 아닌 청년회 차원에서도 했다는 점이다.[16] 중앙본부 차원이 아

16 『통일일보』는 2013년 10월 2일 노리코에넷 발족을 "가장 용기 있는 행위"로 높이 평가하는 한편, 민단에 대해서는 "본국 정부에 진정하는 것도 좋지만 당사자들이 열심히 과제에 대응하며 노력하는 것이 우선되어야 한다"라고 비판한다.

닌 독자적인 움직임이 있었다는 점은 일찍이 민단 내부에 헤이트스피치 문제에 문제의식을 가지고 대처할 필요성을 느끼고 있었던 이들이 존재했다는 점을 시사한다. 그럼에도 전면에 나서는 데 시간이 걸렸다는 것은 조직 내부에서 갈등이 있었던 것으로 읽어낼 수 있다.

여하튼 여유희의 이 같은 발언은 그동안 재일코리안의 민생문제, 특히 인권문제에 있어 한국정부가 얼마나 소극적이었는지, 적어도 당사자들에게 와닿지 못했는지에 대한 방증이라고도 볼 수 있다. 여기에는 여타 재외동포사회에서 찾아볼 수 없는 재일코리안사회만이 지닌 특수성, 예를 들어 사회적 소외를 감내하면서 정체성을 지키기 위해 한국국적을 고수할 것인지, 아니면 자신의 뿌리를 부정하며 동포들과의 유대가 단절되는 일본국적을 선택할 것인지라는 극단적 양자택일 상황으로 인해 정체성을 지키려면 '무권리의 외국인'으로 남을 수밖에 없는 사회적 압력이 존재한다. 이 같은 재일코리안의 특수성을 간과한 채 '주류사회 편입'을 재외동포정책의 목표로 설정한 한국정부와는 인식의 괴리가 생길 수밖에 없어 이렇다 할 대책을 내놓을 수 없는 것이라고 할 수 있다.

그러나 한편으로 앞서 임명승이 말한 것처럼, 이제 유권자가 된 재일코리안들에 대한 일본 현지 공관 차원의 대응이 활발해진 것도 사실이다. 실제로 주일대사가 신주쿠구 구청장을 찾아가 혐한시위 집회신고를 불허해달라는 요청을 했을 정도다. 올드커머인 여유희를 비롯한 민단청년회 관계자들에게는 이 같은 이점, 즉 유권자로서의 강점에 대해 충분히 이해하기가 어려웠던 것이 아닐까 하는 추측도 가능하다. 2012년까지 유권자의 지위를 단 한 번도 누리지 못했던 재일코리안, 즉 거주국 일본에서뿐만 아니라 국적이 있는 한국에서마저 권리로부터 소외되어온 이들에게 전략적으로 주권을 행사하라고 비판하는 것 자체가 무리한 요구일 것이다. 전 세계를 찾아봐도 재일코리안처럼 거주국에서도 모국에서도 '완전한 무권리' 상태로 세대를 넘어 살아가는 소수자는 그리 많지 않을 것이라는 점을 떠올려본다면 이들의 상황을 독자들도 조금이나마 이해할 수 있지 않을까 생각한다.

6. 혐한으로 드러난 다양한 변화를 어떻게 볼 것인가?

이 글은 2009년대 말부터 본격화된 재일코리안에 대한 헤이트스피치가 대두된 정치사회적 배경, 재일코리안을 비방하는 데 사용된 언설로서의 '재일특권'의 함의와 기능, 특히 이것이 일본인의 과거사 인식 변화와 어떻게 연관이 있는지, 그리고 피해자로서의 재일코리안사회 내부의 다양성과 이에 따른 헤이트스피치에 대한 인식과 대응방식의 다양성에 대해 논의했다.

재일코리안에 대한 차별은 1868년 메이지유신 이후 일본 근대화와 궤를 같이하면서 뿌리를 내렸고, 과거사 반성의 부재는 이러한 차별이 별다른 문제의식 없이 일본사회에 지금도 남아 있는 요인으로 작용하고 있다. 그런데 2012년 이명박 대통령의 일왕 비하 발언은 이념을 초월해 국가 자존이 폄하되었다는 피해자의식과 모멸감을 일본인 전반에 안길 정도의 충격이었다. 동시에 이 같은 충격은 가해자로서의 가책에서 해방시켜주는 효과도 가져다주었다. 2002년 북한의 일본인 납치 시인 이후 북한/총련을 공공연히 비방하는 데 대한 금기가 풀렸다면, 2012년의 사건은 그 화살이 이제 한국을 향해서도 날아오게 한 것이다. 적지 않은 일본인이 느낀 해방감은 민족차별에 대한 금기를 깨고 말았다. 그리고 한국은 이제 조선과 마찬가지로 일본인에게 가해자로 인식된 것이다.

이 같은 피해(자)의식이야말로 재일코리안에 대한 헤이트스피치가 폭발적으로 확산하는 데 결정적인 요인이 되었다. 일본에 국한할 필요는 없지만, 맹목적인 피해(자)의식은 다층적이고 객관적인 성찰을 실천하는 것을 어렵게 한다. 피해(자)의식으로 정신무장된 혐한세력은 거리낌 없이 온라인, 오프라인 공간을 넘나들면서 세력을 확장해나갔다.

이에 대한 재일코리안 측 인식 또한 역사와 사회적 요인의 결합체다. 맞불시위에 참여하는 재일코리안들은 민족단체와 무관한 중간층 또는 시민층으로 구분되는 이들이며, 일본사회에서 인적 네트워크를 형성하며 연대할 수 있는 여건을 갖추고 있다. 기존의 재일 민족단체들은 규모가 크고 공식성을 지니는 만큼 민감한 국가 간 관계의 영향을 의식하지 않을 수 없어 헤이트스피치 대응에도 더디게 대응하거나 아예 움직일 수 없는 모습을 보였다. 재일코리안, 특히 올드커머 문제를 민단에 일임하는 자세를 견지해온 공관을 비롯한 한국정부와 정치권의 대응 또한 소극적이었다. 이와 같은 대응은 그동안 한국정부가 취해왔던 방식이기에 놀랍지 않았다. 애당초 한국정부에 기대하는 재일코리안이 드물었던 것도 여타 재외동포사회에서는 찾아볼 수 없는 현상이다.

그러나 한편으로 민주시민의 경험을 공유하는 뉴커머들은 모국 자원을 최대한 활용하려고 했다. 한국의 제도나 사회를 이해하고 있으며, 인적 네트워크를 가진 뉴커머들은 한국 내에 호소함으로써 현지 공관을 움직이려고 시도했다. 한국사회를 상대로 유권자의 힘을 최대한 활용해보겠다는 발상에서 비롯된 이 같은 활동은 권리로부터의 소외가 지속된 올드커머로서는 갖기 어려운 것이었다.

한편 강한 민족정체성에 대한 자부심의 원천인 민족교육을 고수하는 총련계 재일코리안들이 느끼는 불안감은 여타 동포들에 비해 강한 것이었음이 확인되었다. 이들의 공포는 이미 2000년대 초반부터 강해졌지만, 자세히 살펴보면 민족교육에 대한 탄압을 일본이 패전 이후 줄곧 견지해온 만큼 총련계 재일코리안에 대한 압력은 전후 일본에서 일관되게 존재해왔다.

이 같은 인식을 바탕으로 혐한 현상은 올드커머에게는 '리모델링 된 차별'로 간주되었다. 즉, 형태만 달라졌을 뿐 종잡을 수 없는 것은 아니라고 파악하는 점을 확인할 수 있었다. 이 점에 있어 그동안 차별의 당사자라는 인식이 희박했던 뉴커머에게는 생소한 일로 다가왔다. 그러나 헤이트스피치를 통해 일본사회에서 모두 차별받는 존재로서의 '조센(징)'이라는 점에는 차이가 없다는 것이 확인되었다.

피차별의 경험을 공유하게 됨에 따라 올드커머와 뉴커머가 서로를 이해하는 계기가 된 것도 사실이다. 그동안 서로 반목하며 멸시하는 분위기가 변화된 것이다. 소통을 시작한 신구의 이주자들이 앞으로 어떠한 양상을 보일지는 미지수다.

마지막으로 맞불시위에 있어서 일본인이 지원자가 아니라 당사자로 활동을 전개하며 재일코리안과 함께 행동하고 있는 점은 기존의 차별 시점을 위한 권익운동이나 인권운동에서는 찾아볼 수 없었던 현상이다. 거듭 강조하지만, 재일코리안이 일본사회에서 뿌리를 내리려면 이 같은 일은 빼놓을 수 없는 과정이다. 우경화와 한국에 대한 공공연한 비방은 이제 일본사회에서 일상이 되었다. 이런 상황에서 비록 수는 적지만 자신이 살아가는 사회가 차별로 물드는 일을 막겠다며 거리로 나온 일본인들의 존재는 그동안 고립되고 버림받아온 소수자로 살아온 재일코리안에게 일말의 희망을 가져다주는 존재가 될 수 있지 않을까 하는 생각을 가져본다.

참고문헌

일본정경사회학회, 2015, “혐한 현상으로 인한 재일동포사회의 충격,” 2014 재외동포재단 조사연구 용역사업.

『민단신문』, “오공태 단장이 한인회에서 강연—민단의 역사 등,” 2014. 8. 15일자.

『조선일보』, “도넘은 嫌韓… 日학생들까지 ‘조센진 先生은 한국 가라,’” 2015. 2. 7일자.

『통일일보』, 2013. 10. 2일자.

『毎日新聞』, “在特会らの在日韓国·朝鮮人への嫌韓デモに『表現の自由』はない, 根絶へ新法で規制を,” 2013. 11. 3일자.

野間易通, 2013, 『「在日特権」の虚構: ネット空間が生み出したヘイト·スピーチ』, 東京: 河出書房新社.

松永英明, 2012, “生活保護受給者の97%は日本国籍(「生活保護·在日」問題に関する統計),” 『BLOGOS』. https://blogos.com/outline/40233 (2020. 10. 1. 접속)

在日特権を許さない市民の会 홈페이지 https://www.zaitoku814.com (2020. 9. 20. 접속)

http://togetter.com/li/483179 (2020. 10. 1. 접속)

| 제2부 |

자이니치(在日), 경계를 넘다

제4장 현해탄의 남은 빛: 히로시마 재일조선인 1.5세, 2세의 귀환과 해방공간의 기억
제5장 개발국가시기 재일한인의 표상과 젠더: 재일교포 남성과 한국여성의 만남의 서사
제6장 자이니치 2세 여성의 모국 귀환과 결혼: 정체성 재구성의 과정을 중심으로
제7장 뿌리와 월경의 현재: 서울에서 생활하는 자이니치 코리안의 이야기

제4장

현해탄의 남은 빚: 히로시마 재일조선인 1.5세, 2세의 귀환과 해방공간의 기억*

오은정

현해탄아, 현해탄아
우리 영주가 세 번째로 현해탄을 건너는구나
이번엔 다정히 대하지 않을 테냐
현해탄아, 현해탄아
너를 건널 때마다 비극이 우릴 기다렸다
세 번째엔 우리 영주를 즐겁게 맞아다오
현해탄아, 넌 우리에게 빚이 있다
현해탄아, 현해탄아
부당한 현해탄아
넌 우리에게 빚이 있다
넌 우리에게 빚이 있다

(희곡 〈I am a Hibakusha〉[1] 중에서)

* 이 글은 저자의 논문 "완전 왜년이지, 왜년으로 살았제: 히로시마 재일조선인 1.5세와 2세의 귀환 서사와 해방공간"(『한국문화인류학』 51(2): 169-219, 2018)을 수정·보완한 것이다.

1. 패전, 해방 그리고 귀환

> 머나먼 길목에서 굼주리고 헐버슨채 오매불망튼 광복 조국을 차저오는 동포들 중에는 새로운 희망과 새로운 기쁨을 간직하고 오는 분도 있는 반면 남부여대로 오롱이조롱이들 이끌고 병들고 배고픔에 신음하며 거리에서 거리로 헤메는 보기에 딱한 부대가 한둘이 아니다.[2]

20세기 전반 세계열강의 제국주의 팽창과 함께, 식민지와 식민 본국 사이에서 일어난 대규모 인구이동은 2차대전 종결과 제국의 해체와 함께 다시 급격하게 그 이동의 흐름을 변화시켰다. 아시아태평양전쟁의 종결에 따른 제국 일본의 붕괴도 동아시아 전역에서 대규모의 환류(還流)를 이끌었다. 만주와 일본 그리고 아시아태평양의 각 격전지에서 약 220~250만 명의 조선인이 이 이동의 흐름에 몸을 얹었고, 그중에서도 가장 높은 비율을 차지하는 이들은 '패전국 일본'에서 '해방된 조선'으로 돌아온 110~140만 명의 조선인들이었다(이연식 2016b).

---

1 이 작품은 1984년 당시 미국 메릴랜드대학 교수(예술철학박사)였던 한국인 홍가이(영문 이름 Kai Hong) 씨가 영어로 쓴 희곡작품이다. 히로시마 원폭투하 당시 일본에 있다가 귀국한 한국여성인 영주의 비극적 삶을 통해 전쟁의 책임과 반핵의 문제를 다루고 있는 이 작품은, 허구지만 영주의 일본으로의 밀항과 이것이 한일 양국에서 정치적/외교적 문제로 비화되거나 한일의 좌익계열 운동단체들에 반정부시위의 구실이 되지 않도록 수습되는 과정에서 1968년 한국인 원폭피해자 손귀달의 일본 밀입국사건과 거의 흡사하다. 연구자가 가지고 있는 대본은 (주)예음에서 제작된 것으로, 1988년 8월 25일 공연윤리위원회에서 제222호로 검열된 인장이 남아 있다. 1985년 국립극장은 연출가 김석만 씨에게 이 작품을 의뢰, 번역을 끝내고 가을 정기공연을 추진했지만, 국립극단이 공연하기에 부적합하다는 이유로 돌연 공연이 취소됐다. 1986년 작품에 흥미를 갖고 있던 무세중(서울예대) 씨가 작가와 교섭, 김연경 씨 번역으로 테아트로 巫에 의해 '히바쿠샤 I 원폭피해자'라는 제목으로 공연된다(『경향신문』, 1986. 7. 8일자).

2 『동아일보』, "해방된 조국에 귀환한 전재민 항구적 직업 주라!" 1946. 6. 3일자.

제국 일본의 붕괴 직후 일어난 이 같은 대규모 인구이동에 대한 연구는 그간 역사학과 사회학 분야에서 활발하게 이루어져왔다. 일본과 남한에 주둔했던 연합군의 문서자료, 신문이나 저널과 같은 자료에 기초해 점령정책과 귀환의 관계를 국가와 지배체제의 관점에서 조망해왔으며, 실증연구 차원에서는 특히 강제동원 분야의 연구들이 상당한 진전을 이루었다(강인철 1998; 김광열 2010; 김예림 2010; 대일항쟁기동원피해조사및국외동원희생자등지원위원회 2008, 2011; 이연식 2016a, 2016b; 이현주 2005; 채영국 2003; 최영호 1995; 황선익 2013; 현무암 2006; 小林聡明 2012; 椎名麻紗枝 1988). 그런데 해방 직후 귀환이주자 연구가 통시적·거시적·정책적 시점에서 많은 연구가 진행되고 있지만, 상대적으로 귀환자들의 차이가 드러나는 유입장소, 유입시기, 출신지역, 세대, 성별, 직업군, 정치적 성격 등의 구체적인 분화에 관한 연구는 부족한 편이다(이연식 2016a, 2016b). 또 이주의 형태로 구분해보았을 때는 상대적으로 오랫동안 해외에 거주했다가 패전과 해방 직후 '모국'으로 돌아온 가족 단위의 피식민 이주자들에 대해서는 연구가 미진한 편이다.

무엇보다 해방 직후에 이루어진 대규모의 인구이동 흐름을 보통 '그리운 고국'이나 '꿈에도 그리던 내 민족'을 찾아가는 고난의 통과의례 절차나 오디세이아의 표상으로 그리는 것은 많은 연구의 공통된 인식으로 보인다. 해방공간을 기억하고 서사하는 많은 연구는 첫머리에 인용한 기사와 같이, 그 이동의 한복판에 있었던 이들이 "오매불망(寤寐不忘)"하던 '조국'을 찾아오는 존재들이었던 것처럼 표상한다. 해방 직후 민족의 통합이 "독립을 향해 나아가는 새로운" 국민국가의 건설과정에서 가장 절실한 과제로 여겨지면서, 해외에 거주했던 피식민 이주자들은 새로이 건설될 국민국가에 통합될 당연한 성원, 하나의 민족으로 표상됐기 때문일 수도 있다.

그러나 이러한 시선은 요컨대 아시아태평양전쟁 종결 이후 동아시아 전역에서 생겨난 환류와 이동의 흐름에 대한 정책적·정치적 차원의 거시 관점을 반영한 연구들, 징용 및 징병과 관련된 강제동원 이주자 연구들에 비해 장기간 해외에서 체류하다가 돌아온 피식민 이주자들의 환류에 대한 구체적인 실증연구 그리고 실제 이러한 귀환을 경험한 사람들의 일상과 삶, 정체성을 드러내는 아래로부터의 관점을 반영한 미시적 차원 연구의 부족에서 나온 것이기도 하다.

그런 점에서 해방된 공간에 돌아온 피식민 이주자 조선인들을 '난민'의 위치로 조망한 김예림(2010)의 연구는 기존의 귀환이주 연구들에 새로운 관점을 제시했다는 점에서 살펴볼 만하다. 김예림은 제국 일본의 패전 직후 귀환이주자들에게 '고국'은 일본 본토와 만주라는 "후식민의 에스닉 혼종지대"에서 생겨나는 불안과 위험, 적대를 해소하고자 돌아가야 할 '막연하지만 열렬했던 환상과 기대'의 장소였지만, 정작 '고국'으로 돌아온 이들은 국가로부터 온전하게 배려받지 못했으며, '거리'에 방치됨으로써 대부분 '난민'이 되었다고 진단한다. 이러한 관점에서 거리를 떠도는 귀환자들은 '자기의 국가에 소속된 국민'이라는 애초의 환상과 기대를 배반당한 이들로 규정된다. 김예림의 연구는 제국의 붕괴와 새로운 국민국가 건설 사이의 틈에서 생겨난 해방의 혼란한 공간들이 기존의 귀환자 연구들이 전제하던 민족주의적 표상들로 귀환자를 바라보던 것과는 근본적인 차이를 보인다. 또한 이 연구에서 전제했던 "후식민의 에스닉 혼종지대"에서 생겨나는 혼란들, 즉 패전으로 인한 붕괴된 제국의 공간 속에서의 혼란이 '고국으로의 귀환'을 통해 해결될 것이라는 '열망'은 좀 더 살펴볼 필요가 있다.

패전 직후의 일본과 해방 직후의 조선이 귀환이주자들에게 정말 "일본은 위험하고 분리되어 나와야 할 곳인 반면, 고국은 안전한 통합의 장소"로 기대됐었을까? 패전과 피점령 그리고 탈-제국의 이행이 얽히는 '패전의 공간'과 해방과 초기 냉전 그리고 탈식민지 이행이 교차하는 '해방의 공간'이 식민지 본토에 머무르던 조선인들에게 완전히 분리 가능한 장소들이었을까? '국민' 혹은 '난민'의 구도는 해방 직후 귀환이주자들의 이주가 단지 국민 대 국가, 혹은 난민 대 국가라는 틀 속에서 포착되지 않는, 그리고 민족주의적 서사들 속에서 소환되지 않는 서사들, 민족주의적 좌표를 찍기 쉽지 않은 기억을 소거한 채, 단일한 민족주의적 표상들로 '패전과 해방의 공간'을 그려내기 쉽다.

이 글은 한국에 거주하는 원폭피해자들, 즉 해방 직후의 히로시마에서 귀환한 피식민자 1.5세와 2세들의 이주자로서의 경험에 주목한다. 그중에서도 구체적으로는 1920~30년대에 일본에서 나고 자란 이주 1.5세와 2세였던 원폭피해자들의 경험과 기억을 다룰 것이다. 그간 한국 원폭피해자에 대한 기존 연구들이 이들의 피해자됨과 관련된 연구 성과를 축적해온 것에 비해,[3] 이들이 한국사회에서 갖는 독특한 사회문화적 위치는 역사학에서나 사회과학계에서나 중요한 연구 관심사는 아니었다.[4] 이는 아무래도 이들의 피폭자로서의 지위 보상과 관련된 외교 및 법적 차원의 문제나 긴급한 의료적 조치 등과 같은 의료 및 복지 차

3 관련 연구로 이치바 준코(2003), 이지영(2012, 2017), 정근식 편(2005), 허광무(2004, 2011), 오은정(2013, 2014), 권혁태(2009), 박경섭(2009), 진주(2004), Oh(2017) 등을 참고할 수 있다.

4 이현주(2005: 245)는 당시 해외 귀환이주자들을 주로 '전재민' 또는 '전재동포'라 하고, 북한에서 월남한 이들은 '월남인' 혹은 '이재민'이라 했지만, 자료상에서 '전재동포'라는 용어가 가장 많이 사용되고, 민간단체의 자발적인 구호활동에서 '동포'라는 용어가 많이 사용되었다는 점에서 '전재동포'라는 용어를 사용하고 있다고 말했는데, 연구자가 인터뷰한 원폭피해자들의 경우에도 자신들을 '귀환 동포'라고 칭하는 경우가 많았다. 다만 이 글에서는 '귀환'과 '이주자'로서의 측면에 초점을 맞추어 '귀환이주자'로 사용하고자 한다. 다만 여기서 귀환이주는 단기 노동이주자들의 귀환 등을 포괄하는 광의의 개념이기보다는, 2차대전 이후의 전후처리과정에서 이루어진 각국의 '귀환정책'과 그에 따른 전 세계적인 환류의 흐름을 이르는 것으로 '귀환이주(ethnic return migration/diasporic return migration)'의 개념을 사용하고 있음을 밝힌다.

원의 쟁점들이 긴급하고 절실했던 것과 연관될 것이다.

그러나 피식민 이주자로서 모국으로 돌아온 이들을 주목하지 않았던 것은 이주자 연구에서 귀환 연구 자체가 뒤늦게 주목받았던 것과도 무관치 않다.[5] 이는 이주 연구가 국민국가의 사회통합과 차별의 문제에 관심을 가져온 만큼, '모국'으로 돌아온 귀환이주자들은 민족적·사회문화적 이질성이라는 측면에서 그 차이와 분화에 대해 의심받지 않고, '통합성'의 공간으로 '되돌아온 것'으로 전제했기 때문일 수 있다.

'고국으로의 귀환'이라는 관점 자체가 피식민 이주자 중 이주 1세인 부모들의 관점을 반영하는 것이기도 하다. 이주 1세인 부모들의 관점에서 '고국'은 "돌아갈 곳"이지만, 2세들에게 '고국'은 "돌아갈 곳"이 아니라 새롭게 맞이해야 할 "낯선 땅"이기 때문이다. 히로시마의 재일조선인 1.5세와 2세들의 생애구술사 면담과 호적조사에 기초하여, 이들의 "피폭자"로서의 위치보다는 "해방 직후 이동의 흐름에 있었던 피식민 이주자"라는 위치에 방점을 찍는 이 연구는 이들의 이동과 삶의 궤

5 귀환이주(return migration)의 실제 사례연구에 대한 상대적인 관심 부족은 비단 한국에만 해당하는 것은 아니다. 서구 인류학계에서도 2차대전 이후 1980년대까지 모국으로 돌아온 이주자들에 크게 관심을 기울이지 않았다(Gmelch 1980). 이주 연구 분야에서도 귀환이주자들에 대한 관심은 상대적으로 희소했으며(King 1978), 연구가 되었더라도 그 관심은 이들이 왜 수용국에서 적응하는 것에 실패해 돌아갔는지, 이후의 송금 등이 귀환해 돌아간 국가의 경제발전과 어떻게 연결되는지 등의 경제적 관심의 문제로 한정되는 경향이 있었다. 이는 사회과학 분야의 이주 연구가 대체로 '수용국'에서, '수용국'의 관점을 가진 연구자들이, 그곳으로 '유입된 이들'을 연구 대상으로 삼아왔고, 또한 그런 의미에서 '수용국'의 사회적·민족적 통합과 이주자 차별문제에 관심을 기울인 것과도 연관이 있다. 송출국의 연구자들도 자국에서 수용국으로 이주한 이들이 그곳에서 겪는 통합과 배제의 문제에 관심을 기울여왔다. 한국에서는 재일교포 연구가 대표적이며, 세계화와 이주 현상이 보편화되어 한국도 '수용국'이 되면서 이전의 '재일동포'들이 한국으로 수용되는 양상에서 나타나는 차이의 문제에 주목한 것은 최근이다.

적에서 '패전의 공간'과 '해방의 공간'이 어떠한 흔적으로 남아 있는지, 그리고 어떻게 기억되는지를 살펴보고자 한다. 한국 원폭피해자들을 해방 직후의 이동의 흐름과 연관 지어 주목하는 것은 해방 직후 피식민자들의 귀환이주 연구에도 중요한 실증적 자료를 제공하기도 하지만, 한편으로는 한국 원폭피해자들의 역사와 정치적 실천의 사회문화적 맥락을 이해하는 데도 중요한 의의가 있을 것이다.

2. 히로시마의 조선인

일본의 근대화 과정에서 주고쿠(中國)·시코쿠(四國)의 군사중심지로 성장한 히로시마는 메이지(明治)유신 시기부터 일찍이 군용철도와 군사관계시설이 들어서기 시작했다. 그중 1890년 완성된 히로시마 우지나(品島)항은 경제유통의 거점이자 러일전쟁과 청일전쟁 당시 해외파병의 수송기지로 이용되어왔다. 히로시마의 동남쪽 16km에 인접한 도시 구레(吳) 또한 해군 군사시설이 밀집된 곳으로, 히로시마와 함께 군항으로서 발달했다. 이에 20세기 초부터 히로시마에는 각종 군수산업 분야의 중공업시설이 들어섰으며, 1940년대에는 각종 기계제작소와 철강소, 조선소, 무기제작사, 정밀기계 제조업 공장들이 돌아가고 있었다. 2차대전 말기 이 공장들에서는 히로시마에 주둔한 제2총군사령부, 히로시마헌병대를 비롯한 각종 군사시설에 군수품, 군용품을 공급했다. 전시체제하에서는 군수시설과 산업시설, 주택시설과 관련된 대규모 토목공사도 붐을 이루었다(이치바 준코 2003: 254-256). 산업시설과 군수시설의 밀집은 많은 노동력이 필요했고, 일제강점기 들어 유입되기 시작한 조선인들이 이들 산업시설의 비숙련 노동과 토목건설 등에 필요한 일용직 하층 노동에 종사했다. 히로시마의 조선인들은 1920년대에 약 700명을 시작으로 전쟁이 격화되면서 점차 늘어나 1940년대에는 4만 명에 가까운 조선인들이 거주했던 것으로 기록되어 있다(김광열 2010: 228, 236).

물론 미쓰비시중공업이 '조선'으로부터 대규모 징용을 통해 조선인 취업을 주선했던 1945년경에 히로시마에는 더 많은 조선인이 있었을 것으로 추정한다. 당시 일반의 식민지 조선인 이주자들이 히로시마에 밀집한 대규모 군수산업 공장보다는 소규모의 공장에 취업하거나 토목이나 하역 일에 종사하는 경우가 많았다. 물론 일반 조선인 중 미쓰비시중공업 기계제작소나 산요공업주식회사, 혹은 위에서 '유식적 직업'으로 표기된 직업군(공공기관, 금융기관 등)에 근무하던 이들이 없지 않았다.

하지만 '유식적 직업'의 비율이 높지 않고, 이들이 대체로 일본에 건너가 교육을 받은 경험이 있는 1.5세, 2세 자녀세대들로 조선인 중 교육 정도가 비교적 높은 이들로서 그들의 부모나 주변 사람들과는 별도의 직업군을 형성하기 시작했음을 보여준다. 이는 1940년대 들어 1920~30년대에는 거의 없던 유식적 직업을 가진 조선인들이 대개 자녀세대에서 형성되고 있음을 시사한다. 하지만 그조차도 일본의 전체 비율에서 보면 조선인의 실업, 무직 비율이 좀 더 높으며, 유업자 중에서도 일용 노동에 해당하는 건축과 하역, 그리고 자영업에 가까운 식품업이나 상업 비율이 높았다.

한편 이와 같이 해방 직전 히로시마에서 살던 사람 중 원폭 이후에 생존한 이들은 약 2만 명으로, 지금까지 공식적으로 남아 있는 기록은 그 생존자 중 히로시마에 남은 이들이 약 5천 명, 그리고 귀환한 이들이 1만에서 1만 5천 명에 이른다고 보고하고 있다(한국원폭피해자협회 1989; 이치바 준코 2003; 강제동원피해자조사및국외강제동원희생자등지원위원회 2011: 10-17).

저자는 2008년과 2011년에 한국원폭피해자협회에서 자료조사를 하며 출퇴근 연구자로 근무했다. 이 기간에 협회 회원관리와 관련된 업무를 보조했는데, 2011년에는 협회 차원에서 회원들의 생애사인터뷰 자료집을 만드는 기획이 진행됐다. 이 과정에서 연구자는 협회의 임원들과 상의하여 회원 중 면담이 가능한 60여 명과 생애사 인터뷰를 진행했다. 히로시마 재일 당시의 일을 기억하면서도 면담에 응해줄 수 있는 이들이 제한적이었지만, 그중 가장 나이가 적은 경우는 1946년생(태아피폭에 해당하는 분)이었고, 가장 나이가 많은 경우는 1918년생이었다. 생애사 채록은 주로 서울에 거주하는 회원과 그 이외의 지역(대구와 창원, 합천, 진주, 부산)에 거주하는 이들이 반수 정도의 비율을 이룬다. 귀환하지 않은 2명과의 면담은 히로시마에서 이루어졌다. 면담과정에서는 협회에 보관되어 있는 회원카드와 호적자료를 교차 검토했다. 면담과정에서 이들의 가족관계나 출생 및 사망 기록 등의 자료는 회원들이 잊고 있었던 기억을 끄집어내는 데 많은 도움이 되었다. 호적이나 제적등본의 경우 출생신고나 사망신고 날짜가 실제와 같지 않은 경우도 상당수 있었으며, 이를 설명하는 과정에서 질문하지 않은 가족사가 이야기되는 경우가 있었다. 이 글에서 면담을 진행한 이들은 이렇게 히로시마에서 거주하다가 해방 직후 조선으로 '귀환'한 이들, 그리고 그중에서도 한국원폭피해자협회에 등록한 회원들이다. 이름은 가명으로 사용한다.

3. 패전의 공간, 해방의 공간, 그리고 귀환

1988년 일본변호사연합회의 재한피폭자문제위원회는 "재한피폭자들의 고국으로의 귀환"에 관한 보고서를 작성했다. 당시 보고서를 작성한 시이나 마사에(椎名麻紗枝) 변호사는 "재한(在韓)"피폭자가 생긴 1차 원인이 왜 이들이 그렇게 일찍, 즉 원폭으로 인한 급성기장해가 다 끝나지도 않았을 무렵부터 '귀국할 수밖에 없었는가' 혹은 '귀국해야만 했는가'

라는 문제와 연결된다고 보았다(椎名麻紗枝 1988: 76).[6] 시이나 마사에 변호사는 조선이 해방됐으므로 조선인들이 고국으로 돌아갈 기대가 강했다는 것도 충분히 예측 가능하지만, 원폭증을 앓고 있었을 히로시마와 나가사키의 피폭자들이 부상당한 몸으로 어떻게 귀환할 수 있었으며, 일본정부는 그와 관련해 어떻게 대응했는가가 문제였다고 보았다. 히로시마와 나가사키 시정부의 전재민(戰災民)임시구호소가 폐쇄된 10월 말부터는 개인이 원폭부상자를 돌봐야 하는 현실에서, 귀국에 필요한 선박의 알선이나 수속, 가산의 정리 등이 단기간 내에 해결될 수 있는 문제가 아니었기 때문이다. 이렇게 시작된 조사에서 그는 일본정부가 그들의 귀국수속에 대해 보살펴주었다는 예는 "정말 하나도 찾아볼 수가 없었다"라는 결론에 다다른다. 그리고 1945년 말까지 130만 명, 1948년까지 추가로 50만 명의 조선인 상당수가 자비로 귀환했다는 점을 고려할 때, 히로시마와 나가사키의 조선인들도 마찬가지의 경로를 밟았을 것으로 추정한다.

일본에 남아 있는 조선인의 본국 귀환이 별다른 보호조치 없이 급박하게 이뤄진 것은 일본을 점령하고 있던 연합군사령부(GHQ/SCAP)가 "조선에서 일본으로의 일본인 이동은 가능한 한 일본으로부터의 조선인 송환과 조화시켜야 한다"(이현주 2005: 253-254)라는 입장을 가지고 있었기 때문이었다. GHQ의 재일조선인 그리고 재조일본인의 귀환정책은 양국의 사회 및 경제에 대한 우려와 긴밀하게 연결되어 있었다(조용욱 2005: 249). GHQ는 전후 일본과 한국의 경제 및 안보 상황에 따라 이 귀환문제가 다루어져야 하며, 특히 조선 내 일본인의 잔류는 최소화해야

6 원폭의 급성기장해는 1945년 당해 12월 말까지 나타난 것으로 분류된다. 한국 원폭피해자들의 경우 일본에서 해방된 조선으로 들어온 다른 귀환이주자들과 같이 1945년 말까지 집중적으로 귀환했다.

하고, 이것은 일본에서 조선으로의 조선인 귀환으로 완화될 수 있다고 보았다.

GHQ와 일본정부의 조선인 귀환 조치가 서둘러진 이유는 전후 일본사회에서 합법화된 조선인들의 (좌익계열) 민주화운동이 상당히 광범위하게 퍼진 것과도 관련이 있었다(Wagner 1975). 1945년 8월부터 1948년까지 GHQ는 일본정부에 조선인이나 중국인 중 복원군인이나 강제연행자를 우선하고, 늦어도 11월 14일부터 하루 1,000명 정도씩을 센자키(仙崎)나 하카다(博多), 구레(呉)로부터 귀환하도록 지시했다(小林聡明 2012). 1945년 11월 이후 GHQ에 의한 귀환대책이 본격화되어 귀환선이 정기적으로 운항했고, 이후로도 일본에 남아 있으려는 조선인에 대해서는 사실상 강제로 귀국을 추진하는 일이 계속 진행됐다.[7] 1945년 말 센자키나 시모노세키 등에 2만 명, 하카다에는 1만 명 이상의 조선인이 귀환을 기다리며 체류해 위생상태도 극도로 악화되었다.[8] 그중에서도 "시모노세키는 생지옥"이라고 말할 정도로 상황이 악화되고 있었다고 보고된다(小林聡明 2012).

한국 원폭피해자들의 호적자료 조사 또한 이와 같은 사정을 잘 보여준다. 한국 원폭피해자들의 호적조사는 이들의 이주에 따른 주소 변

---

7 실제로 1946년 1월 12일의 GHQ는 GHQ의 계획에 따라 귀환 명단에 포함되는 것을 거부하는 조선인은 일본국적을 소지할 수 없게 한다는 성명을 냈는데, 시이나 마사에 변호사는 이것이 조선인을 강제로 귀국시키고자 하는 방침이라고 평가했다(椎名麻紗枝 1988).

8 귀환이주자들은 귀향지가 경상남북도나 충청북도인 경우 센자키, 하카다, 시모노세키 등에서 부산항으로, 귀향지가 전라도와 충청남도인 경우는 사세보항에서 군산항이나 목포항으로, 귀향지가 경기도나 강원도인 사람은 사세보항에서 인천항으로 수송하기로 합의했다(최영호 1995: 117-118). 그러나 이러한 '원칙'에도 불구하고 일본 지역의 귀환이주자 상당수는 가까운 부산으로 귀환했다(이현주 2005: 254).

경, 혹은 형제들의 출생지 등록이 1945년 말을 전후로 일본에서 한국으로 변화하고 있음을 보여준다. 특정한 날짜를 기억하고 있지 않은 이들이라 하더라도, 이들은 면담과정에서 이 시기가 "초가지붕에 서리를 맞아서 잎은 다 마른 하얀 박이 남아 있었다(연구자 면담)"라거나 "들어가서 곧 김장김치를 담그고, 동지팥죽을 끓였다"(연구자 면담)라고 기억하는 그해 늦가을과 초겨울이었다고 회고했다. 조선인들의 귀환이주가 개인이나 가족 단위의 자율적인 귀환의사결정에 앞서 GHQ의 일본점령기간의 조선인 월경에 관한 정책 차원의 대책과도 긴밀히 연결되어 있음을 보여준다.

한서운 씨는 "원폭을 맞기 전"에 이미 부모님이 돌아가셔서 해방 당시에는 히로시마에서 형제들과 살고 있었다. 원폭이 투하되면서 살던 집은 완파되고 언니는 심하게 부상을 입었다. 전재민임시구호소에서 치료를 받고 정부에서 주는 배급을 먹고 살면서도 야미(暗, 불법) 장사로 일하며 생계를 꾸렸다. 한국에는 들어오고 싶지 않았지만, 그해 12월경 조선 사람 여럿이 돈을 합해 야미배(密船)를 구해 귀환했다. 꼬박 27일이 걸리는 여정이었다. 돌아와서 곧 아버지와 어머니의 유골을 고향인 거창에 합장했다.

> 그때 내가 일본에서 안 오는 긴데, 아버지 유골이 (히로시마) 절에 있었거든. 그때 해방되고 사람들 독립되어서 좋다고 한국 간다 하는데 나는 안 가고 싶었어. 그런데 유골이라도 아버지가 얼마나 고향에 가고 싶겠나 해서 온 거야. 옛날에 어렸을 때 어머니가 일찍 돌아가셨는데, 그때 아버지가 기름종이에 엄마 속옷을 꺼내서 놓고 거기에 유골을 넣어서 싸서 거창에 큰아버지한테 보냈었거든. 그게 생각나서 엄마, 아버지 합장을 해야겠다 싶어서 가지고 나왔어요. (한서운, 여, 1928년생)

제국 일본의 패전으로 동아시아의 국민국가 간 경계 질서와 지배 권력이 새롭게 재편되던 시기에 이루어진 혼란의 이주과정에서, 해외로 이주했던 조선인들은 해방을 맞은 고국에 통합될 당연한 성원으로 표상되곤 한다. 위의 한서운 씨 예에서처럼, 원폭으로 사상자가 많았던 히로시마와 나가사키에서 많은 조선인에게 해방은 "유골"이라도 가져다 묻어야 할 "고향 산천"으로 갈 기회이기도 했다. 하지만 모든 조선인에게 패전과 독립 그리고 해방이 당연히 밟아야 할 선택지는 아니었다. 패전의 공간과 해방의 공간 어딘가에 귀속되어야 하는가가 단순히 국민국가와 민족의 경계를 따라서만 형성된 일차방정식은 아니었다. "나는 안 가고 싶었는데 유골이라도 아버지가 얼마나 고향에 가고 싶었겠나!" 하는 말 속에는 이 시기 해방과 귀국이 등식이 아니라, 다양한 변수와 미지수가 얽혀 있어 답을 구하기 어려운 고차방정식에 가까웠다는 점을 잘 보여준다. 그래서인지 면담자료에서 나타난 귀환의 서사들을 보면, 해방된 고국에 대한 이들의 전망에는 "'자기의 국가에 소속된 국민'이라는 상(像)을 향한 막연하지만 열렬했던 환상과 기대"(김예림 2010)와 같은 정치적·민족주의적 감정보다는 생계에 대한 전망이 훨씬 중요한 귀환 결정의 요인이었고, 거기에는 '고국'이라 하더라도 새롭게 시작될 이주와 적응에 대한 두려움과 우려가 교차하며 뒤섞여 있었음이 드러나는 경우가 많다.

무엇보다 고국으로 돌아가면서 포기해야 할 재산이 문제였다. 당시 일본에서 조선으로 귀환하는 이들이 지닐 수 있는 지참금은 가구당 현금 1,000엔이 한도였다.[9] 같은 시기 부산과 시모노세키를 오가는 연

9 연합군총사령부(GHQ/SCAP)는 재일조선인의 본국 귀환 시 지참금 제한과 관련하여, 일본의 자산 유출에 따른 경제 악화, 자산 유입된 한국의 인플레이션을 우려해 더욱 엄격한 입장을 취했고, 지참금의 한도는 1,000엔으로 결정된다.

락선의 정규 운임이 15엔에서 30엔 정도였고, 공장에서 단순 노무자로 일하던 성인여성의 임금이 하루 1엔 10전, 한 달 약 30엔, 성인남성은 하루 2~4엔, 한 달 약 60~120엔 정도(정근식 편(2005)의 박도섭, 김인태, 박홍규 증언 편; 한국원폭피해자협회(2011)의 유장석 증언 편 등 참조)였다는 증언과 비교했을 때, 가구당 1,000엔은 이들의 임금을 하나도 쓰지 않고 몇 년 정도 모아야 하는 금액이었다. 하지만 그렇다 하더라도 생활기반을 잡기에는 턱없이 모자라는 액수였을 것이다.[10] 그 때문에 재일 기간 고향에 땅을 사두었거나 돈을 송금해 귀환 뒤에도 안정된 생활을 도모할 수 있다고 기대한 경우에는 상대적으로 귀환을 쉽게 결정할 수 있었다. 면담자료를 보면 "장남이라 고향 선산을 지켜야 해서", "일본에서 돈을 벌어 사 놓은 땅이 있어서", "남에게 농사짓는 것을 맡기고 나온 땅을 다시 찾으려고", "우편예금으로 송금한 돈을 찾으려고" 귀환했다는 경우가 다수 있었다.

조경순 씨의 사례가 일본에서 번 돈으로 고향에 사둔 땅을 찾으러 나온 경우다. 조 씨의 아버지는 도일하기 전 대전의 한 토목학교를 졸업하고 일본으로 건너갔다. 작은아버지는 일본의 메이지 법대에서 유학을 했다. 히로시마에는 동향(同鄕)의 조(曺) 씨 일가, 할머니 쪽 친척인 안(安) 씨들, 어머니 쪽 친정인 강(姜) 씨 일가가 무리 지어 살았다. 아버지는 시코쿠, 히로시마 무가이나타(向洋) 등지를 돌며 건축공사를 하다가 해

10 박도섭, 김인태, 박홍규 씨의 경우는 조선에서 일본으로 징용된 경우였고, 정일봉 씨는 현지에서 동원된 경우였다. 하지만 징용자들의 경우에는 임금에서 숙식비, 보험료 등을 모두 내야 했기 때문에 남은 것은 거의 없었다고 기록하고 있다. 박홍규 씨는 본인이 '반장'으로 일하고 있었기 때문에 4엔 정도로 다른 사람보다 더 많이 받았다고 기록하고 있다. 연구자가 면담한 이들 중에도 징용자들이 있었는데(한국원폭피해자협회 2011: 문두성, 김한수, 유장석 증언편), 이들도 임금에 대해 이야기를 하긴 했지만, 당시 받은 임금의 대부분은 일본에서 쓰기도 모자라 고향에서 부쳐주어야 할 정도였다고 말하는 경우가 대부분이었다.

방 직전에는 히로시마에서 대규모 토목공사 현장을 총괄했다. 본가 이외에도 100여 명이 넘는 인부들을 위해 밥을 지어주던 '함바(飯場)'가 따로 있었다. 아버지는 인부를 모집하기 위해 경남 합천과 그 주변 지역에 자주 출장갔으며, 고향의 친척들과 지인들 또한 많이 불러들였다. 때로는 동향인들이 징용을 피하려고 부탁을 해서 온 경우도 있었다.

조경순 씨의 아버지가 히로시마에서 해방 직전 맡아서 했다는 공사는 일본 군부가 본토결전을 앞두고 1945년 단행했던 히로시마 제2총군 배치 및 방공호 구축사업과 관련되어 있었다. 히로시마역 뒤의 함바가 이 공사장 인부들의 숙사였는데, 당시 이 공사장에는 합천에서 모집된 젊은 노무자들이 다수 있었다. 원폭협회의 다른 회원들 기록에도 가족을 동반하고 이 공사장에서 함바 일을 같이 거들면서 살았다는 내용이 있고, 다른 면담자들과의 자료에서도 이를 확인할 수 있었다. 그런데 조경순 씨의 아버지는 해방 직후 신원을 알 수 없는 이들에게 잡혀가 바다에 빠져 사망하는 횡액을 당했다. 그렇게 부친을 잃고, 피폭된 몸과 아버지의 유골을 안고 고향으로 돌아갔다. 집안에 모아둔 골동품과 돈을 미리 알선한 배에 실어 한국으로 부쳤다. 부친이 히로시마에서 번 돈으로 고향에 사둔 땅을 보고 들어온 것이다.

> (물속에 빠진 아버지 유골은) 사흘 만에 바다 위에 떴어요. 우리 할머니가 무당 데려다가 찾았어요. 같이 죽은 사람들 건 없었는데 우리 아버지 거는 떴어요. 사흘 밤낮을 배를 띄워서 찾아서 화장했어요. 우리 공장 있는 데서 불탄 데서 태워서 가지고 온 거예요. … 친척들이 다 같이 나왔어요. 근데 우리 할머니가 바다 멀리 오면 (돌아가신 아빠) 혼이 못 따라온다고 섬으로, 섬으로 왔어요. (섬에서 다른 섬으로 갈 때 무당이 굿을 하면) 우리 큰 오빠는 아버지 유골함을 들고 '아버지, 어디에서 어디까지 갑니다. 오이소' 하면서 그렇게 온 거예요. (굿을 하느라) 돈을 무척 많이 썼다고 했어

요. (조경순, 여, 1937년생)

일본에서 번 돈을 고향에 송금하여 땅을 사서 집안의 친척이나 소작인에게 맡겨 농사를 짓게 하다가 돌아온 경우도 다수 있었다. 유갑이 씨의 부친은 1909년생으로 총각시절에 형제들과 함께 일을 찾아 히로시마로 갔다. 1930년 즈음이었다. 당시의 다른 많은 합천 사람들처럼 부친 또한 동향 사람의 모집을 통해 토목공사 일에 참여하게 됐고, 자리를 잡고 난 이후에 결혼한 뒤 가족을 이루고 한국에 있던 친척들을 불러들였다. 유갑이 씨의 조부는 합천군 대양면 출신이었지만 대병면에서 처가살이를 하며 그쪽 친척들과 가깝게 관계를 유지한 탓으로, 유갑이 씨의 부친도 진외가댁 아저씨들과 이모네를 히로시마로 초청했으며, 히로시마에서는 교외지역인 요코가와역 근처의 함석집에서 모여 살았다. 폭격 당일 지붕을 고치던 아버지가 아침 식사를 하러 내려오던 찰나 폭풍에 집이 무너지면서 화염에 휩싸였다. 집 안에 있던 유갑이 씨가 크게 다치고 화상을 입은 채 밖으로 나오지 못하고 있는 것을 옆집에 살고 있던 외가댁 친척이 꺼내는 사이, 동생과 어머니도 크게 다쳤다. 감자로 화상을 치료하다 "추울 때" 배를 타고 한 달이 걸려 고향인 합천으로 돌아왔다. 한국으로 나오기 전 "한복 천이며 돈 같은 것을 한복 솜 넣는 곳 치맛 말기에 깔고 먼저 짐을 보냈다"라는데, 그걸 중간에 도둑질을 당했다. 또 아버지가 일본에서 벌어서 보낸 돈으로 "우리 논을 만들라 했는데, 자기들 논으로 해놓아서" 재산도 하나 없이 일본에서 아버지 신세를 졌다는 친척들이 조금씩 도와 겨우 살아냈다. 폭격 당일 딸이 집 안에서 빠져나오지 못하고 있다고 생각했던 어머니는 귀국 후에도 계속 그 일로 후유증을 앓았다.

귀국할 때는 고향으로 갔지요. 옛날에 고지기[11]라고 우리 집에 살고 있었는데, 옛날에 상놈들이지요. 거기가 살고 있는데 우리가 오니까 비워줘야지요. (우리 논) 농사도 우리 집안 어른들이 부치고 있었어요. 근데 그 집이 솔아서 살 수가 없어요. 그래 우리 형부가 시골에 있거든요. 형부 쪽에서 돈을 해가지고 서까래 그걸 해다 주고, 기둥 나무 같은 것은 동네서 해주고 해서 크게 두 칸 다시 지어서 살았어요. (유갑이, 여, 1929년생)

한편 일본에서 일구어놓은 재산이나 사업 기반들뿐만 아니라, 해방 직후의 조선에서 일본에 전해지는 소식과 소문은 재일조선인 사이에 고국 귀환을 결정하는 데 있어 복잡하고 이중적인 신호를 보내고 있었다. 조선에서 쫓겨나온 일본인들이 내지의 조선인들을 몰아낼 것이라거나 점령군으로 들어온 미군 병사들이 아녀자들을 겁탈한다는 흉흉한 소문에 쫓기듯 짐을 싸서 나온 사람들도 있었다. 그러나 동시에 '이북에 소련놈이 들어온다', '반도가 좌우로 갈라져, 곧 전쟁이 날지도 모른다'라는 소식도 들려왔다. 경제적 궁핍과 해방 직후 좌우익의 극심한 정치적 대립은 일본에 남아 있는 조선인들에게 고국이 안전한 정착지나 열렬한 환상의 장소, 혹은 완전한 통합의 장소를 제공하지 못할 것이라는 신호를 강하게 보내왔다.

강화자 씨의 부친(1910년생)은 충북 영동이 고향이었다. 열일곱 살이던 1926년에 일자리를 구하기 위해 단신으로 히로시마에 건너가 사카모토(坂本) 주물공장에 취직했다. 스물두 살 되던 해에 "고향의 처자"와 혼인식을 치르고 히로시마로 데려와 자녀들 일곱이 모두 히로시마에서 태어났다. 원폭 당일 강화자 씨의 부친은 공장에 출근했다가 폭풍에 무너진 목재 기둥에 다리를 크게 다쳤다. 원폭이 투하된 히로시마 폭심지

11 고지기: 창고지기, 일정한 건물이나 물품 등을 지키는 사람.

에서 3km 정도 떨어진 후나이리(舟入川口町)에 있던 자택도 폭풍에 무너져 돌쟁이 동생이 정수리를 크게 다치고, 강 씨의 바로 아래 여동생은 등에 큰 화상을 입었다. 어딘가에서 치료를 해준다는 소문을 듣고 모친이 두 동생을 데리고 구호소를 찾아나섰지만, 길에는 이미 죽은 사람과 죽지 않은 사람들로 가득 차 더 나아갈 수가 없었다. 끔찍한 광경을 뒤로하고 모친은 다시 무너진 집으로 돌아와 밭에서 천막생활을 하며 시에서 임시로 나누어주는 주먹밥을 먹으며 연명했다. "동네 사람들이 우리가 이북에서 온지 알고 가지 말라고. 이북에 가면 소련놈들 때문에 못산다고 가지 말라"고 했지만, "그래도 그 당시에는 사람들 사이에 일본 사람들이 조선사람들을 어떻게 할까봐 소문이 있어" 제대로 치료도 하지 못하고, 고향으로 돌아간 게 그해 가을이라고 회고했다. 하지만 앞서 살펴본 것과 같이 이 시기 귀환 결정은 개인의 의사결정에 앞서 이미 연합군의 귀환정책이 가장 강력하게 작용하던 시기이기도 했다.

한편 패전 직후 일본의 원폭피해자들이 다른 일반의 전재민과 동일한 범주로 엮였던 사정을 비추어보았을 때, 고국으로 귀환하는 히로시마와 나가사키의 귀환이주자들 또한 원폭피해자로서 특별한 대책 속에 포함되어 있지 않았던 사정을 미루어 짐작할 수 있다. 그 때문에 가족 중에 부상자나 사망자가 있었던 경우는 다른 이들보다 귀국이 늦어지는 경우가 생겼다. 더욱이 히로시마와 나가사키에서 '고국'의 해방 소식을 들은 이들 중 원폭으로 인해 가족이 사망하거나 부상당한 경우, 물리적으로 귀환을 서두르는 것 자체가 쉽지 않은 경우도 많았다.

면담과정에서 보면 가족의 부상으로 귀국이 늦어지거나 가족이 따로 귀환한 경우가 적지 않다. 이 중 안경선 씨는 1930년생으로, 그녀의 가족은 합천군 쌍책면에서 농사를 짓다가 1930년대 후반 어머니 친척들이 많이 살던 히로시마 고이(己斐)로 건너갔다.[12] 아버지는 토목공사장에서 일용 노동일을 했고, 어머니는 어린 자녀를 두고 "간즈메공장(통조립공장)"에 일을 나갔다. 안경선 씨는 소학교를 2년 정도 다니다가 어린 동생들을 돌보기 위해 학교를 그만두고 열다섯 살 되던 해부터 공장에 다니기 시작했다. 애초에는 인쇄공장에 취직했다가, 원폭 투하 직전에 폭심지에서 남쪽으로 2km 정도 떨어진 요시지마(吉島)의 정미소로 자리를 옮겼다. 하루 1엔 10전이 조금 넘는 돈을 받았다. 원래 일하던 인쇄공장과 그녀가 매일 참여했던 조회행렬의 행선지가 폭심지에서 그리 멀지 않은 곳이었는데, 만약 그녀가 직장을 옮기지 않았다면 살아남지 못했을 곳이었다. 폭격 날 그녀는 출근 중에 무너진 회사 건물에 깔려 큰 부상을 입고 구호소로 옮겨졌는데, 일주일 정도 움직이지 못하고 병상에 있다가 '고이' 사람을 찾는 이를 겨우 만나 집으로 돌아가게 됐다. 삼촌과 그 가족, 그리고 삼촌이 데리고 있던 공사장 인부 40여 명이 모두 사망했으나 시체도 찾지 못했고, 집에 돌아오지 않는 본인을 찾아 나섰다가 더 큰 병을 얻은 아버지를 히로시마에 남겨놓은 채 고향에 사둔 작은 땅을 바라보고 돌아온 게 그해 가을이다.

히로시마와 나가사키 원폭 직후 두 도시에 살던 인구의 반수 이상이 사망하거나 심각한 부상을 입었고, 이는 조선인들도 마찬가지였으리라 추정된다. 심각한 피해의 와중에서도 이들은 점령기 귀환정책에 따라 고국으로 귀환해야 한다는 압박을 동시에 받았다. 정치경제적 사정은 두 도시에서 살아남은 조선인들에게도 고국으로의 귀환과 일본에서의 잔류를 선택하는 데 가장 중요한 고려 요인이었다. 돈을 벌어 한국에 땅을 사두었거나 재산이 있어 한국에 돌아갔을 때 생계의 전망이 있는 사람들과 이와는 극단적으로 일본에 살아도 한국에 살아도 크게 차이 없는 '아무것도 없는 사람들'이 귀환을 택했다. 그러나 이미 일본에

12 고이(己斐)는 히로시마시의 서북부에 위치한 행정구역으로 당시 조선인이 많이 거주했으며, 연구자와 면담한 이들 중에도 고이 출신이 다수 있었다.

서 자리를 잡은 지 오래고, 한국에 간다고 한들 별다른 생의 전망을 기대할 수 없는 사람들은 남았다. 면담자 중 다수는 가족이나 친척 일부를 남겨두고 귀환했음을 이야기했다. 가산 정리를 하면서 귀국을 미루다 결국 남게 된 경우, 이미 자리를 잡아서 다시 돌아가기가 어려운 경우였다. 아무런 준비 없이 귀국했다가 다시 밀항으로 일본에 돌아간 경우도 적지 않다. 한국원폭피해자협회(1989)와 이치바 준코(2003)의 자료에 따르면, 히로시마와 나가사키에서는 원폭 이후 생존자의 25~30%가 귀환하지 않고 일본에 남는 것을 택한 것으로 보고 있는데, 연구자의 면담자료에서도 가족 중 일부가 고향으로 귀환하지 않았거나 귀환 후 다시 일본으로 들어간 경우가 전체의 40%에 이른다는 점을 확인할 수 있다.

4. "그땐 완전 왜년이지, 왜년으로 살았제"

패전 직후 한국으로 돌아온 이들 귀환이민자 1.5세와 2세들에게 비친 '해방된 고국'의 모습은 어떻게 이야기되고 있는가. 면담과정에서 연구자에게 인상 깊었던 것은 면담자 대부분이 패전 직후를 회상하는 정서가 오늘날 보통의 한국사람들이 '해방'과 '독립'을 대하는 내셔널리즘적 태도와는 달리 매우 양가적 형태로 서사화되고 있었다는 점이다.

면담 당시인 2007년, 히로시마의 조선인피폭자연락협의회 회장을 맡고 있던 리실근 씨(1928년생)는 해방 후 귀환하지 않고 일본에 남았는데, 일본에 자리를 잡은 지 오래였고 자택은 히로시마 중심지가 아니고 원폭으로 큰 피해를 당하지 않았기 때문이다. 그는 히로시마의 조선인 민족학교에서 오랫동안 일해온 경력이 있었지만, 학창시절 자신은 보통의 '일본사람'들처럼 '군국소년'으로 자랐다고 회고했다.

리실근 씨의 부친은 경남 의령 출신으로 만주사변이 일어나기 전

부산에 일자리를 찾으러 갔다가, 그곳 사람들이 일본으로 많이 건너간다는 것을 알고 관부연락선을 타고 혼자 일본으로 건너갔다. 처음엔 교토로 갔지만 제대로 자리를 잡지 못했고, 나중에 야마구치의 시골에 가서 숯 굽는 일을 배우게 되었다. 당시 살던 야마구치현의 시골 마을에는 조선인이 많지 않았고 중학교에 진학했을 때는 조선인이라고는 본인 한 명뿐이었다. 하지만 야마무라 쇼이치(山村正一)라는 이름으로 살아가던 시절이었기 때문에 조선인이라는 것을 아는 사람은 없었다. 그러던 어느 날 학교 군사훈련 중 장교가 와서 "여기 조센징(朝鮮人), 한토진(半島人) 있으면 나오라"고 하며 총부리로 때린 일이 있었다. 본인은 그 일로 나중에 성공해서 복수해야겠다는 생각은 했었지만, 그게 일본사람에 대한 감정은 아니었다고 했다. 하지만 어머니는 그 일을 계기로 리 씨의 학교를 그만두게 하고 히로시마로 이사를 단행했다. 철도역에서 근무하게 되었을 때도 그는 '소년황군병' 모집공고를 보고 지원서를 넣을 만큼 충실한 "황국의 신민"으로 살았다. 시험에 합격하여 10월 1일부터 입대가 예정되어 있었는데, "결국 종전으로 다니지 못하게 되었다." 그는 "그때 조선사람들이 다들 어디서 나왔는지, 해방되고 나서 북을 치고 노래를 부르고 좋아했지만 나는 그럴 마음이 아니었다. 그때만 해도 여전히 '군국소년'이었던 것이다. 해방 후에도 전혀 기쁘지가 않고, 그저 술이나 마시면서 동네 깡패들하고 싸우기나 하는 건달생활을 했다"라고 회고했다. 그가 히로시마 조선인 공산당 조직의 간부활동 같은 일에 참여하게 된 것은 해방 후에 히로시마에서 조직되기 시작한 조선인연맹과 청년연맹, 민주학생연맹의 사람들과 만나기 시작하면서 눈뜨게 된 민족의식 때문이었다고 회고했다.

이수영 씨는 경북 고령 출신으로 생계를 위해 일본으로 건너간 아버지를 따라 일곱 살에 히로시마로 건너갔다. 1934년경이다. 부친은 토목현장에 노무자로 일했다. 오빠도 토목일을 했는데, 건설작업 중에서도 위험한 일이라 조선사람들이 많이 했던 '도비(鳶職)'(토목·건축공사의 노무자. 특히 높은 비계飛階 위에서 일하는 사람)일을 했다. 모친은 두부 장사, 목욕탕 청소, 함바에서 밥 짓는 일 등 되는 대로 일했다. 이수영 씨는 소학교 6년을 마치고 고등과 2학년을 졸업한 뒤 "조선사람은 잘 못 들어가는 데", "일본사람들도 들어가기 어렵다"라는 히로시마저금국의 은행원으로 취직했다. 국가공무원 신분이었다. 회사에서는 요시다 지호코(吉田千穗子)로 불렸다.

> 내가 열일곱 살일 때인데, 소학교 고등과 2년을 배우고 졸업할 때가 되니까 선생님이 나보고 쵸킹쿄쿠(貯金局)나 시청 둘 중에 원서를 내라고 하더라고요. 근데 거기는 조선사람들은 잘 못 들어가는 데니까, 우리 친척들은 "아예 넣지를 마라", "어차피 넣어봐야 떨어진다" 하는 거예요. 그래도 내가 필기시험을 통과하고 면접까지 들어갔어요. 그런데 면접관 중 하나가 가족사항을 보다가 우리 오빠 직업이 도비라고 적혀 있으니까 그걸 보고 "너 혹시 조선에 친척이 있냐" 그러더라고요. 그래서 "아리마스(あります)", "있다"라고 그랬어요. 그게 그 당시에는 은행 같은 데는 조선사람들 잘 안 넣어주잖아요. 신원증명이 중요하니까. 그러니까 자기들도 고민이지요. 시험 성적은 너무 좋으니까. 그러더니 나중에 나보고 '미모토쇼메이쇼(身元証明書)', 신원증명서를 떼어오라고 하는 거예요. 그걸 한국에 가서 떼어오라고 하는데, 참 곤란합디다. 그래서 내가 한국에 작은아버지가 있기는 했지만, 그냥 직접 고령군 쌍림면 면주재소에 편지를 보냈어요. 그랬더니 그 면에서 "이 사람은 틀림없다" 하는 편지가 왔는데, 면장 도장이 없어요. 그래서 그 사람(은행 면접관)이 나를 부르더니 이거는 도장이 없어서 안 된다, 다시 내와라 하더라고요. 그래서 내가 또 편지를 써서 보냈더니 이제는 제대로 해서 보내왔더라고요. 그래서 "오케-" 받아서 열일곱 살에 들어가서 일 년 칠 개월 근무했나봐요. (이수영,

여, 1928년생)

이수영 씨의 사례처럼 면담자 중에서는 여성이라고 하더라도 소학교나 소학교 고등과를 졸업하고 은행원이나 간호사, 역무원, 공장 사무직으로 근무한 경우도 다수 있었다. 앞서 2절에서 살펴보았듯이 해방 당시 이미 이주 2세였거나 1.5세였던 면담자들은 소학교나 소학교 고등과, 중학교에 재학했거나 직업을 가지고 있었다. 고등사범학교나 기술학교에 진학한 이들도 있었다. 이는 그 부모세대인 이주 1세들의 상당수가 대부분 무학으로 토목일, 함바일, 하역, 운송, 고물상, 야미장사(불법판매), 밀주 빚기, 하숙일, 청소일, 공장 일용 노무일 등을 해온 것과 대비되는 것으로, 귀환이주자라 하더라도 세대 간 차이가 극명하게 분화하기 시작했다는 점을 보여준다.[13]

서정남 씨의 부친은 경북 칠곡이 고향으로, 처자식을 두고 일본으로 건너간 (서정남 씨의) 조부를 찾아 도일하면서 일본에 자리를 잡게 되었다. 조부의 고향이 합천이었고, 히로시마에는 합천사람들이 많이 살고 있었다. 서정남 씨 가족은 일제강점기 초기부터 고향의 성결교회에 다니기 시작해서 히로시마에 가서도 중앙성결교회를 다니며 기반을 잡아나갔다. 아버지는 모리나가 카라멜(森永キャラメル) 제과공장에서 기술자로 일했다.

그 캬라멜(카라멜)이 아주 고급 캬라멜이야. 일반 사람들은 그런 거 못 먹

13 권숙인(2017)의 논문 ""일하고 일하고 또 일했어요": 재일한인 1세 여성의 노동 경험과 그 의미"를 보면 이주 1세대 여성들의 노동과 일에 대한 분석이 나오는데, 여기에서 묘사되고 있는 일과 노동은 연구자가 면담했던 원폭피해자들의 어머니 세대의 그것과 거의 동일하다.

어보지. 설탕도 없는데. 우리는 그런 거 아버지가 가져오시니까 먹어보고 그랬지. … 집은 괜찮게 살았어요. 어머니가 나를 의사를 시킨다고 일반 인문계 들어가야 된다 해가지고 수험반을 따로 들어가서 히로시마시립중학에 간 거지. 거기는 수업료도 조금 싸고. 그때 경쟁률이 7 대 1이었는데, 합격하니 아버지가 기분이 좋으셔가지고 파이로트 잉크펜도 사주시고 책상도 큰 거 사주시고 그랬지. 공부를 잘했지요. 또 급장도 하고 부급장도 하고. … 한국에 와서는 고향으로 갔어. 칠곡에 다시 와서 농촌에 방을 얻어서 살았지. 근데 일본 갈 때 놔두고 간 논이랑 그런 걸 중간에 팔았던 거야. 그러니 와서 보니 아무것도 없지. 부모님들은 일본에서 잘살았으니 (귀국해도) 그냥 그렇게 계속 잘살 줄 안 거지. 나도 사실 그때 해방 소식을 들었는데, 일본이 졌다고 하니 중고등학교 가고 희망이 컸는데 아쉽고 눈물도 나고 그랬어. 학교 다니면서는 애들도 그렇고 선생들도 그렇고 내가 조선사람인 줄 몰랐어. 조선사람들은 옷도 남루하고 청결하지 않고 하니까 티가 나는데 나는 이름도 마사오(正男)지, 성이 나리타(成田)지, 옷도 깔끔하게 잘 입고 다니지, 조선사람이라고 생각을 안 한 거야. 우리 부모가 매국노지. 이름도 완전 일본식으로 짓고. 일본에 살아도 항렬자로 지은 사람도 많거든. 나도 족보에는 낙호로 올라가 있지만, 호적에는 일본 이름(正男) 쓰잖아. (서정남, 남, 1932년생)

이처럼 이들은 면담과정에서 재일시절의 자신을 "군국소년"으로, "황군의 병사"로, "'조선인이다' 하고 말하지 않으면 아무도 모를 정도로 '일본사람 다 됐었던' 세월", "완전 왜년으로 살던", "지금 보면 매국노" 시절로 회고하곤 했다. 이와 관련하여 도노무라 마사루(2010: 116)는 전전기 재일조선인의 인구구조에 관한 연구에서, 이를 본격적으로 조선인 2세가 형성되는 1920년대 후반에서 1930년대 초반까지 태어난 연차라는 의미에서의 '세대'라는 입장으로, 이 시기 출생자들을 '쇼와 한 자릿수'(쇼와 1~9년, 서기 1926~34년) 세대로 부르기도 했다. 이어서 "전중파(戰中波)"인 일본인과 마찬가지로 청소년기의 교육에서 강렬한 황민화 이데올로기에 노출되어 있었고, 전전기 재일조선인의 경우 그것이 특히 심해지는 조건이었다고 지적하기도 했는데, 실제로 면담자 다수가 학창 시절의 자신의 모습을 그렇게 묘사하는 경우가 많았다. 그런 이들이 부모님의 '고향'으로, '시골'로 내려가 처음 만난 '고국'은 그야말로 낯선 냄새와 낯선 풍경을 가지고 있는 '이향(異鄕)'으로 이야기된다.

> 우리 엄마가 결혼해가지고 일본 갔잖아. 근데 친정은 산골이야. 우리 해방되어서 나가 보니 진짜 산골이야. 우리 아버지가 결혼하려고 그때 산골 사람을 엮어주니, 일본물을 몇 년 먹은 사람인데 시골 살던 사람을 데리고 오다 보니. 그때 우리 엄마는 비녀머리 계속하고 다녔어요. 크리무도 하나 안 바르고. 그래도 이쁘게 생겼어요. 새침하게 생겼어. 근데 시집가서 일본에 왔는데 '왜놈 냄새'가 나가지고 삼 년을 밥을 못 먹었다고 하더라고. 시골 살다가 일본에 가니 왜놈 냄새, 왜놈 간장 냄새 그게 지독하더란다. 그러니 구사쓰(草津), 저기 어디 같은 데 가서 돌미나리 캐서 먹고 살았대요. … (아버지가) "후쿠시마 쇼각고와네 죠센진노 바까리다, 이야다또 이뎃다"(후쿠시마소학교福島小學校는 조선인 천지라 싫다고 말하곤 했어) 우리를 거기 보내기 싫다고 우리를 니시간온쇼각고(西觀音小學校)로 보낸 거야. … 우리 아버지는 퇴근하고 오면 만날 목욕탕에 갔어. 유가타 입고 게다 신고. 퇴근하고 오면 완전 일본사람이야. 우리는 만날 아빠 따라다녔어. … 그러고 해방되고 나와 가지고 시골 가서 농사짓는다고 했는데, 생전 농사를 지어봤나. 나와서 부산서 3년 살다가 우리 아버지 7촌 아재가 농사를 대신 지어주고 재산을 맡겨놓고 있었는데 그게 자꾸 팔고 이리저리하니까 그거 찾으러 가야 한다고 시골로 들어간 거야. 대동아전쟁 한창 때는 한국하고 왕래가 끊겼잖아. 그사이에 논 댓 마지기 팔아먹

고, 우리 고향에 사놓은 네 칸 툇집 사서 거기 아버지 올 때마다 가져왔던 옷이고 뭐고 다 없어지고 없더라고. 그니까 그 논 찾는다고 시골로 간 거야. 그러니까 처음 와서 부산사범학교 넣어줘서 다니다가 다시 시골로 갔잖아. 졸업도 못하고 시골로 갔어. 할아버지가 (여자가) 무슨 학교냐고 (못 가게 해서). 그래도 거기서 한국말 배우고 한글도 배우고. 열세 살에 처음 나온 거니까. 처음 한국이라는 나라를 본 거야. 생전 시골을 봤어? 우째 나락이 나오는지도 모르고 살다가, 농사지으려니 돼? (오재분, 여, 1933년생)

오재분 씨 가족은 히로시마 중심지 서북쪽의 조선인 부락(部落)인 후쿠시마에서 "보오네" 하면 모르는 사람이 없을 정도로 큰 한국물품 만물상을 하고 있었다. 철철이 조선에서 들여오는 청어며 대구를 팔았고, 2층에서는 밀주를 만들었다. 부친은 기차역에서 하역일을 하면서 물건을 댔다. 돈을 벌어 고향에 땅을 사라고 맡긴 것도 많았다. 근무를 마치고 오는 아버지는 '완전 일본사람'이 되어서 살고 '일본인 작은마누라'도 데리고 있었다. "왜놈 냄새", "왜놈 간장 냄새"가 싫어 일본에 건너와 3년을 제대로 밥을 못 먹었을 정도로 시골 사람이었던 어머니와는 영판 달랐다. 아버지는 자식들이 조선인들과 섞이는 것이 싫어 일본인들이 많이 다니는 곳으로 전학을 시켰다. 그렇게 자란 오재분 씨에게 "생전 처음 보는 한국"이라는 나라는 너무나도 '낯선' 곳이었다.

하태웅 씨는 해방 전 나가사키시의 우라카미(浦上)지구 상단 골짜기에 위치한 이에노(家野町)에 살았다. 1938년 어머니보다 네 살이 어렸다는 사촌형이 나가사키시에 소재한 토목공사장의 현장책임자로 있다가 고향인 경북 청도의 친척들을 부른 것이 도일의 계기가 되었다. 아버지는 40명 정도의 인부를 인솔하는 가츠이구미(勝井組) 함바가시라(飯場頭, 공사현장 중간책임자)였고, 큰아버지 또한 하태웅 씨의 집에서 멀리 떨어지지 않은 곳에서 따로 임시가옥을 지어놓고 함바를 하며 토목공사일을 했다. 가족을 포함해 모두 26명의 친척, 그리고 100여 명의 인부들이 있었는데 주변에 그런 한국인들이 아주 많았다고 기억했다. 당시 아버지를 비롯한 인부들이 한 작업은 주로 군수품을 저장하는 창고를 짓는 일이었다고 하는데, 당시 이 우라카미지구에는 미쓰비시중공업 나가사키병기 부품소개지(疏開地) 창고 공사가 진행되고 있었다. 함바를 운영한 아버지는 숙식 제공뿐만 아니라, 작업장 공사 책임과 월급을 정산해 나누어주는 일을 같이했다. 어머니는 함바에서 식사를 준비하는 일을 했다. 하태웅 씨의 부모가 운영하던 함바에서는 미곡배급등록자로 파악된 인원수에 대해 배급으로 식량을 받았으나, 그의 어머니는 남은 것들을 다른 이들과 '야미'로 바꾸어 식량을 조달했다. 귀국해서도 여러 가지로 늘 수완이 좋았던 어머니의 살림 솜씨 덕택인지 일본에서의 생활도 넉넉하게 꾸려가서 적어도 일본에서는 배가 고팠다는 기억이 없었다. 원폭 이후에 아버지가 돌아가시고 나가사키에 더 살 수가 없어, 모친과 외가댁 친척들이 가산을 정리해 그해 늦가을에 귀국했다.

> 시골 큰댁으로 갔지요. 가니까 마당으로 올라서는 축담이 높아요. 거기를 넘어서 방에 가니 문은 또 낮아요. 우리는 애들이니까 들어가는데 키 큰 사람은 숙여서 가야 되는 그런 데에요. 들어가니 골대로 엮은 자리로 흙바닥을 덮어놨는데, 그걸 밟으니 먼지가 푹푹 올라와요. 메주 냄새도 나고, 곰팡이 냄새 비슷하게 나는데, 평생 처음 맡아본 냄새거든요. 머리도 아프고 그러더라구요. 그런데 그때 삼 년 흉년 졌다고 그랬었어요. 큰댁이 농사도 좀 있고 했었는데, 주는 게 보리죽이에요. 평생 하얀 쌀밥만 먹다가 그런 거 주니까 처음에는 못 먹겠더라고요. (하태웅, 남, 1935년생)

하태웅 씨의 사례는 재일조선인 가운데에서도 비교적 잘살았던 경우에 해당한다. 그가 묘사하고 있는 것처럼 그는 귀환해서야 "평생 처음으로 보리밥을 먹"게 되었다. 원폭으로 가산을 잃고, 또 현해탄을 건너며 또 한 번 재산을 날린 이들의 귀국 후 경제 사정은 재일 당시의 경제적 지위와 비교할 바가 아니었던 경우가 대부분이다. 하태웅 씨처럼 그러한 문화적 차이는 '고국'의 '낯선 냄새', '평생 처음 맡아보는 냄새'와 같이 오감으로 얻어진 습속에서 먼저 알아차렸다.

> 처음에 거기(고향, 경북 영일) 가서 집이 있습니까, 일터가 있습니까, 먹을 것이 있습니까…. 아이고, 생각하니까 눈물이 나네. (인터뷰 중 한동안 말을 잇지 못함) 내가 그래서 차라리 일본에 있었으면 이런 고생은 안 할걸. 나는 아주 일본에서 커놔서 일본 생각이 너무 나는 거예요. (히로시마에 살 때) 우리 친구들 집에 가면 내가 조선사람이다 이야기 안 하면 모를 정도로 내가 아주 일본사람으로 살았어요. 그럴 정도로 살았는데, 아이고, 한국 와서 산 생각하면. (윤삼자, 여, 1924년)

이처럼 연구자가 주로 면담을 진행한 조선인 1.5세나 2세들의 경우, 패전 직전의 일본에서 '완전 일본사람'으로 살았던 경험을 말하며 자신들이 '조선인'이라는 인식을 크게 하지 않았다고 회고하는 경우가 적지 않았다. 일본의 패전 소식을 듣고 "너무나도 분하고 눈물이 날 정도로 왜놈 다 됐었던" 이들에게 '아버지 어머니의 고향'으로의 귀환은 생전 처음 듣고 보는 것들로 가득한 낯선 땅에서의 새 출발이었으며, 진학과 취업의 희망을 접거나 맘속에 담아두던 이와의 이별이기도 했다. 그러나 이 말 자체가 이들이 조선인으로서 차별이나 배제의 대상이 아니었다는 말과 등치되는 것은 아니다. 오히려 이와 같이 "'조선사람이다' 하고 말하지 않으면 아무도 조선사람인 것을 모를 정도"로 자신들의 모국 정체성을 드러내지 않아야 하는 것은 제국의 본토에서 안전하게 살아가기 위한 피식민자들만의 생존 방식이었다고 하는 것이 맞을 것이다. 더욱이 패전 후의 혼란한 공간에서 '반도인'의 색깔은 더더욱 드러내서는 안 되는 위험의 징표였다. 이는 조선을 비롯해 제국의 여러 식민지로 이주했던 일본인 식민자들이 여전히 자신들의 언어를 사용하고 문화적 실천을 행함으로써 식민자로서의 우월한 정치사회적 지위를 드러낼 수 있었던 것과 완전히 대비된다.

당연하게도 이렇게 '완전 일본인으로 살았던 세월'은 '고국으로의 귀환' 이후에는 드러내지 않아야 할 습속과 흔적을 남긴 세월이기도 했다. 귀환 후에는 '왜넌'으로 '군국소년'으로 살았던 시절과 그것을 보여주는 흔적과 징표들이 빠르게 소거되어야 했다. 일본식 발음과 몸에 밴 일본어 표현이 그것이다. 몸과 오감에 배인 이런 습속은 일본에서 태어났거나 교육을 받고 자란 뒤 귀환한 조선인 1.5세, 2세들이 고국으로 돌아와 겪는 사회문화적 어려움으로 이어졌다. 제국의 본토에서 피식민자로 살아가던 이들에게 '완전 일본사람'처럼 산 것은 민족적 정체성을 드러내지 않게 하는 안전한 장치였지만, 귀환 후에 그 안전장치는 놀림과 조롱, 사회적 배제의 징표가 되었기 때문이다.

> 와서는 당장 고향에 할아버지를 찾아갔대요. 근데 고향이 바닷가 쪽이었는데, 거기서 자리를 잡으셨다고 해요. 근데 아버지가 뱃일을 해본 것도 아니니 배꾼도 못하고, 농사일도 해본 적이 없고, 자본도 없고 하니, 일본 쪽으로 무슨 일을 할 수 있을까 해서 일본에도 한 번 다녀오시고 하셨다고 해요. 그런데 그것도 잘 안 되고 그럭저럭 사는데 전쟁이 나고. 그래서 생활 자체가 대체로 어려웠어요. 그래서 고기를 잡아오면 그걸 떼다가 안동이라든가 그런 데에 도매하는 그런 일을 하시면서 생활하셨어요. 그리고 어머니가 많은 노력을 하시고요. 어머니가 땔감을 하시면 머리에 이실 줄을 모르니까 메고 다녔는데 그걸 사람들이 흉보고 했다는 이야기

도 하시고 그랬어요. 저는 그때 즈음에 학교를 가는데 말은 한국말을 하는데 그래도 잘하지는 못하고, 또 집에서는 어머니를 '오카짱'이라고 부를 정도였어요. 근데 그게 사람들이 흉보듯이 해서 중학교 가니 어머니가 '엄마'라 해라 하는데, 그게 그렇게 어려워서 고생을 했어요. '엄마'라고 하는 말이 부끄러워서 말을 못했어요. (박철우, 남, 1941년생)

해방/패전 이후 한·일(韓日) 귀환이주자 소설을 분석한 김경연(2013)은 이를 두고 "현해탄을 건너는 행위가 거대한 부인과 망각을 수반한 행위로서, 현해탄이라는 민족국가의 지리적 경계가 조선(인)/일본(인), 자기/타자, 적/동지라는 식민주의/제국주의적 시선이 분할되고 구축되는 지점"이었다고 지적한다. 피식민국 조선인 이주자들에게 해방 전의 제국 일본의 공간, 그리고 제국의 붕괴 이후 공간에서는 '조선인', '반도인'임을 드러내지 않아야 하는 곳이면서, 귀환한 '고국'의 '해방의 공간'은 '반도-일본인'으로 살았던 시절을 소거해야 할 장소였다. '반도-일본인'으로 살아온 시절을 소거하지 못한 이들은 '쪽발이', '왜놈', '매국노', '친일파'라고 놀림받기 일쑤였다. 합천에서는 일본에서 귀환한 젊은 처자들 가운데 한국말을 할 줄 모르는 사람이 워낙 많아, 시집가서 어른들로부터 "혀 짧은 소리(일본식 한국말) 안 하고 똑똑타"라는 얘기 듣는 것이 칭찬일 정도였다.

한편 이들이 귀환한 '해방의 공간'은 여전히 반상(班常)이 구분되는 봉건질서가 작동하는 곳이기도 했다. 안경선 씨는 고향으로 돌아온 뒤 곧 결혼했다. 얼굴에 폭격을 맞은 흉터도 있었고, "배운 것도 없었는데, 그때만 해도 얼굴도 안 보고 양반 찾을 때니까, 양반 집안이다, 하니까 그냥 시집을 가게 됐다", "적중 사는 안가(安家)"라면 그냥 데리고 가던 시절이었다고 했다.

한국원폭협회 초대 부산지부장 엄분연 씨는 합천의 "지체 높은 양반 가문"의 무남독녀 외동딸로, 일찍 일본으로 건너간 아버지를 따라 어린 시절 도일했다. 소학교를 졸업하고 히로시마고등여학교 4학년에 재학 중이던 1945년 8월, 학도보국대로 동원되어 히로시마 '도요공장(東洋工業)'의 검수대에서 일하기 위해 출근했다가 원폭을 맞았다. 무너진 건물 더미에 다리를 크게 다쳐 몇 번을 치료했지만 완치되지 않아 다리를 절게 되었다. 일본으로 건너가기 전부터도 집이 매우 부유했던 엄 씨의 가족은 해방되고 바로 귀국했다. 고향에 땅이 많이 있었고, 원폭으로 "만신이 다쳐서 아파가지고 있으니까, 살아 있는 동안에 조국 땅 밟아서 조상님들도 뵙고, 또 독립을 찾았으니까 조국으로 가야 한다고 해서" 바로 귀환하게 되었다. 그리고 한국으로 돌아오고 나서 얼마 되지 않아 결혼했다. 다리를 절어도 양반 집안의 딸이고 배운 사람이었기 때문에 혼사가 이루어졌다.

> 해방되고는 밀양으로 갔어요. 아버지 재산이 거기 있으니까요. 살기가 괜찮을 줄 알았는데, 그 재산을 토지개혁 할 때 많이 뺏겼어요. 소작하는 사람들 앞으로 해버리고. (어르신은 그 전에 원폭이라는 것을 모르셨어요?) 그냥 우리는 "삐까돈"[14]이라고만 했지, 뭐가 뭔지 몰랐죠. 그리고 병원을 많이 다녀도 누가 아나요. 일본도 히로시마나 나가사키라야 원폭이라는 것을 알 정도고, 또 한국은 전쟁을 또 겪고 그러니까 이런 데 관심이 없었잖아요. 저는 결혼할 때도 그냥 불구가 있다고 생각했지, 원폭이라 걱정하고 그런 것은 아니에요. 우리 남편도 역시 청년 시에 독립사상을 가지고 있던 사람으로 북해도 제국대학 나온 사람인데, 그 남편이 학생운동도 많

14 원자폭탄이 떨어질 때 처음에 강렬한 빛이 '번쩍' 한 뒤 '둥' 하고 터졌다는 것을 의미하는 것으로 일본어로 "삐까돈-(ピーカードン)"이라고 하는데, 한국원폭피해자들 사이에서는 '삐까단', '삐까탄'이라는 말이 더 자주 쓰인다.

이 했던가 보대요. 그러니 저 같은 교육받은 여자라면 불구라도 (결혼)하겠다 해서 제가 목발 짚고 결혼했잖아요. 그래도 우리 집안이 지체가 좀 높은 양반 집안이고, 제가 배우고 교양이 있다 해서 오히려 그 남편이 적극적으로 해서 결혼했어요. 근데 우리는 동네에서 제가 설움이 많았어요. 불구자라고 놀리고, 절름발이라고 놀리니까요. 그런데 육이오전쟁 나면서 남편이 군에 들어가서 전사했지요. 그러니까 내가 결혼하고 삼 년 만에 군 지원해서 가가지고 아이 하나 있는데, 전사한 거예요. (엄분연, 여, 1929년생)

"대동아전쟁 겪고 돌아오니 육이오가 나서 전쟁을 업고 다녔다"라는 엄분연 씨는 '전사자 미망인'으로, 이후 부산에서 모자원(母子院) 원장으로 일하며 아이를 키웠다. 이렇게 해방 직후 귀환이주자들을 맞은 고국의 해방공간은 '완전무결한 민족의 공간'도, '통합의 공간'도 아니었다. 정치경제적 혼란상에 더해 일본에서 귀환한 이들에게는 사회문화적 차별과 배제로 이어지는 공간이기도 했으며, 양반과 상놈이라는 봉건적인 신분질서가 작동하고, 아들과 딸에게 사회적 역할이 차등적으로 부여되고, 혈연·지연과 같은 사회문화적 연결망 속에서 삶의 기회와 전망이 만들어지던 공간이었다. 그렇게 귀환한 이들에게 '해방의 공간'에서의 약 8년여 시기는 연구자가 인터뷰한 대부분의 원폭피해자(1920~30년대생)의 삶 속에서 가장 힘들고 고생스러웠던, 한 맺힌 시기로 회고된다. 그래서 이 시기는 일본과 한국 사이의 국경 통제가 완전하지 않았던, 그래서 '패전의 공간', '전후의 공간', '해방의 공간'이 겹겹이 에워싼 사이에서 생겨난 빈틈 사이로의 월경(越境)이 끊임없이 일어나던 때이기도 했다.

5. 다시 현해탄을 건너며

'야미배'를 타고 귀환한 이들에게 고국에서의 삶은 여러 면에서 쉽지 않았다. 귀환이주자 중 반은 실업상태에 있었고, 이들에 대한 거주나 식량, 취직 알선 등이 일부 구호단체에 의해 지원되기는 했지만, 남한에 이미 거주하고 있던 사람들조차 혹독한 생활고를 겪고 있는 상태에서 귀환이주자들이 즉시 안정적인 생활기반을 구축하는 것은 불가능했다. 경상남도 미군지방군정부는 귀환이주자의 상태에 대해 "경제상황이 일층 심각해지는 속에서 귀환이주자가 지참한 1,000엔만으로는 수일도 생활할 수 없으며, 생계를 꾸릴 방도도 갖지 못했다"라고 기록했다(小林聰明 2012: 68 재인용). 일본에서 돈을 벌어 고향에 논과 밭을 미리 많이 사두고 준비한 사람들도 있었다. 하지만 그들에게도 쉽지 않은 것이 고국에서의 생활이었다. 일본에서 돈을 벌어 송금해 모아놓은 우편저금이 해방 직후 '휴짓조각'이 되어버리고, 고향 친지에게 맡겨 사둔 땅을 토지개혁으로 잃어 평생 한이 되었다는 사연들이 집중되는 것이 이 해방 직후의 혼란상 속에서 귀환이주자들이 맞은 고국의 현실이었다.

또한 해방 직후 남한의 좌우익 대립이라는 정치적 상황은 경제적 낙후와 더불어 사람들의 일상에도 겹겹이 녹아 있었다. 1945년 12월 말 모스크바삼상회의에서 조선의 신탁통치안이 결정되면서, 정치적 혼란은 더욱 심각해졌다. 경제적 문제뿐만 아니라 이러한 정치적 혼란은 일본에 남아 있는 조선인들의 귀환에, 그리고 한국에 돌아온 재일조선인들의 일본으로의 재입국 시도에도 영향을 미쳤다. 한국으로의 귀환이주자 수가 크게 감소하고,[15] 이미 귀환한 이들 중 일부가 다시 일본으로의

15 최영호(1995)에 따르면, 해방 직후 한국의 정치적 혼란과 빈곤 실정이 일본에 전해지면서 귀환희망자의 귀환 포기도 속출해, 센자키와 하카다에서 귀환을 계

'밀항'을 선택하기도 했다. 이들 가운데에는 가족과 친척 일부는 일본에 남았거나, 귀국한 뒤에 다시 생계를 도모하기 위해 일본으로 밀항한 경우가 흔했다.

이러한 사정은 고국으로 돌아온 한국원폭피해자들에게도 마찬가지로 나타난다. 강순이 씨의 가족은 해방이 되고 서너 달 있다가 귀국했다. 하지만 큰오빠는 귀환 후 곧바로 일본으로 들어갔다. 육이오 전이었다. 고향에서는 "먹고살 거리"가 마땅치 않았기 때문이다. 나고야에서 자리를 잡은 외삼촌 댁의 사업을 돕기로 했다.

> 절단났는데 뭐 하러 (히로시마) 거기 있어. 우리 아버지가 "히로시마 볼 것 없다 가자" 그랬어. 그런데 우리 오빠들은 안 온다고 그랬어. 우리 이웃 사람들도 가지 말라고 그랬어. "요시까상, 가지 마세요" 그랬어. 일본 조금 있으면 발전한다고. 그때 안 왔으면 고생 안 했지. (그래서 가산 정리해서 오셨어요?) 응. 근데 부산 와서 그걸 날렸어. 짐을 실어다준다고 하더니 그걸 가지고 내뺀 거야. 그래서 고향에 가까운 친척집으로 갔어. 고성. 그런데 고성에 친척집에 신세 지는 것도 하루 이틀이지, 우리 형부가 자기 고향 쪽으로 다 데리고 간 거야. 고향에서 한 일이 년 살다가 목포로 가서 거기서 육이오도 만났어. (그럼 목포서 형제들이 일본으로 가신 거예요?) 응. 처음에는 큰언니 가족이 애들 데리고 육이오 전에 밀선 타고 일본으로 다시 갔어. 그리고 제일 뒤에는 원식이 오빠가 가고. 그 오빠는 육이오 때 군인으로 징병되어서 전쟁을 하고 일본으로 갔어. (강순이, 여, 1933년생)
>
> 바로 위에 오빠는 귀국해서 여기서 못 살겠다고 야미배로 일본으로 밀항

획한 수의 1/10도 채 이뤄지지 않았으며, 1946년 4월부터 12월까지 귀환이주자가 총 8만여 명으로, 귀환희망자 등록자 중 16.1%에 지나지 않았다고 보고하고 있다.

하다 실패했는데 세 번이나 하고 또 하고 해서 결국 갔어요. 올케 놔두고 혼자 가서 일본여자랑 산 거야. 나 결혼하기 전이니까 (오재분: 그런 사람 많아) 히로시마로 가서, 나고야에 큰오빠하고 큰언니가 살았어. 거기 가서 성공했지. (임이생, 여, 1933년생)

허종분(1931년생) 씨의 오빠는 폭격으로 얼굴에 화상이 심했다. 화상은 켈로이드로 변해 보기 흉했다. 귀환한 후에는 얼굴의 상처로 사람들 앞에 나서기를 꺼렸는데, 고향인 밀양에 당시 주둔하게 된 미군의 통역 일을 맡게 되었다. 히로시마에 살던 시절 소학교 고등과를 졸업하고 영어와 일본어가 능통했던 오빠는 그 일을 계기로 주둔군 통역관이 되었다. 그리고 나중에 배속되어 있던 미군이 오키나와로 이전하면서 따라 들어갔다. 조경순 씨(1937년생)의 큰오빠도 일본으로 다시 돌아갔다. 친척 중 한 명이 월북했는데, 그것을 도와주었다는 '빨갱이' 혐의를 받았다. 어머니는 오빠를 산속에 숨겨두고 삼천포 뱃가에서 거지 행색을 해가며 밀선을 구해 오빠를 일본으로 보냈다. 박수병(1936년생) 씨는 귀국 후 고향인 경남 사천으로 돌아왔다. 결혼해 일찍 출가했던 누나는 해방이 되고도 일본에 남았다. 귀환 때 같이 왔던 형은 정치사건에 휘말려 다시 일본으로 밀항해 들어갔다.

그때 가족들이 형님도 나왔는데, 수만이 형님이 육이오 나던 해 전쟁 직전에 일본으로 밀항했어요. 왜냐면 그 형님이 우익단체 행동대원으로 활동하면서 좌익 우익 두목들이 회합을 마치고 돌아가는 중에 사천에 가면 다리가 있는데, 그 다리에서 그 좌익 두목을 형님하고 다른 두 사람이 죽인 거예요. 그 길로 일본으로 들어가서 안 들어온 거예요. 수점이 누님은 해방 전에 결혼하고 아예 한국으로는 나오지도 않았지요. (박수병, 남, 1936년생)

조선으로 귀환했던 이들이 다시 일본으로 들어가는 경우가 늘어나고, 일본사회에서 조선인의 불법행위 등이 문제가 되면서 이들의 처우에 대한 논의가 이어졌다. 고바야시 소메이(小林聡明 2012)의 미 군정청 문서자료 공개에 따르면, 미 군정청은 1946년 2월 19일 사실상의 출국 제한조치인 군정법령 제49호 '조선에 입국 혹은 출국자 이동의 관리 및 기록에 관한 건'을 공포하고, 조선을 출국하려는 자에게 군징청 외무부에서의 여행증명서 취득을 의무화했다. 하지만 일반인들에게 필요서류의 취득은 매우 까다로운 일이었고, 사실상 출국의 길을 막는 것과 다름없었다. 일본 측에서도 입국이 제한됐다. 1946년 3월 16일부 GHQ 기본지령은 상업교통이 이용 가능해질 때까지 비일본인(Non-Japanese)이 연합군 최고사령부의 허가 없이 일본에 돌아오는 것을 금지했다. 정규수속을 거치지 않은 일본 입국은 불법이 되어 그것을 시도하는 자는 불법입국자가 되었다.

그러나 1946년 봄부터 여름(6~8월)에 걸쳐 남한에서 대유행한 콜레라는 정치경제적인 혼란상황에 박차를 가해, 일본에 밀항을 시도하는 조선인이 급증했다. GHQ는 조선인 밀항자에 의해 콜레라가 남조선으로부터 일본에 퍼질 것을 우려해 단속을 더욱 엄격히 했다. 하지만 콜레라 발생을 이유로 강화된 일본 입국 제한은 그것이 어느 정도 진정된 후에도 해제되지 않았다. GHQ는 조선인들의 불법입국을 '점령목적에의 유해한 행위'로 규정했다.[16] 불법입국, 즉 밀항은 단지 대중위생상

16 GHQ는 재일조선인 귀환문제를 일본사회의 질서 및 치안유지(1946년 5월~1948년 7월) 그리고 반공정책(1948년 8월~1952년 4월)이라는 시각에서 인식하고 있었으며, 재일조선인이나 귀환조선인의 일본으로의 밀입국에 대한 관리도 이러한 시점에서 이루어지고 있었다. 이에 대해 김태기(1998: 268)는 이것이 조선인에 대한 적극적인 적대감에서 비롯되었다기보다는 당시 본국에서도 흑인과 소수민족에 대한 차별의식이 팽배했던 미국사회의 한 구성원으로서, 일본

의 문제가 아니라 점령체제를 흔드는, 단속해야 할 중대한 범죄행위라고 취급한 것이다. 단속이 심해지면서 일본에서 다시 기회를 찾기 위해 밀항하려는 조선인들의 시도는 점점 더 어려워졌다. 명노심(1929년생) 씨 부부도 귀국 후 다시 일본으로 들어갈 생각을 하고 있었다. 친정 식구들도 모두 나오지 않은 상태에서 성급하게 귀국했는데 한국에서 살기가 너무 힘들었기 때문이다. 밀선을 타고 일본으로 들어가려고 했지만, 발각되어 수용소에 잡혀 있다가 한국으로 다시 송환됐다. 일본에 정착한 친정아버지가 돈을 부쳐주었지만, 그 이후에 일본으로 다시 들어가지 못했다.

성이주(1932년생) 씨의 아버지는 일본으로 다시 들어가지는 않았지만, 해방 후 진주로 와서 정착한 다음 일본을 오가며 밀매로 돈을 많이 벌었다. 일본어를 잘했고, 일본 쪽 사정을 잘 알았던 아버지는 오무라(大村)의 조그만 항구 쪽을 통해 히로시마까지 가서 물건을 산 뒤 배에 실어와서 마산으로 와서 그걸 팔아서 돈을 만들었다. 주로 화장품이었고, 건축할 때 쓰는 줄톱도 취급했다. 위험했지만 돈이 되는 일이었다. 하지만 1950년 12월 28일 일본정부가 불법입국자 및 강제퇴거된 재일조선인과 재일중국인을 수용하기 위해 오무라수용소를 설치하며 감시가 심해지고 오무라수용소에 한국사람들이 많이 잡혀들어가면서 성이주 씨의 아버지는 그간의 일들을 정리했다. 이처럼 귀환한 원폭피해자들에게 밀항과 도일을 통해 다시 들어간 '패전의 공간'은 생계의 기회를 얻고 생의 전망을 확대하기 위한 장소이기도 했다. 해방 직후 히로시마와 나가사키에서 한국으로 들어온 귀환이주자들은 "살기 위해서" 다시 현해탄을 건넜다.

의 새로운 '통치자'로 들어온 GHQ의 종족문제에 대한 편견을 드러내는 것이라고 본다.

6. 고국, 낯선 이향(異鄕)

이 글은 한국원폭피해자들의 역사를 귀환이주사라는 측면에서 살펴보았다. 구체적으로는 히로시마와 나가사키의 조선인 1.5세와 2세의 구술생애사 면담과 호적조사를 기초로 '패전의 공간', '해방의 공간', 그리고 귀환을 살펴보았다.

해방 직후 한국으로 돌아온 원폭피해자들의 귀환 서사들은 한국사회에서 일반적으로 '해방의 공간'이 표상하던 전형적인 내셔널리즘적 수사들과는 구분되는 양가적인 감정이 배어 있다. 해방 직후의 혼란은 단지 정치적 이념이나 경제적 수준뿐만 아니라, 과거에는 "제국의 신민"이었던 이들이 새롭게 생겨나는 국민국가적 경계 속에서 새롭게 부여받은 '국민'이라는 정체성 속에서도 쉽게 좌표를 찍지 못한 공간이기도 했다. 또 이 패전과 해방의 공간은 '강제'와 '독립운동' 등 기존의 해방공간을 상기하는 국민국가주의적 서사 담론들에는 소환되지 못하는 많은 기억이 상존하던 곳이기도 했다. 히로시마와 나가사키의 귀환이주자들에게 '패전의 공간'과 '해방의 공간'은 단순히 일본이나 한국이라는 영토적 장소에 한정되지 않았다. 그들은 패전을 맞은 제국 일본의 본토에서 '해방'을 맞았고, 귀환한 '고국'에서 여전히 '패전'의 상처와 고통을 안고 살았다. 전쟁이 종결되고 귀환 결정을 내릴 때, 그 어느 곳도 무조건적인 '두려움'의 공간이거나 당연하게 돌아가야 할 '막연하지만 열렬했던 환상과 기대'의 장소였던 것도 아니었다. 새로운 이주로 생겨날 두려움과 우려를 불러일으키는 '낯선 이향(異鄕)'이기도 했던 '고국'과 궁핍과 고통이 지나칠 때는 너무나도 그리운 '일본'이기도 했다.

'해방'은 조선인이라는 민족적 정체성을 소거하고 '완전 일본인'으로 살았던 흔적을 빠르게 숨겨야 할 것으로 변화시켰고, 위험은 그들이 있는 장소에 의해서가 아니라 그들의 몸과 언어에 남아 있는 문화적 속성, 신분, 경제적 지위와 계급, 젠더의 차이 등에서 다시 작동했다. 제국의 붕괴와 새로운 국민국가의 건설이라는 과업을 지닌 점령기의 패전공간과 해방공간은 국가와 국가, 국가와 개인, 그리고 개인과 개인의 정치적·이념적 대립공간이었을 뿐만 아니라, 다양한 사회문화적 차이가 얽히고 교차하는 장소였기 때문이다. "동포들이 살고 있는 고향산천"의 '해방공간'도 패전을 맞은 제국 일본의 '전후 공간'도, 국민국가와 민족이라는 경계만을 통해 서로를 완전히 타자로 적대시하는 순전무결한 동일성이 지배했던 통합성의 공간이 아니었으며 민족, 젠더, 계급, (전통적 반상구분을 이르는) 신분, 혈연, 지연, 정치 지향 그리고 세대 등과 얽혀 있는 다층적 요소들이 복합적으로 작동하며 정치적·사회문화적 부딪침과 갈등이 모이고 분기하던 공간이었다. 이 글에서는 특히 그것이 세대라는 측면에서 그 차이가 더욱 두드러짐을 보여주었다.

이러한 결론은 제국 일본의 붕괴, 탈-식민의 해방공간을 정치적 이념대립이나 귀환이주자와 모국의 관계, 즉 국민/국가 혹은 난민/국가 등의 이분법이나 모국에 당연히 통합되어야 할 민족적 정체성만으로 구획해보는 것이 아니라, 이와 같은 다층적 요소들이 복합적으로 작동하며 이행해간 혼종성의 낯선 공간으로 이해하는 데에서 출발해야 함을 의미한다. 이는 인류학 연구를 비롯하여 해방공간에 대한 사회과학 연구들이 충실한 실증자료에 기반하여, 현재뿐만 아니라 과거에 대해서도 국가와 민족을 경계로 하는 전형적 구도와 담론에 균열을 낼 역사인류학적 상상력이 필요함을 제시한다.

참고문헌

강인철, 1998, "미군정기의 인구이동과 정치변동," 『한신논문집』 15(2): 545-607.

권숙인, 2017, "일하고, 일하고 또 일했어요: 재일한인 1세 여성의 노동경험과 그 의미," 『사회와 역사』 113: 40-82.

권혁태, 2009, "히로시마/나가사키의 기억과 '유일피폭국'의 언설," 『일본비평』 1: 60-89.

김경연, 2013, "해방/패전 이후 한일(韓日) 귀환자의 서사와 기억의 정치학," 『우리문학연구』 38: 289-330.

김광열, 2010, 『한인의 일본이주사 연구』, 서울: 논형.

김예림, 2010, "'배반'으로서의 국가 혹은 '난민'으로서의 인민: 해방기 귀환의 지정학과 귀환이주자의 정치성," 『상허학보』 29: 333-376.

김태기, 1998, "GHQ/SCAP의 對 재일한국인정책," 『國際政治論叢』 38(3): 247-269.

대일항쟁기동원피해조사및국외동원희생자등지원위원회, 2011, 『히로시마·나가사키 조선인 원폭피해에 대한 진상조사: 동원된 조선인 노무자를 중심으로』, 동 위원회 진상조사보고서: 서울.

대일항쟁기동원피해조사및국외동원희생자등지원위원회, 2008, 『내 몸에 새겨진 8월』, 국무총리실소속 일제강점하강제동원피해진상규명위원회: 서울.

도노무라 마사루, 2010, 『재일조선인사회의 역사학적 연구』, 서울: 논형.

박경섭, 2009, "조선인원폭피해자와 초국적 시민(권)," 『현대사회과학연구』 13: 153-166.

오은정, 2013, 『한국 원폭피해자의 일본 히바쿠샤 되기』, 서울대학교 박사학위논문.

______, 2014, "관료제적 문서주의 속에서 기록과 기억: 한국원폭피해자의 일본 피폭자 건강수첩 취득에 관한 민족지적 연구," 『한국문화인류학』 47(2): 159-199.

이연식, 2016a, "해방 직후 '우리 안의 난민·이주민 문제'에 관한 시론," 『역사문제연구』 35: 117-166.

______, 2016b, "종전 후 한·일 양국 귀환이주자의 모국 정착과정 비교 연구," 『한일문제연구』 31: 137-187.

이지영, 2012, “한인원폭피해자문제 관련 연구와 자료현황,” 국민대 일본학연구소 편, 『일본공간』 12: 229-246.

______, 2017, “한·일 원폭피해자의 고통의 감정 연대와 균열,” 『한국민족문화』 62: 45-74.

이현주, 2005, “해방 후 인천지역의 전재동포 귀환과 사회변화,” 『인천학연구』 4: 245-279.

정근식 편, 2005, 『고통의 역사: 원폭의 기억과 증언』, 서울: 선인.

조용욱, 2005, “일본 내 한인의 ‘귀환’과 한국 내 일본인의 ‘송환’에 관한 해방 직전 미국 측 자료,” 『한국근현대사연구』 33: 247-282.

준코, 이치바, 2003, 『한국의 히로시마』, 이제수 옮김, 서울: 역사비평사.

진주, 2004, “원폭피해자 증언의 사회적 구성과 내용분석,” 전남대학교 석사학위논문.

채영국, 2003, “해방 후 재일한인의 지위와 귀환,” 『한국근현대사연구』 23: 83-103.

최영호, 1995, “해방 직후의 재일한국인의 본국 귀환: 그 과정과 통제구조,” 『韓日關係史研究』 4: 99-135.

한국원폭피해자협회, 1989, 『연혁·현황실태』.

허광무, 2004, “한국인 원폭피해자에 대한 제연구와 문제점,” 『한일민족문제연구』 6: 93-122.

______, 2011, “전시기 조선인 노무자 강제동원과 원폭피해: 히로시마·나가사키의 지역적 특징을 중심으로,” 『한일민족문제연구』, pp. 5-55.

현무암, 2006, “동아시아와 코리안 디아스포라: 공동체에서 네트워크로,” 『창작과 비평』 34(1): 258-273.

황선익, 2013, “연합군총사령부(GHQ/SCAP)의 재일한인 귀환 정책,” 『한국근현대사연구』 64: 150-190.

小林聡明, 2012, “朝鮮人の移動をめぐる政治学: 戦後米軍占領下の日本と南朝鮮,” 『近代アジアの自画像と他者: 地域社会と「外国人」 問題』(貴志·俊彦編), 京都: 京都大学学術出版会.

長崎市原爆被爆對策部 編, 1996, 『長崎原爆被爆50年史』, 長崎: 長崎市原爆被爆對策部.

長崎在日朝鮮人の人権を守る会 編, 1982, 『原爆と朝鮮人』, 長崎: 長崎在日朝鮮人の人権を守る会.

椎名麻紗枝, 1988, “在韓被爆者に対する法律責任,” 在韓被爆者問題市民会議 編, 『在韓被爆者を考える』, 長崎: 凱風社.

Gmelch, George, 1980, “Return Migration,” *Annual Review of Anthropology* 9: 135-

159.
King, Russell, 1978, "Return Migration: A Neglected Aspect of Population Geography," *The Royal Geographical Society* 10(3): 175-182.
Oh, Eunjeong, 2017, "Nationalism and Reflexive Cosmopolitanism in Korean A-Bomb Victims' War Memory and Transnational Solidarity," *Development and Society* 46(2): 303-316.
Wagner, Edward W., 1975, 『日本における朝鮮少数民族, 1904-1950』, 東京: 湖北社.
『경향신문』, 1986. 7. 8일자.
『동아일보』, "해방된 조국에 귀환한 전재민 항구적 직업 주라!," 1946. 6. 3일자.

제5장

개발국가시기 재일한인의 표상과 젠더: 재일교포 남성과 한국여성의 만남의 서사*

지은숙

1. 개발국가시기 재일교포 남성과 한국여성의 만남의 서사 발굴하기

1960년대 이후 한국사회에서 '재일교포와의 결혼'은 깊숙이 자리한 사회현상이었음에도 불구하고, 그동안 재일한인[1]에 대한 연구는 교포자본의 한국투자나 모국방문에만 집중되어왔고, 재일한인사회와 한국사회 간의 결혼을 통한 인적 교류는 거의 주목하지 않았다. 이 연구는

* 이 글은 저자의 논문 "개발국가의 재일교포 표상과 젠더: 1960~70년대 대중미디어에 나타난 재일교포 남성과 한국 여성의 만남의 서사를 중심으로"(『아시아여성연구』 57(2): 175-216, 2018)를 수정·보완한 것이다.

1 이 글에서는 일본에 살고 있는 한반도 출신자들을 총칭하는 용어로 재일한인을 사용한다. 하지만 1950년대 중반부터 1970년대 중반까지 한국사회에서 재일한인에 대한 호칭을 대표한 것이 재일교포였다(권혁태 2007). 여기서는 시대적 배경을 고려하여 재일한인 남성과 한국여성의 만남의 맥락에서 '재일교포'를 주로 사용한다. 이 밖에도 인용에서 원자료의 호명을 살릴 필요가 있을 때는 재일조선인, 재일동포, 자이니치 등도 병용한다.

1960~70년대 한국의 대중미디어에 재현된 재일교포 남성과 한국여성들의 연애와 결혼의 서사에 대한 분석을 통해 개발국가(developmental state)시기 재일한인 표상의 변화와 이와 결부된 젠더 담론의 작동을 살펴보려 한다. 개발국가는 국가가 위로부터 주도하는 경제개발기획과 그것을 수행하는 제도적 기제들을 가리키는 개념으로 한국에서는 박정희 시대에서 형성되고 공고화되었다(장훈·이승주 2018; 조희연 2010).

개발국가시기 한국여성의 일본으로의 결혼이주는 1960년대 초 한일 간 왕래가 재개되면서 시작된 것으로 확인된다. 예를 들어, "한국서 고등학교를 졸업하고 1963년 재일동포 2세인 남편과 결혼하여 일본에 와서 살고 있다"라는 여성의 사례도 한국 인류학자들의 재일한인생활사 연구에 수록되어 있다(국립민속박물관 2002: 166-168). 간헐적으로 이루어지던 결혼이주의 흐름에 물꼬를 튼 것은 1965년 한일국교정상화와 그 이후 한국정부와 민단이 조직한 재일동포모국방문단의 입국이었다. 대한민국과의 교류 확대와 더불어 일본의 재일한인사회에서는 2세의 '결혼난'을 해결하기 위해 본국에서 배우자를 구하려는 움직임이 확산되었고, 이것이 재일한인의 한국 방문을 촉진하는 계기가 되기도 했다(지은숙 2011).

한편 1960~70년대 한국에서 재일교포와 결혼해 일본으로 이주하는 것은 대표적인 상향혼(hypergamy)으로 간주되었다. 결혼을 통한 이주는 1988년 서울올림픽 이후 한일 간 왕래가 자유화되기 전까지 한국인이 일본에 이주할 수 있는 유일한 공식 통로였다. 결혼이주자의 대부분은 여성이었다. 정확한 규모를 파악하기는 어렵지만, 해당 시기 결혼을 통해 일본으로 이주한 여성이 적어도 수천 명에 달했을 것으로 추산된다.[2]

2 이 숫자는 연구자가 재일한인 집중구역에 대한 현지조사에서 수집한 '증언'과

그러나 개발국가시기 한국여성과 재일교포와의 만남이 다양한 담론을 촉발하는 사회현상이었던 데 비해, 이들의 존재에 주목한 학술연구는 찾아보기 어렵다. 기존의 재일한인 연구에서 이 여성들은 독자적인 사회집단으로 간주되지 못한 채 "한국에서 시집온 여자들"로 단편적으로만 언급되어왔다(도노무라 마사루 2010; 미즈노 나오키·문경수 2016). 최근 일본으로 결혼이주한 한국여성들에 관한 연구 관심(이순미 2011; Lim 2015; 柳蓮淑 2013)이 일고 있지만, 대부분이 1990년대 이후 일본인과의 '국제결혼'을 다루고 있고, 그 이전 시기 '교포결혼'을 통해 일본으로 이주한 이들은 조명되지 않고 있다.

이처럼 개발국가시기 재일교포와 결혼한 한국여성의 존재가 재일한인이주사에서도 누락된 맥락을 탐구하는 것이 이 연구의 일차적인 문제의식이다. 이들의 경험이 비가시화되어온 저변에는 개발국가시기를 거치며 한국사회가 축적해온 국가 우위의 민족주의와 개발 담론이 자리 잡고 있다. 따라서 이들의 이주 경험을 규명하기 위해서는 당사자의 이주 경험에 대한 연구와 더불어 "여성들의 이주 배경이 된 한국의 개발 경험이나 국가 정책이 미친 영향, 그 안에 내재한 젠더 위계나 담론의 지형들을 주목"(황정미 2018: 5-8)하지 않을 수 없다. 그런 까닭에 이 글에서는 여성들의 이주 배경이 된 개발국가시기 한국사회의 재일교포 표상과 해외이주를 둘러싼 젠더 위계와 담론정치에 주목하고자 한다.

"1980년 1년간 한국에서 오사카로 혼인으로 도일한 수가 345건이라는 영사관 집계"(이광규 1983: 182-184에서 재인용), 출입국·외국인정책본부 홈페이지(www.immigration.go.kr) 「출국자 통계」에서 "여성 이민자"로 분류 가능한 숫자가 4,666명에 달한 것(법무부 분류체계 변동에 따라 여성이민자의 범위는 연도별 차이가 있음. 1960~65년: "거주 및 방문"/ 1966~70년: "취업 및 거주"/ 1971~80년: "이민", 1973년은 통계 누락) 등을 바탕으로 추산한 것이다(출입국·외국인정책본부, 1961~80).

이 글에서는 세 편의 영화와 신문·잡지 기사에 실린 재일교포 남성과 한국여성의 만남의 서사를 분석한다. 주요 분석 대상은 영화다. 1970년대 초 TV가 보급되기 이전 한국사회에서 영화는 가장 대중적인 미디어이자 오락이었고, 당시의 신문·잡지도 영화 관련 기사를 비중 있게 다루었다. 따라서 영화를 통해 개발국가시기 재일교포와 한국여성의 만남을 둘러싼 담론을 포착할 수 있다. 특히 재일한인이 등장한 영화에 나타난 일본의 표상은 매번 뜨거운 논란을 불러일으키는 쟁점이었으며, 일본과 재일한인에 대한 영화적 재현에 국가권력이 깊숙이 개입하고 있었다. 따라서 영화 분석을 통해 '재일교포'와 '한국여성'을 둘러싼 당대의 담론에 작용한 정치적 힘의 영향관계도 가늠해볼 수 있을 것이다.

1960~70년대 한국에서는 재일한인이나 일본을 소재로 한 영화가 수백 편 제작되었는데, 그중 한국여성과 재일교포 남성의 연애와 결혼을 중심 줄거리로 삼은 영화는 〈동경서 온 사나이〉, 〈사랑은 파도를 타고〉, 〈나와 나〉, 〈낙엽 따라 가버린 사랑〉, 〈순정산하〉 총 5편이었다.[3] 그중 이 글에서 분석 대상으로 삼은 것은 〈동경서 온 사나이〉, 〈사랑은 파도를 타고〉, 〈나와 나〉다. 그런데 이 3편의 영화는 필름이 남아 있지 않다. 현재 한국영상자료원이 소장하고 있는 것은 이 3편의 시나리오와 포스터, 검열자료뿐이다. 이 때문에 이 글에서는 영화 필름이 아니라 시나리오와 영화평 및 관련 기사에 근거해 분석할 것이다. 시나리오만으로 영화에 접근하는 것은 스크린에 나타난 소리, 공간, 이미지 등 시각자료에 관한 분석이 누락된다는 제한이 있지만, 이 글에서는 활자화된

3 〈동경서 온 사나이〉는 연구자가 새롭게 발굴한 것이고, 나머지 4편은 권혁태(2007)가 논문에서 이미 제시한 목록을 참고했다. 권혁태는 영화의 제목과 내용만 간략하게 언급했을 뿐이고 서사분석과 젠더 관점에서의 비평은 연구자가 독자적으로 수행한 작업이다.

서사에 집중하여 담론 분석의 자료로 활용하고자 한다. 또 한국여성과 재일교포의 만남이 이루어진 배경과 맥락을 파악하기 위해 『동아일보』, 『경향신문』, 『조선일보』, 『매일경제』 등 일간신문의 기사를 검색했고, 『선데이서울』과 『주간 경향』 등 주간지 기사도 참조했다.

본론에 들어가기에 앞서 이 글이 다음 세 가지에 초점을 맞추어 개발국가시기 재일교포 남성과 한국여성의 만남의 서사를 분석하고 있다는 것을 적어둔다. 첫째, 재일한인을 둘러싸고 형성된, 이른바 이데올로기적 필터의 작동을 살피는 것이다. 권혁태는 개발국가시기 한국사회가 재일조선인에게 "한민족의 문화를 간직하고 한국정부와 정치적인 관점을 같이하며, 모국의 경제성장에 기여하는 선진국 동포의 모습에 더해, 민족주의, 개발주의, 반공주의와 같은 이데올로기적 필터를 덧씌웠다"(권혁태 2007: 252)라고 지적한다. 반공군사독재정권 아래서 배양된 이 세 가지 필터의 작동으로 '반쪽발이', '빨갱이', '부자'라는 재일조선인의 고정된 이미지가 확대 재생산되어왔다는 것이다. 1960~70년대 한국사회에서 형성된 이러한 재일조선인에 대한 필터는 때로는 그들을 국민의 경계 안으로 포섭하는 차원에서 작동했고, 때로는 배제하는 맥락에서 복합적으로 사용되어왔다(김범수 2017). 이 연구는 이러한 이데올로기적 필터의 작동을 한국여성과 재일교포의 만남을 중심으로 살펴봄으로써 젠더 관점에서 이를 확장하고 정교화하려고 한다. 즉, 재일교포에 대한 이데올로기적 필터의 작동이 재일교포뿐만 아니라 그들과 만나는 한국여성들까지 타자화하여 비가시화해왔다는 점을 규명하려 한다.

둘째, 재일교포뿐만 아니라 그들과 만나는 한국여성들에 주목하고 그들이 서사에서 재현되는 방식에 주목할 것이다. 이것을 통해 근대 국민국가를 구축하는 과정에서 작용한 힘들의 경합과 외부적인 변화가 어떻게 재일교포와 한국여성의 만남의 서사에 구현되었고, 한국여성에 대한 젠더 담론으로 수렴되었는가를 드러내고자 한다. 이러한 작업은 한편으로 선행연구의 '필터론'이 상대적으로 덜 주목한 개발국가시기 재일교포의 표상이 지닌 '초국가성(transnationality)'과 '근대성(modernity)'의 측면을 강조하려는 것이기도 하다. 이러한 과정을 통해 1960~70년대 대중미디어가 재일교포의 표상을 타자화한 기제와 한국여성의 근대적 주체성에 대한 욕망을 억압하는 구조가 긴밀하게 연결되어 있었다는 점을 드러내고자 한다.

셋째, 이 글의 초점은 텍스트에 대한 미학적 분석이 아니라, 서사를 구성하는 배경과 줄거리, 인물 간 관계를 일종의 민족지(ethnography)로 취급해 당대의 재일교포와 한국여성의 만남의 사회문화적 맥락을 분석하는 것이다. 따라서 영화가 개봉된 시점이 분석의 중요한 준거점이 된다. 3편의 영화는 각각 1962년, 1967년, 1973년에 개봉했다. 각 시기는 해방 후 한국정부의 대일정책 변화가 뚜렷하게 나타났고 재일한인과 한국사회의 관계도 역동적으로 달라지고 있던 때였다. 〈동경서 온 사나이〉가 개봉된 1962년은 4·19 직후 그동안 닫혀 있던 대일 문호가 개방되면서 문화계에 일본 붐이 일었다. 또 〈사랑은 파도를 타고〉가 개봉된 1967년은 한일협정이 체결되고 대일정책과 재일교포에 대한 한국정부의 기조가 형성된 시기였다. 그런가 하면 유신 이듬해 개봉된 〈나와 나〉에는 1970년대 초반의 복잡한 정치적 역학 속에서 재일교포에 대한 민족주의, 반공주의, 개발주의라는 이데올로기적 필터가 고착되어가던 사회 분위기가 잘 드러나 있다. 이어지는 각 절에서는 이러한 사회적 여건의 변화가 재일교포와 한국여성의 만남의 서사에 어떻게 반영되어 있는가를 살펴볼 것이다.

2. 〈동경서 온 사나이〉: 4 · 19 이후의 일본 붐과 때늦은 귀환자

1960년 4·19혁명 직후 대일정책 변화에 따른 문호개방은 문화계에 일본 붐[4]을 불러왔다. 해방 직후부터 1950년대까지는 이른바 '왜색일소'라는 이승만 정권의 방침에 맞추어 일본문화의 유입이 공식적으로 금지되었다. 그러나 4·19를 계기로 민주당 정권이 집권하면서 한일 간의 인적 교류가 활발해지고 일본문화에 대한 규제의 강도 역시 전 시대에 비해 현저히 약화하여 일본문화가 한국사회에 대거 유입되기에 이르렀다. 대중은 출판물이나 음반, 공연물과 같은 일본의 문화상품을 손쉽게 접할 수 있게 되었고, 그에 대한 반응은 '붐'이라고 불릴 만큼 뜨거웠다. 서점가에서는 일본 번역서가 큰 인기를 얻었고, 일본가요의 인기 역시 폭발적이어서 음반가게마다 일본가요를 담은 이른바 '백판'이 비치되어 팔리는가 하면, 부산의 지역 TV에 잡히는 일본 방송 프로그램의 내용을 둘러싼 소문도 무성했다.

영화관에도 일본에 대한 대중적 호기심과 매혹을 겨냥하여 '일본색'을 끌어들이는 영화들이 속속 개봉되었다. '일본색채'[5]가 사회문제가 될 만큼 국내 제작사가 만든 영화에 일본의 존재가 두드러졌다. 일본의 여러 공간이 영화 서사의 틀 안으로 진입하는 것은 물론이고, 〈검은 장갑〉(1963)이나 〈동경비가〉(1963)처럼 일본 현지 촬영이나 시각자료 활용 등을 통해 동경 시가지의 풍경이 영화에 삽입되기도 했다. 또 현해탄이나 동경처럼 일본과 관련된 지명을 영화의 제목으로 내건 작품도 다

4 『동아일보』, "올해 영화계 5제," 1962. 12. 10일자; 『한국일보』, "낙서," 1963. 4. 12일자.

5 『동아일보』, "일본색채 외화 규준을 작성, 미묘한 한계점, 상영찬반여론에 대비," 1962. 11. 9일자.

수 개봉되었고, 기모노 차림의 여주인공 모습이 포스터 전면에 등장하는 일도 목격되었다.[6]

그러나 오영숙(2010)이 지적한 것처럼, 4·19 이후 일본 붐과 비슷한 시기에 반일감정이나 항일운동을 다룬 영화의 제작 또한 본격화되어 영화계의 주력상품으로 나란히 존재했다는 점은 주목할 필요가 있다. 1960년대 흥행작 중 반일 내지 항일 영화의 틀을 갖춘 작품이 다수 존재한 것은 그만큼 당시 대중 사이에는 일본에 대한 매혹 못지않게 반일감정의 수위도 높았음을 보여준다.[7] 따라서 일본에 대한 호기심과 항일 민족주의가 동반 상승하던 4·19 이후의 일본문화 붐의 성격은 김성민(2017: 38)이 지적한 것처럼 일본이라는 타자 그 자체에 대한 인식과 태도의 변화라기보다는, 이승만정권의 감정적 슬로건으로서의 반일주의에 의해 실시된 엄격한 검열과 규제에 대한 문화적 반작용의 측면이 강했다고 보아야 할 것이다.

1962년 개봉된 〈동경서 온 사나이〉는 4·19 직후의 일본 붐을 타고 제작된 영화 중 한 편이다. 1961년에 방송되어 인기를 얻은 동명의 라디오드라마를 원작으로 한 이 영화는 당시의 유행을 좇아 동경이라는 구체적인 지명을 영화의 제목에 올렸지만, 일본을 배경으로 한 장면은 등장하지 않는다. 인물들의 대화에서 동경이 자주 언급되지만, 식민지 역사나 전후의 정치적 맥락은 생략된 채 이국적 노스탤지어의 공간으로서만 제시된다. 멜로드라마의 주인공으로 재일교포를 소환한 이 영화는 1963년 제3공화국이 등장하기 전 한국사회의 재일교포 표상과 이

6 『동아일보』, "일본색채와 영화계, 국산 제작계도 딜렘마에 「행복한 고독」 케이스로," 1963. 1. 28일자.

7 대표적인 흥행작인 〈청일전쟁과 여걸민비〉(1964)는 그해 한국영화 흥행성적 2위였으며, 〈유관순〉(1965)은 당시로서는 드물게 컬러시네스코 영화로 제작된 대작이었다.

들과 한국여성의 만남을 둘러싼 사회적 분위기를 엿볼 수 있는 좋은 자료다. 한국영화사에서 한국전쟁 이후부터 1963년 이전에 제작된 영화들은 본격적인 개발국가시기로 진입한 이후의 영화들과는 차별되는 독자적인 주제의식과 고유한 아우라를 지닌 텍스트로 평가된다(주유신 외 2001). 〈동경서 온 사나이〉에도 그 이후 개발국가시기의 영화에 나타난 재일교포 표상과 뚜렷하게 구분되는 지점들이 발견된다.

그림 1. 〈동경서 온 사나이〉(1962) 포스터

영화는 일본의 비누공장 기술자인 강승구가 김포공항에 도착하는 장면으로 시작한다. 주인공 강승구는 동경에서 대학을 졸업하고 10년째 일본에서 생활하고 있는 33세 독신남으로 소개된다. 그는 비누공장 사장인 지인의 의뢰로 국산 향료 개발을 위해 동경에서 서울로 "사랑방에서 안방으로 온 기분"으로 날아왔다. 위스키 한 병만 주머니에 꽂고 서울에 온 이 강승구를 둘러싸고, 비누회사 사장딸 명자, 비누회사 여사원 성희, 그리고 '빠가수' 애리가 "사족을 못 쓰고" 덤벼드는 쟁탈전이 영화의 주요 사건이다.

강승구는 동경에서 온 멋쟁이 플레이보이라는 설정으로, 서울에서 지내는 몇 달 동안 여러 여자 사이를 부유한다. 빠가수인 애리와 첫 만남에서 동거에 들어가는가 하면, 자신을 짝사랑하는 회사원 성희에게 동정심의 발로에서 청혼하기도 하고, 사장딸인 명자에게 목숨을 건 프러포즈를 받기도 한다. 하지만 영화는 강승구의 일본생활에 대해서는 뚜렷한 정보를 주지 않는다. 해방 전에 일본으로 건너갔던 그가 왜 해방 후 귀환하지 않고 일본에 남아 있었는지도 알려주지 않는다. 다만 본인의 입을 통해 "오 년 전에 사랑에 실패하구 죽으려고 한 일이 있었고", "그때 받은 상처가 남아" 결혼하지 않은 것으로만 소개된다.

그러면서도 강승구가 한국으로의 기술이전이라는 현안에 대해서는 상세한 의견을 피력하도록 장면을 할애한다. 강승구는 일제 향료밖에 모르다가 해방 후에는 미국과 프랑스 향료에 젖어버린 한국의 상황을 "후진국의 쓰라림"이라고 지적하면서, "일제 향료나 미국 향료보다는 우리 체질에 맞는 향료"를 만들어야 한다며 한국으로의 선진기술 이전에 의욕을 드러낸다. 밤이면 술에 젖어서 살며 여러 여자 사이를 부유하는 바람둥이지만 낮에는 애국자로 변신하는 것이다. 강승구가 기술이전을 위해 고군분투하는 모습은 당시 한국인의 재일한인에 대한 바람이 투영된 것으로 해석할 수 있다. 일본의 고도경제성장과 1964년 동경올림픽 개최 소식 등이 전해지면서 한국사회의 일본에 대한 관심과 재일한인에 대한 기대가 커지던 분위기와 상통한다.

그런데 이와 같은 강승구의 인물 설정은 당시의 재일한인의 현실에 비춰보면 여러모로 개연성이 떨어진다. 우선 본명을 사용하는 그가 일본의 (아마도 대기업의) 비누공장에서 기술자로 일하고 있다는 설정이 걸린다. 1970년 히타치사건[8]에서 보듯이, 전후 일본에서 한반도 출신자에 대한 취직차별이 극심했던 것을 돌이켜본다면 이것은 설명이 필요한 부분인데 슬쩍 넘어간다. 또 오랫동안 한국과 단절된 채 일본에서 생

8 전후 재일조선인이 받아온 취직차별의 실태를 널리 알리게 한 역사적인 사건이다. 박종석은 '아라이 쇼지'라는 통명을 사용하며 살아왔으며 "계속 일본 교육을 받았고, 일본인의 한 사람으로 일본사회에서 살아간다고 생각"했다. 고등학교를 졸업한 후 통명으로 요코하마 히타치제작소의 사무직 구인광고에 응모해 합격했다. 하지만 채용 때 제출한 호적등본에서 한국국적이라는 사실이 밝혀지자 회사는 갑자기 채용취소 통고를 했다. 1970년 12월 당시 19세 박종석은 히타치제작소의 소장을 제소했고, 재판은 3년 반을 끈 후에 박종석의 전면 승소로 끝났다.

활해온 그가 사장딸인 명자를 가끔 아끼꼬라고 부르는 것을 제외하면 완벽한 한국어를 구사하고 있는 것도 현실감이 떨어진다. 강승구는 당시 재일한인의 현실을 반영한 인물이라기보다는 한국인이 기억하는 해방 전 동경유학생의 이미지를 1960년대 판으로 재구성한 것처럼 보인다.

그러나 작품 속 강승구에게서 '부자' 이미지는 찾아볼 수 없다는 점은 주목할 대목이다. 그가 술 마실 돈이 없어서 명동 거리에서 우연히 마주친 명자에게 돈을 빌리는 장면이 두 사람의 친근한 관계를 보여주는 일화로 제시되기도 한다. 재일한인에게 '부자'라는 개발주의 필터가 아직 덧씌워지기 이전의 영화인 것이다. 스크린에 재현된 강승구는 "체크 저고리" 한 벌만 걸치고 다니는 단벌신사다.[9] '돈'이나 '부'가 아니라면 서울여자들이 너도나도 강승구에게 매혹되는 이유는 무엇인가? 제목에서도 드러난 것처럼 영화가 제시하는 그의 가장 큰 매력은 동경에서 왔다는 것이다. 이것은 "서울여자들은 동경서 왔다면 사족을 못 쓴다"라는 비누회사 직원의 대사를 통해서도 직접 제시된다. 작품 속 동경은 강승구가 남녀관계에서 보이는 세련되고 근대적인 태도를 만들어낸 기원으로 암시된다. 동경에서 온 그는 보통의 한국남자와 달리 여성에게 다정하고 상대를 배려하는 태도를 취하고, 결혼상대의 정조에 구애받지 않는 산뜻한 태도로 여자들의 마음을 사로잡는다.

한편 동경이라는 장소가 불러일으키는 향수도 주인공과 한국여성들의 관계를 진전시키는 중요한 요소다. 동경은 십 년 전에 비누회사 사장딸인 명자와 승구가 헤어진 장소이며, 가수인 애리가 어린 시절을 보낸 장소다. 남녀관계에서 공감대를 높여주는 추억의 장소로 동경이 활용되고 있는 것이다. 다음 장면은 1960년대 초 한국인과 재일한인의 만

---

9 『경향신문』, "가벼운 애정물, 동경서 온 사나이," 1962. 8. 24일자; 『조선일보』, "오락용 멜로드라마, 동경서 온 사나이," 1962. 8. 24일자.

남에서 '향수(鄕愁)'가 중요한 정동(情動)으로 작용하고 있었다는 것을 잘 보여준다.

> 명자: 강 선생님, 오래간만예요. 나 모르시겠어요. 나 명자예요. 아끼꼬-.
> 승구: 오, 아끼꼬. 이거 몰라보겠는데. 응.
> 명자: 아이, 실망했어요.
> 승구: 미안해. 그래 잘 있었어? 아끼꼬, 하면 난 동경에서 보든 쎄라복에 여학생을 연상했지. 이렇게 숙녀가 될 줄 알았었나. 응-.
>
> 〈동경서 온 사나이〉 S#3

재일한인과 한국여성의 만남에서 이처럼 일본을 배경으로 한 향수를 끌어들이는 것은 박정희정권의 문화정치가 본격화된 1960년대 중반 이후의 영화에서는 자취를 감춘다. 박정희정권은 일본과 교류하고 일본에서 자본을 유치하면서 동시에 일본과 관련된 것은 모두 식민지 잔재로 규정했다. 1963년에 출범한 제3공화국 이전까지의 역사를 일소해야 할 식민지 잔재라고 범주화한 것이다. 이 때문에 1960년대 한국인 중 상당수가 일본에서 태어났거나 생활했고, 어떤 식으로든 일본에 연고가 있는 사람들이 많았지만, 한국인의 생활사에서 일본과 관련된 것은 모두 식민지 잔재라는 이름을 얻어 재현의 장으로부터 배제되었다. 박정희식 자주적 근대화론의 억압적 논리는 영화에도 적용되었다.

개발국가시기 한국여성이 재일교포에 대해 느낀 매력을 언급할 때 초국가적 이동성에 대한 선망도 빼놓을 수 없을 것이다. 이 점은 사장 비서인 성희가 강승구에게 품은 감정에 잘 나타나 있다. 그녀는 강승구에게 보낸 편지에서 "비행장에서 선생님을 뵈었을 때 어리석은 줄 알면서도 이분이야말로 나를 위해서 오신 분이라고 벅찬 희망으로 가슴을 설레었고, 행복한 꿈에 젖었다"라고 고백한다. 강승구가 어떤 인물인지 알기도 전에 성희는 비행기에서 내리는 그에게 반한 것이다. 강승구를 두고 성희가 어떤 희망과 꿈을 품었는지는 구체적으로 드러나지 않지만, 초국가적 이동성에 대한 매혹과 나라 밖에 대한 선망이 주요하게 작용했을 것이라는 점은 짐작이 가능하다.

한편 이 작품에서 강승구와 세 여자의 만남이 이루어지는 방식은 1960~70년대 재일교포와 한국여성의 만남이 어떤 장에서 어떤 방식으로 이루어졌는가를 잘 보여준다. 1960~70년대 재일교포와 한국여성의 만남은 기본적으로 개별적인 접촉이었다. 정부나 상업적인 중개기관의 개입이 전무했던 것은 아니지만 큰 영향력을 발휘하지 못했다. 예를 들어 1975년 이후 총련계 동포의 모국방문이 쇄도했던 시기에 "재일동포 2세들과 한국에 있는 처녀총각들의 결혼을 알선해주는 기관이라도 있었으면 좋겠다"[10]라는 모국방문단의 목소리에 부응해, 서울시와 재일거류민단이 재일동포자녀결혼추진위원회 같은 기구를 만들어 결혼사업을 추진[11]하기도 했다. 그러나 이 사업은 흐지부지됐던 것으로 보인다. 재외 동포재단, 재일민단, 서울시에 두루 확인했으나 관련 자료나 기록도 없었고, 담당자들이 기억조차 못하는 사업이었다. 또 당시에는 오늘날 아시아 여성의 결혼이주에서 보이는 것과 같이 중개회사의 조직적인 개입도 없었다. 여성들은 성희처럼 근무하던 일터에서 재일교포를 만나거나, 애리처럼 술집이나 식당 등의 유흥/생활공간에서 손님과 종업원, 혹은 주인의 입장에서 만났고, 명자처럼 가족의 지인이었거나 지인의 소개로 만났다.

영화는 강승구가 국산 향료 개발을 성공적으로 마쳤지만, 자신을 둘러싼 여자들과의 관계가 생각대로 풀리지 않자 "한시도 더 있고 싶지

10 『동아일보』, "조국서 사위 며느리감 구하겠다," 1976. 1. 27일자.

11 『동아일보』, "재일교포 2세 결혼중매 서울시에 추진위설치," 1976. 1. 29일자.

않다"라며 일정을 앞당겨 동경으로 돌아가버리는 것으로 끝난다. 싱겁고 허무한 결말이 되었지만 십수 년의 국교단절 기간을 거친 후 한국사회가 일본과 재일한인사회와 마주하는 형식으로 로맨틱 코미디가 채택되었다는 것은 주목할 만한 지점이다. 〈동경서 온 사나이〉에서 때늦은 귀환자로 재현된 재일교포 남성과 한국여성들의 연애는 기대, 향수, 선망과 같은 다면적인 감정에 의해 매개되었고, 이것은 당시 한국사회와 재일교포의 마주침에 내재된 다양한 전개 가능성의 알레고리이기도 했다. 그러나 4·19 이후 재일교포 남성과 한국여성의 만남의 서사에 내재한 다양한 가능성은 1965년 한일협정을 거치면서 개발국가의 문화정치 개입으로 이데올로기적 필터에 갇히게 된다.

3. 〈사랑은 파도를 타고〉: 박정희정권의 문화정치와 재일교포의 '한국여자론'

1965년 한일국교정상화 이후 한일 간에는 경제뿐만 아니라 거의 모든 분야에서 교류가 확대되었다. 박정희정권은 재일교포자본의 도입에 적극적으로 나서 법제를 정비하고 교포자본을 끌어들여 전국 각지에 수출산업공업단지를 건설했다. 또 민단과 협력하여 모국유학제도나 모국방문단 등을 만들어 젊은 재일교포 학생을 한국에 유치하기 시작한다. 1962년 11명의 재일교포 학생이 처음으로 한국을 방문했고, 1965년에는 50명으로 그 수가 증가했다. 한편 한일협정 체결로 재일한인 중 상당수에게 협정영주자격이 생겨 한국 여권을 가질 수 있게 되었고, 평범한 재일교포들도 한국을 방문하는 것이 가능해졌다. 단순 모국방문이 가능해지면서 본국에서 신붓감을 찾기 위한 목적을 겸해 입국하는 경우도 증가했다. 유입이 증가하면서 재일교포에 대한 한국사회의 호기심과 기대는 고조되었다.

다른 한편으로 한일기본조약을 둘러싸고 '일제의 재래'와 '굴욕외교'를 비난하면서 반일감정이 고조되고, 반정부운동의 성격을 띤 대규모의 한일수교 반대운동도 전개되었다. 박정희정권은 시민사회의 저항을 억압하는 한편, 정권의 정통성을 보완하기 위해 반공주의와 민족주의를 내세운 문화정치를 본격화하기 시작했다. 일본과의 교류 확대에 대한 기대로 시중에서는 2차 일본 붐이 일고 있었지만, 이와 동시에 '왜색금지'를 내건 정부의 검열도 강화되었다. 특히 1964년에 발표된 가요 〈동백아가씨〉의 금지는 상징적인 사건이었다. 이미자가 불러 공전의 히트를 기록한 이 노래는 인기가 절정에 달했던 1965년, 왜색풍이라는 이유로 돌연 방송이 금지되고 1968년에는 음반발매가 중단되었다. 당시 〈동백아가씨〉에 대한 금지는 한일국교정상화에 대한 시민들의 반발을 억제함과 동시에 정권이 지닌 친일 이미지를 쇄신하기 위해 실시된 상징조작 중 하나였다.[12]

이러한 상징조작은 한일수교를 전후로 제작된 영화에도 적용되었다. 대일영화교류정책은 한일협정을 거치면서 후퇴와 혼미를 거듭하였고, 영화에 대한 검열 시스템은 오히려 이전보다 강화되었다. 원칙 없는 고무줄 적용이라는 비난에도 불구하고 '왜색'은 강화된 검열 시스템에서 전가의 보도처럼 사용되었다. 1960년대 후반 국가 주도하에 영화에서 일본색채를 배척하거나 제한하면서, 동시에 '민족의식을 고양하는 영화' 제작이 정책적으로 추진되었다(오영숙 2010).

이러한 분위기는 재일교포가 등장하는 영화에도 영향을 미쳤는데, 직접적으로 반영된 변화는 1960년대 중반부터 십여 년간 '재일교포=부

12 『한겨레신문』, "현충사의 성역화와 동백아가씨 금지의 뒷사정," 2005. 11. 11일자.

자'라는 등식을 전제로 한 다수의 상업영화가 제작되었다는 것이다. 이 영화들은 '재일교포=부자'라는 등식을 한국사회 일반에 심어주고, 재일교포에 대한 개발주의적 필터를 대중적으로 확산시키는 데 큰 역할을 했다. 성공한 재일교포 친인척의 출현이나 재일교포 재벌 2세를 둘러싼 소동이 중심 소재인 영화의 대거 등장은 경제발전에 필요한 '돈줄'로 재일교포를 인식하는 박정희정권의 교포활용론의 서사화라고 할 만한 것이었다.

그런데 이것을 온전히 경제개발시대의 대중적 판타지에 부응한 상업자본의 논리가 적용된 결과라고 보기는 어려웠다. 권혁태(2007: 257)가 지적한 것처럼 당시 한국정부의 정책적 지향성이 반영된 결과일 터였다. 즉, 1960년대 중반 이후 미디어에 확산한 교포재벌 담론은 박정희정권이 시민사회의 저항을 누그러뜨리고 자신들의 민족주의적 정당성을 확보하기 위해 취한 전략의 하나였으며, 재일교포를 민족주의적으로 틀지워진 근대성의 대상으로서 자리매김하는 일종의 상징조작이었다.

〈사랑은 파도를 타고〉는 1967년에 2차 일본 붐을 타고 개봉된 영화 중 한 편이다. 한국에서 처음으로 시도되는 본격 뮤지컬영화를 표방하며 당시 신인가수로 인기를 얻고 있던 남진을 주연으로 기용했다. 영화는 1960년대 중반 이후 재일교포를 둘러싸고 달라진 한국사회의 분위기를 반영하고 있었다. 우선 남진이 연기한 주인공 나빈은 가난한 기술자가 아니라, 재일교포 재벌 2세라는 설정이다. 나빈은 한국어가 완벽하고 국가관이 투철한 것은 물론이고, 서울에 오자마자 빠가수와 동거에 들어갔던 〈동경서 온 사나이〉의 강승구에게 떠돌던 방탕한 기운이 일소된, 더할 나위 없이 몸가짐이 반듯한 젊은이로 그려진다.

영화는 나빈이 모자공장 사장 부부의 집에 도착하는 장면에서 시작한다. 도입부에서 나빈의 한국 방문의 목적이 신붓감 찾기이며 이 프로젝트가 일본에 있는 그의 아버지의 명령에 의해 착수된 것임이 알려진다. 나빈의 아버지는 "아직도 한복을 입고 일본재계에서 활약하는 철저한 애국자"인 까닭에 아들에게 한국에서 신붓감(사실은 며느릿감)을 못 고르면 아예 돌아올 생각을 말라는 엄명을 내렸다. 나빈은 한국에 와 지인인 모자공장 사장 부부의 도움을 얻어 아버지의 뜻을 충실하게 따르고자 한다.

그림 2. 〈사랑은 파도를 타고〉(1967) 포스터

김현미(2006)가 지적한 것처럼 국적이 다른 동족 간의 국제결혼은 이주남성들이 취해온 오래된 결혼전략이다. 현재도 이민자 가족의 인종적 순수성을 지키기 위한 가족전략의 하나로, 주류에 편입하지 못하는 이민자 남성들이 결혼시장에서 갖는 불리한 위치 때문에 자신이 떠나온 출신국 여성을 데려오는 것이 국제결혼의 보편적인 형태로 자리 잡았다. 1960~70년대 나빈처럼 '본국 여자'를 고집하는 아버지 때문에 아들이 국경 밖까지 신붓감을 찾으러가는 것이 재일한인사회에서 드문 일은 아니었다. 재일한인사회에서 아직 1세의 고집이 통용되던 시절이었다. 1970년대 중반까지도 재일한인사회는 민족내혼에 대한 지향이 매우 강했다. 결혼은 당연히 동포끼리 해야 한다고 생각했기 때문에 주변 사람이 모두 나서서 젊은 사람들을 짝 지워주기 위해 노력했다. 모두 중신아비 노릇을 한 전원 중신아비의 시대였다고 한다(橋本みゆき 2010: 71에서 재인용). 이러한 중매 네트워크는 때로는 본국까지 확장되기도 했다.

"인물 좋고, 학벌 훌륭한, 재일교포 재벌의 외아들"인 나빈 앞에 신부 후보인 한국여성들이 줄을 선다. 이제 모자공장 사장 부부의 거실 벽은 "직업모델, 대학생, 회사 여직원, 저명인사의 고명따님, 각계각층이

총망라"된 신부 후보들의 사진으로 뒤덮인다. 나빈은 프로필 심사 단계에서 우선 "배우자로부터 경제적인 도움을 솔직히 원하며 어머닐 편안하게 모실 수 있는 보장만 있다면 첩살이도 불사하겠다는 효녀"와 "미국 유학을 마치고 돌아온 디자인계의 유망주"를 탈락시킨다. 이것은 '첩'으로 상징되는 봉건적 남녀관계에 대한 배척이면서, 동시에 이동성을 획득하고 자기 영역을 구축한 근대적 여자를 좋은 신붓감에서 배제함으로써 바람직한 여성성을 구성하는 것이다. 그가 추구하는 바람직한 본국 여자의 여성성이 무엇인지는 이후 그의 행보에서 드러난다.

이 일등 신랑감 재일교포 청년의 신붓감 찾기에서도 갈등은 발생한다. 하지만 〈동경서 온 사나이〉처럼 욕망과 감정 때문이 아니라 그의 이상이 너무 높기 때문에 갈등이 생긴다. 그가 원하는 이상적 본국 여자와 한국여성의 '실태' 간에는 메워지기 어려운 간극이 존재한다. 나빈이 찾는 결혼상대는 자신처럼 조국산천을 사랑하고 알뜰하게 살림 잘하는 진실한 마음씨의 '평범한' 여자다. 그러나 나빈 앞에 나타난 한국여성들은 자신의 이상과는 거리가 멀다. 부유한 재일교포와의 결혼을 수단 삼아 한국을 벗어나고자 하는 외국병에 걸린 여성들로 넘쳐난다.

채강: 아, 일본에 가고 싶어요 아귀다툼의 코리어는 정말 싫어요!

나빈: 무슨 일로 일본을 그렇게 사랑하시죠?

채강: 일본뿐만 아니에요! 미국, 프랑스, 이스라엘, 영국, 부라질, 에디오피아, 콩고, 한국 밖이면 어느 나라나 다 좋아요!

나빈: 당신의 외국병은 중태로군요?

채강: 저뿐이 아니에요! 코리어의 젊은 여잔 모두 그래요! 외국엔 가는 건 큰 자랑이니까요!

나빈: 자랑?

채강: 첫째는 돈이 있다는 실증이 되구 건달루 놀다 와두 외국어 하나는

더 할 수 있구 몸짓두 외국인을 닮을 테니까….

〈사랑은 파도를 타고〉 S#31

나빈은 이러한 상황을 두고 "모두들 날개 달고 창공을 향하는 코리어는 슬프네 조국은 불행하네"라고 노래한다. "조국의 하늘과 산천의 아름다움"을 보면서 자신이 느끼는 감동과 애정을 한국여성들과 공감할 수 없는 현실을 안타까워하고 탄식하는 것이다.

한일수교 이후 재일교포의 출현에 한국여성들이 초국가적 이주를 상상하고 가슴이 설레는 것은 확산하는 세태의 일면이었다. "한국 밖이면 어느 나라나 다 좋아요!"라는 대사처럼, 이주 열망은 딱히 일본만을 향한 것이 아니었다. 개발국가시기 한국인들에게 한국보다 소득수준이 높은 나라로 이주하는 것은 적극적으로 추구되었던 개인적 근대화 전략이었다. 1960년대 이후 브라질 이민이 본격화되고, 1965년 미국 이민법 개정으로 인해 한국사회에서도 미국 이민에 대한 관심이 높아지고 있었으며, 1966년부터 해외인력수출의 일환으로 서독으로는 광부에 이어 간호사 송출이 본격화되기 시작했다. 이러한 상황에서 일본으로의 이주는 한일관계의 특수성과 일본 내 차별문제 등 부정적 요인을 감안하더라도 이동에 필요한 사회적 자본이 적다는 점에서 매력적인 선택이었다. 특히 여성들에게 재일교포와의 결혼은 상향혼이면서 동시에 민족내혼의 성격을 지녔다는 점에서 문화적 할인을 최소화하면서 선진국으로의 이주 열망을 실현할 방법으로 인식되었다.

나빈은 자신이 바라는 짝을 만나기가 쉽지 않다는 것을 깨닫고 낙담하다가 "제힘으로 골라보겠다"라고 직접 거리로 나간다. 서울 번화가에 앉아 구두를 닦는 척하면서 행인 중에서 신붓감을 물색한다. 그러다 화가지망생인 달래에게 첫눈에 반해 뒤를 밟아가서 청혼한다. 달래의 가족은 합심해서 나빈과 달래의 결혼을 추진한다. 하지만 달래에게는 장래를 약속한 애인이 있었고, 달래는 나빈에게 이 사실을 털어놓는다. 나빈은 달래의 마음을 알고 "다행입니다. 잘못했으면 신부의 가족과 결혼할 뻔했군요!"라면서 깨끗이 물러난다.

자신을 원하는 여자들은 외국병에 걸렸거나 재물에 눈이 먼 이들뿐이고 원하는 사람에게는 이미 짝이 있다. 상심한 나빈은 한국에서 짝을 찾는 것을 포기하기에 이른다. 하지만 모자공장 사장 부부의 계략으로 가정부 설화가 부상하면서 이야기는 반전된다. 설화는 모자공장 사장의 조카인 사실을 숨긴 채 가정부로 일하면서 늘 나빈의 주위를 맴돌던 인물이다. 나빈은 함께 떠난 휴가지에서 설화를 재발견하게 되고, 그동안 자신이 "등잔 밑에 행복이 있는 것"을 두고 헤매고 다녔음을 깨닫는다. 나빈은 설화에게 다음과 같이 청혼한다.

> 나빈: 설화는 가난해두 다른 여자들이 가지지 못한 고귀한 마음씰 가졌어. 나와 결혼을 승낙해줘!
>
> 설화: 제겐 운전수가 어울려요!
>
> 나빈: 그럼 나도 운전수가 되겠어!
>
> 설화: 전 고국을 떠나고 싶지 않아요.
>
> 나빈: 내가 귀국하지.
>
> 〈사랑은 파도를 타고〉 S#98

나빈이 설화를 높이 평가하는 근거가 된 고귀한 마음씨란, 세심하게 나빈을 먹이고 입히는 살림 솜씨나 장래 운전수와 결혼하겠다고 작업복까지 미리 만들어놓은 알뜰함 같은 것이다.

신분을 초월해 남녀가 맺어지는 이러한 결말은 두 가지 방향에서 해석해볼 수 있다. 첫째, 주목할 것은 나빈과 맺어지는 설화의 인물 성격이다. 그녀는 핵가족의 이상적인 가족 모델을 충실하게 따르고 내조자로서 자신의 성 역할을 적극적으로 내면화한 인물로 제시된다. 설화는 작품 도입부에서 "여자의 행복"이란 "밥 짓고 빨래하고 애기 기르며 조용하고 착하게 사는 거"라고 노래한다. 이러한 설화가 신붓감 경쟁에서 최종 승자가 되는 것은 1960~70년대 산업화 과정이 여성을 성적 대상화 또는 상품화의 방향으로 위치 짓는 한편, 남성/여성의 이분법적 역할분담을 고착화하고, 여성을 '스위트 홈' 이상 속에서 가정에 유폐했다는 기존 연구의 분석과 상통한다(김현미 2000; 루스 베러클러프 2017; 문승숙 2007).

둘째, 주목할 점은 이 신붓감 찾기 서사가 사실은 재일교포인 나빈이 바람직한 국민주체로 완성되어가는 과정이었다는 측면이다. 이 작품에서 부적절한 여성들이 차례대로 배제되는 과정은 나빈의 남성성이 새롭게 건설되는 근대국가의 계몽된 국민성과 일치되어가는 여정으로 읽을 수 있다. 일찍이 김선아(2001)는 1960년대 영화에 국가 주도의 권력 담론이 어떻게 기입되어 있는가를 살피면서 다음과 같이 분석했다. 박정희정권이 수립한 근대국가는 끊임없이 민족 내부의 차이를 동질화하면서 형성되었고, 그 속에서 정권은 자주적 근대화를 이끌어갈 국민을 탄생시키는데, 그 국민은 다름 아니라 제3공화국 등장 이후의 남성문화와 그것의 남성 주체였다는 것이다. 국가권력이 이러한 헤게모니 담론을 구축하기 위해서는 반드시 타자에 대한 배제의 논리가 작동해야 하고 끊임없이 국민을 동질화하면서 내부의 타자성을 제거해야만 했다. 이렇게 배제된 타자들의 목록으로 김선아는 아들의 아버지, 여성, 부르주아 계급의 개인 등을 제시했다.

김선아의 분석을 원용해보면 이 영화에서 나빈이 차례로 여자들을 배제해가는 과정은 새롭게 수입된 국민주체로서 재일교포 2세가 내부의 타자성을 제거해나가는 과정과 다름 없다. 그러한 의미에서 이 신붓감 찾기의 결말이 나빈이 설화를 데리고 떠나는 것이 아니라, 자신이 귀국하는 것으로 끝나는 것은 자연스러운 수순이라고 할 수 있다. 재일교포 청년이 자주적 근대화를 이끌어갈 국민주체로 통합되기 위해서는 한국여자와 결혼해 한국에서 살아야 하는 것이다. 그래야 그의 남성성과 국민주체성은 비로소 합치된다.

그런데 이것은 재일교포를 포섭하는 논리라기보다는 현실의 재일한인을 배제하는 논리였다. 2세들이 대부분 일본에서 태어났고 일본어를 모어로 삼아 생활하고 있던 당시 재일한인사회의 사정을 생각하면 배후의 '일본'을 완전히 삭제함으로써 획득될 수 있는 재일교포의 국민주체성이란 허구일 뿐이었다. 더욱이 재일한인으로부터 '일본적인 것'의 완전한 삭제가 바람직한 국민의 길임을 시사한 이 작품의 메시지는 당시 2세들을 중심으로 자신들의 존재의 핵심이 '일본에 있음[在日]'임을 인식하고 '자이니치'로서의 정체성을 구축해가던 재일한인의 현실과는 괴리된 것이었다.

4. 〈나와 나〉: 초남성성에 잠식당한 만남의 서사

한일협정 이후 접촉이 증가하면서 한국인은 재일한인이 자신들과 다르다는 사실을 차츰 학습하게 되었다. 재일한인사회에 〈사랑은 파도를 타고〉의 나빈 같은 2세가 존재하지 않는 현실을 깨닫게 된 것이다. 한국인은 일본과 재일한인사회의 실정에 관해 무지한 상태에서 4·19를 맞았고 짧은 일본 붐을 거쳐 반공군사독재정권의 시대로 진입했다. 한국인의 무지는 이해로 나아갈 기회를 구조적으로 차단당한 채 국가 개입에 의해 지속적으로 교란되어왔다. 특히 1970년대 들어서면서 중앙정보부가 영화 검열에 직접 개입하기 시작했다. 해외 촬영에서 어떤 장면을 찍을지 일일이 장면별로 허가를 받아야 했고, 영화가 완성된 후에도 '관광용'으로 판정된 외국의 거리 풍경은 서슴없이 '가위질'당했다. 그 결과 1970년대 영화에서 반일/반공의 프레임으로 재현된 일본은 늘 간첩이나 스파이가 암약하는 모호한 접경지대였다. 게다가 1971년 대통령선거 직전에 발표된 서승·서준식 형제 사건을 비롯한 유학생 간첩사건은 손쉽게 재일한인의 표상에 간첩, 스파이를 덧씌울 수 있었다.

이렇듯 제3공화국 출범 이후 재일교포에게 덧씌워진 민족주의, 반공주의, 개발주의라는 필터는 한국사회에서 재현되는 재일교포의 표상을 파편화되고 분열적인 것으로 만들었다. 그 결과 국교정상화 이후 한국인은 재일교포와 접촉하면서 모순된 여러 가지 과제에 동시에 맞닥뜨리게 되었다. 당시 정부가 재일교포와 관련해서 대한민국 국민에게 발신한 메시지는 거칠게 요약하면 이런 것이었다. '투철한 반일/반공의 자세로 그들을 경계하되, 투자와 협력을 얻어내야 하고, 그들에 대해 자세히 알려고 해서는 안 된다'라는 것이다. 분열적이고 모순된 이러한 요구에 당대의 주류 공론장은 비판적·성찰적 접근을 시도하기보다는 실용주의와 선정주의로 호응했다. 이러한 흐름을 주도한 것은 1960년대 중반 이후 잇달아 창간된 주간지들이었다.

주간지들이 즐겨 다룬 소재 중 하나가 재일교포의 성공 스토리와 한국 여성과 재일교포의 연애/결혼담이었다. 개발주의 필터에 온전히 포섭된 이러한 재일교포의 '성공과 사랑' 스토리는 부담스럽지 않은 판타지로서 근대화의 시간표에 쫓기고 있던 한국의 대중에게 소비되었다. 재일교포와 관련해 주간지 지면을 장식한 한국여성들은 대개 연예인이나 미인대회 입상자였다. 유명 연예인이나 미인대회 우승자들의 근황 기사에서 교제 대상의 직업이 '재일교포 사업가'로 소개되는 것은 흔한 일이 되었다. 이러한 풍조에 힘입어 1960년대 후반부터 한국에서 재일교포와의 결혼은 대표적인 상향혼으로 자리를 굳혔다.

여배우 남정임의 결혼은 당대 재일교포와 한국여성의 결합 양상을 상징적으로 보여주는 사건이었다. 1966년에 데뷔해서 결혼과 함께 은퇴할 때까지 250여 편의 영화에 출연한 남정임은 1960년대 한국영화계를 대표하는 스타였다. 1971년 그녀는 500억 재산을 가진 재일교포 재벌 2세와 전격적으로 결혼하고 동경으로 이주했다.[13] 만인의 부러움을 사며 일본의 부잣집으로 시집간던 남정임은 불과 4개월 만에 사기결혼을 당했다는 뒷소문과 함께 파혼설에 휘말렸다. 소문의 내용은 "신랑 집안이 500억 재벌은 고사하고 5억도 없다. 수많은 빠찡꼬를 경영하는 게 아니라, 신랑이란 사람이 남의 빠징꼬집에서 지배인 노릇을 하고 있다는 것"[14] 등이었다. 확인된 바 없는 소문은 기정사실처럼 유통됐다. 소문의 진상을 확인하기 위해『주간경향』은 동경의 남정임 집을 방문 취재한 특집기사까지 실었다.[15] 이 기사의 주요 내용은 남정임의 시부모가 살고 있는 동경 시내의 1,000평 규모의 저택에 대한 상세한 소개, 시부모의 재산이 50억 원 규모라는 확인, 그리고 남정임 부부의 다정한 모습을 실은 여러 장의 사진을 통해 이혼설을 반박하는 것 등이었다.

이러한 재일교포 사업가와 연예인의 결혼은 대중의 부러움을 사기도 했지만 동시에 '돈에 팔린 신부'라는 의심 섞인 비난이 늘 따라다녔다. 1973년『동아일보』연재소설에서 작가 홍성원은 "돈 많은 재일교포에게 도망치듯 시집을 가는" 여성 연예인들을 두고 "언제나 돈보다 더 좋은 것이 있다고 연기를 해온 그들이지만 그들이 막상 결혼할 때는 그것이 말짱 똥 같은 소리로 되어버리고 만다"라며 배금주의적 결혼 풍토를 성토한다.[16]

---

13 『선데이서울』, "남정임 결혼 누가 덕 보나," 1971. 1. 17일자.
14 『선데이서울』, "남정임 소문 겁나 친정 못 와," 1971. 10. 24일자.
15 『주간경향』, "동경의 새댁 남정임양을 기습-지금 밀월속에 함빡 빠져 있어요," 1971. 11. 24일자.
16 『동아일보』, "따라지산조"(홍성원), 1973. 7. 4일자.

이렇듯 주간지를 통해 확산된 교포재벌과 한국여성의 상향혼 서사는 재일교포와 한국여성의 만남을 둘러싼 담론의 질서에 몇 가지 효과를 만들어냈다. 첫째, 재일교포와 결혼한 한국여성들을 배금주의자나 돈에 팔린 신부라는 공격받기 쉬운 취약한 위치에 놓이게 했다는 점이다. 한국여성과 재일교포와의 결혼을 돈과 미모의 교환으로 간주하는 미디어 기사의 논조는 가난한 재일교포를 소외시키는 동시에 일본으로 결혼이주한 여자들의 도덕성을 훼손하고 공론장에서의 발언을 제한하는 효과가 있었다.

교포재벌 담론과 상향혼 서사 결합의 두 번째 효과는 재일교포와 한국여성의 결혼이 일종의 이벤트나 볼거리가 되면서 이주 후 한국여성의 적응과 정착과정에 대한 관심이 사장되었다고 하는 측면이다. 상향혼에 방점이 찍히면서 정작 이주여성들의 현실은 가려지게 되었던 것이다. 예를 들어 남정임의 신혼생활을 인터뷰한 특집기사에는 남정임의 남편이 한국어를 "그저, 그래" 한마디밖에 못하고 남정임은 일본어가 서툴러서 고생한다는 사실이나, 남정임이 집 안에 고립되어 있는 탓에 한국에서 왔다는 기자의 연락을 받고 바로 눈물바람을 하더라는 근황이 실려 있었다. 하지만 이 사실은 한국에서 별다른 반향을 일으키지 못했다. 한국에서 이주해간 여성들의 일본사회 적응과 관련해서 관심을 보이는 관련 기사나 논조도 찾아볼 수 없었다.

또 1960년대 후반부터 재일교포를 사칭한 사기꾼에 관한 보도가 끊이지 않았고 이것이 주로 결혼과 관련되었던 것도 교포재벌 담론과 상향혼 서사의 효과로 꼽을 수 있을 것이다. 가짜가 등장한다는 것은 진짜에 대한 수요가 그만큼 크다는 것과 진짜의 실체가 대중에게 제대로 알려지지 않았다는 것을 동시에 의미한다. 경제개발의 바람 속에서 한국사회가 재일교포의 현실과 마주하려고 하기보다는 '돈줄'로 인식하고 타자화한 결과, 재일교포는 가짜가 쉽게 흉내낼 수 있는 텅 빈 기호

그림 3. 〈나와 나〉(1973) 포스터

가 된 것이다. 1973년 개봉된 〈나와 나〉는 제3공화국 출범 후 10년이 지난 시점의 한국사회에서 재일교포의 표상이 어떠했는지를 풍자적으로 보여준다.

영화는 주인공 강유진의 죽음에서 시작한다. 담당 형사가 사망한 주인공의 주변 인물을 탐문하면서 사망원인을 추적해가는 "서스펜스, 미스터리 수사물"이다. 당시 한국영화계에서는 드문 형식을 시도했기 때문에 선전 포스터에 "이 영화는 저질이 아니라고 자부"하며 "분명히 방화"라고 강조하는 문구가 들어가기도 했다. 한국에서 자란 강유진은 아버지가 재혼하면서 경제적 지원이 끊기자 대학을 중퇴하고 무기력하게 지낸다. "사회의 찬밥"이 되었다고 비관하는 강유진 앞에 오랫동안 소식이 끊겼던 재일교포 숙부가 나타나면서 그의 인생은 전환점을 맞는다. 강유진은 숙부의 초청으로 일본에 건너가 몇 달을 놀며 지내다가 숙부로부터 일제 자동차 한 대를 얻어 귀국한다. 자동차를 밑천 삼아 착실하게 살아볼 마음으로 한국에 돌아왔지만, 부산항에 도착한 순간부터 일이 꼬인다. 그가 몰고 온 자동차 때문에 경이에게 '재일교포'로 오인을 받으면서 사기꾼의 길로 들어서게 된 것이다. 경이는 대학에서 외국어를 전공한 20대 여성으로 친구들과 부산에 휴가차 내려와 있었다.

경이: 재일교포야, 아주 멋있는 미남잔데 내가 초대했지.

미옥: 그래?

숙자: 지금 어딨니?

경이: 지금 커피숍에서 기다리고 있어. 일본 요코하마에서 아주 돈 많은 재벌인가봐. 아니 재벌야, 재벌이 틀림없어!

숙자: 뭐? 재벌?

경이: 그래 오늘 처음 고국땅을 밟아보는데 자가용 척 몰구 나타났어.

미옥: 어머 그래!

〈나와 나〉 S#17

경이가 첫 만남에서 행인에게 길을 묻고 있는 강유진에게 다가가 일본어로 말을 걸었을 때, 강유진은 "한국말로 합시다"라고 정정해서 응수했다. 그러나 시간이 흐를수록 강유진의 언어는 점점 더 일본어 투를 받아들이고 어색한 한국어 화자로 변모해간다. '히라오까 유지로'라는 일본식 이름을 쓰거나, 한국말에 '노'와 '데쓰'를 빈번하게 섞어 쓰는 것으로 '재일교포다움'을 상연하는 것이다. 그가 한국어를 못할수록 그는 한국인들에게 더욱 재일교포다운 것으로 받아들여지며, 한국여성들의 그에 대한 관심과 호의도 상승한다. 주변 사람들에게 그의 서툰 한국어는 오히려 이국적인 특징이나 매력으로 받아들여지는 것이다.

한국여성들이 재일교포 남성에게 끌리는 이유는 〈동경서 온 사나이〉처럼 향수나 동경도 아니고, 〈사랑은 파도를 타고〉의 외국병 걸린 여자들처럼 초국가성이나 이동성에 매혹된 것도 아니다. 재일교포라면 즉시 재벌과 돈을 연상하고, 덮어놓고 좋아하는 것으로 그리고 있다. 이 영화의 포스터에 "**교포라는 것에 미쳐 날뛰며 몸과 마음을 마구 던지는 이 여자들을 보라!"라는 문구가 적혀 있는데, 이에 걸맞게 여성인물들은 극단적 배금주의자로 묘사되고 있다. 또 눈에 띄는 것이 '반쪽발이' 혹은 무국적성의 표식으로 지목되었던 재일교포의 수준 낮은 한국어 능력을 극 중의 여성들이 '귀엽다'라고 평하는 지점이다. 이것은 당대의 관객에게 재일교포에 대한 대안적 이미지를 제시하기보다는 민족주의적 감정을 자극하고 오히려 재일교포와 한국여성에 대한 복합적인 혐오를 유발했을 가능성이 높다. 재일교포에 대한 이데올로기적 필터와 여성혐오의 이러한 결합이 이 작품에서 만들어낸 효과에 대해서는 뒤에 다시 살피기로 하고 우선 줄거리를 따라가보자.

작품 속에서 강유진의 주변인들은 모두 재일교포와 돈바람에 정신을 못 차리고 허우적댄다. 경이를 비롯해 대학에서 외국어를 배웠다는 여자들, 자영업을 하는 중년여성들, 그리고 그 여성들과 관계된 사업하는 남자들과 대학교수까지, 모두 재일교포에게 연줄을 대서 한몫을 잡으려고 혈안이 돼 있다. 그러나 강유진은 "돈독이 들어서 인간 본연의 진실을 이미 오래전에 망각하고 이코노믹 애니멀로 변모되는 사회풍조"를 뼛속 깊이 증오하는 인물이다. 요코하마에서 친구에게 보낸 편지에서도 "(일본이) 나에겐 전부가 생소하기만 하고 역겹기만 하니 웬일인지 모르겠"다고 적었다.

그러한 성격의 주인공이 왜 주변인들에게 휩쓸려 재일교포를 사칭한 사기꾼 노릇을 하고 있는가 하는 근본적인 의문이 들지만, 배금주의에 대한 혐오는 주인공을 특징짓는 성향이며 영화 전체를 지배하는 정조다. 강유진은 사기꾼 노릇을 하는 와중에도 이따금 존경하는 철학 교수를 찾아가 함께 배금주의 세태를 비판하고 고뇌를 나누는 것으로 삶을 간신히 지탱해간다. 하지만 그가 정신적 지주로 삼던 철학 교수마저 돈에 회유당하는 모습을 목격한 후 그는 무너진다. 돈벌레들만 득시글대는 세상에 대한 울분과 자기혐오가 극에 달해 죽기로 결심한다. 강유진이 가짜 재일교포 히라오까 유지로를 살해하기로 결심한 것이다. 그런데 그는 죽음을 앞두고 다음과 같은 독백을 한다.

> 그런데 누가 널 히라오까 유지로로 만들었을까.? 너는 어디서 태어난 놈일까? … 그래 너다 너 정신 나간 계집애…. 자동차 한 대 끌고 착실히 살

아보려고 온 강유진을 히라오까 유지로로 만든 게 바로 너구나…. 너는 히라오까 유지로와 함께 가야 돼! 너 아니었다면 난 착실하게 내가 원하는 대로 살아갈 수 있었을 거다. 그렇다, 나를 이 지경으로 만든 경이를 그냥 놔둘 수가 없다.

〈나와 나〉 S#105

부산항에 도착한 첫날, 그를 재일교포로 오인하고 접근했던 경이를 자신을 사기꾼의 길로 접어들게 만든 타락의 원인 제공자라고 지목하고 이 세상에서 함께 없어져야 한다고 결정한 것이다. 하지만 그는 범행을 성사시키지 못하고 자동차 사고로 홀로 죽는다. 영화는 주인공 사망사건의 진실을 파헤치던 담당 형사가 "살아 있었다면 … 나는 강유진에게 수갑을 채울 수 없었을 것"이라고 독백하면서 끝난다.

전체적으로 무리한 이 영화의 전개 가운데서 가장 납득하기 어려운 것이 결말이다. 주인공은 왜 갑자기 경이를 지목하여 잘못을 돌리는가? 경이는 무슨 죽을죄를 지었는가? 이 질문에 답을 하기 위해서는 가해자와 피해자를 뒤집는 주인공의 독백 바탕에 깔린 여성혐오에 주목할 필요가 있다. 이 작품에서 주인공이 혐오하는 것은 배금주의 혹은 물질주의인데, 이것은 작품 속에서 여성으로 기표화된다. 작품에 등장하는 남자들은 재일교포 돈바람에 휩쓸리거나 올라탄 것으로 그려지지만, 여자들은 이에 대한 최소한의 자각이나 성찰도 지니지 않은 배금주의 그 자체로 묘사된다. 작품 속에 긍정적인 여성인물이 한 명도 등장하지 않는 것도 같은 맥락이다. 극 중에 등장하는 여자들은 모두 '돈=재일교포' 앞에서 정조, 우정, 의리를 주저 없이 내버리며 그에 대한 수치심이나 자각도 없다. 이렇게 이 작품이 여성과 배금주의를 동일시하고, 여성혐오가 곧 배금주의 세태에 대한 혐오로 그려진다는 관점에서 보면, 강유진이 죽기 전에 갑자기 경이를 떠올리고 공격하려고 했던 수수께끼 같은 행동의 실마리가 풀린다. 그로서는 배금주의 세태에 자신이 패배하기 시작한 기점인 경이와의 만남으로 거슬러 올라가는 것이 필요했다. 경이를 해치려는 뜻을 품은 것은 자신을 패배시킨 현실을 향한 단말마의 저항이자 복수였던 셈이다.

이렇듯 부정적 세태를 여성으로 기표화하고 혐오하는 것과 관련해 차터지(Chatterjee 1993: 72-73)는 민족국가가 만든 민족주의 담론에서 일반적으로 나타나는 경향이라고 지적한다. 그에 따르면 민족국가의 민족주의 담론에서 대중(the popular)은 섹스화된(sexualized) 여성성이라는 부정적인 표식으로 동원되고, 이렇게 젠더화된 대중 개념을 매개로 민족국가는 자신의 지도력 내로 국민을 포섭해왔다. 즉, 대중이 여성처럼 무식하고, 무사고적, 도식적, 분쟁적, 미시적이며, 또한 잠재적으로 위험하고 통제 불가능한 것으로 기표화됨으로써 대중에게는 반드시 민족국가의 계몽된 지도력의 중재가 요청된다는 담론이 헤게모니를 확보했다는 것이다.

이와 관련해 박정희정권의 근대화 프로젝트를 '초남성주의적 발전주의 국가'의 전형으로 규정했던 한과 링의 연구도 참고할 만하다. 한과 링은 식민지 지배를 받은 아시아의 국가들이 근대화 과정을 추구할 때, 서구의 제국주의적이며 강력한 남성성을 모방하면서도, 자국의 내적 단결을 유지하기 위해 반동적이며 강력한 남성성을 발전의 이데올로기로 삼았다는 점을 지적하고, 이러한 초남성화된 개발국가에서 사회는 수동적이고 무력한 지배의 대상으로 '초여성화'된다고 분석한다(김현미 2000: 41-42에서 재인용).

이와 같은 해석을 활용해서 보면, 〈나와 나〉에 대해 다음과 같은 분석이 가능해진다. 〈나와 나〉에서 재일교포에 씌워진 개발주의의 이데올로기적 필터가 재일교포를 훼손된 남성성으로 이미지화하고 이것이 불완전한 국민성으로 표식되면서, 초여성화된 사회의 병리적 현상으로서 재일교포가 위치 지워지고 있다는 것이다. 이것은 4·19 직후 〈동경서 온 사나이〉에서 바람둥이 재일교포의 애정행각을 한국여성들의 기대, 향수, 선망이 빚어낸 좌충우돌로 다루었던 것과 비교해볼 때 서사에서 일종의 퇴행이 일어난 것으로 볼 수 있다. 또 이러한 서사는 '재일교포=돈'을 전제한 위에서 이것에 휘둘리는 세태를 여성으로 기표화함으로써 재일교포에 대한 개발주의 필터가 여성에 대한 혐오를 강화하도록 하는 한편, 어색한 한국어 능력 등으로 상연된 재일교포다움을 '귀엽다'라는 여성적인 것으로 포섭함으로써 여성혐오가 재일교포에 대한 이데올로기적 필터의 효과를 증폭시키도록 하는 구조를 취하고 있는 것이기도 했다.

5. 개발국가시기 재일교포와 결혼한 한국여성들의 존재가 비가시화된 까닭

지금까지 1960~70년대 제작된 3편의 영화를 중심으로 개발국가시기 한국의 대중미디어가 재일교포 남성과 한국여성의 만남을 어떻게 재현해왔는가를 살펴보았다. 1960~70년대 영화는 재일교포 남성과 교제하는 한국여성들을 붐에 휩쓸렸거나, 외국병에 걸렸거나, 배금주의에 물든 자들로 재현했다. 한국여성의 이주 열망에 대한 미디어의 재현은 뒤로 갈수록 점점 더 현실과는 동떨어진 것이 되어갔다. 앞서 지적한 것처럼 이러한 경향은 재일교포와 한국여성의 만남의 서사가 개발국가의 초남성성(hypermasculinity)에 잠식되어갔다는 관점에서 분석할 수 있을 것이다.

그러나 자세히 들여다보면 만남의 서사에서 퇴행만 일어났던 것은 아니었다. 1960년대 제작된 〈동경서 온 사나이〉나 〈사랑은 파도를 넘어〉

에서는 달성 불가능한 욕망으로 그려졌던 한국여성의 일본으로의 이주가 〈나와 나〉에서는 "미쳐 날뛰는 여자들"로 폄하되기는 했지만, 충분히 실현 가능한 욕망으로 전제되고 있다는 변화는 주목할 만한 것이다. 이것은 비록 왜곡된 것이긴 하지만 결혼을 통한 초국가적 이주를 감행하는 여성들의 존재가 출현하기 시작한 것에 대한 서사적 반영이었다. 이러한 뒤틀림은 개발국가시기 미디어가 불온하고 부정적인 것으로 재현했던 여성들의 이주 욕망에 내재된 전복적인 힘에 대한 거슬러 읽기(counter-reading)의 가능성을 시사하는 것이기도 하다.

지금까지의 논의를 바탕으로 글 첫머리에서 제시한 질문으로 돌아가 보자. 왜 개발국가시기 재일교포와 결혼한 한국여성들의 존재는 공적 담론의 장에서 비가시화되고 이주사에서 누락되어왔는가? 첫째, 개발국가시기 재일교포와 결혼한 여성들의 비가시화의 배경으로 지적할 수 있는 것이 재일교포의 배후에 존재한 '일본'의 영향이었다. 〈사랑은 파도를 타고〉의 결말이 시사하는 것처럼, 재외한인의 영구귀국을 민족으로의 완전한 포섭으로 간주한 국가우위 민족주의는 중층적 차원에서 재일교포와 결혼한 여성들을 공론장에서 배제하는 기제로 작동했다. 〈사랑은 파도를 타고〉와 같은 작품에서는 재일교포 남성이 바람직한 국민주체로 미화되면서 재일교포와의 결혼을 꿈꾸는 한국여성들은 오히려 그의 계몽 대상으로 재현되고 있었다. 따라서 한국을 떠나 일본으로의 이주를 꿈꾸는 여성들의 동기나 맥락은 공론장에 끼어들 틈이 없었다고 해야 할 것이다.

둘째, 지적할 수 있는 것이 국익과 국위 선양의 관점에서 해외이주를 바라보던 개발국가의 해외이주 정책과 담론의 영향력이다. 〈나와 나〉에 드러난 것처럼 대외개방과 이주를 둘러싼 사회문제의 여성화는 다양한 혐오를 생산하는 증폭기였고, 이민의 부작용과 혼란의 여성화라는 프레임이 결혼이주여성의 다양한 이주 경험을 공론장에서 비가시화했다. 그런데 〈나와나〉가 보여준 것처럼 개발국가시기 해외이주의 확대와 대외개방에 수반되는 가치관의 혼란 및 부작용을 여성화하는 것은 비단 일본으로의 이주에만 한정된 것이 아니었다. 황정미(2018)에 따르면 이주를 둘러싼 부작용과 혼란을 여성화하는 것은 여성의 해외이주에 접근하는 개발국가시기의 보편적인 젠더 위계(gender hierarchy) 프레임이었다. 황정미(2018)는 박정희정권 시기의 해외이주자를 관리하는 정책과 담론에 해외이주를 경제개발을 위한 인력수출로 보는 시각과 함께 '이주의 자격'을 국위선양 여부에 따라 구분하는 남성중심적 프레임이 지배적으로 작동하고 있었다고 지적한다. 그리고 이와 동시에 해외이민의 부작용을 주로 국제결혼의 위험성이나 "이국의 밤거리를 헤매는 여성들"의 이야기로 반복하면서 젠더 고정관념을 재강화해온 부작용의 여성화 프레임에 주목한다.

그런데 이와 같은 젠더 위계의 바탕에는 박정희정권 시기의 독특한 국가우위의 민족주의, 도구적 민족주의(김동노 2010)가 작동하고 있었다. 이것은 국가와 민족 같은 더 큰 가치를 위해 개인의 억제와 희생을 요구하며, 희생을 마다하고 자기 이익을 찾는 행위를 곧 국가와 민족에 대한 배반으로 간주하는 관점이다. 이러한 관점의 영향 아래서 개발국가시기 결혼을 통한 여성의 해외이주는 근본적으로 국익이나 국위선양과는 거리가 먼 개인적 생존 노력이나 영달 추구로 간주되었고, 결혼이주여성들은 자칫하면 사회문제를 일으켜 국가적 위신을 떨어뜨릴 수 있는 존재로 낮게 설정되어 있었다. 결혼이주여성들의 다양한 이주 경험이나 이주자로서의 다중적 역할에 대한 관심은 들어설 자리가 없었던 것이다.

마지막으로 재일교포와 결혼한 한국여성들의 공적 담론에서의 배제는 재일교포에 대한 이데올로기적 필터의 부수적 효과라고 할 수 있다. 개발 담론에 더해 순혈주의와 국가 우위의 민족주의, 반공주의를 통해 형성된 재일교포에 대한 한국사회의 이데올로기적 필터는 재일교포에 대한 타자화를 넘어서 그들과 결혼한 여성들을 비가시화하고 주변화해온 것이다. 이렇듯 개발국가시기 재일교포와 결혼한 한국여성들의 생활사와 경험이 공공영역에서 비가시화되고 왜곡된 탓에 한국인은 일본과 재일한인사회에 관한 진전된 인식으로 나아갈 주요한 경로를 차단당했다는 역사적 손실을 입었다는 점을 지적하지 않을 수 없다. 이것은 전후 근대국민국가의 형성과 재일교포에 대한 이데올로기적 필터의 작동을 살필 때, 젠더 관점의 도입이 왜 중요한가를 시사한다. 그러므로 개발국가시기 재일교포 남성과 한국여성의 결혼을 매개로 형성되었던 한일교류의 여성장(women's sphere)을 탐구하고 묻혀왔던 목소리를 발굴하는 것은 재일한인 이주사를 젠더 관점에서 정교화하는 작업이면서, 동시에 여성의 초국가적 이주를 통해서 재일한인사회와 한국, 일본과 한국의 관계에 접근하는 새로운 관점을 모색하는 작업이 될 것이다.

참고문헌

고영남(감독), 1967, 〈사랑은 파도를 타고〉[영화], 한국.

박성복(감독), 1962, 〈동경서 온 사나이〉[영화], 한국.

이원세(감독), 1973, 〈나와 나〉[영화], 한국.

권혁태, 2007, "'재일조선인'과 한국사회: 한국사회는 재일조선인을 어떻게 '표상'해왔는가?" 『역사비평』 78: 234-267.

국립민속박물관, 2002, 『일본 관서지역 한인동포의 생활문화』, 국립민속박물관 학술총서 32.

김동노, 2010, "한국의 국가 통치전략으로서의 민족주의," 『현상과 인식』 34(3): 203-224.

김범수, 2016, "박정희 정권 시기 "국민"의 경계와 재일교포: 5·16 쿠데타 이후 10월유신 이전까지 신문기사 분석을 중심으로," 『국제정치논총』 56(2): 163-206.

______, 2017, "1970년대 신문에 나타난 재일교포의 표상: 『경향신문』, 『동아일보』, 『조선일보』 기사 분석을 중심으로," 『일본비평』 17: 284-316.

김선아, 2001, "근대의 시간, 국가의 시간: 1960년대 한국영화, 젠더, 그리고 국가권력 담론," 주유신 외 공저, 『한국영화와 근대성: 「자유부인」에서 「안개」까지』, 서울: 소도, pp. 47-84.

김성민, 2017, 『일본을 금하다』, 파주: 글항아리.

김현미, 2000, "한국의 근대성과 여성의 노동권," 『한국 여성학』 16(1): 37-64.

______, 2006, "국제결혼의 전 지구적 젠더 정치학: 한국 남성과 베트남 여성의 사례를 중심으로," 『경제와 사회』 70: 10-37.

나오키, 미즈노·문경수, 2016, 『재일조선인: 역사, 그 너머의 역사』, 한승동 옮김, 서울: 삼천리.

마사루, 도노무라, 2010, 『재일조선인 사회의 역사학적 연구』, 신유원·김인덕 옮김, 서울: 논형.

문승숙, 2007, 『군사주의에 갇힌 근대: 국민 만들기, 시민 되기, 그리고 성의 정치』, 이현정 옮김, 서울: 또하나의문화.

배러클러프, 루스, 2017, 『여공 문학: 섹슈얼리티, 폭력, 그리고 재현의 문제』, 김원·노지승 옮김, 서울: 후마니타스.

오영숙, 2010, "한일수교와 일본표상: 1960년대 전반기의 한국영화와 영화검열," 『현대영화연구』 10: 271-312.

윤건차, 2016, 『자이니치의 정신사』, 박진우 외 옮김, 서울: 한겨레출판.

이광규, 1983, 『在日韓國人: 生活實態를 中心으로』, 서울: 一潮閣.

이순미, 2011, "일본으로 결혼이주한 한국인 여성들의 초국적 삶과 민족정체성의 재구성," 『경제와 사회』 91: 269-308.

장훈·이승주, 2018, 『한국형 발전국가의 정치경제사』, 고양: 인간사랑.

전상기, 2008, "1960년대 주간지의 매체적 위상: 『주간한국』을 중심으로," 『한국학 논집』 6: 225-258.

조희연, 2010, 『동원된 근대화: 박정희 개발동원체제의 정치사회적 이중성』, 서울: 후마니타스.

주유신·김선아·변재란·곽현자·박현선·박지연, 2001, 『한국영화와 근대성: 〈자유부인〉에서 〈안개〉까지』, 서울: 소도.

지은숙, 2011, "디아스포라 관점에서 본 재일조선인 여성의 결혼문제: 30대 여성들의 결혼활동을 중심으로," 『재외한인연구』 25: 41-78.

황정미, 2018, "개발국가의 해외이주 정책과 젠더," 『페미니즘연구』 18(1): 3-46.

橋本みゆき, 2010, 『在日韓国·朝鮮人の親密圏: 配偶者選択のストーリーから読む"民族"の現在』, 東京: 社会評論社.

柳蓮淑, 2013, 『韓国人女性の国際移動とジェンダー: グローバル化時代を生き抜く戦略』, 東京: 明石書店.

Chatterjee, Partha, 1993, *The Nation and Its Fragments: Colonial and Postcolonial Histories*, Princeton: Princeton University Press.

Lim, Dukin, 2015, "Divorced Newcomer Korean Women in Japan: The Decision to Remain in Japan and Lifestyle Adjustments" in Noriko Ijichi, Atsufumi Kato, and Ryoko Sakurada (ed.), *Rethinking Representations of Asian Women: Changes, Continuity, and Everyday Life*, New York: Palgrave Macmillan, pp. 87-104.

출입국·외국인정책본부, 1961-1980, "출입국통계".

http://www.immigration.go.kr/HP/COM/bbs_003/BoardList.do?strNbodCd=noti0096&strOrgGbnCd=104000&strFilePath=imm/&strRtnURL=IMM_6050&strNbod

CdGbn=&strType=&strAllOrgY n=N (2018. 10. 7. 접속)

『경향신문』, “가벼운 애정물, 동경서 온 사나이,” 1962. 8. 24일자.
『경향신문』, “재일교포 학생 교육 부모부터 자각해야,” 1970. 4. 2일자.
『경향신문』, “해외교포의 주체적 육성,” 1972. 11. 16일자.
『동아일보』, “올해 영화계 5제,” 1962. 12. 10일자.
『동아일보』, “일본색채 외화 규준을 작성, 미묘한 한계점, 상영찬반여론에 대비,” 1962. 11. 9일자.
『동아일보』, “일본색채와 영화계, 국산 제작계도 딜렘마에 「행복한 고독」 케이스로,” 1963. 1. 28일자.
『동아일보』, “따라지산조”(홍성원), 1973. 7. 4일자.
『동아일보』, “조국서 사위 며느리감 구하겠다,” 1976. 1. 27일자.
『동아일보』, “재일교포 2세 결혼중매 서울시에 추진위설치,” 1976. 1. 29일자.
『매일경제』, “남정임 파혼설,” 1971. 5. 20일자.
『선데이서울』, “남정임 결혼 누가 덕보나,” 1971. 1. 17일자.
『선데이서울』, “남정임 소문겁나 친정 못와,” 1971. 10. 24일자.
『조선일보』, “오락용 멜로드라마, 동경서 온 사나이,” 1962. 8. 24일자.
『주간경향』, “동경의 새댁 남정임양을 기습: 지금 밀월속에 함빡 빠져 있어요,” 1971. 11. 24일자.
『한겨레신문』, “현충사의 성역화와 동백아가씨 금지의 뒷사정,” 2005. 11. 11일자.
『한국일보』, “낙서,” 1963. 4. 12일자.

제6장

자이니치 2세 여성의 모국 귀환과 결혼: 정체성 재구성의 과정을 중심으로*

김이향

1. 자이니치 2세 여성은 누구인가

1) 연구 배경: 왜 2세 여성인가

'재한 자이니치'[1]라는 표현은 모순적이다. 한국에 있다는 의미인 '재한(在韓)'은 자이니치와 대립하기 때문이다. 하지만 '자이니치'라는 말이 등장한 역사적인 맥락을 고려해보면, 원래 민족적 뿌리가 조선반도에 있다고 해도 한국에 귀환한 자이니치가 그냥 '한국인'으로 살게 된다고 보기는 어려운 것도 사실이다.

이 글은 한국에 들어와 한국인과 결혼한 자이니치 2세 여성이 왜 한국인 남성을 배우자로 선택했는지 고찰하고, 결혼 이후의 삶을 당시

* 이 글은 저자의 논문 "돌아온 조국과 그리운 고향 사이에서"(『상허학보』 51: 461-483, 2017)를 수정·보완한 것이다.

1 자이니치(在日)란 일본어로 재일한인을 가리키는 말이다. 연구자는 일본에서 살아온 재일한인의 역사성을 살리기 위해 이 글에서 '자이니치'라는 용어를 사용한다.

한국의 탈식민과 경제성장, 냉전이라는 맥락에 주목하면서 살펴보는 것을 목적으로 한다. 한국에서 가족을 형성한 아내이자 어머니로서의 경험이 2세 여성의 정체성에 어떤 영향을 미치는지 탐구하고자 한다.

한반도 분단 이후 북한으로의 귀국은 1950년대 후반부터 시작한 귀국사업(북송사업이라고도 한다)으로 그나마 잘 알려져 있지만, 한국으로의 귀국에 대해서는 잘 부각되지 않았다. 자이니치가 한국으로 본격적으로 '귀환'하게 되는 역사는 1960년대로 거슬러 올라간다. 그 당시 한국은 대체로 자이니치의 귀환에 소극적이었지만, 1962년 시작한 모국수학제도나 1969년 모국방문제도는 예외적으로 이들에게 귀환의 문을 열어주었다. 그중에는 한국인 남성과 결혼해 한국에 정착한 2세 여성이 존재한다. 본 연구는 다음과 같은 단순한 질문을 던져보면서 시작했다. '일본에서 태어나 자란 자이니치 2세 여성에게 "본국남자", 즉 한국인 남성과의 결혼은 국제결혼인가, 아니면 소위 말하는 족내혼(endogamy)인가?' 일본에서 결혼 전 겪었던 가족관계는 2세 여성들의 결혼에 얼마나 영향을 미쳤는지, 자이니치 여성에게 한국인 남성과의 결혼은 어떤 의미를 가졌는지 고찰하고자 한다.

2) 문제의식과 연구 시각: 2세 여성과 '민족'[2]

재한(在韓) 자이니치에 대한 학문적 관심은 1990년대 이후 높아지고 있다. 대표적으로 재한 자이니치의 법적·사회적 차별을 지적한 연구와(조경희 2013: 209-253; 김웅기 2016: 275-291), 그러한 차별의 경험과 얽힌 정체성

2 하시모토는 자이니치가 스스로 이야기하는 '민족'을 에스닉집단으로서 일반적으로 쓰이는 민족과 구별한다. 자이니치가 구술하는 '민족'이란 개인의 인식과 경험, 사회관계에 따라 각자 다르게 표상되기 때문이다(橋本みゆき 2010: 26). 이 글의 구술자들 역시 민족을 각자 다른 방식으로 실천함으로써 '민족'을 구성했다고 가정한다.

의 유동성을 부각시킨 연구를 예로 들 수 있다(권숙인 2008: 33-60). 이 연구들은 재한 자이니치를 가시화한 것뿐만 아니라 그들을 초국적 주체적 행위성을 발휘하는 이주자로서 묘사하고 있다는 점에서 자이니치에 대한 희생자적 시각을 극복하고 있다.

반면 한국에 사는 자이니치는 철저히 '타자화'되어온 것도 사실이다. 조선인/한국인으로서의 '피'와 민족귀속의식을 갖고 있음에도 불구하고 일본인과 구별 짓기 어려운 문화를 가지고 일본어를 구사하기 때문이다. 이들은 한국에 돌아와서도 이질적인 문화와 행동양식 때문에 "낯선 이웃"으로 간주된 반면(조경희 2016: 189-203), 한국인과 같은 '민족'이므로 다문화 연구에서도 잘 다루어지지 않고 있다.

2세 자이니치 여성의 귀환과 결혼은 동포에 대한 남성중심적인 표상이 지배적이던 1980년대 이전 담론에서도, 탈(脫)냉전기 이후 자이니치의 초국가성을 강조하는 연구에서도 잘 드러나지 않았다. 이광규는 1983년 『在日韓国人: 生活実態를 中心으로』라는 책을 출간하여 한국인 남성과 자이니치 2세 이후 여성의 결혼에 관해 다음과 같이 기술한다(이광규 1983: 183).

> 在日僑胞女子(재일교포여자)와 本國男子(본국남자)가 結婚(결혼)한 경우 수도 많지 않지만 教育程度(교육정도)가 높고 両家(양가)의 숙고에서 이루어진 夫婦(부부)이기 때문에 비교적 안정되어 있어 이혼이 적다. 이런 경우 여자가 日本女子(일본여자)와 같이 男便(남편)에게 순종을 하고 남자가 家長權(가장권)을 유지하여 간다. 그러나 이런 夫婦(부부) 사이에도 문화적인 간격이 있어 이혼이 있게 된다.

이광규에 따르면, 자이니치 남성과 결혼한 한국인 여성은 자이니치 남성에 대한 기대치와 실제의 격차로 인해 실망하기 마련이고 이혼

율도 높다. 한편 한국인 남성과 자이니치 여성 간 결혼은 서로 교육수준이 높고 '숙고 후'에 결혼을 하기 때문에 이혼율이 낮고 결혼생활도 순조롭다. 하지만 가끔 일어나는 이혼의 이유는 오로지 '문화' 차이 때문이라고 한다.

이광규의 서술처럼 자이니치 여성과 한국인 남성의 결혼이 문제시되지 않았던 이유는 자이니치를 연구하는 학자들, 아니 자이니치 당사자들도 여성을 전통을 지키는 순종한 자로 그리는 것에 너무나 익숙했기 때문이다.[3] 특히 디아스포라의 정체성 담론에서 여성의 몸은 민족적, 인종적, 종교적 저항의 상징으로 표현되기 쉽다(Brah 1996). 여성의 신체를 공동체의 기원과 연관 지어 여성을 순수한 '민족'이라는 공간에 머무르게 함으로써 디아스포라의 공동체가 강화된다는 믿음이 있었기 때문이다. 이때 디아스포라의 집은 대개 외부의 오염으로부터 전통이 '보호된' 공간과 동일시된다(Gedalof 2003: 91-114). 즉, 디아스포라가 민족적 특수성을 지키는 공간이 가정에 한정되고, 여성은 그 공간 안에서 민족성을 고수한다는 단일한 정체성만을 부여받았다는 것이다.

그렇다면 자이니치 2세 여성이 한국인 남성과 결혼하는 것은 '민족'의 유지와도 관계가 있는 걸까. 2세 여성은 자이니치의 집을 떠나 국경을 넘지만, 결혼 상대는 '본국'의 남성이다. 자이니치 2세 여성의 배우자 선택에 있어 자이니치의 '민족'은 얼마나 중요한 변수였을까. 매시는 이주를 누가, 어떻게 경험하는가는 자본뿐만 아니라 인종이나 젠

3 자이니치 문학이나 영화에서 1세 어머니는 대개 난폭한 아버지와 대비되는 "자비롭고 헌신하는" 여성으로 그려온 경향이 있다. 가령 강상중은 『어머니』라는 수필에서 빈곤에도 굴하지 않고 가족을 위해 헌신하던 1세 어머니상(像)을 그리워했다(姜尙中 2010). 혹은 위안부 할머니에게 자신의 어머니의 모습을 겹친 徐京植(1998: 35-52)처럼, 1세 어머니는 때로는 차별에 대한 민족적 저항의 주인공으로 표상되기도 한다.

더에 따라 정해진다고 말한다. 매시는 이러한 차별화된 이주를 "권력의 기하학(power geometry)"(Massey 1994)이라고 하여 어떤 집단이 이 기하학에서 최종적으로 은혜를 받는 한편 어떤 집단은 이 기하학에 의해서 구속된다고 한다. 만약 자이니치의 집단적인 '민족'을 유지하기 위해서 한국인 남성과 결혼한다면, 자이니치 여성은 이주의 주체라고 말하기 어려울 것이다. 하지만 민족성을 외부로부터 여성을 억압하는 권력으로만 생각할 수는 없다. 오히려 자이니치 여성들은 특정한 가정 안에서 스스로 '민족'의 매개자가 되고, 자이니치 2세 여성으로서의 집단적인 정체성을 만들어낸다고 할 수 있지 않을까. 그런 의미에서라면 2세 여성 또한 능동적인 이주의 주체라고 볼 수 있을 것이다.

본 연구에서는 자이니치 2세 여성이 같은 '민족' 중에서도 자이니치가 아닌 본국 한국인 남성과 결혼했다는 점에도 주목했다. 선행 연구를 살펴보면, 3·4세 자이니치에게 본국 한국인과의 결혼은 국제결혼처럼 여겨지는 경향이 있다(橋本みゆき 2013: 41-78). 이것은 자이니치가 일본사회에 동화되어가는 동시에, 1980년대 이후 노동이주자나 관광비자로 일본으로 건너간 이른바 뉴커머 한국인이 많아지면서 이들이 자이니치와 또 다른 타자로 표상되기 시작한 것과도 관련이 있다. 하지만 본 연구의 제보자인 2세 여성이 1960년대, 1970년대에 결혼했을 때 일본에는 타자화할 만한 한국인이 없었고, 자이니치와 본국 한국인 간의 결혼은 국제결혼이라기보다는 '교포혼(僑胞婚)'이라 설명되었다(이광규 1983: 182). 따라서 당시 2세 자이니치 여성의 결혼을 초국적 행위로만 볼 수는 없을 것이다.

본 연구는 자이니치 2세 여성의 구술사를 토대로 했다. 구술자의 기억이 일본과 한국의 집에서 어떤 방식으로 2세 여성의 귀환과 결혼에 영향을 주면서 생산되는지 주목한다.

3) 연구 대상과 방법

누구를 2세라고 부르는지에 대해서는 다양한 논쟁이 있지만, 본 연구에서 대상으로 하는 2세 여성의 조건은 다음과 같다. 첫째, 부모 중 한쪽 이상이 자이니치 1세라는 것, 둘째, 본인이 한국인 남성과 결혼한 상태이거나 결혼한 경험이 있다는 점이다. 마지막으로 연구 목적에서 문제제기를 한 시대적 배경을 검토하기 위해서 1960년대부터 1980년대까지 귀환/정착한 자이니치에 한정했다.

인터뷰는 주로 구술자들의 일터나 집, 카페에서 진행했다. 구술자는 대부분 일본어와 한국어를 섞어서 구술했다. 녹음은 허락해준 사람에게 한하여 실시했다.

구술자의 기본적인 사항은 〈표 1〉과 같다.

표 1. 구술자의 인적사항

	이름	생년/ 나이	국적	일본의 영주자격	귀환시기/ 나이 정착시기	귀환이유 정착이유	현재 직업	기타
1	손미연	1944/ 77세	한국	2012년 포기	(귀환) 1962/ 18세 (정착) 1969	(귀환)유학 (정착)결혼	없음	두 번 이혼
2	이윤자	1947/ 74세	한국 (모:일 본인)	2017년 포기	(귀환) 1967/ 20세 (정착) 1972	(귀환)유학 (정착)결혼, 일	회사원	이혼
3	윤경자	1948/ 73세	한국	2011년 포기	1982/ 34세	결혼 후 남편 을 따라	일본어 강사	남편과 사별
4	김명희	1948/ 73세	한국	1972년 상실	(귀환) 1967 /19세 –1972 (정착) 1979	(귀환)유학 (정착)결혼 후 남편을 따라	가정 주부	

	이름	생년/ 나이	국적	일본의 영주자격	귀환시기/ 나이 정착시기	귀환이유 정착이유	현재 직업	기타
5	권혜숙	1949/ 72세	한국	2010년경 포기	1970	유학	가정 주부	
6	문현미	1951/ 70세	한국	특별영주 자격 보유	1979	결혼 후 남편 을 따라	학교에서 봉사활동	남편도 재외국민 등록증 보유
7	권복자	1951/ 70세	한국	몇 년 전에 포기	1969	유학	가정 주부	
8	강행자	1953/ 68세	조선 → 한국	1980년 상실	(귀환) 1972/ 19세 −1980 (정착) 1990	(귀환)유학 (정착)남편 일 때문에	회사원	
9	류성미	1954/ 67세	한국	특별영주 자격 보유	(귀환) 1978/ 24세 (정착) 1979	(귀환)아버지 의 의향 (정착)결혼	서예가	
10	강유미 자	1955/ 66세	일본 (모:일 본인)	일본국적	(귀환) 1974/ 19세 −1980 (정착) 1985	(귀환)유학 (정착)자녀 교 육을 위해	자영업	
11	최수영	1956/ 65세	일본 → 한국 (모:일 본인)	1989년 포기	(귀환) 1974/ 18세 (정착) 1982	(귀환)유학 (정착)결혼	가정 주부	
12	문영아	1966/ 55세	한국	특별영주 자격 보유	1984/ 18세	유학	회사원	이혼 후 2002년 일본으로

이윤자와 강유미자, 최수영은 어머니가 일본인이다. 그중 강유미자는 국적도 일본이지만 스스로 자이니치라고 인식하고 있다. 또한 11명의 구술자 중 조선학교 졸업자(중학교까지)는 1명이며 한국학교 졸업자는 4명이다. 귀환 전부터 한국어를 능숙하게 구사했다고 하는 구술자는 조선학교와 한국학교 둘 다 나온 강행자뿐이다.

이번 연구 대상이 된 구술자의 공통적인 특징은 두 가지였다. 하나는 높은 교육수준이다. 구술자는 모두 대학교까지 졸업했으며 윤경자는 귀환 전부터 석사학위도 있었다. 또 하나의 공통점은 정체성이 확실하다는 점이다. 이들은 '민족'문화에 친숙하지 않은 경우에도 귀환 전부터 스스로 '한국인'이라는 인식을 갖고 있었다. 조선학교에서 정체성의 혼란을 느낀 강행자 역시 '한국인'이라는 것에 고민은 없었다고 한다.

2. '민족' 안과 밖의 2세 여성

1) '문화적 생존의 여성화'

> 일본인과 연애하지 마라(2017. 1. 7. 권혜숙)
>
> (어머니는) 우리를 일본에서 키웠는데, 결혼을 시킬 때 주변 사람들을 보면, 글쎄…. (일본에서의) 한국인의 결혼은 조건이 안 좋았었거든. 일본인과 결혼한 한국여성이 그렇게 행복하게 살고 있지 않았다고 할까. 그걸 우리 어머니는 판단한 거야. 그래서 우리한테 한 말은 '학교에 가도 일본 남성과 연애는 하지 마라', 그렇게 금지하셨지.(웃음)

"일본인과의 결혼은 상상도 못하는 시대였다." 본 연구의 모든 구술자에게서 나오는 말이다. 구술자들이 결혼한 시기는 1960년대 후반부터 1970년대 후반에 집중된다. 자이니치사회의 중심이 1세에서 2세로 넘어가는 시기와 겹친다. 이 세대 전환기에서 구술자 여성들이 한국 남성과 결혼하게 된 배경을 시대적 맥락과 그들의 행위성에 주목하면서 살펴보고자 한다.

본 연구의 모든 구술자는 권혜숙의 어머니처럼 가족 구성원의 직접적인 강요가 없는 경우에도 일본인과의 결혼을 주저했다. 왜 한국인과 결혼을 했냐는 질문에 거의 모든 여성이 "어차피 일본인과는 결혼 못 하니까"라며 그 이유를 제대로 설명하지 않았다. 그러나 이들은 일본인한테서 차별 받는 것이 두려워 결혼을 안 한 것은 아니다. 도리어 같은 '민족'끼리 결혼해야 한다는 강박으로 일본인이라는 이민족과의 결혼을 거부한 것이다.

배우자 선택에 대한 제한은 '비(非)'일본인뿐만이 아니었다. 한국인이라는 '민족'의 범주 내에서도 결혼할 수 있는 자와 그렇지 않은 자로 나누는 경우가 있었다. 이때 일본에 사는 자이니치는 대개 후자에 해당한다.

자이니치와 결혼을 해도 (2016. 9. 29. 최수영)

아버지의 의지에 따라 한국에서 대학생활을 보낸 최수영. 하지만 방학 때마다 일본에 돌아갔고, 졸업하면 일본에 돌아가려고 생각했었다. 한편 아버지는 최수영이 대학생이었을 때부터 "일본에 돌아와도 한국음식점 며느리가 되거나 파친코가게 며느리가 될 수밖에 없다"라고 했다. 그 당시 한국음식점이나 파친코는 자이니치가 일본에서 할 수 있던 대표적인 산업이었다. 하지만 이런 자이니치와 결혼할 '수밖에 없다'라는 말은 한국에서 돌아오지 않기를 바라는 아버지의 요구가 숨어 있다. 실제로 최수영은 아버지의 말을 들어 일본에 가도 경제적으로 살기 어려우니 본국 한국인 남성과 결혼하는 게 낫다고 판단했다.

최수영은 졸업 후 취직을 계기로 한국에 남게 되고, 지인 소개로 한국인 남성을 만나 결혼했다. 최수영 아버지는 당연히 기뻐했다. 최수영은 말한다. "자랑스러운 딸로 만들고 싶었던 것 같애. 우리 아버지는 민단에서 '딸은 한국에서 일하고 이화여대를 나오고, 은행원한테 시집가고…'라고 자랑을 하면서 돌아다니셨대.

최수영의 사례는 자이니치와 본국 한국인과의 결혼을 '민족' 공동체의 유지라는 관점만으로 볼 수 없음을 의미한다. 공동체의 유지만이 목적이면 자이니치와 결혼하지 않을 이유가 없기 때문이다. 최수영의 사례는 그 당시 자이니치사회에서의 자이니치 남성에 대한 시각을 조명하고, 구술자가 말하는 '민족'에도 위계가 있다는 것을 보여준다.

사센이 개념화한 "생존의 여성화(feminization of survival)"(Sassen 2002: 254-274)란 자본주의 경제체제에서 주변화된 제3세계 국가가 여성을 제1세계 국가의 노동시장으로 이주시킴으로써 경제적 생존의 회로(survival circuits)를 만들어가는 과정을 말한다. 사센은 이 개념을 주로 경제적인 측면에서 논하지만, '이주의 여성화'가 결혼이주를 포함하게 된 지 오래된 오늘날, 우리는 여성의 이주가 거주국의 경제적 생존뿐만 아니라 문화적 생존에도 기여하는 모습을 볼 수 있다. 예를 들어 이론적 배경에서 살펴보았다시피 조선족 여성과 한국인 남성 간 결혼은 국경을 넘어선 '민족'이 하나가 되는 조화의 과정이라고 미화된다. 이는 결과적으로 한국의 가부장적인 가족체계라는 문화를 유지하는 도구가 된다. 연구자는 여성의 결혼 이주를 통해서 한 국가의 전통적인 문화가 계승되는 이러한 현상을 '문화적 생존의 여성화'라고 칭하고자 한다.

'문화적 생존의 여성화'는 자이니치 여성과 한국인 남성 간 결혼에서도 볼 수 있다. 딸을 조금이라도 완벽한 한국인으로 만들려고 한 최수영의 아버지에게 '민족'의 위계는 경제적인 차이가 아니라 한국인으로서의 문화적 자본을 얼마나 갖고 있느냐에 달려 있었다. 이때 '민족'의 위계 안에서 한국인 남성은 자이니치 남성보다 높은 위치에 있다고 생각되었다. 최수영 아버지는 딸을 매체로 이 문화적 생존을 시도한 셈이다. 딸이 한국인 남성과 결혼한 것을 민단에서 자랑하고 다니던 아버지의 모습에는 딸을 한국인 남성과 결혼시키는 것이 자이니치공동체에서의 자신의 사회적 지위를 상승시키는 도구이기도 했음을 알 수 있다. 이 경우 결혼의 주체는 당사자 여성에 있다기보다는 배우자 선택에 제한을 가하는 1세 부모에게 있다고 볼 수 있다.

2) 초국적 환상

그런데 2세 여성은 1세 부모로부터 이어져온 '민족'의 범주 안에서, 자의적이고 제한적인 구조 안에서 오로지 수동적으로 배우자를 선택한 것은 아니었다. 구술자들은 이 구조를 인지하면서도 최대한 '자발적으로' 결혼했다. 가족의 소개로 미국에 사는 한국인 남성을 만난 김명희 역시 결혼한 이유를 첫인상이 좋아서라고 한다.

첫인상 (2016. 9. 10. 김명희)

김명희: (소개받은 남성이) 이상하다고 할까? 나이가 너무 많아서 그랬나? 펜팔했을 때 사진도 봤는데 실제와 너무 다르다는 느낌. 전혀 아니었어. 그래서 바로 거절했지.

연구자: 모처럼 로스앤젤레스까지 (모시러) 와주셨는데.

김명희: 그래도 뭐, 싫은 건 싫은 거지. 그래서 역시 퍼스트 임프레션이라는 게 매우 중요하다고 생각해! 우리 남편은 정말 퍼스트 임프레션이 좋았단 말이야. 뭐 이렇게 결혼하고 생활해보면 전혀 아니라는 걸 깨달았지만. (웃음)

2세 여성들이 귀환 전에 살던 일본은 고도경제성장기를 맞이하면서 중매결혼보다 연애결혼이 중심이 되어가는 과정을 겪고 있었다. 2세 여성은 사랑에 의한 결혼이라는 점을 강조함으로써 이들을 구속하는 '민족'을 비가시화한다.

여성들은 제한적인 구조 안에서 적극적이고 자발적으로 한국인 남성을 만날 뿐만 아니라, 부모가 정한 틀을 벗어나 초국적으로 배우자를 선택하기도 한다. 부모의 반대를 물리치고 한국인 남성과 결혼한 문현미와 강행자가 그 예다. 물론 구술자들이 일본인 남성과 결혼할 수 없었음을 시대 탓으로 하고 문제제기를 안 하는 태도에서는 이들이 부모한테 이어받은 '민족'을 어느 정도 내면화하고 있다고 할 수 있다. 그러나 중요한 것은 비록 1세 아버지가 '민족'의 유지나 한국인으로서의 자존심 강화를 위해 딸의 배우자를 제한했다 하더라도 결혼 당사자인 여성이 '민족'적 저항이나 자부심이라는 이유로 한국인 남성과 만난 것이 아니었다는 것이다. 오히려 2세 여성에게 한국인 남성과의 결혼은 '더 나은 삶'을 위한 수단이었다.

1960년대 후반부터 1980년대에 결혼한 구술자들에게 한국인 남성은 동일민족 안에 존재하고 족내혼의 공동체를 유지하는 대상으로 판단됐다(이광규 1983: 182). 그런데 2세 여성에게 한국인 남성이 한 민족 '내' 결혼으로 인식되더라도, 이들이 한국인 남성을 배우자로 선택하는 시각은 오늘날 국제결혼에서 보이는 배우자 선택의 그것과 유사한 초국적인 측면을 보인다. 2세 여성은 한국인 남성에게 다양한 '환상'을 가지고 결혼했다. 이때 자이니치 남성은 주된 비교 대상이다. 구술자는 주로 가부장주의, 수준, 근대성이라는 세 가지 측면에서 한국인 남성을 이상화(理想化)한다.

아버지 같은 남성 (2016. 9. 19. 류성미)

어릴 때부터 부모의 말만 따라야 했던 류성미는 자이니치 남성은 여성을 쉽게 멸시한다고 생각한다.

류성미: 한국인이 더 여성의 말을 듣고, 정도 있잖아. 그래서 나는 자이니치와는 결혼하기 싫었단 말이야. 자이니치 남성을 보면 무슨 조무래기(小僧) 같다고 생각해. 아버지를 봐서 그런가봐.

대부분 구술자는 자이니치 남성을 가부장적이라고 비판한다. 류성미가 그렇게 주장하는 근거는 아버지에게 있다. 귀환 전 자이니치와의 교류가 거의 없었던 이윤자와 윤경자, 문현미 역시 자이니치는 가부장적이라고 비판하는데, 이들 역시 1세 아버지나 친척들에게 그러한 모습을 본 것이다. 자이니치에 비해 한국인 남성은 정이 있고 친절하다고 하는 것이 구술자 사이에서 공유된 이야기다.

한편 권복자와 윤경자는 자이니치 남성과는 '수준'이 안 맞아서 결혼할 수 없었다고 한다.

수준이 맞는 결혼 (2016. 9. 22. 윤경자)

어차피 일본인이랑은 결혼할 수 없는데 그렇다고 자이니치라고 하면 다 파친코나 그런 데서 일하니까 결혼하기 싫고. 직장이 안 좋다기보다는 본인, 본인의 수준이 나와 안 맞는다고 할까.(웃음) 나의 수준이 높다는 뜻이 아니라, 뭔가 소통할 수 있는 수준이 아니면 오래 사귈 수 없다 그런 거예요. 당시는 자이니치 2세의 교육수준이 남자의 경우, 그렇게 좋지도 않았으니까. 교육뿐만 아니라 의식도 안 맞았지.

여기서 '수준'이란 소통할 수 있는 능력을 가리킨다. 일본에서 대학원까지 나온 윤경자는 자이니치 남성과는 '수준'이 다르다고 했다. 한편 일본에서 공부하는 한국인 남성은 말은 잘 안 통하지만, 가치관이라는 면에서 '소통'할 수 있는 대상으로 보았다. 권복자 또한 "자이니치는 돈은 있지만, 지식과 교양 수준이 나와 다르다"라고 한다. 권복자는 자이니치 남성은 어차피 1세 부모의 일을 계승해야 한다고도 말한다. 여기에는 결혼해도 자이니치 '집'에 갇혀야 하는 것에 대한 저항의 의지가 느껴진다.

김명희와 권복자는 해외에 나가본 적이 있는 한국인 남성을 결혼 상대로 선택했는데, 이유는 단순히 자이니치 남성보다 교양 있고 '수준'이 높다고 생각하기 때문이 아니다. 탈식민을 겪는 한국에서 재한 자이니치 여성이 받는 차별적인 시선에서 자유로워지고 싶었기 때문이다. 한국에 자이니치도 일본인도 거의 없었던 시절, 자신이 가진 일본문화나 언어는 한국사회에서 차별받는 주된 요인이었다. 그러한 이국에서의 불안한 상태에서 2세 여성은 근대적이고 해외를 잘 아는 한국인 남성을 찾으려 한 것이다. 다음은 영국에서 학위를 딴 남편을 만난 권복자의 이야기다.

> 나를 이해해줄 사람 (2017. 3. 8. 권복자)
>
> '외국에서 살다가 이렇게 (한국에) 돌아왔는데 이 나라의 김포공항이 너무 빈약하고…' (남편이) 그런 이야기를 하더라고. 그러니까 내가 이렇게 발음도 잘 못하는 것도 이해해줄 거고. 다른 사람들하고는 일본에 대한 이야기는 좀 조심스럽게 해야 되고 그럴 것 같은데 이 사람한테는 솔직하게 자랑스럽게 이야기할 수 있겠구나, 그거였어요, 나는.

한국이 해외여행자유화도 안 되어 있던 시절, 그리고 반일교육과 반공교육에 매진하던 시절, 자이니치는 한국인 혹은 일본인이라는 '국민'을 전제로 한 존재로밖에 받아들여지지 않았다. 구술자 여성은 자신과 같이 초국적 성장배경을 갖는 남성이면 자신을 이해해줄 것이라고 기대했다.

구술자들이 결혼했던 1960년대에서 1980년대 당시, 자이니치 2세 여성에게 한국인 남성과의 결혼은 국제결혼으로 간주되지 않았다. 오히려 한국인과의 결혼에는 한국인 남성과 결혼하고 가족을 형성함으로써, 이른바 '한국인'으로 '발전'할 수 있을 것이라는 일종의 신화가 있는 것으로 보인다. 하지만 이들의 배우자 선택의 양상은 단순한 민족적 귀결이 아니었다. 도리어 구술자들은 가부장적인 자이니치 '민족'의 남성에게서 벗어나는 것을 원했고, 초국적인 배경을 가진 자신에 대한 인정을 한국인 남성에게 기대했던 것이다. 이들이 한국인 남성에게 갖고 있는 환상은 오늘날 초국적 이주로서의 결혼에서 볼 수 있는 "욕망의 제도"와 틀림이 없다. 그렇게 보았을 때 자이니치 2세 여성이 한국인을 배우자로 선택하는 이면에는 자기 스스로 '동포'인 동시에 '이주자'라는 의식이 존재했다. 그리고 이 '이주자'라는 자각은 한국인 남성과 결혼함으로써 자이니치라는 좁은 '민족'에서부터 해방된, 더 나은 삶을 상상하는 것을 가능케 했다.

2세 여성의 귀환과 한국인 남성과의 결혼은 반드시 '민족'을 완성하기 위해서인 것이 아니고, 1세의 요구를 그저 수동적으로 받아들이기 위해서 이루어진 것도 아니었다. 하지만 '완벽한 한국인'이 되려고 한 경우를 포함해서, 이들 여성은 일본에서 소수자로서 살 수밖에 없었던 집을 떠나 사회적 강자가 될 수 있는 나라에서의 '더 좋은 삶'을 위해 귀환과 결혼을 선택했다. 그런 점에서 구술자들은 초국적이고 주체적으로 이주한 행위자라고 볼 수 있다. 이들은 한국에 살면 어려움 없이 취직할 수 있다고 믿었고, 한국인 남성과의 결혼을 내혼의 일환으로 여겼다.

3. 한국의 '집'

1) 집 안에서 '타자화'되는 자이니치

남편의 바구니 (2017. 1. 7. 권혜숙)

뭐랄까. 남성은 역시 능력을 발휘해야 하잖아? 여자는 어떻게 보면 '남성의 바구니' 안에서 생활하니까, 역시 다른 것 같애. 여기 한국사람들은 뿌리내리고 있는데, 자이니치는 그렇지 않잖아. 남성의 경우 뿌리 뽑힌 대로 있으면 힘들지. 이미 한국사람들끼리 그물망이 있는데 그 안에 자이니치 남자가 들어갈 여지는 없는 거야. 그러니 여기서 뿌리내리는 건 남성보다 여성이 더 잘해.

하지만 결혼이주라는 게 일반적이지 않았던 시절, 2세 자이니치 여성들에게 한국인 남성과의 결혼은 구술자들이 '자이니치'로부터 '한국인 사모'로서의 좀 더 안정적인 신분을 갖게 하는 수단으로 작동했다. 이때 여성에게 한국의 가정을 로살도(1999: 11-12)가 말하는 '안전한 집(safe house)'으로 비유할 수 있다. '안전한 집'이란 낯선 환경에서 소수자가 스스로 자긍심과 소속감을 느낄 수 있는 공간을 말한다.

2세 자이니치 여성을 한국의 '안전한 집'에서 배제할 수 있는 주된 요인은 당시 한국의 냉전주의와 반일감정이었다. 결혼하고 한국에 온 지 얼마 안 된 어느 날, 윤경자는 갑자기 경비원에게 잡혀 아파트 관리실에서 간첩 수사를 받았다고 한다. "우리 남편도 늘 그랬어요. '여기는 분단국가이고, 반공정신이 무엇보다도 우선이니 아무 말이나 해도 되는 게 아니야'라고 하더라고요". 귀환 전 구술자들이 인지하던 '민족'은 해방 후 냉전과 탈식민의 과정에서 만들어진 한국의 '국민'과는 다른 개념이었기 때문에, 남편은 윤경자에게 반공정신을 가르치고, 아내를 대한민국 '국민'으로 만들려 했다. 또한 한국인 남편은 자이니치 아내에게 '일본인'이라는 필터를 씌웠다. 따라서 자이니치 며느리를 갖게 된 한국의 시댁은 며느리의 언어를 통제하고 한국문화에 익숙해질 수 있도록 노력하는 측면을 보였다.

> 일본어는 하지 마라(2016. 12. 27. 문현미)
>
> 시아버지가 말했어, 일본어를 하지 말라고. 그 시아버지도 일본의 대학교를 나오셔서 일본에 대해서는 잘 아세요. 근데 일본어를 절대로 (하지 말라고 했어요). 김치도 씻어서 먹었더니 혼났어. 좋은 사람이었지만. 시아버지도 (일본에서) 엄청 차별받았다고 하니까.

남편과 시댁의 관여는 겉으로 보기에는 자이니치를 한 가족 구성원으로 받아들이고 한국사회로 포용하는 것처럼 보인다. 그러나 실제로 남편이 여성을 한국사회로 이끌어가려고 하는 행위는 자기 자신의 평가와도 연결되기 때문이기도 하다. 남편이나 시댁의 '교육'은 여성의 욕망을 충족시키기 위해서가 아니다. 또한 자이니치 여성이 일본에서 살아온 역사적 특수성과 문화적 배경을 이해해서도 아니다. 오히려 여성의 과거를 부정하고 이들을 한국사회에 귀속시키려는 태도가 존재한다.

하지만 한국인 남편과 시댁은 자이니치 여성의 귀환 전의 경로를 비가시화하면서도, 여성이 일본에서 왔다는 '힘'에 의존한다. 남편과 시댁은 여성의 일본적인 모습을 부정하는 모습을 보이면서도 '자이니치'가 갖는 상징에 매달리기도 한다. 손미연과 권혜숙, 그리고 윤경자는 한국의 시댁이 자이니치 여성을 선호하는 이유가 돈을 가져오기 때문이라고 했다. 실제로 손미연은 남편이 경제적으로 어려워지자 아내의 친정에 빚을 지려고 하였기 때문에 이혼했다고 한다. 윤경자의 동서는 윤경자에게 "자이니치는 일본에서 돈을 가져와 고국에 투자해주는 사람인데, 왜 재(윤경자)는 아무것도 안 가져오냐"라고 비아냥거리곤 했다고 한다. 윤경자 동서에게 자이니치는 오로지 '부자' 역할을 해야 비로소 가치가 생기는 존재였던 것이다.

김현경(2015: 78)은 여성이 공적인 공간에서 성원권을 갖지 않으므로, 공적인 공간에서 '보이는' 여성은 오염의 메타포가 되었다고 한다. 즉, 여성은 "장소를 더럽히는 존재로서만 사회 안에 현상할 수 있다." 재한 자이니치 아내이자 어머니도 마찬가지다. 한국의 집으로 들어간 후 자이니치 여성에게 일본어와 일본문화는 오로지 교육자본과 식민지 유산 사이를 오갈 뿐, 여성의 성장배경으로 이해받지 못한 것이다.

2) 자녀교육의 모순

> 자이니치가 아닌 자식 (2016. 9. 22. 윤경자)
>
> 자이니치사회를 보면 북한으로 도망가고, 일본에서 취직차별받고, 결혼상대도 제한되죠. 보면 문제가 매우 많다고, 갈등이 있구나, 하고 생각했지. 뭐 사회의 밑바닥에서도 만족할 수 있으면 좋은데, 나처럼 꿈이 있고 조금이라도 좋은 생활을 하고 싶었던 사람에게는 너무 괴로웠어요. 나는 자식을 그렇게 키우고 싶지 않았어요.

구술자 여성이 자식을 한국의 사회적 강자로 키우려는 태도에는 귀환 전 자이니치로서 살던 기억이 강하게 투영된다. "자식을 훌륭한 한국인으로 키우려 했다"라고 한 윤경자에게 연구자가 그 이유를 물어보았더니, 윤경자는 자이니치가 일본에서 얼마나 취약한 존재인지 설명했다. 자식을 한국인으로 양육함으로써 일본의 '소수자'로서의 경험에 종지부를 찍으려고 한 것이다. 자식을 한국인으로 키우려는 것은 자이니치 여성이 '한국인 어머니'로 살게 만드는 것이기도 했다. 또 국제결혼의 경우, 아버지와 또 다른 문화를 가진 어머니는 하나의 교육전략으로서 스스로의 문화를 자녀에게 심어주기도 하지만, 구술자들은 일본어를 오히려 자식을 완전한 한국인으로 만드는 데 장애가 되는 것으로 인식했다. 가령 권혜숙은 자식을 "순수한" 한국인으로 키우기 위해 일본은 물론, 다른 나라에도 유학을 보내지 않았다고 한다. 권혜숙은 말했다. "자이니치라는 낙인을 제거하고 싶었다고 할까…. 한국인은 한국에서 살면 된다고 생각했으니까. 결혼도 한국인과 했으면 좋겠고." 하지만 자이니치 2세 여성이 완벽히 구사하지 못하는 한국어로 자식을 교육하는 일은 당연히 순탄치 않은 것이었다. 권혜숙과 안유희는 2차적으로 배운 한국어를 자식에게 제대로 전달하지 못해 결국 자식도 한국어를 잘하지 못했다고 한다.

자이니치 여성은 자식을 한국문화권으로 들어가게 하기 위해 노력하지만, 구술자의 귀환 전 문화는 한국인 남성과 결혼하고 한국에 또 다른 가족을 형성하고서도 여성의 몸을 벗어나지 않았다. 구술자들은 부모에게 의존하는 교육을 "한국식 교육", 자율성을 중시하는 교육을 더욱 더 좋은 "일본식 교육"이라 구분한다. 권복자는 "한국인 부모는 기차 레일을 깔고, 일본인 부모는 기차 뒤에서 지켜본다"라고 비유했다. 구술자들은 자식을 일본식 교육에 맞춰 키우려고 하는데, 교육 방식에 대한 구술에서 이들은 너무나 당연하게 자신의 일본적인 문화를 인정한다. 구술자들 스스로 내면화하고 있는 '일본적인 것'에 양가적인 가치를 부여하고 있음을 알 수 있다.

4. 한국에서, '자이니치'로서

1) 정체성의 재구성

"차라리 국제결혼이었으면 편했을 텐데. 전혀 다르다고 말할 수 있으니까. 근데 우리는 자이니치로서 살고 있으니, 애매해. 다르다고 단언할 수도 없고," 강유미자는 이렇게 탄식한다. 문제제기에서 언급한 대로, 본 연구의 자이니치 2세 여성의 경우 기존의 결혼이주 연구에서 전제가 되는 '국경'이 법적으로 존재하지 않았다. 이들의 이질성은 살아온 '국가'의 차이 때문에 생기지만, 자이니치 2세에게는 국가의 차이를 증명해주는 물리적인 장치가 없었다. 귀환 전 한국국적을 갖거나 일본에서 차별을 받거나, 민족학교에 다닌 구술자는 자신을 '한국인'이라고 생각하고 의심치 않았다. 따라서 한국인 남성과의 결혼은 국제결혼이 아니라 내혼과 가까운 형태였다. 그러나 '국가' 안으로 들어가면, 자이니치 아내 혹은 어머니는 한국의 가정 내에서 자신이 타자임을 인식하게 된다. 그뿐만 아니라 한국의 가족 구성원은 여성의 이질성을 자의적으로 이용한다.

한국에서의 가정은 애초에는 자이니치 여성을 한국사회로부터 보호해주는 '안전한 집' 같은 역할을 했다. 하지만 여성들은 자신의 성장배경을 이해하지 않고 한국 '국민'으로 만들려고 하는 가족 구성원과 점점 갈등하게 된다. 결국 결혼 후 상실한 과거를 상징하는 일본어나 일본문화야말로 구술자들에게 정체성이자 집 그 자체가 된 것이다. '국가'로 들어가려고 노력할수록 자신의 타자성을 느끼게 된 구술자들은 한국에 대해서 자신의 나라로서의 애착이 약해지는 동시에 오히려 일본을 '고향'이라고 당당하게 생각하게 되고, 그동안 스스로 한국인으로 의심치 않았던 자신의 정체성에 의구심을 갖게 된다.

잊지 못한 고향 (2017. 9. 22. 윤경자)

우리는 태어나서 10대 후반까지 살았던 곳을 평생 잊을 수 없어요. 얼마나 노력을 해도. 나는 처음에는 바꿀 수 있다고 생각했거든요. 내가 각오해서 훌륭한 한국인이 되려고 마음만 먹으면 (고향을) 바꿀 수 있다고. 이제는 자이니치가 아닌 한국인으로서 처음부터 시작하고자 했죠. 근데 점점, 그 괴리가 (생겼어). 주변 사람들도 받아들여주지 않고요. … 뭔가 센스가 다르다거나, 역시 여기 토착의 사람들의 감각이란 게 있잖아요.

2) 정체성을 지키기 위한 선택

구술자 중에서 유일하게 문영아는 한국인 남편과 이혼하여 자식을 데리고 일본으로 돌아갔다.

한국인이지만, 내 나라가 아닌 (2017. 2. 19. 문영아)

나약한 소리는 하고 싶지 않았어. 내 조국인데. 학생시절에는 한국인한테서 자이니치가 버림당하고 있다는 걸 인정하고 싶지 않았거든. 그런 느낌이었어요. 근데 결혼을 통해 다르다고 깨달았을 때, 그리고 일본으로 돌아갔을 때 한꺼풀 벗겨졌다고 할까. (웃음) (한국은) 아버지와 할아버지의 나라, 나의 '뿌리'의 나라, 그렇게 생각할 수 있게 되었어요. 한국인임에 변함이 없지만, 내 나라는 아닌 것 같아. 그래도 아직 일본을 내 나라라고 할 수도 없고. 그런 것도 나쁘지 않을 것 같아요.

2000년 문영아는 한국생활을 끝내고 일본으로 돌아갔다. 원래 문영아가 결말을 내고 싶었던 '자이니치'라는 신분으로 다시 돌아간 것이다. 하지만 문영아는 법적 권리를 누릴 수 있는 낯선 조국보다 소수자로 살지만 자신의 정체성을 형성한 이국의 땅을 선택했다.

그렇다고 문영아가 한국과 결별한 것은 아니다. 문영아는 일본에 귀향하고, 한국정부를 지지하는 자이니치단체인 민단에서 일하고 있다. 그녀에게 민단은 "어머니와 아버지, 자식의 생존 그 자체"라고 한다. 민단이라는 자이니치 조직에 자신의 가족사(史)를 겹침으로써 문영아는 귀환 전에는 벗어나고 싶었던 '자이니치'를 인정하게 되었다. 그녀는 한국생활에서 한국어를 습득하고 한국문화에도 익숙했기 때문에 민단에서 일할 수 있다고 한다. 즉, 한국에서의 '기억'은 그녀가 일본 내 소수자로 사는 것에 긍정적인 의미를 부여했다.

반면 2011년 윤경자는 그동안 견고하게 지켜왔던 영주자격을 포기했다. 일본에 친정이 없어진 지금 영주자격이 "필요한 시기는 지났고", 한국에 영주귀국하고 "복지의 혜택을 받기 위해서"다. 그러나 윤경자에게 고향은 여전히 일본이라고 한다. 고향과 '뿌리'를 내린 장소 간의 괴리를 있는 그대로 받아들이고 나니, 윤경자는 영주자격에 대한 미련이 없어졌다고 한다. "버리고 나니 무언가 진짜 한국인이 된 기분"이라고 윤경자는 웃었지만, 동시에 "이렇게 밝게 말할 수 있는 것도 지금이기 때문"이라고도 한다. '그리워하는 것'이 '돌아가는 것'을 욕망하는 의미인 데 반해, '기억하는 것'은 '상기하는 것', '외우는 것' 혹은 '되돌아보는 것'을 의미한다(Agnew 2005: 9). 이제 법적으로 한국에 뿌리를 내린 윤경자에게 일본은 잊을 수 없는 향수의 대상만이 아닌, 자이니치로서의 정체성을 기억하는 장치가 되었다.

3) 정체성을 유지하기 위한 '일본어'

일본에 고향을 공유하는 타자를 가진 문영아와 달리, 나머지 구술자들은 한국에 정착하는 것을 선택했다. 하지만 이것은 완전한 '한국인'이 됨을 뜻하지 않았다. 이들은 다양한 방식으로 '국가'의 강박에서 벗어나, 한국에서 고향을 재구성하는 과정에 있다. 즉, 물리적인 집에 한정되지 않고 고향을 실천할 수 있는 공간을 통해 한국에 '뿌리'를 내리게 된 것이다.

윤경자는 한국의 대학교에서 약 15년 동안 일본어 강사로 일했다. 현재는 도서관에서도 일본어 강사를 하면서 계속 일본어를 가르치고 있다. 일본어를 가르치는 건 한국에서의 최고의 성공을 상징하는 것이고 행복이기 때문이라고 한다.

> 기억의 언어 (2016. 9. 22. 윤경자)
>
> 일본어를 가르침으로써, 내가 몸에 입고 있던 감각을 그대로 한국사람에게 알려줄 수 있었다는 것은 어떻게 보면 매우 행운이었다고 생각해요. 지금도 이렇게 가르칠 수 있으니까 의외로 맑은 마음으로 지낼 수 있는 거예요. 이걸 (누가) 잊으라고 하면 아마 우울증에 걸릴 거야. (웃음)

일본어가 식민지배의 유산임에도 재한 자이니치가 일본어를 재생산하거나 '우리말'로부터 벗어남으로써 한국에서 산다는 것은 모순적일지도 모른다. 하지만 재한 자이니치 여성의 경우 '언어'가 갖고 있는 의미는 한국사회의 맥락에서 고찰될 필요가 있다. 식민주의를 비판하는 수단으로 식민지의 문화적, 언어적 자본을 이용하는 서벌턴(subaltern) 여성과 마찬가지로(Spivak 1988[上村 1998: 78-80]), 재한 자이니치 2세 여성들은 '자기 언어'를 회복함으로써 한국에서 강요되는 '우리말'의 강박에서 스스로를 해방하는 동시에 정체성의 갈등에서 자유로워지기 때문이다.

결혼 후 35년 동안 전업주부로 집 안에 머물렀다가 2012년에 일본에서 물품을 수입하여 잡화점을 연 강유미자 또한 "집에만 있는 것이 고통스러워서 시작했다"라고 한다. 연구자는 서울 종로구 삼청동 한가운데에 있는 이 잡화점에 네 번 방문했지만, 찾아오는 손님은 거의 없다. 그래도 강유미자는 "나중에 좋은 날이 오겠지"라며 크게 걱정하지 않고 집에서 한 시간 이상 떨어진 이 잡화점에 매일 다니고 있다. 강유미자의 노동은 생계를 위한 것이 아니라고 한다. 일본에서 사온 향료 향기가 가득하고, 1990년대의 일본 가요곡이 흐르는 이 가게는 강유미자가 귀환 전의 기억과 소통하는 고향이자 또 하나의 집이다.

5. 결혼이주 후에도 계속되는 '자이니치(在日)'

본 연구의 구술자들의 부모는 한국 혹은 북한이라는 새로 생긴 '국가'의 뿌리에 대한 소속의식을 딸에게도 심었다. 이 '국가'에 대한 지향성은 집 안에서 2세 딸에게도 전달되었고, 본국인 한국의 남성과의 결혼으로 연결됐다. 거기에는 일본에서 소수자로서 살 수밖에 없었던 집을 떠나 사회적 강자가 될 수 있는 나라에서 '더 나은 삶'을 꿈꾸고자 하는 여성들의 자발적 의지도 포함돼 있었다.

2세 여성에게 한국인 남성과의 결혼은 한국사회로 들어가는 통로이자 이들을 보호하는 일종의 '안전한 집'으로 기능할 예정이었지만, 모순과 갈등을 피할 수 없었다. 남편과 시댁은 자이니치 아내 혹은 며느리를 한국의 '국민'으로 만들고자 '교육'했다. 아내가 북한 스파이로 오해받지 않도록 반공정신을 심어주고, 한국인이 일본에 대해 갖고 있는 인식을 고려해 여성이 집 밖에서 일본어를 사용하는 것을 금지했다. 하지만 동시에 한국인 남편과 시댁은 여성이 '일본'에서 온 '자이니치'임을 자녀교육이나 경제적 측면에서 기대한다. 자이니치 2세 여성들 또한 일본에서 경험한 소수자라는 입장을 자식에게 계승하지 않으려 애쓰면서도 자율성을 중시하는 '일본식 교육'을 자식에게 실천한다. 이렇게 결혼 초에는 서로 대한민국 '국민'이었으므로 존재하지 않았던 '국경'이 가족 안에서 새롭게 만들어졌다.

이런 갈등을 통해 여성은 자신의 몸에 남아 있는 일본문화를 통해 귀환 전의 경로를 정체성의 뿌리로 재/발견한다. 일부는 망각된 정체성을 회복하기 위해 일본으로 '귀향'하기도 한다. '재한'하는 구술자들이 완전한 한국인이 된 것은 아니었다. 현재 구술자들이 60대, 70대가 되면서 한국과 일본에 이중적으로 가족을 가지는 시대는 지났다. "일본에는 이제 돌아갈 친정이 없다"는 구술자들에게서 공통적으로 들은 말이다. 이들은 일본의 영주자격을 버리고 법적으로 한국에 뿌리내리고 이대로 한국에서 일생을 마치려 한다. 그러나 한국에만 가족이 남게 되자, 여성들은 오히려 일본 혹은 한국이라는 이항대립으로서의 '국가'에 구속되지 않는 '진정한 집'을 찾게 된다.

고향이 성립하기 위해서는 기억을 공유하고 소통할 수 있는 누군가가 필요하다고 한다(차은정 2016). 2세 여성은 일본에 두고온 집을 그리워하지만, 그 집을 재구성할 수 있는 조건은 한국에 있었다. 여성들은 한국에서 정치적으로 낙인찍힌 일본어를 역으로 이용해 일본어에 부여된 낙인을 제거하고자 한다. 또한 여성들은 한국의 가족을 떠나 일을 함으로써 귀환 전의 기억을 같이 되살리는 '안전한 집'을 재구성하고 있다.

오늘도 재한 자이니치 2세 여성들은 이곳 조국에 살고 있다. 귀환 전에 일본에 두고온, 그리고 물질로서는 더는 존재하지 않는 고향을 조국 한국에서 꾸리면서 지내고 있다.

참고문헌

권숙인, 2008, “디아스포라 재일한인의 ‘귀환’: 한국사회에서의 경험과 정체성,” 『국제지역연구』 17(3): 33-60.

김웅기, 2016, “‘1965년체제’와 재일코리안: 강한 정치성이 낳은 정치적 취약성,” 『일본문화학보』 68: 275-291.

김현경, 2015, 『사람, 장소, 환대』, 서울: 문학과지성사.

이광규, 1983, 『在日韓国人: 生活実態를 中心으로』, 서울: 一潮閣.

조경희, 2013, “이동하는 ‘귀환자’들: ‘탈냉전’기 재일조선인의 한국 이동과 경계의 재구성,” 신현준 엮음, 『귀환 혹은 순환』, 서울: 그린비, pp. 209-253.

______, 2016, “낯선 이웃, 재일조선인,” 『황해문화』 90: 189-203.

차은정, 2016, 『식민지의 기억과 타자의 정치학: 식민지조선에서 태어난 일본인들의 탈향, 망향, 귀향의 서사』, 서울: 선인.

姜尚中, 2010, 『オモニ』, 東京: 集英社.

橋本みゆき, 2010, 『在日韓国·朝鮮人の親密圏: 配偶者選択のストーリーから読む“民族”の現在』, 東京: 社会評論社.

徐京植, 1998, “母を辱めるな,” 小森陽一·高橋哲哉 編, 『ナショナル·ヒストリーを超えて』, 東京: 東京大学出版会, pp. 35-52.

Agnew, Vijay, 2005, *Diaspora, Memory and Identity: A Search for Home*, Toronto: University of Toronto Press.

Brah, Avtar, 1996, *Cartographies of Diaspora: Contesting Identities*, London: Psychology Press.

Gedalof, Irene, 2003, “Taking (a) Place: Female Embodiment and the Re-grounding of Community” in Sara Ahmed, Claudia Castada, Anne-Marie Fortier, and Mimi Sheller (ed.), *Uprootings/Regroundings; Questions of Home and Migration*, Oxford: Routledge, pp. 91-114.

Massey, Doreen, 1994, *Space, Place, and Gender*, Minneapolis: University of Minnesota Press.

Rosaldo, Renato, 1989, *Culture and Truth*, Boston: Beacon Press.

Sassen, Saskia, 2002, "Global Cities and Survival Circuits" in Barabara Ehrenreich and Russell Hochschild (ed.), *Global Women*, pp. 254-274.

Spivak, Gayatri Chakravorty, 1988, "Can the Subaltern Speak?: From Marxism and the Interpretation of History," Rosalind C. Morris (ed.), *Can the Subaltern Speak?* New York: Columbia University Press, pp. 237-292. [上村忠男 訳, 1998, 『サバルタンは語ることができるか』, みすず書房].

제7장

뿌리와 월경의 현재: 서울에서 생활하는 자이니치 코리안의 이야기*

가와바타 코헤이

1. 오카야마에서 만난 자이니치 코리안과 한국 경험

2002년부터 저자는 고향인 오카야마(岡山)에서 자이니치 코리안(이하 '자이니치') 3세나 4세에 해당하는 젊은 세대를 대상으로 인터뷰조사를 꾸준히 진행하고 있다. 젊은 세대 자이니치들과 이야기를 나눠보면 그들 중에는 한국으로 여행을 다녀오거나 혹은 한국으로 유학을 다녀온 경험이 있는 사람들이 많다는 사실을 알 수 있다. 이들은 한반도에서 태어나거나 자란 것이 아니므로, 한국에 대해서 이른바 '조국(祖國)'이라는 감각을 강하게 가지고 있는 것은 아니다. 또 부모세대가 경험한 것과 같은 '조국'에 대한 강한 그리움이나 자이니치에 대한 차별이라는 현실의 간극 때문에 괴로워한 경험이 강조되지도 않는다. 물론 그렇다고 해서 이들에게 부모세대가 경험해야 했던, 뿌리와 관련된 정체성의 갈등이 없

* 역자: 김민(金旻) 서울대학교 동양사학과 박사과정

다는 뜻은 아니다. 자이니치 3, 4세들이 놓여 있는 사회적 환경이나 정치적 상황이 자이니치 2세들이 경험한 그것과 달라지면서, 젊은 세대 자이니치들이 가지는 정체성이나 뿌리에 대한 이미지가 변화하고 있는 것이다. 그리고 그 변화의 배경에는 글로벌시대의 한일관계와 일본사회에서의 자이니치공동체라는 양 측면에서의 변화가 존재한다.

첫 번째로 냉전구조의 변화 및 글로벌화에 따라 일본과 한국에 대한 이미지가 크게 바뀌었고, 이것이 젊은 세대 자이니치들이 가지는 한반도에 대한 이미지나 자기 자신의 정체성 형성에 영향을 미치고 있음을 지적할 수 있다. 결론부터 말하면, 오늘날 젊은 세대 자이니치들은 한일 간에 생성되고 있는 동시대감각(同時代感覺) 속에서 정체성을 형성하고 있다. 여기에서 말하는 동시대감각이란 글로벌화로 인하여 표준화된 일본과 한국의 이미지에 주목함으로써 양자 사이에 어떠한 발전의 시차나 불균형이 존재하지 않는 것으로 받아들이는 인식을 의미한다.

예를 들면 저자가 2003년에 오카야마에서 인터뷰한 자이니치 3세 이시카와 아이코(石川愛子, 1974년생, 한국국적)의 경우, 어린 시절부터 자신이 자이니치라는 사실을 다른 사람에게 알린 적이 거의 없었다. 한국에 대한 이미지도 그다지 긍정적이지 않았다. 그러나 영화 〈쉬리〉(1999)가 일본에서 흥행한 이후 한국에 대한 인식이 크게 변화했다. 〈쉬리〉는 한국영화로는 처음으로 일본의 전국 150개 영화관에서 동시 개봉되었다(クォン·ヨンソク 2010). 2002년에는 그때까지 좀처럼 발걸음이 향하지 않았던 오카야마의 민단청년회(民團青年會)가 주최한 크리스마스 파티에 참여했다. 그런데 그 자리에서 처음 만난 자이니치들은 그녀의 아버지에 대해서 알고 있었다. "이어져 있었구나"라는 생각에 놀랐다. 처음으로 가족이나 친척이 아닌 자이니치 친구도 생겼다. 이듬해 여름에는 그 친구와 처음으로 한국을 여행했다. 한국은 "맛있고, 재밌었다." 그리고 그녀의 첫 자이니치 친구는, 함께 다녀온 한국 여행이 계기가 되어 어학

공부를 위해 유학을 떠나게 된다.

두 번째로, 아이코의 경우에도 마찬가지지만 전후에 대체로 철도역 주변이나 공업지대에 집단거주지역을 형성했던 자이니치들이 점차 집주지역에서 벗어나 교외화(郊外化)가 진전된 도시 환경에서 생활하게 되었다는 점을 들 수 있다. 이런 변화로 인하여 젊은 세대 자이니치들은 과거처럼 집단에 대한 노골적인 차별을 경험하지 않게 되었다. 그래서 집단적 정체성을 형성하게 하는 경험을 겪지 않은 이들이 다수가 되었다. 이것은 일본사회에 차별이나 배제가 없어졌음을 의미하는 것이 아니라, 차별이나 배제를 집단이 아닌 개인으로서 경험하고 대처해가야 하는 쪽으로 변화하고 있음을 의미한다(川端浩平 2013).

예를 들어 자이니치 3세인 김창호(金昌浩, 1974년생, 한국국적)는 일본에서 대학을 졸업한 후 서울에 있는 대학에서 국제관계학을 공부했다. 김창호는 서울에서 그와 마찬가지로 유학 온 비슷한 연배의 자이니치 청년들을 만났다. 그때까지 그는 아이코가 그랬던 것처럼 가족이나 친척 이외에는 자이니치 지인이 거의 없었다. 서울 모처의 포장마차에서 나이가 엇비슷한 자이니치 청년들과 만나 이야기 나누었던 것이 자이니치란 무엇인가라는 문제의식을 형성하는 계기가 되었다. 김창호의 경우처럼, 한국에 유학해서 동년배의 자이니치들과 만나 교류하는 것은 그리 드문 일이 아니다(李淳美 1998). 일본으로 귀국한 뒤에도 서울에서 자이니치들과 나눴던 경험을 잊지 못해 오카야마에서도 비슷한 공간을 만들 수는 없을까 생각한 끝에, 한동안 중지 상태였던 오카야마의 민단 청년회 활동을 재개했다. 그 뒤로도 오카야마시청의 국제과라든가, 고베에 있는 한국영사관 등을 통해 한국 유학 경험과 어학 능력을 살려 일을 하게 되었다.

한국으로 유학을 하는 목적도 다양해지고 있다. 정문식(鄭文植, 1979년생, 일본국적)의 경우, 한반도의 민속예능인 장구를 배우기 위해서 3년 동안 서울에서 생활했다. 그는 자이니치 2세인 아버지와 도야마현(富山縣) 출신의 일본인 어머니 사이에서 태어났으며, 국적은 처음부터 일본이었다. 함께 살았던 자이니치 조부모나 아버지로부터는 다른 사람들에게 자이니치라는 뿌리를 숨기라는 얘기를 들어왔다. 그러나 그런 가족들의 가치관과는 별개로, 고등학생 무렵부터 자이니치라는 자신의 뿌리를 정면으로 마주하게 되었다. 그리고 고등학교 졸업 후에는 장구를 배우기 위해서 서울로 유학을 했고, 일본으로 돌아온 이후로는 장구 연주나 교육을 생업으로 하고 있다.

기시다 아키코(岸田明子, 1974년생, 한국국적)의 경우에는 오카야마의 대학에서 음악을 배운 후 서울에 있는 여자대학의 대학원에 진학하여 음악공부를 계속했다. 한국의 대학원에서 배우는 것은 곧 자신의 뿌리와 마주하는 것이기도 하지만, 동시에 배움의 욕구를 충족시키면서 커리어를 향상하는 수단이기도 했다. 대학원을 수료한 다음에는 지금까지 쌓아온 전문지식과 경력을 살려서 오카야마에 있는 전문학교에서 음악을 가르치는 교원으로 생활하고 있다.

이처럼 저자가 오카야마에서 만난, 한국을 여행하거나 한국에서 유학한 경험이 있는 자이니치들의 사례를 살펴보면, 한국 체류 경험은 비집단적 환경에서 자라난 그들이 자신의 뿌리나 정체성을 마주하게 되는 계기인 동시에, 어학이나 문화를 익혀 커리어에 활용할 수 있는 계기가 되기도 했다. 그러나 지금까지의 조사를 통해 분명히 알 수 있는 비집단적 환경에서 자라난 젊은 세대의 자이니치들 역시 자신들의 뿌리와 관련된 경험이나 갈등과 마주하고 있으며, 나아가서는 오늘날에도 일본사회에서 없어지지 않고 있는 자이니치를 둘러싼 여러 가지 어려움이나 과제들에 직면해 있다는 것이다.

이 글에서는 2011년 8월에 실시한 서울에서 생활하는 5명의 자이니치와의 인터뷰조사와 그로부터 5년 후에 실시한 이메일·전화·SNS를 통한 추가조사 데이터를 바탕으로, 한국에서의 생활 경험의 리얼리티를 고찰하고, 비집단적 환경에서 자라난 그들의 월경(越境) 체험을 통해서 정체성 형성과 변화의 의미를 이해하고자 한다. 이 글에 등장하는 인명(人名)은 모두 가명이다.

2. 글로벌 도시 서울을 걷다

저자가 처음으로 서울을 방문한 때는 1997년 여름이었다. 당시 친구가 유학하고 있던 연세대학교에서는 학생운동이 한창이었는데, 지하철 계단에서 자동소총을 어깨에 멘 경찰관으로부터 신분증 제시를 요구받았던 기억이 선명하다. 남대문시장 등 도시 중심부에 위치한 시장들에 대한 기억은 또렷하지만, 이른바 글로벌 도시라는 인상은 거의 받지 못했다. 또 체감상 물가는 일본의 절반 정도여서 값싸고 맛있는 음식을 많이 먹었던 기억이 있다. 이러한 저자의 기억에서 분명하게 드러나는 것처럼, 학생운동이나 자동소총, 시장이나 싼 물가 등과 같은 기호(記號)들은 일본과 한국의 시차(時差)를 나타내는 것이다. 이러한 기호들 속에는 글로벌하게 표준화된 동시대적인 감각은 존재하지 않았다.

2011년 8월, 서울에 3주 동안 머물면서 자이니치 5명을 대상으로 인터뷰조사를 진행했다. 그들이 생활하고 있던 서울의 거리는 나의 기억 속 이미지와는 크게 달라져 있었다. 글로벌하게 표준화된 도시의 풍경 속에는, 과거에 내가 보았던 학생운동의 모습도, 경찰관의 모습도 존재하지 않았다. 카페에서 음료를 마시고 있는데, 바로 옆 소파에 앉은 젊은 남녀는 남들의 시선에는 아랑곳하지 않고 애정행각을 벌이고 있었다. 일본음식점이나 일본식 선술집 등 일본의 대중문화도 꽤 침투해 있었다. 영어를 사용하는 커뮤니케이션에 대한 대응도 상당히 변하여,

카페에서 일하는 젊은 종업원들은 영어로 기본적인 의사소통이 가능했다. 일본에서의 생활이 마치 1990년대 초반에서 시간이 멈춰 있는 듯한 느낌이 드는 것과 비교한다면, 과거 20년 동안 두 나라의 표면적인 변화에 엄청난 차이가 느껴졌다.

단, 서울의 거리는 어쩐지 일본보다 더 빡빡한 느낌이 들었던 것도 사실이다. 이 빡빡한 느낌은 글로벌화나 신자유주의적인 분위기가 일본보다도 강했기 때문이라고 생각한다. 저자가 묵었던 서울대학교 학생기숙사에서는 밤늦게까지도 학생들이 영어 공부에 열을 올리는가 하면, 학생기숙사에 딸린 체육관에서는 땀을 흘리며 스트레스를 발산하고 있었다. 한국의 젊은 엘리트들의 이러한 라이프스타일은 마치 서울판 〈베벌리 힐스 아이들〉을 보는 것 같았다. 기숙사 친구들과 식당에 모여서 영어 공부를 하고, 이어폰에서 흘러나오는 음악을 들으며 러닝머신 위를 달리고, 피자나 치킨을 배달시켜 먹으며 밤을 지새우는 엘리트 예비군 청년들.

그러나 그 이면에는, 한국에서는 대학을 졸업하더라도 정규직 일자리에 취업할 수 없는 젊은이들이 넘쳐나고 있다는 사정도 있다. 매우 인상적이었던 장면이 하나 있다. 서울의 베벌리 힐스라고도 할 수 있는 강남의 중심부에서 택시를 타고, 같은 강남구에 있지만 판잣집들이 지붕을 맞대고 늘어서 있는 구룡마을을 방문했을 때의 일이다. 이 지역은 당시 서울에 남아 있던 최대의 빈민지역이자, 한강이 범람하면 홍수 피해가 가장 큰 지역이기도 했다. 저자가 방문했을 때는 재개발계획이 추진되고 있었는데, 재개발에 반대하는 주민들이 설치한 현수막이나 간판이 여기저기 걸려 있었다. 이 지역에서 조금만 높은 곳에 올라가보면, 한강 주변으로 고층빌딩들이 늘어선 거리의 풍경이 한눈에 들어온다. 인상적이었던 장면은 한 젊은 남성이 이 판자촌을 나서서 서울의 중심 거리로 향하는 것을 우연히 맞닥뜨린 일이다. 키가 큰 이 20대 남성은 요즘 서울에서 유행하는 최신 패션으로 몸을 휘감은 채로 판자촌을 등지고서 강남의 고층빌딩들이 즐비한 거리 쪽으로 사라져갔다.

저자가 만난 자이니치들도 이와 마찬가지로 현대 서울 거리의 빛과 그림자 속에서 하루하루 생활하고 있었다. 한국에서 자이니치에 대한 이미지 역시 크게 변한 것 중 하나다. 이를테면 홋카이도의 조선초중급학교를 배경으로 제작된 다큐멘터리 〈우리 학교(ウリハッキョ)〉(2006)는 부산국제영화제에서 운파상을 수상하는 등 많은 한국인의 공감을 얻었다고 한다. 저자가 만난 서울대의 연구자 중에는 자이니치에 관심을 가지고 연구조사를 진행하고 있는 사람들도 많았다.[1] 이처럼 글로벌화된 측면에만 주목한다면, 가령 과거에 자이니치 프로야구선수가 한국으로 건너갔지만 '반쪽발이'로 차별을 받아서 결국 일본에서도 한국에서도 자신이 있을 곳을 찾을 수 없었던 시대와는 크게 달라진 듯하다.

그러나 이러한 동시대적인 분위기나 자이니치에 대한 새로운 이미지의 형성이 반드시 그들에 대한 이해가 깊어졌음을 의미하는 것은 아니다. 예를 들어 앞서 소개한 김창호의 경우, 역시 한국에서 '반쪽발이'라고 불렸던 경험이 있음을 씁쓸하게 고백했다. 또 그들이 서울로 건너온 배경에는 오늘날에도 과거와 다름없이 일본사회에서 자이니치로서 생활하는 것의 숨막힘이 존재하는 것이다. 여기서는 5명의 자이니치 유학생이 한국으로 건너간 배경을 통해 그들의 생활사(生活史)를 짚어보고, 서울에서 생활하는 이들의 현재를 둘러싼 동시대적 감각의 실체를 고찰할 것이다. 그리고 이것이 이들의 정체성 변화 및 한국과 일본 두 사

1 (역자 주) 예를 들어 서울대학교 일본연구소에서 발행하는 *Seoul Journal of Japanese Studies*(2016)에는 글로벌시대에 대응하는 일본연구 성과가 정리되어 있는데, 특집으로 "동아시아 속의 재일코리안"을 주제로 한 논문이 수록되어 있다.

회에서의 차별이나 배제와 어떻게 연결되는가에 주목하고자 한다.

3. '나를 찾기 위한 여행'으로서의 서울 체류

요시다 유코(吉田裕子, 1983년생, 한국국적)는 자이니치 3세인 아버지와 자이니치 2세인 어머니 사이에서 태어났다. 저자가 그녀와 인터뷰를 진행한 것은 유코가 2011년 6월 서울에 온 뒤 2개월 정도 지난 무렵이었다. 저녁 6시에 지하철 강남역의 한 출구에서 만나 근처 카페에서 인터뷰를 진행했다.

유코와는 이 인터뷰조사 1년 전에 처음 만났다. 도쿄에 살고 있는 저자의 고등학교 동창생의 친구가 유코를 소개해주었다. 요시다 유코라는 일본식 통명[2]으로 생활하고 있었지만, 유코는 자신이 자이니치라는 사실을 숨기지 않았다. 저자의 친구들도 그녀가 자이니치라는 사실을 잘 알고, 그래서 저자가 관심을 가질 것이라고 생각해 소개해주었던 것이다. 그러나 처음 만난 당시에는 그다지 진지한 이야기를 나누지는 못했다. 그 이후 그녀가 서울에서 체류하고 있다는 소식을 듣게 되어 페이스북으로 연락을 했고, '찾아가기 쉬운 장소'로 강남역의 한 출구에서 만나게 되었다.

유코는 서울에서 어학당에 다니며 한국어를 공부하는 틈틈이 적극적으로 "사람들과의 만남을 찾아다니는" 생활을 하고 있었다. 한국에 머무는 동안 그녀의 목표는 "세 배로 움직이기"라고 했다. 특정 분야의

2 (역자 주) 통명(通名) 또는 통칭명(通稱名)은 외국국적을 가진 일본 거주자가 본명 이외에 사용하는 이름이다. 보통 일본식 이름을 사용하며, 본인이 거주하는 행정구역에 등록하여 사용할 경우 본명과 유사한 법적 효력을 가지게 된다.

경력을 쌓거나 전문성을 습득하는 것을 목적으로 한국에 온 것은 아니기 때문에, 익숙하지 않은 환경 속에서 방에만 틀어박히는 생활을 하게 될까 염려하는 마음과 그렇게 되지 않으려고 더 적극적으로 행동하는 의지가 느껴졌다. 서울에 온 직후 첫 2주 동안은 인터넷을 이용해 "서울내비(ソウルナビ)"라는 사이트에서 우연히 발견한, 어느 한국인과 일본인 부부의 집에서 홈스테이했다. 일본에서 자란 그녀가 홈스테이하기로 한 것은 익숙하지 않은 지역에서 무난하게 생활을 시작하기 위한 선택이었다. 다른 많은 자이니치와 마찬가지로 그녀 역시 한국어 초보자였기 때문이다. 두 살 어린 남동생은 조선학교에 다녔지만, 유코와 다섯 살 아래의 여동생은 일본학교에 다녔다. 한국에 올 때까지 한글을 배운 적도 없고, 여행 이외의 목적으로 한국에 체류하는 것도 처음이었던 그녀는, 어학당 과정과 과외 등을 통해서 한글을 배우고 있었다.

유코는 아오모리현(青森縣) 히로사키시(弘前市) 출신이다. 유코의 아버지는 과거에 히로사키와 야마가타에서 유기업(遊技業)[3]을 경영했다. 2009년부터는 홋카이도의 하코다테(函館)에서 동종의 사업을 경영하고 있다. 남동생은 후쿠시마에 있는 우리신용금고에서 일하고 있다. 어머니와 여동생은 지금도 히로사키에서 생활하고 있다. 아버지는 유기업을 경영하고, 남동생은 조선학교를 졸업한 후 자이니치 계열의 금융기관에서 근무하고 있다는 것에서도 알 수 있듯이, 유코의 가족은 조선학교를 중심으로 형성된 커뮤니티와 연결되어 있었다.

다만 유코는 조선학교에 다니지 않았기 때문에, 그녀에게서는 '조선학교적인 감성' 같은 것을 강하게 느낄 수 없었다(韓東賢 2006). 어린이집 시절에는 본명을 사용했지만, 초등학교 시절부터 지금까지는 통명으

3 (역자 주) 유기(遊技), 즉 각종 오락을 즐기는 장소나 시설을 제공하는 사업이다. 파친코, 게임센터, 노래방 등이 포함된다.

로 생활하고 있다. 히로사키에서 다녔던 지역 초등학교에서는 미니농구팀, 중학교에서는 탁구부, 고등학교에서는 다시 농구부에서 활동할 만큼 유코는 운동부 기질이 있는 학생이었다. 통명을 사용하고 있었음에도 어렸을 때부터 남들과 다르다는 것이 싫어서, 자이니치라는 사실은 '콤플렉스'로 느꼈다. 고등학교 1학년 때 사귀었던 선배에게 자신이 자이니치라는 사실을 처음으로 고백했다. 자신이 자이니치라는 사실에 대해서는 "연애나 결혼과 관련된 문제 말고는 생각하지 않는다"라고 이야기한다.

그런 유코가 다른 사람에게 자신의 뿌리에 대해서 이야기하는 것이 "편안해진" 것은, 이직이 계기가 되었다. 2004년에 사이타마현(埼玉縣)에 있는 대학의 영양학부를 졸업하고 영양관리사 자격을 취득한 후 사무직을 거쳐서 노인복지시설에서 일하게 되었지만, 상사와의 갈등으로 퇴사했다. 그 이후 도쿄로 근거지를 옮겨서 운송업이나 미용 등 여러 분야에서 계약직 사원으로 일했다. 그렇게 몇 번의 이직을 경험하는 사이 자신의 출신이 특별히 문제가 되지 않는다는 사실을 확인하게 되면서, 최근에는 자신이 자이니치라는 사실을 밝히는 것이 "한결 쉬워졌다." 표면적으로는 취업에 있어서 차별이 존재하지 않는 일본사회에서, 오늘날 자이니치들이 느끼는 막연한 불안감 같은 것이 점차 해소되어왔다고 해야 할 것이다. 그러나 그와 같은 막연한 불안감을 개개인이 짊어지지 않으면 안 된다는 사실이야말로 오늘날 자이니치들을 둘러싼 차별과 배제라는 문제의 근간이다.

도쿄를 떠난 유코에게 처음으로 가족이나 친척이 아닌 자이니치 지인들이 생겼다. 저자가 지금까지 인터뷰해온 자이니치 3세나 4세 중 상당수는 민족학교에 다닌 적이 없을 뿐더러 과거에는 흔했던 집단거주지역에서 멀리 떨어진 교외에서 자라났기 때문에 친척이나 가족 이외의 자이니치 지인이 거의 없는 환경에서 성장했다(川端浩平 2012). 그래서 유사한 환경에 놓여 있는 다른 자이니치들과의 관계성을 통해서 자신의 정체성을 형성해나가는 것이 어려웠다. 그러나 사회인이 되어 가족으로부터 경제적으로 자립해나가는 과정에서, 다른 자이니치들과 만날 기회가 생긴다. 유코의 경우에는 그녀가 다니던 요코하마의 한 바의 남자 종업원이 자이니치라는 사실을 우연히 알게 되면서 친해졌다. 꽤 늦기는 했지만, 그녀에게는 가족이나 친척 이외에 알게 된 최초의 자이니치였던 것이다.

그러는 한편 유코는 계약직 사원 생활이 일단락되면 오키나와에서 한 달 동안 생활을 하거나, 아버지의 부탁으로 아오모리나 야마가타에서 일을 거드는 등 일본 각지를 돌아다니는 생활을 했다. 도쿄에 머물 때는 게스트하우스에서 생활하는 경우도 많았다. 집단생활을 통해서 다양한 지인들이 생겼다. 특히 게스트하우스에 지금까지 "내 주변에는 없었던" 해외체류 경험자들이 많았던 것이, 그녀가 "해외에 나가보고 싶다"라고 생각하게 된 계기가 되었다. 한국에서 7년간 체류한 적 있는 일본인 여성과 이야기를 나누다가 자신은 "비자가 필요 없다"라는 사실을 깨닫고, "이런 좋은 점도 있구나"라고 생각하며, 이전에는 콤플렉스였던 자이니치라는 뿌리를 긍정적으로 재인식하는 계기가 되었다. "핸디캡을 장점으로, 긍정적으로, 이런 식으로 의식이 바뀌었다"라고 한다.

아직 두 달 조금 넘게 산 것뿐이지만, 서울생활에는 만족하고 있었다. 홈스테이 후에는 경복궁 근처의 단기체류자용 여관에서 지내고 있다. 유코는 서울의 일상을 페이스북을 통해 소개한다. 그녀에게 한국은 "합리적이고 살기 좋은" 곳이며, "따뜻한" 곳으로 느껴졌다. 일상적인 만남과 교류에서 많은 자극을 받기도 했다. "내가 한국인이라는 사실이 기쁘다"라고 느낀 순간도 많았다. 반면에 주위로부터는 항상 일본인 취급을 받는다. 굳이 설명하기가 귀찮은 경우도 많았을 것이다. 인터뷰 이후에 함께 저녁을 먹기 위해 고깃집을 찾았는데, 종업원에게는 "일본사람"인 것처럼 대응했다. "내가 자이니치라는 그 애매함"에 대해서 "심플한 대답을 찾고 싶지만", 아직 자신은 아무것도 모르고 있다는 사실을 깨닫기도 했다. 이처럼 서울에서의 일상은, 본인의 말 그대로 "나를 찾기 위한 여행"이다.

서울에서 인터뷰한 이후로 5년의 세월이 흘렀다. 그사이 유코는 한국어가 능숙해져서 현지생활이나 인간관계에도 많은 변화가 생겼다. 2012년까지는 외국인 관광객을 대상으로 하는 기념품가게에서 일했다. 현지 사람들과의 관계가 점차 깊어짐에 따라, 친밀한 관계성을 구축할 수 있게 되었다. 한편으로는 깊어진 관계성 때문에 오히려 폐쇄감을 느끼기도 했다. "한국으로의 이주 계획이나 혼담"을 권하는 지인이 늘어나는 것이 "부담"으로 느껴지기도 했다. 그 후 본가인 히로사키로 돌아가 생활하는 틈틈이 친구와 네팔이나 인도를 여행하기도 했다. 2014년 4월에는 도쿄의 한 노인복지시설에서 조리 분야의 일을 시작했다. 서울에서의 생활을 경험한 이후의 일본생활은, "예전보다 세상을 더 즐길 수 있고, 깊이 생각할 수 있게" 되었다. "마음이 편해졌다." 그러나 고민도 있다. "일본에도 한국에도 속하지 않는, 허공에 붕 떠 있는 듯한 어중간한 상태를 어떻게든 하고 싶다. 나는 일본에서도 외국인이지만, 한국에서도 외국인이었다." 귀화를 하고 싶다고 "처음으로" 생각하게 되었다. 한국어를 배움으로써 세계관이 넓어졌다. 다음에는 영어를 배우고 싶다고 생각하고 있다.

4. 서울에서 일하고, 결혼하기

1970년대 고도성장기에 개발된 서울특별시 중구의 시청역에서 내려, 롯데백화점에서 근무를 마치고 귀가하는 김도모미(金智美, 1981년생, 한국국적)와 만났다. 인터뷰는 롯데백화점 근처 식당에서 진행했다.

김도모미는 자이니치 3세다. 지금은 일본 대형 여행사의 서울지사에서 근무하고 있다. 서울로 옮겨온 것은 2011년 1월로, 인터뷰 당시에는 서울 생활도 반년을 넘긴 무렵이었다. 3년간 서울에서 현지 스태프로 근무하기로 되어 있었다. 인터뷰조사 당시에는 홍익대학교 인근의 아파트에서 혼자 생활하고 있었다. 홍대는 예술과 젊은이들의 거리이며, 예술 계통으로 유명한 홍대 학생이나 유학생들로 늘 붐비는 세련된 거리다.

도모미에게 한국이란 "활기 넘치는" 곳이다. "일을 할 때도, 거리를 거닐 때도" 사람들의 강렬한 에너지를 느낀다. 그녀가 근무하고 있는 사무실에서는 15명이 같이 일한다. 지사장과 그녀 이외에 13명은 한국인 스태프다. 또 그들 중 절반은 유학이나 워킹홀리데이 등을 통해서 일본에 체류해본 경험이 있다. 이처럼 글로벌시대에 접어들어 한국과 일본을 오가는 사람들이 많아진 것은 그녀가 한국에서 생활할 수 있는 기반이기도 할 것이다. 일은 "즐겁고, 힘들지는 않다"라고 한다.

첫 한국 체류라고는 하지만, 그녀는 조선학교 출신이다. 그래서 일상적인 대화를 할 때는 언어로 인한 어려움을 별로 겪지 않았다. 다만 비즈니스를 위한 대응을 할 경우에는 사정이 달라서, 한국인 손님으로부터 전화가 걸려오면 이야기가 잘 통하지 않아서 동료들의 도움을 받는 경우가 종종 있다. 처음에는 언어가 자유롭지 않다는 갑갑함과 익숙하지 않은 장소에서 생활하는 스트레스 때문에 일본으로 돌아가고 싶다는 생각도 했다.

도모미는 군마현(群馬縣) 다카사키시(高崎市) 출신이다. 부모님은 다카사키에서 고깃집을 경영하며, 남동생이 있다. 그녀와 남동생은 마에바시시(前橋市)에 있는 조선초중급학교와 이바라키현(茨城縣) 미토시(水戶市)에 있는 조선고급학교를 나왔다. 사실 학교와 학생 수가 모두 줄어들고 있는 조선학교에 다니기는 쉽지 않은 일이었다. 또 전국의 조선학교들은 재정상황도 빠듯해서 일본학교에 다니는 것보다 학비도 비쌌다. 그녀와 남동생은 마에바시에 있는 초중급학교로 전철과 스쿨버스를 타고 45분씩 걸려 통학했다. 이바라키현의 미토에 있는 고급학교에 진학한 이후로는 아예 가족과 떨어져서 기숙사 생활을 해야 했다.

조선학교에서는 농구부와 미술부에서 활동하면서 즐거운 추억을 많이 만들었다. 미토에 있는 고급학교에 진학하기로 결정할 때는, 가까운 일본 고등학교를 다닐까 고민하기도 했지만, 함께 중급학교에 다닌 다카사키 출신 친구가 진학하는 것을 보고 미토의 조선학교를 선택했다. 그녀의 학년에는 40명의 동급생이 있었다. 그중 절반 정도는 도쿄에 있는 조선대학에 진학했다. 그러나 그녀는 "해외에 대한 관심"이 많아, 영어와 여행을 전문으로 하는 도쿄의 전문학교에 진학하기로 했다. "동창회에는 나가지만, 그밖의 다른 조선학교 관련 모임에는 나가지 않는다"라는 그녀에게 조선학교 커뮤니티는 서로의 얼굴을 드러내놓고 만날 수 있는 관계라 마음은 편하지만, "세계가 좁다"라는 한계 때문에 지루하게 느껴지기도 했다. 전문학교를 졸업한 다음에는 도쿄의 대형 여행사에 취직했다. 그 후 4년간 일하면서 대도시 근무나 생활에 지쳐서 2006년 말에 고향인 다카사키 지점으로 전근하기를 희망했다.

도모미는 해외여행이나 해외생활 경험도 풍부하다. 고급학교 수학여행으로 동급생들과 함께 북한에 다녀왔다. 수학여행으로 평양을 다녀온 그해에, 어머니와 둘이서 처음으로 한국도 방문했다. "조선어를 쓸 수 있다는", "세계가 넓어지는" 즐거움을 체험하고, 그 뒤로도 7~8차례 한국을 여행했다. 2001년에는 시드니에 있는 영어어학원에서 2개월간 공부했다. 그 후에는 뉴질랜드도 여행했다. 도모미는 자신이 자라난 다카사키나 조선학교에서의 경험을 자신의 토대로 삼으면서도 바깥 세계로 나가고 싶다는 마음도 강하다. 그런 그녀는 다카사키에서의 생활에도 차츰 질려서 "생활에 변화를 주고 싶다"라고 생각하게 되었다. 다카사키에서의 생활은 일도 편했고, 특별히 고민거리나 불만이 있었던 것은 아니었다. 2010년 여름에 태국에 갈 기회가 있었는데, 그곳의 지점에서 생기 넘치게 일하고 있는 선배를 만난 것이 자극이 되었다. 귀국 후에 서울지점 근무자를 모집하는 사내공고를 보게 된 그녀는 망설임 없이 지원하여 지금의 자리를 얻게 되었다.

서울에서의 생활을 즐기는 와중에도 일본이 그리워지는 순간이 있다. 서울에서 근무하기 시작한 뒤로 일본에는 두 차례 다녀왔다. 한국은 "조국"이라기보다는 "언어가 다른 외국" 같았다. "간절히 한국에서 살고 싶은" 것도 아니고, "집에 돌아가고 싶다"라는 마음도 있다. 고급학교 동급생인 여성이 서울 시내에 살고 있어서, 같은 처지에 있는 두 사람은 "연애 이야기"나 장래에 대해 이야기하곤 한다. 현지 남성과 "결혼하면 살아도 좋지 않을까"라고도 생각한다. 한편 다카사키에 있는 어머니는 "얼른 결혼해" 하며 재촉한다. 하지만 그녀 자신은 "한국에 와도 외국인, 일본에 있어도 외국인"이라고 느낀다. 이 부분에서 과거에 부모세대가 경험한 '조국'과 일본사회의 갈등이 또 다른 양상으로 나타나고 있음을 확인할 수 있다.

이러한 그녀의 이야기에서 사람들의 글로벌한 이동이라는 다이나미즘을 느끼게 되는 동시에, 다카사키나 조선학교라는 지역성과 역사성, 그뿐만 아니라 언어라는 문화자본과의 연관 속에서 그녀가 서울에서의 생활을 선택했음을 알 수 있다. 대도시 도쿄에서의 생활에 지쳐버린 그녀는 고향으로 돌아갔다. 그렇지만 가족이나 조선학교를 중심으로 한 커뮤니티로 돌아가 보니, 다시 바깥 세계에 대한 동경이 샘솟았다. 언어는 똑같지만 "외국인"으로서 살아야 하는 일본이나 고향인 다카사키, "외국인"은 아니지만 "언어가 다른 외국"인 대도시 서울. 그런 그녀는, 한국과 일본의 동시대를 살고 있다기보다는 월경을 통해서, 고향이나 가족·조선학교 커뮤니티·직장의 연결 속에서 생겨난 여러 가지의 지역적인 관계성을 키워가면서 자신의 생활을 펼쳐나가는 것을 무엇보다 중요시하는 것 같다.

도모미는 지금도 서울에서 생활하고 있다. 여행사 일은 3년간의 근무를 마치면 일본으로 돌아가야 했다. 서울에서 계속 살고 싶다는 생각에 이직하기로 결심했다. 현재는 일본계 인재소개회사에서 근무하고 있다. 한국에 진출한 일본계 기업을 대상으로 한 영업이 주요 업무다. 2016년에 서울에서 만난 한국인 남성과 결혼해 삶의 큰 변화가 생겼다. 한국인 남편은 일본의 어학학교와 대학을 포함해서 5년 정도 일본에 체류한 경험이 있다. 도모미의 부모님도 일본어로 의사소통할 수 있는 한국인 남성과의 결혼을 매우 기뻐했다. 남편과는 자녀계획이나 자녀교육과 관련해서 많은 이야기를 나눈다. 서울에서 살고 있는 도모미와 남편은 과연 어느 타이밍에 자녀에게 일본어를 가르칠 것인가를 고민하고 있다.

5. 캘리포니아에서 서울로

서울대입구역 인근 상가빌딩 2층에 있는 카페에서 박도모코(朴友子, 1987년생, 한국국적)와 인터뷰를 진행했다. 서울대학에서 가장 가까운 지하철역이기 때문에, 이 인근의 레스토랑이나 카페는 서울대 학생들로 붐볐다.

도모코는 교토에서 자란 자이니치 3세다. 서울생활도 1년 반 정도를 넘긴 무렵이었다. 현재는 서울 시내 모 대학원 석사과정에 재학 중으로, 정치학을 공부하고 있다. 서울생활을 막 시작한 무렵에는 혼자 살았지만, 인터뷰를 진행한 2011년부터는 일본에서 이사온 부모님과 함께 생활하고 있다. 대학원에서 공부하는 틈틈이 미국 대학원의 박사과정

진학을 준비하고 있었다.

도모코는 교토시 출신이다. 태어난 곳은 도쿄지만, 초등학교 2학년 때 부모님과 함께 교토로 이사했다. 아버지는 회사원, 어머니는 사회과 임시강사였다. 그녀의 부모님은 학생운동을 하면서 알게 되어 결혼했다. 초등학교 2학년 때 전학한 이후 초등학교와 중고등학교 모두 교토에 있는 사립학교에 다녔다. 부모님이 민족교육에 열심이었던 까닭에 도쿄에 있을 무렵에는 민단이 주최하는 여름캠프에 참가하거나, 토요일에 한글공부를 하기도 했다. 중학생이 되어서는 "주변의 수험전쟁이 자아내는 분위기"도 싫었고, "아무튼 집을 나가고 싶다"라고 생각했다.

그런 도모코에게 인생의 큰 전환점이 되었던 것은, 고등학교 2학년 때 미국 중서부 인디애나주의 시골 마을로 단기유학을 간 일이었다. 일본에서 고등학교를 졸업한 이후에 미국의 대학에 진학했다. 로스앤젤레스 근교의 커뮤니티 칼리지를 거쳐 노스캐롤라이나주립대학교에 편입했다.

미국 유학 중에는 "일본사람들과는 어울리지 않았다." 도모코가 굳이 이 부분을 강조한 것은, 사실 그녀가 다녔던 로스앤젤레스 근교의 커뮤니티 칼리지가 일본인 유학생이 많기로 유명한 곳이기 때문이다. 미국에서도 가장 큰 일본계 커뮤니티가 있는 로스앤젤레스 주변부에서 공부하는 일본인 유학생 중에는 일본인들과만 어울려 다니며, 일본어만으로 생활하는 사람들도 적지 않다. 모처럼 일본을 벗어나 일본인들과만 어울려서는 의미가 없다. 그래서 로스앤젤레스에 체류하던 당시에는 한국인 유학생이나 한국계 미국인 친구들과 로스앤젤레스 중심부에 있는 한인타운에 나가서 코리안 BBQ를 먹고, 노래방에 가거나 당구를 치며 놀았다.

그들과의 만남을 통해서 도모코의 정체성에도 커다란 변화가 생겼다. 그녀는 미국에 "가기 전에는 완전한 한국인이라고 생각했었"지만,

한국인 유학생이나 한국계 미국인들과 교류하면서 "차이"를 느낀 적이 많았다. 이를테면 그녀가 일본에서 생활하는 자이니치의 시점에서 일본사회를 비판적으로 이야기하면, 친구들로부터 "일본의 어디가 그렇게 마음에 안 드는 거야?"라는 질문이 되돌아오기도 했다. 일본에서 자라났기 때문에 어느 정도 일본에 대한 애착이나 자긍심이 있는 것이 당연하지 않겠느냐는, 한국이나 미국에서 자란 한인들의 소박한 의문이었을 것이다. 그러나 도모코는 "자이니치의 애국심과 일본사람들의 애국심"은 다르다고 생각했고, 자이니치인 자신에 대해서는 "이해받지 못한다"라고 느꼈다. 오카야마에서 인터뷰한 김창호도 캘리포니아의 대학에 유학한 경험이 있고 이처럼 캘리포니아의 대학에는 자이니치 유학생들도 많을 것으로 짐작되지만(저자도 캘리포니아에서 대학을 다니면서 자이니치 학생을 만난 적이 있다), 도모코에게는 그곳에서 체류하는 동안 다른 자이니치 지인이 생기지는 않았다. 고등학교시절의 자이니치 친구가 샌프란시스코의 커뮤니티 칼리지에 다니고 있어서 그녀와 교류하는 정도였다.

도모코는 캘리포니아에서 대학을 졸업하고, 한국의 대학원에서 공부하기로 결심했다. 도모코의 마음속 어딘가에 "한 번은 한국에서 생활해보고 싶다"라는 생각이 있었다. 그런데 서울에서 생활하면서 한국인들이 자이니치에 대해서 아무것도 모른다는 사실에 큰 충격을 받았다. 물론 앞에서 언급한 것처럼 〈우리학교〉와 같은 다큐멘터리 영화가 꽤 공감을 얻기도 했고, 자이니치에 대한 한국 연구자들의 관심 또한 높아졌지만 대학생이나 일반인은 자이니치를 이해하지 못하고 관심을 가지지 않았다. 이를테면 그녀는 서울에서 만난 한국인들로부터 "'국적은?' 이라든가 '일본어 엄청 잘한다' 같은 말을 들었다"라고 한다. 현재 한국사회의 자이니치에 대한 인식 수준을 보고 "실망"했다. 도모코는 한국인들만큼은 자이니치에 대해서 제대로 알아줬으면 좋겠다고 진심으로 생각한다. 그러나 자신이 "자이니치에 관해서 직접 연구할 생각은 없다." "내 감정이 개입될 수밖에 없는 분야"를 연구하는 것은 연구자로서 할 일이 아니라고 생각하기 때문이다. 그래서 정치학을 공부하기로 결심했다. 자이니치라는 자기 존재에 대한 이해와 관련된 문제를 제외하면, 한국에서의 생활은 "편안"했다. 일본에서처럼 "귀찮은" 관계가 없는, "데면데면한" 인간관계가 좋았다. 석사과정을 마치면 다시 "미국으로 돌아가고 싶다"라고 생각하고 있다. 자신이 살았던 미국과 비교하면 한국은 어딘가 "스케일이 작은" 듯한 느낌이 들고, "뭔가 성에 차지 않는다"라고도 느낀다.

그 후 도모코는 결국 미국의 대학원이 아니라, 서울에서 다닌 대학원의 박사과정에 진학했다. 2013년 서울에서 만난 공무원인 한국인 남성과 2015년에 결혼했다. 그러면서 도모코의 생활이나 인간관계도 크게 변했고, 한국사회에 대한 시각도 많이 달라졌다. 한국에서의 생활도 7년째를 맞이하게 되어, "언어의 장벽"도 없어졌고, 자이니치라기보다는 "한국인"으로서 생활을 즐기고 있다. 한국인 남편과 만나기 전에는 한국계 미국인을 포함하여 외국인이나 외국에서의 체류 경험이 있는 친구들과 교제하는 경우가 많았다. 그러나 그런 친구 대부분이 해외로 이주하거나 취직해서 떠나가면서, 친구관계는 "서서히 소원해져"갔다. 오히려 남편을 통해서 알게 된 인간관계 속에 "편입되어 간다"라는 듯한 느낌이 든다. 그와 동시에 한국에서의 생활도 익숙해지면서 안정된 인간관계도 형성되자, 이제는 제법 "원만한 성격이 되었다"라고 느끼고 있다. 한편 박사논문 집필을 위해 2016년에는 도쿄에서 생활했다. 앞으로는 자신의 커리어와 가정을 일구는 것 사이의 밸런스를 "신중하게" 계획하면서 헤쳐나가는 것이 과제다.

6. 사회운동의 현장을 걷다

도모코와 인터뷰를 진행한 바로 그 카페에서 이스즈키아이(李鈴木愛, 1982년생, 일본국적)와도 이야기를 나눴다. 다른 서울의 카페도 마찬가지지만, 일본의 카페와 비교하면 공간이 널찍하고 소파가 비치된 곳이 많아서 장시간 인터뷰를 진행하기에 쾌적하다.

아이는 아버지는 일본인, 어머니는 자이니치 2세다. 현재는 교토에서 대학원을 다니고 있다. 한국어나 한국사회에 관해 공부도 할 겸, 한국 사회운동에 대한 현지조사를 목적으로 하는 1개월짜리 프로그램에 참가하려고 서울에 왔다. 한국에 온 것은 이번이 네 번째다.

처음 한국을 방문한 것은 대학교 3학년 때였다. 친구와 함께한 여행이었다. "잘 모르는 나라"에 온 듯한 느낌이었다. 한국인 친구의 집에서 머무르며, 한국 가정의 분위기를 느낄 수 있었지만, "조국"이라는 느낌은 전혀 들지 않았다. 그녀가 한국을 바라보는 시선은, 자신이 모르는 이문화(異文化)를 대하는 시선과 주위의 자이니치들이 이야기하는 "조국"에 대한 담론이나 이미지들이 혼합된 듯한 것이었다. "자이니치들에게 한국이 어떤 존재인지는 익히 들어왔"기에, 조국이면서도 "한국은 머나먼" 존재라는 인식에는 어느 정도 공감하지만 그렇다고 주위의 자이니치들이 말하는 "조국"에 대한 딜레마를 자신도 느끼는가 하면, 꼭 그렇지는 않다고 생각한다.

아이의 부모님은 대학 때 만나서 결혼까지 했다. 그 후 오사카시의 니시나리(西成)에 있는 피차별부락[4]에 들어가서 생활하며 활동을 시작

4 (역자 주) 근대 이전 일본사회에서 신분적으로 엄격한 차별을 받았던 피차별민들이 집단거주하던 지역으로, 현재까지도 여러 가지 사회적 차별을 받고 있는 사람들이 거주하는 지역이다.

했다. 그녀는 그 무렵에 태어났다. 오빠가 둘 있다. 한 살 때, 아버지의 본가에서 가까운 스이타시(吹田市)로 이사했고, 거기에서 고등학교까지 다녔다. "공부는 잘했고, 별다른 어려움 없이" 컸다. 자이니치인 어머니의 뿌리에 관해서는 어릴 때부터 들어왔다. 하지만 어릴 때는 엄마가 자신의 인생에 관해서 이야기하기 시작하면 "싫은 티를 내면서 도망갔다"라고 한다. 점차 성장해가면서 그녀는 어머니가 "자이니치 조선인이라는 것"과 연관된 이야기를 할 때면, "어머니가 열심히 살아왔다는 이야기" 정도로 받아들일 수 있게 되었다. 가족과 친척 이외의 자니이치 지인은 없었지만, 초등학교 때부터 중학교 때까지는 자이니치인 아버지를 둔 친구가 있었다. 그녀는 그 친구가 자신과 같은 경우인지 확인하고 싶어서, 초등학교 4학년이던 어느 날 함께 놀던 와중에 친구에게 물어봤던 것을 지금도 선명하게 기억하고 있다.

그랬던 아이에게, 고등학교 2학년 때부터 2년간 미국 뉴욕주 이타카(Ithaca)의 고등학교에 유학한 것은 어머니의 뿌리와 자기 자신의 정체성에 대해서 생각해보는 계기가 되었다. 미국 고등학교에서는 베트남인 친구를 만나 친하게 지냈다. 또 한국인 친구도 생겼다. 그러나 그것과 자신의 뿌리와의 관계성에 대해서 생각해본 적은 별로 없었다. 한편 미국의 백인사회에서 마이너리티생활을 체험하고 또 수업에서 일본계 미국인의 존재를 학습하면서, 자이니치=나 자신 또한 "이민자였다"라는 것을 상대화하여 인식할 수 있게 되었다.

미국에서 다시 일본으로 귀국한 후, 교토의 대학에 진학했다. "2학년을 마칠 무렵"부터 일본에서 대학을 다니고 있는 자이니치 학생들을 중심으로 조직된 재일한국학생동맹(在日韓國學生同盟) 활동에 참여하게 되었다. 그 이후로는 사회운동에 "푹 빠진" 생활이 시작되었다. 자이니치 사회운동에 참여함으로써 자신 안에 "주류에 대한 반발" 같은 것이 있음을 알게 되었다. 일본인 아버지와 자이니치 어머니라는 두 개의 뿌리를 가졌기 때문에 균질적인 민족적 정체성을 내건 운동에 거리감을 느낀 점도 작용하였을 것이다. 그래서 그녀는 자신이 "주변화되어 있다는 사실"에 의식적으로 주목하면서 운동에 참여하고 있다고 한다.

아이는 '하프(half)'라는 말에도, 또 '더블(double)'이라는 말에도 자기 자신을 끼워맞추려고 하지 않는다.[5] 하나의 단어로 묶어버린다는 점에 있어서는 '하프'든 '더블'이든 마찬가지이기 때문이다. 그녀의 정체성은 자이니치, 일본, 하프, 더블 등 다양한 기호나 담론[6]에 둘러싸여 있지만, 어떤 거대담론에 자기 자신을 투영시키는 것은 선뜻 납득이 되지 않는다. 오히려 이러한 것들을 참조점으로 삼으면서도 결국 스스로를 주변화하는 과정에서 나타나는 무언가로부터 자기 자신의 존재를 느끼고 있는 것 같다.

그 후 2012년부터 2년간, 아이는 캘리포니아주 로스앤젤레스에 있는 대학원에 유학했다. 로스앤젤레스의 한인타운에서는 한국계 미국인이나 히스패닉계 사람들과 만날 수 있었다. 연구 대상이기도 했던 이민노동자단체의 사람들이다. 로스앤젤레스에서는 장구를 시작했다. 데모를 할 때 사용하기 위해서 연습한 것이다. 미국과 동북아시아를 오가면서 "타자"와의 만남을 통해 재발견되는 자신, 다른 나라로 건너가서 "타자"와 만남으로써 자신의 또 다른 일면을 보게 되었다. 그렇게 "이민자로서의 자이니치"에 대한 이해가 깊어졌다. 그리고 또다시 일본에

---

5 (역자 주) '하프(ハーフ)'와 '더블(ダブル)'은 모두 일본에서 외국인과 일본인 사이에 태어난 사람을 가리키는 말로 사용된다. 하프는 말 그대로 '절반(half)'이라는 뜻이며, 더블(double)은 '두 가지 문화와 역사적 배경을 가진 사람'이라는 의미다. 자이니치와 일본인 사이에서 태어난 사람들이 자칭·타칭으로 '더블'이라는 용어를 사용하는 경우가 많다(리홍장, 2016, "재일조선인의 정체성을 보는 시각: '더블'의 역사성에 관한 담론을 통해," 『일본비평』 14: 141. 〈3. '더블'에 주목해서〉 이하 참조).

6 (역자 주) 원문은 모노가타리(物語)로, 이야기나 소설 등을 의미한다.

돌아오면 두 개의 뿌리를 가진 자이니치로서의 자신과 다양한 만남, 경험이 뒤섞인다. 2014년 교토에 돌아온 이후로는, 미국으로 유학을 떠나기 전 동료들과 사회운동을 하며 보냈던 나날들과는 "완전히 달라진" 생활을 하고 있다. 대학에서 비상근 강사를 하면서 집에서는 논문을 집필하는 날들의 연속이다. 지금까지 축적한 자신의 경험과 연구를 정리하기 위해서 "매우 느린 페이스"지만 논문을 써나가고 있다.

7. 한국에서 북한을 바라보다

지하철 서울대입구역에서 걸어서 5분 거리에 있는 어느 바에서 이철문(李哲文, 1980년생, 한국국적)과 '재회'했다. 이 주변은 카페나 레스토랑, 그리고 한국의 러브호텔이라고 할 수 있는 모텔들이 즐비한 거리지만, 일본의 이른바 러브호텔 거리와는 분위기가 조금 다르다. 이철문에 따르면 모텔 방에는 대형 TV가 비치되어 있어, 혼자서 묵기에 경제적이면서 쾌적한 곳이라고 한다.

이철문은 자이니치 3세다. 그와 처음 만난 것은 2002년에 오카야마에서 진행한 현지조사 때였다. 당시 조총련 직원으로 오카야마에서 근무하고 있던 그는, 저자가 진행하는 현지조사에서 대단히 중요한 인물이었다. 그의 소개를 통해서 오카야마의 조선학교를 중심으로 한 커뮤니티에 대해 조사를 진행할 수 있었기 때문이다.

인터뷰 당시 그는 대학원 박사과정에 재학 중으로, 도쿄의 모 대학에서 비상근 강사 일도 겸하고 있었다. 이번 한국 체류는 1개월 남짓의 단기체류로, 조사연구를 위해서 온 것이었다. 또 대학원생 때 두 차례(각각 1년씩) 서울에 있는 대학에 유학한 경험이 있기 때문에, 그 당시에 친해진 동료 연구자들이나 친구, 지인들과 만나기 위한 여행 목적도 있었다. 도쿄에서 강의를 마친 후 방학 기간을 이용한 여름휴가 같은 느낌이었다.

이철문은 나가노현(長野縣) 태생으로, 니가타(新潟)에서 초등학교 2학년 무렵까지 생활하고, 그 후 고등학교 3학년 때까지는 이바라키현 미토시에서 생활했다. 자이니치 2세인 부모님과 남동생까지 4인 가족 속에서 자랐다. 이철문은 조선학교에 다녔다. 도쿄에 있는 조선대학을 졸업한 후에는 조총련 직원으로 일하게 되었다. 처음 부임한 곳이었던 오카야마에서는 재일본조선유학생동맹(在日本朝鮮留學生同盟)의 담당자가 되어 일본의 대학에 다니는 자이니치 학생들을 대상으로 다양한 프로그램을 기획했다. 3년간의 근무를 마친 뒤, 후쿠오카시(福岡市)에 있는 대학원에 진학했다. 이때, 서울 시내에 있는 모 대학원에 두 차례 유학하게 되었다.

처음 한국을 방문한 것은 2002년에 부산에서 열린 아시안게임 때였다. 그때 이철문은 조선적(朝鮮籍)을 가지고 있었다. 수학여행이나 조국방문 행사 등으로 평양에는 몇 차례 가본 적이 있었지만, 한국을 방문한 것은 이때가 처음이었다. 조총련 대표단의 일원으로서 아시안게임에 참가한 북한 대표선수들을 응원하기 위해서 부산에 간 것이다. 김해국제공항에서 대표단 일행과 함께 버스에 탔을 때였다. 대표단 일행 중에는 2명의 한국인 가이드가 함께 있었는데, 가이드들이 대표단 한 사람 한 사람에게 카메라를 들이댔다. 가이드 중 한 명이었던 중년의 한국인 남성이 "대한민국 최고죠!"라고 말하며 이철문에게 카메라를 들이댔던 일은, 지금도 잊을 수 없을 만큼 충격적이었다. 그러한 대우를 받은 것에 대해서는 복잡한 심경이었지만, 처음 한국을 찾았기에 역시 마음이 "들떠" 있었다. 체류하던 중에 먼 친척과도 만났다. 그러나 그다지 "가치관이 맞지 않아"서 친밀한 관계가 될 수는 없었다. 먼 친척인 아주머니와 함께 시장에 가서 달걀 파는 일 등을 도와드렸던 것은 즐거운 추억으로 남아 있다.

유학생이 되어 한국에 다시 체류하게 된 것은 그로부터 6년 후인 2008년의 일이었다. 대학원 석사과정에 재학하고 있는 젊은 학생들이나 자이니치 유학생, 또 일본에서 유학하기 위해 한국에 왔지만, 여전히 일본어밖에는 할 줄 모르는 유학생 등과 깊이 교류했다. 이제는 서울이 그에게는 마음 편한 장소가 되었다. 대학에서의 근무를 일단락 짓고 여름방학 기간에 재충전하기 위해 찾기에는 더없이 좋은 방문지였다. 그러나 "단지 놀고 싶어서 한국에 오는 것은 아니다." 박사논문을 집필하기 위한 연구가 주요 목적이다. 연구 테마는 "한국 박정희정권하에서의 내셔널리즘의 형성과 자이니치"다. 이 주제와 관련된 조사를 하기 위해서는 당시를 살았던 한국인 연구자들을 통해서 알 수 있는 당시의 시대적 분위기를 참조하면서 공부하는 것이 가장 효과적이라고 생각하고 있다.

이철문에 따르면, 요즘 젊은 자이니치들은 한국에 오더라도 눌러앉아 살고 싶다고 생각하는 사람은 드물다고 한다. 한류를 동경해서 한국에 오는 사람도 있는가 하면, "부모님으로부터 1년 정도는 살아봐라"라는 말을 듣고 어학 공부를 위해 유학하는 자이니치 젊은이도 많다. 얼마 전 그는 조선적을 한국국적으로 변경했다. 2010년 이후 두 차례 경험한 한국 유학이 계기가 되었다. 조선적을 유지하고 있으면 3개월 미만으로만 비자 발급이 된다. 한 번은 유학 중에 친구의 결혼식에 참석하기 위해서 잠시 일본에 귀국했다가 한국으로의 재입국이 거부된 적이 있었는데, 이러한 경험들이 국적 변경의 원인이 되었다. 한국에 있으면 일본에 있을 때보다 북한에 관련된 상세한 정보를 얻을 수 있다. 탈북자의 이야기를 직접 듣게 될 때는, 그에 대해서 아무 말도 할 수 없는 "무력감"을 느끼는 경우도 있다. 그렇지만 조선학교 커뮤니티를 통해서 자신의 정체성을 형성해온 그는, 일본에서는 보이지 않는, 한국을 통해서 보이는 북한, 한반도와 일본의 관계, 그리고 자이니치 문제를 고민하는 것이 앞으로의 평생 과업이라고 말한다. 한국의 대학에서 일하는 것도 고려하고 있다. 그리고 미래에는 그것을 "발판 삼아" 일본의 대학에서 일하는 것이 현재의 목표다.

2016년부터는 그가 예언했던 대로 새로운 한국생활이 시작되었다. 제주도에 소재한 대학에서 근무하게 된 것이다. 간토(関東) 북부지역의 조선학교 커뮤니티에서 자라나, 서울에서의 유학을 거쳐, 자이니치들과 깊이 연관된 제주도에서의 생활. 그의 이동 궤적을 따라가다 보면 재충전 장소로서의 서울이나, 커리어의 "발판"으로 삼기 위한 한국 대학 취직이라는 동시대적인 감각과 함께, 그것만으로는 다 설명되지 않는, 나가노-니가타-미토-평양-오카야마-서울-제주도라는 글로벌하면서도 지역적인 수많은 만남이나 경험을 쌓으면서 자신의 정체성을 형성해온 과정이 전해진다. 다시 말해 표준화된 세계에서 살아가고 있는 것 같은 글로벌화의 환상 속에서 동시대적인 감각을 느끼면서도, 제각각 지역적인 시간과 공간으로부터 생겨나는 시차나 갈등을 절충해가면서 현재를 살아가고 있는 것이다.

8. 경계를 넘는 자이니치들

글로벌 도시 서울에서 생활하는 5명의 젊은 자이니치가 이야기한 한국 체류 경험은, 앞 세대가 '조국'에 대해서 품었던 생각과는 다른 듯이 보이기도 한다. 서울에서의 생활은 일본 대도시에서의 생활과 그다지 다르지 않은 것처럼 느껴진다. 일제강점기, 냉전기, 그리고 1990년대의 민주화를 거쳐 글로벌시대에 접어든 서울의 거리나 사람들이 자아내는 동시대감각 안에서 생활하는 그들로서는, 일본과 한국이 사실상 경계

없이 이어져 있다고 느낄지도 모르겠다. 저자가 인터뷰를 진행한 자이니치 청년들의 경우에도 이른바 자신들의 지연이나 인간관계, 문화자본을 통해 서울에서의 경험을 인생이나 커리어에 도움이 되는 쪽으로 활용하려고 생각하는 것은 분명했다.

다만 이 글에서는 그들이 경험하고 있는 동시대적인 감각의 실체를 명확히하고, 그것을 현재에도 한국과 일본 양쪽 사회에서 지속되는 자이니치에 대한 역사인식과 관련된 문제, 그리고 그들에 대한 차별이나 배제라고 하는 현실과 연관 지어서 이해해보고자 했다. 이를 위해서 그들의 생활사의 연장선상에 서울에서의 생활이나 정체성의 변화를 위치시켜 고찰했다. 이러한 관점에서 파악해보면, 글로벌한 동시대적인 감각은 표층적이며, 실제로는 부모세대가 '조국'과 일본사회에 품었던 갈등과 젊은 세대의 경험에는 이어지는 부분이 있다는 것도 확인할 수 있다. 그런 의미에서, 동시대적 감각이라는 인식만으로는 설명할 수 없는 수많은 시간의 흐름이나 가치관이 분명하게 드러났다고 할 수 있을 것이다.

"나를 찾는 여행"을 계속하는 유코의 경우, 일본사회에서 자이니치로서 살아가는 일은 "콤플렉스"를 짊어지고 살아가는 것과 같았다. 고향을 떠나서 독립하여 도시에서 생활하면서 가족과 친척이 아닌 자이니치와 우연히 만나기도 하고, 사회인으로서 경험도 쌓고, 여러 번 직장을 옮기기도 하는 와중에 자이니치로서 자신의 정체성을 마주할 수 있는 계기가 생겼다. 그리고 게스트하우스에서 한국에서 7년간 생활한 일본인 여성과 만난 것을 계기로, "핸디캡을 장점으로"라는 긍정적인 마음을 가지고 자이니치인 자신과 마주할 수 있게 되었다. 물론 그처럼 그녀가 애써 "긍정적"이 되지 않으면 안 되었던 자이니치를 둘러싼 여건은 오늘날까지도 이어지고 있다.

그리고 그들에게 한국은 돌아가야 할 장소로서의 '조국'은 아니다.

마치 도모미가 "언어가 다른 외국"에 비유한 것처럼, 한국은 자신이 태어나고 자란 환경과는 매우 다르고, 꼭 생활하기 편한 곳도 아니다. "한국에 오더라도 외국인, 일본에 있어도 외국인"이라는 말은, 예전에 한국 프로야구에서 뛰었던 자이니치 선수가 했던 말과 크게 다르지 않다. 도모코가 "'국적은?'이라든가 '일본어 엄청 잘한다'"라는 말을 한국인들에게서 듣고 "실망"했던 것처럼, 일본에서도 한국에서도 똑같은 반응이 돌아오는 것이다. 2년간의 서울 체류를 마치고 도쿄에서 생활하는 유코도, 일본에도 한국에도 있을 곳이 없는 자신을 "아웃사이더"라고 느낀다고 했다.

글로벌시대의 동북아시아에서는 한국·대만·일본에서 다문화주의의 조류가 동시대적으로 존재한다(Iwabuchi 2016). 과거에는 인권의 시각에서 구축되어온 다양성(diversity)을 긍정하는 가치관은, 경제적 가치관이라는 또 하나의 벡터에 의해 등 떠밀리는 형태로 국가나 도시 정책에 편입되었다. 다양성 존중이라는 관점에서 외국인 거주민을 포섭하기 위한 여러 가지 시책이 추진되고 있다. 그러나 일본사회에서 시행되고 있는 다문화공생정책만 보더라도 분명히 알 수 있는 것처럼, 그것은 주로 뉴커머들을 겨냥한 대책일 뿐, 자이니치나 복수의 뿌리를 가진 사람들의 문화나 정체성, 더 나아가 그들이 경험하는 현대사회에서의 차별문제에는 눈길을 주지 않는다(Kawabata 2016). 배제된 사람들을 지원하고 포섭하는 것을 목적으로 추진되는 시책들이 실제로는 새로운 경계선을 그어, 애초에 포섭/배제라는 프레임에서 후경화(後景化)된 자이니치 같은 이들의 존재가 보이지 않게 되는 것이다.

또한 아이의 경우처럼, 일본과 자이니치라는 두 개의 뿌리를 가진 사람들이 오늘날에는 다수파가 되었다. 일본국적을 취득한 자이니치도 많다. 그러나 이들도 포섭/배제의 여러 시책이나 논리에는 처음부터 포함되어 있지 않고, 통계적으로도 파악할 수 없기 때문에 보이지 않는 존재가 되어 있다. 하지만 실제로는 그들이야말로 서로 다른 성질이 뒤섞이는 다문화화(多文化化)의 최전선에 존재하며, 배제나 차별을 만들어내는 물리적·인식적 경계에서 살아가고 있다. 포섭/배제라는 필터를 통해서 인식하려고 하기 때문에 배제나 차별문제를 생각할 때 가장 중요한 지금의 리얼리티를 놓치고 마는 것이다.

이 글에서도 고찰한 것처럼 그들은 경계넘기를 반복하므로 그 과정에서 몇 번이고 자신에 대해서 되묻지 않을 수 없다. 또한 그들이 경계를 넘나든 궤적에서, 과거와 현재를 둘러싼 수많은 역사의 존재를 읽어낼 수 있다. 예를 들어 이철문과 같이 미토-도쿄-오카야마-후쿠오카의 조선학교 커뮤니티·학술 커뮤니티-평양-서울-제주도로 이동하는 가운데, 항상 다른 자기상(自己像)이 떠오르는 경험이 쌓여간다. 이러한 것들은 간단히 하나로 수렴될 수 있는 것이 아니다. 다른 역사적 시점의 교차점에서 살아가는 것이, 그 자신의 정체성 형성으로 이어지고 있다.

최초의 인터뷰로부터 5년 후에 도모미나 도모코가 이야기한 것처럼, 한국에서 파트너와의 만남을 통해 한국사회에서의 인간관계나 환경이 변화함에 따라, 그들 자신의 한국관과 함께 정체성 역시 변화하고 있음을 알 수 있다. 이처럼 경계넘기를 반복하며 수많은 만남이나 경험이 덧씌워지는 과정을 통해 그들의 정체성은 변화한다. 그리고 그와 같은 정체성의 변화는 오늘날의 자이니치들에게 여러 가지 삶의 방식이나 미래상을 제시하고 있다.

그들의 이동은 자신의 뿌리와 관련된 한층 더 큰 역사와 연결되어 있다. 캘리포니아를 중심으로 미국으로 경계넘기를 한 이들이 많다는 것은 시사하는 바가 있다. 현대를 살아가는 자이니치들에게는 한국뿐만이 아니라, 가장 큰 일본계 커뮤니티나 한국계 커뮤니티가 존재하는 미국 로스앤젤레스라고 하는, 제국주의나 전후 역사를 배경으로 가진 또 하나의 동아시아를 향한 사람들의 이동에 합류하는 일 역시 하나의 선택지가 되어 있다.

국내외의 여러 경계를 넘고 있는 그들의 존재로부터 드러나는 것은 글로벌하게 표준화된 균질한 상태로서의 동시대적인 세계가 아니다. 오히려 그 안에 다 담길 수 없는 수많은 과거·현재·미래의 이미지다. 개인의 수만큼 복잡하게 교착하고 뒤섞이는 역사와 사회의 교차점에 주목할 때, 그들이 한 덩어리의 바위처럼 여겨지는 민족적 정체성으로서의 '자이니치'라는 경계를 넘어서서, 자신들을 둘러싼 사람들과의 글로벌한 동시에 로컬적인 결속이나 유대 속에 살아가는, 있는 그대로의 모습이 윤곽을 드러낼 것이다.

참고문헌

李淳美, 1998, 『私が韓国へ行った理由: 在日コリアン2.5世の韓国留学記』, 東京: 国際通信社.

川端浩平, 2013, 『ジモトを歩く: 身近な世界のエスノグラフィ』, 東京: 御茶の水也房.

韓東賢, 2006, 『チマ·チョゴリ制服の民族誌: その誕生と朝鮮学校の女性たち』, 東京: 双風舎.

クォン·ヨンソク, 2010, 『「韓流」と「日流」: 文化から読み解く日韓新時代』, 東京: NHK出版.

Iwabuchi, Koichi (ed.), 2016, *Multiculturalism in East Asia: Transnational Exploration of Japan, South Korea, and Taiwan*, London; New York: Rowman and Littlefield.

Kawabata, Kohei, 2016, "Living in Love and Hate: Transforming Representations and Identities of Zainichi Koreans in Contemporary Japan" in Koichi Iwabuchi (ed.), *Multiculturalism in East Asia: Transnational Exploration of Japan, South Korea, and Taiwan*, London; New York: Rowman and Littlefield.

Park, Choel-Hee, 2016, "A Word From the Editor," *Seoul Journal of Japanese Studies* 2(1), Institute for Japanese Studies, Seoul National University.

| 제3부 |

나의 집(home)은 어디인가?

제8장 애국적 혁명주의자이자 제국의 동조자: 북한 송환 재일한인의 정체성과 자아
제9장 〈조국(祖國)〉으로의 수학여행
제10장 디아스포라 재일한인의 '귀환': 한국사회에서의 경험과 정체성
제11장 70년 만의 귀향: 일제 강제노동 희생자 발굴과 추모의 인류학

제8장

애국적 혁명주의자이자 제국의 동조자: 북한 송환 재일한인의 정체성과 자아*

마커스 벨

1. 북한 송환 재일한인과 정체성

우리는 김일성이 재일조선인을 진심으로 아끼고 걱정한다는 이야기를 늘 들어왔어요. 그래서 우리 학교에 돈도 보내주고 조국으로 돌아오려는 애국자들을 환영한다고요. 제가 열심히 노력하고 공부하는 것에 '총련'[1]

* 이 글은 저자의 논문 "Patriotic Revolutionaries and Imperial Sympathizers: Identity and Selfhood of KoreanJapanese Migrants from Japan to North Korea"(*East Asian History and Culture Review*, e-Journal No. 27, June 2018. http://cross-currents.berkeley.edu/e-journal/issue-27)을 번역·수정한 것이다. (역자 주) 원글에서는 repatriation, migration, return 등의 용어가 재일한인의 일본-북한 사이의 이동을 기술하는 데 사용되고 있다. 이 논문 번역에서는 이주 일반에 대한 (이론적) 논의 부분에서는 '이주'를, 북한으로의 이동에 관련된 부분은 '송환'으로, 북한을 벗어나 일본으로 재이주한 경우는 '귀환'으로 번역했다. 원저자도 대체로 이런 구분을 하고 있지만, 항상 명확하게 구분해 쓰지는 않았다. 그것은 영어의 migration/migrant가 한글의 이주보다 더 폭넓은 의미로 쓰일 수 있기 때문이라 본다. 번역: 조고은, 권숙인.

1 재일조선인총연합회. 일본에 거주하는 한인들이 만든 두 개의 핵심 조직 중 하

이 깊이 감명받아 북한에 있는 대학에서 무상으로 공부할 수 있는 기회를 마련해주겠다고 제게 말했어요. 우리 집은 너무 가난했어요. 아버지는 공장일을 하고 어머니는 가정주부셨거든요. 그래서 총련의 제안이 다시없는 기회로 느껴졌죠. 그때부터 저는 더 열심히 공부했어요. 그 기회를 절대로 놓치고 싶지 않았거든요. (다나카 사즈카, 2003년 북한에서 일본으로 돌아옴).[2]

북한에는 규칙이 너무 많아 저는 끝까지 적응할 수 없었어요. 매우 의무적으로 자아비판과 투쟁 시간에 참가해야 했습니다.[3] 그것 때문에 항상 심한 스트레스에 시달렸고요. 고등학교를 마친 후에는 영화학교에 진학했지만 우리는 그저 김 씨 일가에 대한 자료만 어마어마하게 읽었을 뿐입니다. 그렇지 않을 때는 매스게임 동작을 연습해야 했구요.[4] 실제로 연극과 영화에 대해 배우기는커녕 이런 것만 한 거죠. 정부가 강요하는 이런 집단활동들은 "일심단결" 정신을 고취하려는 것이었지만 솔직히 아무 소용없었어요. 뭐든지 시키는 대로만 해야 하는 것이 너무 싫었고 절대 북한에 적응할 수 없겠다고 느꼈어요. 더 이상 견딜 수 없으니 떠나야겠다고 차츰 결심하게 되었습니다. (고혜림, 2000년대 초반 북한에서 일본으로 돌아옴)

나다. 이 중 총련은 북한과 밀접한 관계를 맺고 있으며, 일본에서 사실상 북한의 대사관 역할을 한다.

2 연구에 참여해준 재일조선인 이름은 가명으로 처리했다. 김일성, 평양, 서울 등 이미 널리 알려진 이름과 지명을 제외하고는 매큔-라이샤워 표기법에 따라 로마자로 표기했다.

3 북한 인민은 국가와 당에 자신의 충성심을 보여주기 위해 모두 이러한 이념 훈련을 받아야 한다.

4 〈아리랑〉은 남한과 북한 모두에서 널리 불리는 전통민요의 제목이다. 또한 북한의 대집단체조 행사의 제목이기도 하다.

북한이탈주민들이 북한을 떠나 중국, 대한민국(이하 남한), 일본으로 이주하는 현상에 대해서는 학계의 관심이 점차 높아지고 있지만(Lankov 2006; Bell 2013a, 2013b, 2014, 2016; Jung 2013; Kim 2013; Song 2013; Koo 2016; Song and Bell 2018), 조선민주주의인민공화국(이하 북한)으로 들어가는 이동과 세계에서 가장 폐쇄적인 이 사회로 가게 된 동기, 그곳으로 이주한 사람들에게 일어나는 일에 관해서는 거의 연구되지 않았다. 식민시대가 끝나고 냉전이 도래하자 이념으로 나눠진 두 진영의 경쟁이 심화되었고, 개인들이 한쪽에서 다른 쪽으로 이주하는 일은 체제 선전에 이용되기에 이르렀다. 국경을 새로 정립하는 와중에 발생한 실향민들의 이동은 국가의 우월성과 정치적 합법성에 대한 주장을 지지했을 뿐 아니라, 이동한 당사자들의 정체성 형성에도 심대한 영향을 미쳤다. 1945년 한반도가 38도선을 경계로 분단되면서 이미 복잡했던 이념적·친족적 관계에 또 다른 변화가 생겼고, 이는 공동체를 갈라놓는 동시에 이동한 사람들과 그들이 남겨놓은 사람들 사이에 새로운 소속감을 만드는 계기를 제공했다.

이 연구에서 저자는 과거 식민제국 일본에서 피식민자로 살던 재일한인이[5] 1959년부터 1980년대 초까지 북한으로 대량 이주한 것이 당사자들의 정치적 정체성은 물론, 이들이 재일한인공동체와 민족의 고향과 맺는 관계에 어떤 영향을 끼쳤는지 살펴본다. 저자는 일본에서 온 사람들이 북한의 체제에 가할 것이라 상상되는 위협을 억제하려는 북한 정권의 노력이 북한과 일본으로 갈라진 가족 간의 초국적 교류에 의해

5 이 연구에서는 일제강점기(1910~45)부터 한국전쟁 종전(1953)까지 일본으로 이주한 한인을 지칭하는 용어로 '재일한인'을 사용한다. 일본어로 '자이니치'는 '일본에 사는 외국인'이란 뜻으로 사용된다.

훼손되었음을 보여주고자 한다.[6] 동해를 사이에 두고 양측의 여성들은 다양한 '친족노동(kin work)'(di Leonardo 1987: 442)을 수행했는데, 이는 재일 한인 송환자들에게 북한에서는 그들이 동포인 동시에 일본을 대변하는 신뢰하기 힘든 존재라는 모호한 지위에 있음을 상기시켰다.

이 연구는 일본에서 북한으로 건너갔던 이들의 정체성이 미시정치와 거시정치적 힘을 통해 재형성되는 양상을 분석한다. 미시정치는 주로 민족 내적 관계, 초국가적 이주민 네트워크의 발달, 그리고 가정생활로 이루어진다. 거시정치는 국제관계의 전개와 냉전시대의 탈식민적 이념으로 구성된다. 송환 후 이들이 북한 지도자와 인민들과의 관계에서 겪은 어려움은 재일한인 송환자들로 하여금 북한사회에서 거부당하고 소외되었다는 감정을 느끼게 했으며, 이들의 자아정체성과 소속감도 변형되기 시작했다. 북한으로 송환된 이들의 경험은, 냉전시대의 분파정치를 몸소 겪은 사람들이 종종 냉전으로 초래된 파열을 복잡하고 모순적인 방식으로 내면화하고, 이것이 자신과 자신의 공동체에 대한 인식에 영향을 끼친다는 점을 잘 보여준다.

아래에서 저자는 자아와 이주에 관한 좀 더 광범위한 논의들과 연결하며 정체성 및 소속감에 대한 기존의 개념화에 도전하고자 한다. 구체적으로는 북한으로 간 사람들의 이주 동기와 고향으로서의 북한에 대한 이들의 생각이 시간이 지남에 따라 바뀌어가는 양상을 탐구한다. 특히 송환된 가족들이 북한정부의 명령과 사회적 배제에 대응하여 일본에 남겨놓은 사람과 공간과의 연결을 다시 활성화하면서 초국적 공

6 소위 송환운동의 일환으로 북한으로 이주한 재일한인 대다수는 원래는 한반도 남쪽 출신이었다. 따라서 그들이 북한으로 간 것은 엄격히 말하면 '송환(repatriating)'은 아니다. 하지만 서술의 간결함을 위해 이 연구에서는 이들에게도 '송환자'란 용어를 사용한다.

간을 개척해갔음을 보여줄 것이다. 즉, 모빌리티를 통해 소속감에 대한 새로운 이해가 출현할 기회가 만들어진 것이다. 자신을 한인 동포라 여기고 북한으로 이주한 사람들이 일본 국가가 아니라 그들이 강력한 감정적·친족적 애착을 느끼는 일본 내 공동체와 스스로를 결속시키며 "초지역적(translocal) 정체성"(Conradson and McKay 2007: 168)을 키워온 것이다. 이 논의는 친족노동의 중요성과 더불어 이주 전에 살던 국가와의 초국적 관계를 돈독하게 하는 "다중-감각적 결속(multi-sensorial engagements)"(Svašek 2010: 868)의 중요성을 강조한다. 일본에서 온 사람들은 송출국과 유입국, 즉 이주를 보낸 국가와 받은 국가 양쪽을 동시에 정체성의 근거로 삼으면서, 에드워드 사이드가 "다중적 전망(plurality of vision)"(Said 2001: 186)이라 칭했던 것을 만들어낸다.

북한정부는 정치적 교육과 폭력 위협을 사용하여 일본에서 온 송환자를 훈육하려 했고 이러한 시도는 다양한 효과를 가져왔다. 송환자들은 북한정부가 고양하는 민족주의(ethnic-nationalist) 이데올로기에 대해 북한주민들과는 매우 이질적으로 느끼며 모호하게 반응했다. 결과적으로 많은 사람이 고향에 대한 본인의 생각을 재점검하기 시작했고, 이는 자신의 삶에서 일본과 관련된 측면을 좀 더 긍정적인 방향으로 다시 모색하는 계기가 되었다. 이 글은 송환자들이 북한 국가권력의 통치술 및 일본 출신이라는 사회적 낙인에 반응하는 방식을 살펴보면서, 이들이 북한에서 살아가면서 기존에 가지고 있던, 혁명을 이룩한 북한에 대한 윤리적·정치적 동일시에 기반한 탈식민주의적 한인 정체성에 대한 생각도 바꿔갔다는 점을 밝힌다.

일본에서 북한으로 간 개인들의 자아정체성은 북한의 상징적·실질적인 폭력과 그에 따른 사회적 소외감에 대면하며 어떻게 바뀌었는가? 이 장의 서두에 인용한 2명의 사례는 북한으로 송환되었던 사람들과의 인터뷰에서 두드러지게 등장하는 두 가지 수사를 잘 보여준다. 첫째, 북한에서의 삶이 재일한인들에게 일본에서는 얻을 수 없었던 사회적·경제적 상향 이동을 제공할 것이라는 희망을 가졌다는 점이고, 둘째, 실제로는 그곳이 교육이나 고용의 기회를 넓혀주지도 않았고 소속감을 가질 수 있는 조국이 되어주지도 않는다는 현실이 분명해졌을 때 느꼈던 좌절감이다.

이 글에서는 이 희망과 실망의 교차점에서 이주자들의 정체성에 어떤 변화가 일어났는지 살펴볼 것이다. 특히 북한에서 정치적 지위가 낮은 이주민으로 살아가야 하는 삶의 현실이 송환자가 자아에 대한 감각을 형성하고 그들이 떠나온 공동체 및 새로 속하게 된 공동체와 관계를 맺을 때 어떠한 재협상을 촉발하게 됐는지 밝힐 것이다. 특히 북한으로 송환되었다가 일본으로 다시 돌아온 재이주민에 대한 민족지적 연구에서 수집한 담화 분석을 통해 이들의 정체성이 가진 양가적 성격과 그 정체성이 공적·사적 상황에서 재형성되는 과정에 초점을 맞추고자 한다. 예를 들어 저자가 인터뷰했던 여러 사람은 송환 이전에는 북한에 대해 열렬한 감정을 품었다고 회고했다. 그들은, 민족주의자에 혁명적이고 반제국주의적인 한민족에 의해 건설된, 한민족을 위한 독립국가의 일원이 되고자 했던 자신들의 열망을 회고했다. 하지만 북한에서 그곳 주민들과 송환자 간의 긴장이 점차 높아짐에 따라 송환자들의 갈망과 소속감은 바뀌어갔다.

이 연구는, 저자가 만난 주요 면담자들[7]의 생애 서사를 그려가면서 일본에서 건너간 재일한인 송환자의 자아정체성이 북한에서 살아가는

7 인터뷰 참여자들을 '태생지 귀환자'와 '상상된 귀환자'로 항목화했다. 태생지 귀환자는 일본에서 태어나서 북한으로 이주한 사람들을 뜻한다. 이들은 자신이 태어난 나라로 돌아온 사람들이다. 상상된 귀환자는 일본에서 북한으로 이주한 부모가 북한에서 낳은 사람이다. 이들은 실제로 태어난 곳으로 귀환하지는 않았지만, 예전부터 상상 속에서나마 고향으로 존재하고 있던 곳으로 옮겨간 경우다.

동안 어떻게 변해갔는지 추적한다. 개개인이 귀국운동 전에는 어떻게 정체성을 만들었는지, 그리고 이러한 정체화(identification)가 나중에 변화한 이유는 무엇인지, 북한에서 살면서 고향, 자아, 소속 같은 개념이 어떤 식으로 불안정해졌는지, 그리고 이 과정에서 북한정부의 역할은 무엇이었는지를 설명한다. 서두의 인용에서 고혜림이 표출했던 감정은 소속되지 못하는 느낌(sense of displacement)과 더불어 현지의 북한주민과 일본에서 온 사람들 사이에서 곧잘 나타나던 불신과 불안의 감정을 잘 보여준다. 민족적 자부심과 국가에 대한 충성심에서부터 민족의 고향에서조차 이방인이라고 느끼는 감정에 이르기까지, 그들이 경험한 모순된 감정은 2000년대 초반부터 몇몇 이주자가 북한을 벗어나 일본으로 돌아오는 동기가 되었다.

2. 일본에서의 현지조사

이 연구는 2010년 서울에서 시작해 진행 중인, 북한사람들의 아시아와 유럽에 걸친 해외이주에 대한 광범위한 연구의 일부다. 저자는 북한사람들이 남한과 일본, 호주, 영국에 이주하여 재정착한 경험을 탐구하기 위해 참여관찰과 반구조화된 인터뷰를 포함한 질적 연구 방법을 사용한다. 이 글을 위한 자료는 2014년에서 2015년까지 일본에서 실시한 연구를 통해 수집했다. 북한으로의 대규모 이동 이면의 복잡한 동기와 북한에서의 송환자들의 삶, 그리고 민족정체성 및 정치적 자아와 관련해 발생한 변화를 설명하기 위해 북한에서 오사카와 도쿄로 돌아온 귀환자 30명과 행한 인터뷰와 대화자료를 활용한다.

일본에서 조사하던 기간에는 재일한인이 대규모로 거주하는 오사카 쓰루하시의 코리아타운에서 8개월을 보냈다. 그곳은 북한에서 돌아온 많은 귀환자가 일본에 도착한 직후 거주하고 일했던 장소이기도 하다. 거기서 저자는 북한에서 온 귀환자들과 일상적인 교류를 했다. 대부분의 귀환자들이 일본에 도착한 후 일본어를 배우던 어학원에서 같이 공부하고, 귀환자가 관련된 비정부단체에서 자원봉사를 하고, '민단'[8] 및 '총련'이 개최하는 행사에 참가했으며, 귀환자들과 식사를 하거나 술을 마시며 만남을 가졌다. 인터뷰는 한 시간에서 두 시간 정도 한국어로 진행했고, 인터뷰 참여자 중 일부는 한국어와 일본어를 섞어서 사용하기도 했다. 반구조화된 인터뷰의 특성이 그러하듯 인터뷰 형식은 열려 있었으며, 인터뷰 참여자는 약간의 지침만 받고 자신의 이주 경험과 북한에서의 삶에 대해 자유로이 말할 수 있었다. 저자는 참여관찰과 인터뷰를 통해서 송환자들이 자기 이해와 더불어 그들이 떠나온 공동체 그리고 새로 이주해간 사회와 맺는 관계가 여러 세대에 걸쳐 이뤄진 다수의 이주를 통해 어떻게 형성되었는지 파악할 수 있었다. 인터뷰와 대화 자료는 '슈퍼인덱스(superindex)'를 사용하여 코딩했는데, 이를 통해 각 상호작용에는 '성 역할, 초국적 교류, 기아와 생존, NGO 지원, 민족 내 마찰' 등 5~6가지 키워드가 태그되었다. 일본에서 현지조사를 마친 후에는 1개월 동안 스위스 제네바의 국제적십자위원회(ICRC) 문서보관소에서 송환운동에 관련된 공식 진술과 국제적십자위원회 문서를 조사했다. 이 연구기간은 저자가 일본에서 만난 개개인의 목소리를 역사적으로 맥락화하는 동시에, 재일한인이나 일부 일본인이 수십 년에 걸쳐 북한으로 대거 이주하게 만든 거시적인 차원의 구조적 압력이 무엇이었는지 이해하는 데 도움이 되었다.

8 '민단'으로 널리 알려진 재일본대한민국민단은 1946년에 도쿄에서 설립되었다. 이 조직은 대한민국과 느슨한 연계를 맺고 있다.

3. 이주, 자아, 그리고 정체성

1959년부터 1980년대 초반까지 9만 3,340명의 개인—대략 일본인 6,500명과 한인 8만 7,000명—이 탈식민 귀환사업의 일환으로 일본에서 북한으로 이주했다.[9] 국제적십자위원회, 일본정부, 그리고 북한정부는 당시 일본에서 가장 큰 소수민족인 재일한인의 대규모 이주를 조직했다.[10] 2000년대 초부터 약 300명의 송환자가 일본으로 돌아왔으며, 이 숫자는 계속 증가하고 있다. 이 비자발적 이주민집단의 삶에 대한 연구는 동북아시아의 탈식민적 국민국가 건설과정에서 존재했던 일상적 경험을 살펴볼 수 있게 하며, 북한정권의 붕괴에 따른 위기로 추동되는 이주가 발생할 경우, 해당 지역 국가들이 어떻게 대응할지 짐작해볼 수 있는 단서를 제공한다.

1) 이주와 자아정체화

이주는 여러 정서적 과정[11]을 만들어내며, 이동한 사람과 남겨진 사람들, 그리고 이주민을 받아들이는 사회의 구성원들이 자아에 대한 이해를 형성하는 데 영향을 미친다. 저자는 이주와 감정(Baldassar 2007, 2008; Gray 2008; Skrbiš 2008; Svašek 2008, 2010; Andits 2015), 이주와 정체성(Ahmed 1999; Brubaker and Cooper 2000), 그리고 이주와 자아의 관계(Whittaker 1992; Walkerdine 2006; Conradson and McKay 2007; Biehl, Good, and Kleinman 2007; Andits

9 기록에 따르면 1964년 12월까지 7만 6,273명의 한인과 6,385명의 일본인, 그리고 7명의 중국인이 북한으로 이주했다. 인도네시아인 2명도 '송환'에 지원했으나 나중에 지원을 철회했다(B AG 105-030.01: 2-5).

10 재일한인의 이념 및 정체성에 대한 획기적인 연구로는 Ryang(1997, 2000)을 참고하라.

11 감정에 관한 면밀한 인류학 연구로는 Leavitt(1996)을 보라.

2010)를 탐구한 선행연구를 본 연구의 출발점으로 삼았다. 이 연구들은 위기의 순간과 일상적 경험의 순간을 성찰하는 데 내적 삶의 과정의 중요성을 강조하면서(Biehl, Good, and Kleinman 2007 참조), 자아는 그것을 둘러싼 환경 속에 속박되어 있으며 과거, 현재, 미래와 상호작용하는 "다중적이고 세계 속에 사는 관계적 존재"라고 지적한다(Svašek 2010: 868). '자아'와 '정체성'은 보이지 않는 상태로 존재하지만, 그럼에도 종종 한 사람이 세계 속에 존재하는 데 근간이 되는 어떤 내적인 성격을 묘사할 때 서로 동의어처럼 사용된다. 하지만 "세계 속에 사는 관계적 존재(relational being-in-the-world)"로서의 자아는 정체성과 동일하지 않다. 자아가 "마음(mind), 자기(ego), 영혼(soul), 정신(spirit), 정신 상태(psyche) 등의 개념과 같은 어떤 숨겨진 자질"(Whittaker 1992: 200)을 공유하는 반면, 정체성은 일반적으로 복수적인 어떤 것으로 간주된다. 즉, 사람들은 무한히 많은 정체성을 가지고 있어서 이를 자신의 이익에 유리하게 배치할 수도 있고, 어떤 경우엔 정체성이 권력구조에 취약해질 수도 있다. 브루베이커와 쿠퍼(Brubaker and Cooper 2000)는 정체성에 대해 통용되는 이해 방식이 결국 사회과학의 위기로 이어졌다고 주장한다. 사회과학 내에서 정체성이 분석 범주로서 보편적으로 사용되면서 결과적으로 무의미해져버렸다는 것이다. 즉, 정체성은 너무 많은 것을 의미하기도 하고, 너무 적은 것을 의미하거나 아무것도 의미하지 않을 수도 있다. 따라서 "정체성이 어디에나 있다면 아무 데도 없다"(2000: 1). 브루베이커와 쿠퍼는 국가와 같은 강력한 실체는 어떤 범주와 분류체계를 부과할 힘을 가진다는 점에서 "정체성 부여자(identifier)"임을 인정한다 해도 국가가 결코 유일한 정체성 부여자는 아니라고 주장한다.

자아는 경험이 수동적으로 쌓이기만 하는, 우리가 세계를 이해하고자 할 때 활용하는 초시간적이고 닫힌 저장소가 아니다. 오히려 그것은 세계와 지속적인 관계 속에 있으며, 다른 사람들, 물질적 환경, 과거의 기억, 미래에 대한 상상과 상호작용을 통해 지속적으로 형성되어간다. 초국적 흐름은 우리의 감정, 인식 방식, 기억, 가장 내면의 자아감을 포함한 우리의 내적 세계를 새롭게 만들어간다(Kleinman and Fitz-Henry 2007: 55). 우리는 특정 장소나 시간에 존재하지 않아도 자신의 자아에 근본적인 영향을 끼치는 어떤 경험을 할 수 있다. 예를 들어 본 연구에 참여한 면담자들은 북한에서 기근 중에 세상을 떠난 가족을 떠올리곤 했다. 그때 사망한 가족은 생존자들이 북한을 떠난 뒤에도 의례나 일상적 실천을 통해 살아 있는 친족들에게 계속해서 강력한 영향력을 발휘했다. 가령 한 면담자는 오사카 집에서 제사를 올리던 중에 몇 년 전 북한에서 돌아가신 아버지의 존재를 느꼈다고 말했다. 그러한 기억은 북한에서 영위하던 소박한 삶에 대한 향수와 가족을 남겨두고 떠난 죄책감, 가족이 함께 모여 동원할 수 있는 자원을 어떻게든 끌어모아 하루하루를 "버텨가던" 즐거운 기억, 그리고 1990년대 경제붕괴의 영향으로부터 그들을 보호해주지 못한 국가에 대한 배신감을 포함하여 복잡하게 얽혀 있는 감정과 연결되어 있다.

이러한 사항을 고려하여 이 글은, 정체성이 지속적인 사회적 상호작용의 과정이며, 그 상호작용 안에서 사람들은 다른 행위자 및 주변의 물질세계와 변증법적 과정을 통해 자신의 정체성을 형성해가는 행위주체(agent)로 이해되어야 한다고 제안한다. 닫혀 있고 정적인 분석 범주로서의 '정체성'이 아니라 정체화(identification)의 실행에 초점을 맞춤으로써, 정체성에는 행위적·공동체적·과정적 요소가 포함되어 있음을 강조할 것이다. 이 정체화의 과정을 분석하기 위해서는 개인적·집단적 행동을 통해 만들어지는 시공간적 맥락화가 필요하다.

2) 송환된 한인의 민족적 정체성과 정치적 자기이해

이주를 하게 되면, 이주한 사람들, 이주의 영향을 받는 공동체, 그리고 가족 구성원의 이동으로 사회적·경제적으로 이익을 얻거나 어려움을 겪는 가족들에게는 고향의 개념이 복잡해진다. 또 떠난 사람과 남은 사람들이 고향과 맺는 관계는 성별과 계급에 영향을 받는다. 당사자들에게는 자신이 속한 장소, 시간, 그리고 자기 자신의 모습에서 벗어나버린 것 같은 느낌을 끊임없이 불러일으킨다. 이주민의 자아형성은 지속적인 "혼성적 성취(hybrid achievement)"(Conradson and McKay 2007: 167) 과정으로, 다층적 영향을 수반하며 이주자를 사람, 지역, 역사적 변화, 그리고 다양한 감정상태로 연결한다. 일본에서 북한을 오갔던 이주민들의 서사는 여러 세대에 걸쳐 나타나며, 이주를 보내고 받는 국가 양측에 걸쳐 여러 겹으로 중첩된 정체화를 만들어냈다.

1951년 연합군과 일본은 샌프란시스코평화조약에 서명했다. 이 조약은 다음해에 발효되어 일본에 대한 통제권을 일본정부에 반환했다. 일본에 거주하고 있던 소수민족에게 이것은 과거 자신들을 식민통치하던 세력과의 관계를 바꿔놓는 결정적 순간이었다. 일본의 소수민족들은 이전에는 대동아공영권의 일부로서 공공서비스와 사회보장에 대한 접근권 등 기본적 권리를 가지고 있었다. 그러나 일단 일본정부가 복귀되자 이러한 권리는 철회되었다(B AG 232: 105-002). 한인, 대만인, 중국인을 비롯한 과거 피식민 주체들은 일본에서 공식적으로 이방인이 되었고[12] 중앙정부에서 제공하는 혜택에 더는 접근할 수 없었다. 과거의 피식민자에 대한 차별적 관행 또한 광범위해서, 일본인보다 높은 이자를 지불해야만 대출을 받을 수 있고, 고용기회도 불평등하며, 임금, 교육, 주거에서도 제약을 겪었다(B AG 232: 105-025, 20). 고용 및 복지의 차원에서 제도적으로 차별받는 "가난한 한인"의 숫자는 1951년 9월 7만 4,911명에

12 전후 일본에 거주하는 한인이 일본에서는 이방인으로, 남한에서는 원치 않는 존재로 취급받던 양상에 대한 구체적 분석으로는 Caprio(2008)를 보라.

서 1955년 12월에 13만 8,972명으로 늘어났다. 이에 따라 일본정부에 의해 "국가의 특별경제지원이 필요한 사람들"(B AG 232 105-002, 14)로 분류된 한인은 전체 재일한인 중 13.12%에서 24.06%로 증가했다. 일본정부의 탈국민화정책은 과거 피식민 주체를 일본에서 몰아내는 압박 요인으로 작용했다.

북한으로 대량 이주를 하게 되기까지 오랜 세월 동안, 총련 회원들은 한인들의 거주지였던 오사카와 도쿄에서 열린 공식행사와 가택방문을 통해 북한의 선전 내용을 유포했다. 북한에서 돌아온 귀환자들이 송환운동이 시작될 때까지 있었던 일들을 회상한 바에 따르면, 총련은 재일한인들에게 고향땅으로 돌아가자고 촉구하는 책자와 유인물을 배포했으며, 총련의 지지자들은 김일성의 인사 영상을 방송하는 차량으로 오사카의 한인지역을 누비고 다니며 바다만 건너면 훨씬 나은 삶을 얻을 수 있다고 약속했다. 강력한 소식통을 통해 꾸준히 전달되는 메시지를 들으며 재일한인들은 점차 북한을 주변화된 처지로 살아야 하는 일본에서 벗어나 충만한 삶을 시작할 수 있는 장소로 꿈꾸게 되었다.

일본 전역에서 모인 예비 송환자들이 니가타항에 도착했다(그림 1). 모든 가족은 옷가지며 개인 소지품으로 가득 찬 짐가방을 끌고 국제적십자위원회 직원과의 인터뷰를 기다리고 있었다.[13] 송환자의 대부분은 한인이었지만, 그중 6,500명 정도는 일본인이었다. 북한으로 이주한 일본인은 대부분 한인 송환자의 아내였다. 좀 더 자세히 말하자면, 자신의 의지와 상관없이 그들의 삶의 근간이 뿌리째 뽑힌다 해도, 남편 혹은 아

13 예비 송환자들은 자신들이 자유의지에 따라 북한으로 이주하고자 함을 증명해야 했다. 이 과정은 문제가 많았던 것으로 밝혀졌다. 송환자의 자유의지를 확인하는 과정에서 국제적십자위원회(ICRC)가 겪은 고충에 대한 자세한 내용은 Morris-Suzuki(2007: 188-189)를 참고할 수 있다.

그림 1. 1960년대 초반 일본을 떠나는 한인들이 니가타항구에 도착해 북한으로 향하는 여객선에 오르는 모습

출처: ICRC Library and Public Archives

버지의 지시를 따라야 하는 여성과 어린이였다. 1961년 북한으로 이주한 일본인 야마모토 히로코는 북한을 떠나기 전에 니가타 국제적십자위원회 심사센터에서 자신이 겪은 일에 대해 이렇게 이야기했다.[14] 인터뷰 당일, 국제적십자위원회 직원이 그의 가족 전체를 심사실로 불러들이더니 그들을 하나의 집단으로 취급하며 북한으로 떠나고 싶은지 물었다. 야마모토는 이렇게 말했다. "하지만 그 질문에 대답할 수 있는 사람은 오직 제 시아버지뿐이었어요. 시아버지는 '네, 가고 싶습니다'라고 답했죠. 그분이 우리 집에서 가장 어른이었기 때문에 우리는 그분 말씀을 따를 수밖에 없었고요."

북한으로의 여정은 2박 3일이 걸렸다. 북한 청진항에 배가 도착한 순간 선내 스피커를 통해 상륙을 알리는 신호가 울려퍼졌고, 승객들은

14 ICRC에 고용되었던 통역관이 예비 송환자의 자유의지를 확인하는 임무를 맡았다. 하지만 실제로는 공정한 평가를 거의 할 수 없는 여건이었다(Morris-Suzuki 2007: 192).

그림 2. 니가타항구에서 사람들이 여객선에 오르는 동안 가족들을 떠나보내며 손을 흔드는 슬픈 작별의 순간
출처: ICRC Library and Public Archives

북한을 보기 위해 갑판으로 몰려들었다. 많은 사람이 두 팔을 들어 "만세!"를 외치며 축하했다. 하지만 모두 새로운 고향을 보며 기뻐한 것은 아니었다. 여객선의 갑판에 서서 경이와 공포가 뒤섞인 마음으로 정부가 주최한 환영파티를 바라보는 사람도 있었다. 김현채는 자신의 부모가 환영 인파를 보고 느낀 첫인상을 이렇게 회상했다. "어머니는 그들의 모습을 보자 너무 괴로웠다고 제게 말씀했어요. 피부가 까맣게 타고 다 갈라져 있었거든요. … 옷은 후줄근하고 추레했죠. 아주 힘들게 사는 사람들 같더라고요." 현지 사람들을 처음 본 현채 모친의 반응은 도착 첫날에 대해 이야기를 들려준 다른 사람들의 반응과 비슷했다. 그러한 첫인상은 일본에 거주하던 수많은 한인이 지녀온 민족주의적 정체성을 동요시켰다. 선착장에 모여 무표정하게 북한 국기를 흔들거나 꽃다발을 안고 있는 사람들은 지금껏 북한 선전책자에서 봤던 열정적이고 건강한 젊은 애국자의 모습과는 전혀 딴판이었다.

송환자들의 경험은 북한을 향한 그들의 충성심, 나이, 성별, 일본에 있는 가족과의 초국적 관계에 따라 다양했다. 그들 중에는 일본의 총련 학교에서 교육을 받으며 북한의 혁명역사와 언어를 배운 사람도 있었지만, 그런 지식이 전혀 없는 사람도 있었다. 일본의 교도소에서 복역하거나 북한으로 추방당하는 것 중 하나를 선택해야 했던 사람들도 소수 있었다. 송환자들이 배에서 내리자 북한 관리들이 음식을 나눠주며 그들을 큰 창고로 보냈다. 간부들은 사람들에게 대기할 장소를 찾으라고 명령했다. 일본에서의 출신지, 직업, 나이, 특기, 가족 구성 등 송환자들 개개인의 정보가 기록되었다.[15] 접수센터에서의 대기는 담당 관리가 새로 도착한 송환자 집단에 관한 준비를 어느 정도 갖춰두었는지, 그리고 여객선에서 몇 명이 내렸는지에 따라 닷새가 걸리기도 했고 한 달이 걸리기도 했다. 수속이 끝나고 이주 여정이 재개되면, 북한 관리들이 그들을 창고에서 나오게 해 기차에 태웠다. 총련을 통해 마련한 정치적 인맥으로 적당한 사람을 알고 있는 사람들이나 관리에게 뇌물을 줄 만큼 경제력이 있는 사람들은 기반시설, 고용, 권력에의 근접성 등에서 가장 유리한 곳이자 수도인 평양으로 보내졌다. 총련과 인맥이 없거나 남한에 가족이 있는 것으로 알려지는 등 북한이 기대한 혁명적 자격이 부족한 사람들은 북쪽 지역으로 가는 열차에 태워졌다.

조국에서 더 나은 삶을 살 수 있다는 송환자들의 희망은 빠르게 실망으로 바뀌었다. 도착 당시에는 미처 깨닫지 못한 사람들이 많았지만, 일본에서 온 그들은 이전의 식민지배자와 연관되어 있기 때문에, 한반도가 일본의 지배에 종속되었던 시절을 재현하는 존재였고 그런 의미에서 상징적으로 오염된 존재로 낙인찍혔다. 물론 처음엔 북한정부가 열렬히 환영해주었지만, 일본을 버리고 북한으로 이주해왔다는 선전 가치와 양국을 이어주는 경제 통로로서의 유용성도, 그들이 일본인과 거

15 ICRC의 자료 중에 일본에서 북한으로 떠난 처음 51척의 여객선(1960년 12월 6일까지)에 탑승한 12,021명의 성인 남성의 직업 분포를 적은 기록이 있다. 2,800명은 '일용직 노동자', 1,016명은 '공장 노동자', 469명은 '운전수', 432명은 '농부/어부', 424명은 '점원', 731명은 '상공업', 4,476명은 '무직'이었다(B AG 232 105-019.01).

의 다를 바 없다는 북한정부의 의심을 상쇄할 정도는 되지 못했다. 선택받은 소수를 제외하고 대부분의 송환자가 정부와 지역주민에게서 이러한 취급을 받았고, 그에 따라 그들이 자신을 정체화하는 방식도 동포이자 민족주의자에서 "일본 출신 한인"으로 뚜렷하게 변해갔다.

4. 북한에서의 삶

송환자들은 대부분 1959년에서 1964년 사이에 북한에 도착했지만[16] 재일한인과 일부 일본인의 일방향 이동은 간혹 일시적으로 중단되면서도 1980년대까지 계속되었다.[17] 이주민들이 북한에서 겪는 일상 경험 역시 전 세계적 차원 및 지역적 차원에서 일어나는 정치적·경제적 변화에 영향을 받았다. 1971년 후반 북한과 일본 사이에 정규 여객선 서비스가 개설되었고 가족방문에 관련한 제한이 완화된 것,[18] 1991년 소련이 붕

---

16 북한으로 이주를 희망하는 지원자, 억류자, 송환에 성공한 이주자를 기록한 일본 법무성 이민국의 월간 보고에 따르면, 189명(한국인 166명, 일본인 23명)이 1964년 12월에 121번째 여객선을 타고 북한으로 떠났다. 1964년 말까지 도합 82,665명이 북한으로 '송환'되었다. 이 수치는 1984년 송환사업이 공식적으로 중단되기 전까지 북한으로 이주한 사람의 총합인 93,340명의 88.6%를 차지한다(B AG 232 105-019.01: 5).

17 일본 법무성 이민국 보고서에 따르면, "지독한 혹한기"에는 예비 송환자들이 북한에 가기를 꺼렸기 때문에 이 숫자도 줄어든다고 한다(B AG 232 105-019.01). 인터뷰 참여자들은 북한에서의 상황이 예상보다 훨씬 어려웠다는 보고서들이 연이어 나왔던 점도 중요한 요인이었다고 말했다. 게다가 이 시기는 일본 경제가 괄목하게 성장하고 있었다. 이러한 요인으로 북한으로 이주하기를 단념하는 사람들이 생겨났을 것이다.

18 일본정부가 일본과 북한 간 이동에 대한 제약을 완화하고 여객선 만경봉호의 입항을 허락하기 전에는 재일한인들이 북한에 있는 가족을 방문하는 일이 거의 불가능했다. 이 주제에 대한 더 자세한 논의는 Morris-Suzuki(2009)를 참조하라.

괴하고 뒤이어 북한에 기근이 들었던 것,[19] 일본인 납치 의혹을 계기로 2002년 북일 정상회담이 성사되면서 모종의 정치적 결과가 초래된 것 등이 대표적인 변화에 해당한다.

북한에선 국가가 인구를 '적대세력', '중립세력', '우호세력'이라는 세 가지 주요 집단(성분)으로 나누어 조직한다. 이 범주는 세습되기 때문에 대부분의 사람은 사회적으로 상향 이동할 수 없다.[20] 일본에서 온 송환자들은 집안 배경, 정치활동, 국가에 대한 경제적 기여 등에 대한 정부의 평가를 기준으로 분류되었다. 대부분의 송환자는 과거 식민지배국과 연관되어 있거나 남한 출신이라는 이유로 불순하다는 평가를 받았다. 결국 그들은 '적대세력' 지위로 떨어져 북한에서 사회적 지위상승의 가망이 별로 없었을 뿐 아니라, 국가 및 현지 주민과의 관계도 이를 근거로 규정되었다. 이러한 분류로 인해 결혼이나 직장에서의 승진 기회가 제한되는 송환자도 많았다. 2000년대 초반에 북한에서 일본으로 돌아온 이선형은 "정치적 지위가 낮았기 때문에 우리의 삶을 개선할 수 있는 기회가 전혀 없었다"라며 한탄했다.

조선노동당 간부들은 전국에 걸친 정치적 모임과 자아비판 시간, 방대한 정보원 네트워크를 통한 정부 주도 감시[21]는 물론, 추가적 정치교육, 북부지방으로의 추방, 그리고 어떤 경우에는 체벌의 형태로 국가

---

19 북한의 식량위기에 대해서는 Haggard and Noland(2007); Fahy(2015)의 연구를 참조하라.

20 러시아 학자 안드레이 랑코프는 다음과 같이 설명한다. 개인에게 부여되는 지위는 가족의 지위에 좌우된다. 자기 가족이 혁명군이나 소작농에 속했던 사람들은 "우호세력" 범주에 속하는 반면, 가족이 지주였거나 친미·친일 행적이 있거나 중국계 한인이었던 사람들은 "적대세력"으로 분류되었다. 1960년대에 북한에 온 재일한인들도 후자에 포함되었으며, 이런 분류 방식은 현재에도 존재한다(Lankov 2007: 67-68).

21 북한의 정부요원들은 국가에 대한 충성심이 의심되는 북한 인민들을 감시한다.

가 허가한 폭력의 위협을 활용하여 송환자들을 훈육하고자 했다. 김일성은 획일적인 이념 체계를 확립하고 당의 단결을 강화하기 위한 폭넓은 노력의 일환으로 정치적 적수에 대한 일련의 숙청을 실시했다(Buzo 1999: 59). 이러한 정당 차원의 숙청은 1970년대를 거치며 대부분 중단되었지만, 정치적으로 의심되는 인사의 실종은 계속되었다. 1970년대에 국가는 여러 송환자 가족의 재산을 몰수한 뒤 그들을 노동수용소로 보냈다.[22]

당 간부들은 송환자들을 순응적 시민으로 만들기 위해 일본인처럼 보이는 태도나 행동을 금지하기도 했다. 평생을 일본에서 살았던 많은 송환자가, 당장에라도 전쟁에 임할 태세가 되어 있고 외부자에게 적대적인 사회에 발을 들이게 된 것이다. 그 결과, 송환자들이 식민지배의 동조자와 다를 바 없다고 생각한 북한주민들은 그들이 지닌 일본적 특징을 거칠게 공격했다. 복식, 행동, 언어 모두에서 북한주민과 뉴커머들의 차이가 확연했고 이는 문제의 소지가 되었다. 심지어 송환자들의 행동거지로도 이들은 북한주민과 구분되었다. 김현채는 평양에서는 행동이나 몸짓만 보고도 일본에서 온 사람을 골라낼 수 있다고 말했다. 예를 들어 지역민들은 허리를 굽히고 앞을 똑바로 바라보며 빨리 걷는다. 김현채는, "달리 이동할 방법이 없기 때문에 그들은 무조건 빠르게 걸어다녀야 했어요. 그리고 경찰의 주의를 끌었다간 큰 위험에 처할 수도 있기 때문에 그러지 않으려고 그저 자기 앞쪽 땅만 쳐다보는 거예요"라고 설명했다. 반면 송환자들은 일본에서 그랬던 대로 좀 더 느리고 편안한 태도로 걸었다. 송환자들은 이런 식으로 공공장소에서 지역민들과 구분

22 모리스-스즈키가 지적한 바에 따르면, 일본에서 북한으로 간 재일한인들은 북한에서 정치적으로 숙청당한 피해자 중 상당수를 차지했으며, 그들 중 대부분이 요덕수용소로 보내졌다(Morris-Suzuki 2007: 239).

되는 자신들의 행동방식을 줄이고 개조하려고 안간힘을 썼다.

북한에 도착하기 전에 일부 재일한인들은 송환이야말로 북한 국가 및 지도자 김일성에게 충성을 바치는 궁극적 행위라고 생각했다. 북한으로 이주한 사람들이 전부 열성적 혁명가였던 것은 아니지만, 많은 예비 이민자들에게 송환은 일본에서의 삶을 포기하고 미지의 땅에서 위험을 무릅써야 한다는 의미였다. 그러나 일본에서 재일한인이 처한 지위를 뼈아프게 겪어왔던 이들이 막상 민족의 고향땅으로 이주하고서는, 너무 일본인 같다는 취급을 받았다. 정부 관리들은 송환자들에게 자녀를 인근의 현지 학교에 보내라고 지시했다. 일본어는 학교, 일터, 공공장소에서 전혀 허용되지 않았다. 일본에 대해 이야기를 하는 것도 금지되었다. 일본을 떠나기 전에 민족학교에 다녔던 아동들은 조선어를 어느 정도 할 줄 알았지만, 그들의 말투나 억양은 여전히 북한 현지 아이들과는 눈에 띄게 달랐다. 그러나 다른 어린 송환자들은 조선어를 거의 못하거나 전혀 몰라 수업 내용을 이해하는 데 어려움을 겪었다. 장미정은 송환 당시 17세였는데 조선어를 전혀 할 줄 몰랐다고 한다. 그녀는 현지 학교에 다녀야 했고 기숙사에서 지냈다. "일본어를 쓰면 벌을 받았어요. 체벌을 받았어요. 하지만 그때 배우길 잘했어요. 나중에 어른이 돼서 일본어를 썼으면 정말 심각한 처벌을 받았을 테니까요." 그는 손으로 목을 긋는 시늉을 하며 이렇게 설명했다.

송환자들은 지역주민이 국가요원일지도 모른다는 의심을 하곤 했고, 가능하면 그들과 거리를 두었다. 성인이 되어 북한으로 이주한 사람들은 공공영역에서는 '북한사람다운 행동'을 해야 하며 사적 영역에서는 '일본식'이 가능하다는 것을 경험을 통해 배웠다. 외관상으로도 토착 북한주민과 송환자는 언어와 일상적 행동에서 구분이 되었다. 이 차이점은 그들이 서로를 지칭할 때 사용한 표현을 통해 강조되었다.[23] 일본에서 온 사람들은 북한에서 태어난 주민들을 "아파치"라고 불렀다. 이는 송환자들이 미국 텔레비전 프로그램과 일본 역사책에서 접했던 단어와 용법에 근거한다. 즉, 북한주민들은 '태도와 차림새가 야만적'이라는 그들의 인식을 북미 백인들이 미국 원주민을 묘사하던 방식을 빌어 표현한 것이다. 북한 지역민들은 '쪽발이'라는 말로 송환자들을 지칭했는데, 이는 일본인이 신는 나막신이 둘로 갈라진 돼지 발굽처럼 보인다는 것에 빗댄 것이다.[24] 북한의 인민양성사업은 그것이 얼마나 총괄적인 대단위 사업으로 비추어지든, 일본의 재화와 자본에 의존해야 했기에 일정 부분 정당성이 훼손되었다. 1970년대 이전에는 일본과 북한 간에 재화나 사람의 이동이 비교적 제한되어 있었다. 예를 들어 1963년에서 1971년 사이에 일본정부는 오직 24명의 재일한인에게만 북한에 있는 가족을 방문했다가 귀국할 수 있는 재입국허가를 내주었다(Morris-Suzuki 2009: 9). 그러나 일본정부가 이동의 제한을 완화하면서 재일한인이 북한을 방문했다 돌아올 수 있는 기회도 커졌다.

1991년 소련의 붕괴는 그때까지 북한이 주요 원조국에 기꺼이 받아왔던 경제원조도 끝이 난다는 것을 의미했다. 세계 신용시장에서는 돈을 빌릴 수 없었기 때문에 북한의 경제는 무너졌다.[25] 인민에게 식량을 제공하던 공공배급제가 중단되면서 전국적으로 식량난이 발생했

23 내가 인터뷰한 사람들에 따르면 재일한인 송환자의 2세대, 3세대로 가면 북한사람들과의 관계도 개선되는 경우가 많았다는 점을 중요하게 분명히 언급해두고자 한다. 서울에서 인터뷰한 사람 중에는 일본에서 송환한 부모를 둔 친구들이 있었다고 얘기하기도 했다.

24 조리와 게다는 엄지발가락과 검지발가락을 나누는 끈이 있다. 이 신발 모양은 돼지 발굽 모양과 비슷하다. 쪽발이라는 이 욕설은 남한에서도 일본인이나 일본인처럼 보이는 사람을 지칭할 때 사용된다.

25 북한의 경제붕괴가 가져온 충격에 대한 자세한 논의는 Smith(2015: 136-164)의 연구를 참조하라.

다.[26] 북한정부가 위기에 대응하는 속도는 더디기만 했다. 대응을 시작한 후에도 인민들에게 주체사상으로 무장하고 자력갱생을 도모하라고 장려할 뿐이었다.[27] 이는 대규모 기아와 지역 이탈뿐 아니라, 수십만 명이 식량, 일자리, 의약품을 구하기 위해 국경을 넘어 중국으로 건너가는 대량 이주로까지 이어졌다. 일본에 있는 가족과 연락이 끊기거나 그들도 가난하여 꾸준히 소포를 보내며 가계를 지원할 형편이 못 되는 경우 송환자들은, 한 대담자의 표현에 따르면, "기근에 제일 먼저 죽어갔다." 기근 와중에 북한정부는 송환자들에게 각별한 금전적 가치가 있다는 사실을 발견했다. 그래서 정부는 일본에서 온 사람들에게 해외에 있는 그들의 친족으로부터 가능한 한 많은 재화를 쥐어짜내라며 엄청난 압력을 가했다. 정부의 지시에 따라 총련은 곤경에 처한 북한 경제를 지탱하기 위해 자본과 재화를 모았고, 그중 일부는 조선노동당 고위간부의 주머니를 채우는 데 쓰이기도 했다. 북한주민들은 일본에서 온 이주민들을 정치적으로 믿음직하지 못하다고 여기면서도 그들이 입수한 물건들은 탐냈다. 국가경제에 기여한 보상으로 국가는 일부 송환자에게 숙련 노동자나 국가 스포츠팀 선수 등 고위직 일자리를 할당해주었다.[28] 선택받은 소수에게는 지배 엘리트의 핵심층으로 올라갈 수 있는 조선노동당 입당이 허용되기도 했다.

대부분의 송환자 가족이 겪었던 경제적 어려움은, 북한 요원들이

26 공공배급제는 북한이 인민에게 식량을 배급하는 방식이다. 식량배급은 나이, 젠더, 직업, 정치적 지위에 따라 결정된다.

27 주체는 북한의 공식 정치이데올로기다. 주체는 북한인민의 자립을 강조하며 외국의 영향으로부터 북한의 독립을 중시한다.

28 현장연구를 하는 동안 나는 아이스하키, 축구, 야구를 포함한 다양한 종목에서 북한을 대표하는 북한 선수들을 만났다. 지위만을 너무 과장해선 안 되겠지만, 과거에 조선노동당원이었던 한 면담자는 송환한 재일한인 중 노동당원증을 수여받은 사람은 1천 명이 못 된다고 했다.

표면적으로는 김정일에게 보고하지 않았고, 유럽 출신 5명과 일본 출신 8명 등 일본인 13명을 납치한 사건이 있었던 2002년에 이르러서는 한층 더 심화했다. 대중의 격렬한 분노를 배경으로 일본정부는 경제제재 조치를 통해 북한에 있는 많은 송환자의 생명선이 되어왔던 물자의 교역을 봉쇄했다. 북한에 있는 가족에게 비공식적으로 돈이나 일상용품을 보내는 일은 여전히 가능했지만, 자동차, 자전거, 냉장고, 세탁기, 오디오, 피아노 등을 대량으로 발송하던 시절은 끝이 났다.[29]

1) 초국적 친족노동

모두 한꺼번에 북한으로 이주하는 대신 가족 중 한두 명만 보내서 이주의 위험을 분산하려 했던 가정도 있었다. 향후 전개될 일에 대해 신중을 기한 사람들에게 가족을 분산시키는 일은, 일본과 북한의 관계가 정상화될 때 그들이 혜택을 얻을 수 있으리라는 기대에 기반했다는 점에서 재정적 도박이기도 했다. 이런 경우엔 가족 구성원 중 일부는 일본에 남아 북한의 상황에 대한 소식을 들어본 뒤 북한으로 따라 들어갈 것인지 결정하기로 했다. 여러 면담자는 집으로 편지를 보낼 때 비밀 메시지를 우표 뒷면에 적거나 본문에 암호를 넣어 일본에 남은 가족들에게 따라 들어오지 말라는 경고를 전했다고 밝혔다. 한 사람은 이렇게 말했다. "저는 잘 지내고 있으며 남동생이 결혼할 때쯤에는 만나러 가겠다고 부모님께 전했어요. 하지만 남동생은 아직 어린애였고, 부모님은 제가 사실상 북한으로 따라오지 말라고 경고하고 있다는 걸 알아들었죠." 식량

29 일본적십자에서 편찬한 보고서에 따르면, 1963년 7월 니가타를 떠나 북한으로 출항한 108번째 배에 다음과 같은 화물이 실렸다. 짐 244톤, 차량 4대(소형차 2대, 승합차 1대, 닛산 세드릭 1대, 모두 중고차임), 자전거 124대, 냉장고 31대, 세탁기 42대, 오디오 12대, 텔레비전 14대, 전등기구 83개(B AG 105-030. 01: 5).

이 부족한 시기에는 북한으로 떠난 가족과 일본에 머무르고 있는 가족 간의 연결고리가 삶과 죽음을 가르는 결정적 요인이 되기도 했다.

부유하고 정치적으로 인맥이 있는 가족은 일본에서 수입된 제품에 쉽게 접근할 수 있었다. 가령 파친코사업에 인맥이 있는 가정은 일본에 남아 있는 사람들이 보내주는 정기적 송금을 받을 수 있었다.[30] 그러나 정치적 혹은 경제적 자본이 없는 대부분의 송환자 가정에서 일본에 있는 가족과의 관계는 여성의 친족노동을 통해 형성되고 유지되었다. 문화인류학자 미카엘라 디 레오나르도는 친족노동을 이해하기 위해서는 폭넓은 친족관계를 유지하는 일 역시 사회적으로 반드시 필요하며, 경제적으로도 적절한 노동의 형태라는 점을 인식해야 하고, 그러려면 가사노동과 공적 노동을 융합시킨 관점이 필요하다고 주장한다. 친족노동과 그것을 통해 친족체계를 유지하는 역할은 "실질적 생존 그리고/또는 정치적 저항의 수단"(di Leonardo 1987: 441)으로 작동할 수 있으며, 법적 경계나 정치적 경계도 친족노동이 갖는 중요성을 제한할 수 없다. 송환사업으로 인해 분산된 가족에 대한 장거리 친족노동은 젠더화된 것이었다. 재일한인은 남성과 여성 모두 친족관계를 유지하는 일을 가정 안팎의 여타 돌봄 의무와 마찬가지로 "여자가 할 일"이라고 여기기 때문이다.[31] 장거리 친족관계와 그것이 추동하는 재화의 흐름은 국가 간 외교적 관계의 공식적 구조 밖에서 이루어지기에 무역제재에도 불구하고 지속되었다.

국경을 넘는 장거리 관계를 이어가기 위한 초국적 실천들은, 평

---

30 이민진의 베스트셀러 소설 『파친코』(2017)는 허구의 인물을 통해 재일한인 가족에게 파친코산업이 가지는 중요성을 잘 보여준다.

31 디 레오나르도는 이 점을 분명히 강조하면서, "전체적으로 남자들은 이 노동을 하지 않는다"는 점에서 친족노동은 가사와 육아와 비슷하다고 지적한다.

소라면 남겨두고 떠나온 사랑하는 이들에 대한 그리움만으로도 충분히 유지될 수 있다. 이러한 관계는 가령, 조국으로 돌아간 가족과 친구에 대한 지원이 그들의 생존에 절실해지는 위기의 국면에 한층 강화된다. 오늘날에는 함께 있다는 느낌을 주기 위해 전화, 편지나 소포 보내기, 문자 메시지나 이메일 보내기, 웹 활용하기 등이 보편적으로 사용되고 있다(Baldassar 2008: 256). 하지만 북한에 정착할 당시의 송환 가족들은 선택지가 제한되어 있었다. 도시에 거주하는 가족은 소포와 편지를 주고받을 수 있고 직장이나 지역전화국에서 전화를 걸 수 있었지만, 정부가 교신 내용을 감시했다. 편지는 검열을 거쳤고 전화 통화는 감시되었다. 면담자들에 따르면 소포는 이따금 물품이 빠져서 왔다. 하지만 관리들은 뇌물에 매우 약했고, 국가는 북한과 일본 사이에 오가는 모든 소통을 점검할 능력이 없었기 때문에 감시는 언제나 부분적이었다.[32] 정부의 관심을 피해 연락을 취하려는 사람들은 아주 은밀히 움직여야만 했다. 이때 가장 보편적인 방법은 일본에서 가족이 찾아오길 기다렸다가 정부나 간부의 감시를 피할 수 있는 순간을 어떻게든 마련하는 것이었다. 그러나 북한에 있는 가족을 만나기 위해 여행하려면 여러 가지 어려움과 비용을 감수해야 했기 때문에, 대다수의 송환 가족에겐 가족과 재회할 수 있는 기회가 거의 없었다.[33] 따라서 일본과 북한으로 갈라진 가족에게는 편지와 소포만이 생명줄이었으며 그 중요성은 더욱 높아졌다.

재일한인 영화감독 양영희는 평양에 있는 가족을 여러 번 방문했

32 다른 탈식민체제에서와 마찬가지로 북한에서도 국가통제와 선전은 실제로 일어나고 있지만 언제나 부분적일 뿐이라는 점을 지적해준 익명의 심사위원께 감사드린다.

33 면담자들은 니가타항에서 북한에 있는 가족의 집으로 가려면 5일이 걸린다고 말했다. 동해를 건너는 데 사흘, 북한 기차를 타고 이동하는 데 하루나 이틀이 걸린다는 것이다.

는데, 갈 때마다 여러 물품을 잔뜩 챙겨갔다.[34] 1971년에 오빠 셋이 북한으로 이주하고 부모님과 양 감독은 일본에 남았기 때문에, 그의 모친은 정기적으로 아들들과 통화를 하고, 음식, 의복, 기타 물품을 소포로 보냈다.[35] 지칠 줄 모르는 모친의 헌신 덕에 아들과 그의 가족들은 너무나 많은 송환 가정에 비참한 결과를 가져왔던 1990년대의 기근에도 살아남을 수 있었다. 오사카에서 진행한 인터뷰에서 양영희는 모친이 쓰루하시에 있는 지역우체국을 통해 돈을 보낸다고 했다. "보내는 금액의 10%를 수수료로 떼요. 초반에는 이런 식으로 물건을 보내는 일이 미덥지 않았어요. 물건이 몇 개씩 없어진 채로 전달됐거든요. 하지만 점점 나아졌어요"라고 그녀는 말했다.[36] 소포가 도착했다고 등록되면, 평양에 있는 우체국에서 등록된 수령자에게 연락하고, 그들이 찾아와 소포를 가져간다. 수령자는 불법 물품이 없는지 확인할 수 있도록 우체국 직원 앞에서 소포를 열어봐야 한다.

대개 북한과 일본에 있는 여성들이 주고받았던 편지와 소포는 양영희의 가족처럼 헤어진 가족들 간의 주요 소통수단이었다. 교신을 할 수 있는 가족들은 편지나 전화로 일본에 남은 가족들에게 북한에 있는 곤궁한 친족에 대한 의무를 상기시키며 일본에 있는 가족과의 공존관계를 만들어냈다. 소포로 받은 돈, 책, 문구, 의복, 사치품은 송환자들에게 본인이 사용하거나 필요할 때 공무원에게 뇌물로 바칠 수 있는 자산

34 〈디어 평양〉(2005)이 개봉되자 북한정부는 양영희 감독의 북한 방문을 금지했다. 더 자세한 사항은 애덤 허젤과 양 감독의 인터뷰를 참고하라. http://koreanfilm.org/yanghy.html.

35 양 감독의 모친은 가족의 친구들에게도 수년에 걸쳐 문구, 겨울옷, 장갑, 라면, 돈과 같은 물품을 보냈다.

36 2014년 7월에 수행한 양영희 감독과의 인터뷰. 일본과 북한에 흩어져 살고 있는 가족들의 삶에 대한 자세하고 뭉클한 설명은 양 감독의 다큐멘터리(Yang 2005, 2009)를 볼 것.

이 되었다.[37] 식료품은 북한 지역주민과 거래할 때 활용할 수 있는 가치재이자 일본에서의 삶을 감각적으로 환기해주는 물건이라는 점에서 특히 유용했다. 일본에서 건너온 음식을 요리하는 행위와 그러면서 느껴지는 맛과 냄새는 송환자들에게 북한으로 넘어오기 전의 삶을 상기시켰다. 예컨대 카레 가루는 다른 전형적 일본음식과 마찬가지로 송환자 가족과 북한주민 모두에게 매우 인기 있는 품목이었다. 일본의 가족들이 소포로 보내준 다양한 라면과 우동도 송환자들을 따라 북한으로 들어왔다. 스바셰크와 스크르비시는 고향집에서 보내준 물건이 이주자의 소속감과 감정적 웰빙을 향상한다고 지적한 바 있다(Svašek and Skrbiš 2007: 377). 그러한 물품은 떠나온 나라로 다시 돌아갈 수 없는 사람들에게는 한층 의미가 커진다. 식료품은 또한 이주해간 사회와는 구분되는 새로운 소속감을 만들어내는 데에도 효과적이다.

일단 식료품이 북한에 도착하면 송환 가족들은 식료품을 현지 물건과 교환하거나 권력을 가진 사람의 호의를 얻기 위한 전략적 선물로 활용했다. 일본에서 북한으로 보낸 물품의 의도치 않은 효과 중 하나는 그 물품들이 일본에 대한 호의적인 유대를 형성하는 데 기여했다는 점이다. 면담자들은 일본음식, 외국 음악, 눈에 확 띄는 옷들이 이국적인 매력을 발휘했다고 말했다. 나아가 품질도 북한에서 만든 것에 비해 좋다고 여겼다. 이러한 물품은 북한에서 태어난 재일한인 송환자 자녀세대에게 일본에 대한 긍정적인 이미지를 키우는 데 일조했다.

편지가 시간과 공간을 가로질러 가족을 연결해주었지만, 그것은

37 일본 법무부 이민국의 보고서에 따르면, 1964년 12월 북한으로 출항한 121번째 선박에는 다음 물품들이 실렸다. 인삼주 160병, 말린 해삼 47kg, 달걀 100kg, 설탕 26통, 담배 338갑, 담배상자 7개, 사탕 26통, 생선 통조림 29개(B AG 232 105 030.01: 6).

또한 헤어진 가족 구성원 간에 부채감을 자아내기도 했다. 오사카에서 만난 한 면담자의 도움으로 1981년부터 2014년 사이에 청진과 평양에 사는 송환자들이 일본에 사는 가족들에게 보낸 편지를 모아둔 곳에 갈 수 있었다. 편지에는 북한 우표가 붙어 있어 공식적 경로로 도착한 편지라는 점을 알 수 있었다. 대부분은 한글로 써 있지만, 간간이 일본어와 한자가 섞여 있는 편지에는 처음부터 끝까지 모든 줄마다 좀처럼 가누지 못한 감정이 스며 있었다. 70통의 편지에는 몇 가지 주제가 반복해서 나타났다. 죽음, 날씨, 건강에 대한 걱정이 여러 면을 채우고 있었다. 의료비, 결혼식, 장례식, 제사 등을 위해 금전적 지원을 부탁하는 말이 적혀 있는 편지도 많았다. 이주한 여성들은 "언젠가 만나게 될 날" 전부 갚겠노라고 약속하며 매우 구체적인 액수의 돈을 부탁했다. 한 여성은 친척에게 일본 돈을 보내달라고 부탁하기에 앞서 "남편이 죽어가고 있다"라고 호소했다. "남편을 잃는다는 생각에 매일 울어요. 치료비를 마련하기 위해 가지고 있는 것을 전부 팔았어요." 북한으로 간 가족원은 일본에 남은 가족원에게 수년에 걸쳐 그들의 고생을 털어놓으며 도움을 요청하는 편지를 보냈다. 계속되는 감정적·재정적 부담의 무게에 못 이겨, 일본에 있는 가족 중 일부는 북한의 가족과 연락을 끊었다. 일본에 있는 친족이 답장을 중단한 후에도, 북한에 있는 많은 여성은 편지가 전해지기를 바라며 계속해서 편지를 보냈다.

2) 모호한 정체화의 거점으로서의 가족

닫힌 문 뒤의 내밀한 공간에서 송환자들은 다양한 종류의 정체성 만들기에 돌입했다. 자신의 집에서 이들은, 예전과 마찬가지로 일본에서 여전히 외국인으로 지낼 수밖에 없었던 일본에 남은 가족 및 친구들과 장거리 관계를 유지하며 자기 나름의 방식으로 스스로를 규정해갔다. "우리는 다른 송환자들과 함께 모여서 일본음식을 먹고 일본어로 말하며 우리가 떠나온 곳의 삶에 대해 이야기를 나눴어요. 물론 아주 조심해야 했죠. 지역주민에게 들키기라도 하는 날에는 신고되어 처벌을 받을 테니까요." 장미정이 양손에 수갑을 차고 끌려가는 시늉을 하며 내게 말했다. 다른 송환자들과 모임을 가지며 그들은, 사적영역에서 상호 신뢰를 쌓고 그들만의 별도의 소속감을 구축하며 일본의 문화적 표지를 샅샅이 없애버리라는 정부의 엄중한 명령을 거부했다.

송환자 가족들은 가정생활을 통해 일본에서의 생활 경험에서 빈틈이 생긴 곳을 채울 수 있었다. 북한의 아이들은 전통적인 자녀양육 관행에 따라 조부모의 감독하에 길러졌다. 한쪽 혹은 양쪽 부모가 나가 일을 하는 동안, 집안일과 식구들을 관장하는 일은 대개 할머니의 임무였다. 따라서 주로 노인들이 집단의 응집력을 유지하고 과거와의 감정적 연결을 길러주는 역할을 맡았다. 귀환자 중 어머니와 아버지가 둘 다 국영공장이나 집단농장에서 일한 경우에는 할머니가 가족들이 먹을 음식을 만들고 아이들을 키웠다고 술회했다. 많은 송환자 가족은 수입재료를 사용하여 일본에서 배운 방식대로 요리했다. 축하할 일이 있을 때는 조부모가 일본노래를 부르고 남한과 일본의 옛이야기를 손녀손자에게 들려주었다. 박옥자는 부모님과 조부모님이 자신을 재울 때 일본노래를 불러주었다고 했다. "정전일 때가 꽤 잦았는데 그러면 아빠가 기타를 꺼내왔고 가족들이 다 같이 노래를 불렀어요. 가사의 뜻을 모를 때도 있었지만 노랫소리는 너무나 아름다웠죠"라고 회상했다.

이러한 육아 방식을 통해 송환자들은 북한에서 정착한 장소가 아닌, 다른 대안적 시간과 공간에 대한 기억을 다음 세대에게 전했다. 이 기억들은 마치 다리처럼 작용하여 젊은 사람들의 욕망을 자극하고 이들이 직접 살아보지는 않았지만 강력한 끌림을 느끼는 어떤 삶에 연결해주었다. 이런 식으로 송환자 가족 사이엔 일본에서의 삶에 대한 향수가 형성되었다. 일본에서의 삶에 대한 열망을 가진 윗세대 송환자들이 일본을 떠난 것에 대한 후회와 과거에 대한 향수로 굴절된 기억을 손녀와 손자에게 전해주었다. 예비 송환자들의 마음에 북한에 대한 환상을 심어주었던 "지상낙원"[38]이라는 북한의 선전문구는 북한을 상징하던 것에서 일본의 한인공동체를 의미하는 것으로 바뀌어갔다.

5. 계속되는 정체성의 여정

이 연구는 일본제국의 필요에 의해 본거지를 떠나야 했던 재일한인의 대규모 이주를 검토하면서, 과거 피식민 주체가 탈식민화된 상황에서 전개된 시민-만들기 과정과 냉전 이데올로기로 인해 초래된 파열을 복잡하고 모순적인 방식으로 내면화하며 자신과 공동체에 대한 이해를 쌓아가는 양상을 논해보았다. 송환된 한인과 북한사회 간에 발생한 마찰은 북한에 정착한 송환자들에게 새로운 정체성이 나타날 기회를 마련해주었다. 일본에서는 북한의 민족주의를 기반으로 정체성을 구축했던 사람들이 북한으로 이주 후에는 일본에 있는 친족 및 공동체와 초지역적인 관계를 맺으며 정체성을 구축해갔다. 이러한 장거리 관계가 북한에 이주한 후 수년 동안 그들을 지탱해주었다. 갈라진 가족 사이에서 형성된 관계는 북한의 주요 도시를 벗어난 지역의 삶을 특징짓는 산발적 식량부족 사태 속에서 살아남을 수 있는 한 가지 방법이 되었지만, 이러한 관계는 북일관계가 악화하는 상황에 취약했다. 장거리 관계는 대부분 동해를 사이에 둔 양쪽 여성의 친족노동에 의해 유지되었다. 노래, 이야기, 일본 출신의 다른 송환자들과의 모임 등의 기억 장치를 통

38 한 인터뷰 참여자에 따르면, 북한 송환자를 모집하는 총련 선전물에서 북한은 "지상낙원"이라 표현되었다.

해 송환자들은 북한의 인민양성사업과는 다른 종류의 소속감을 키웠다. 함께 있을 때 꺼내볼 수 있는 초지역적 기억을 담아둘 공동의 저장소를 만들어가며 송환자들은 국가가 선전하는 것과는 다른 대안적 정체성을 만들었다. 하지만 초국적 친족 네트워크는 해당 가족들이 이중적 충성심을 가지고 있다고 낙인찍는 역할을 하기도 했다. 송환자 중 일부는 상당한 물질적 부를 가지고 있었고, 북한의 주민들은 그들이 국가안보를 위협한다고 여기는 동시에 부러워했다. 송환자를 신참 구성원으로 받아들인 사회와 송환자들의 신체 및 자아 사이에 발생한 사회정치적 긴장에 찬 관계들은 송환자들의 민족적 정체성과 국민적 정체성 사이의 연결을 불안정하게 만들었다. 한인이 되는 것과 북한의 김일성에게 충성하는 인민이 되는 것, 많은 송환자가 예전에는 이 두 가지를 분리할 수 없는 것으로 여겼다. 그러나 지금은 양자가 분리되어 한반도 밖에 있었던 시간과 장소를 그리워하면서도 한인으로 존재하는 일이 가능해졌다.

북한과 일본에서 여성들이 행한 친족노동은 송환자 가족을 지탱했고, 송환자들이 일본 내 한인공동체의 시각, 청각, 후각을 계속 경험하며 초지역적 정체화를 이루어가는 데 큰 역할을 했다. 송환자 가족들은 집에서 일본어를 사용하고 일본음식을 요리하며 일본에서 보내준 옷을 입고 북한에 오기 전의 삶을 떠올리게 해주는 노래와 이야기를 나누며, 그들이 향수 어린 기억을 통해 오사카, 도쿄, 고베 등에 있는 친구와 가족, 그리고 한인공동체에 스스로를 연결할 수 있는 새로운 공간을 만들어냈다. 많은 가족은 북한으로 이주하면서, 자신들이 일본제국의 피식민자 출신으로 주변화되었던 까닭에 일본에서는 얻을 수 없었던 기회를 북한이 제공해주리라는 희망을 품었다. 그러나 유입국인 북한에서는 재일한인을 과거 일본 식민지배자와 크게 다르게 보지 않았다. 송환자들이 북한에서 마주하게 된 현실은 북한의 사회정치적 위계의 밑바닥에 놓인 삶이었고, 이는 송환자들이 새로 정착한 사회와 떠나온 공동체 사이에서 자신을 새로운 방식으로 정체화하게 했다. 여기에 더해 편지, 자본, 재화의 흐름은 송환자의 자녀세대가 일본으로 돌아가고 싶다는 열망을 부추겼다. 북한을 벗어나 일본으로 다시 돌아오면서, 귀환자들은 한인에 대한 일본의 편견에 직면하여 다시 민족적·정치적 자아에 대해 재교섭해야 하는 처지가 되었다. 많은 사람이 부모나 조부모가 청진항에서 처음으로 북한주민들을 봤을 때 했던 것과 비슷한 질문을 던지고 있다. "당신들은 누구인가요? 나는 누구죠? 여기가 고향인가요?"

** 저자는 인터뷰 참여자들의 이름을 밝힐 수는 없지만, 그분들이 자신들에 대한 연구에 귀중한 도움을 준 것에 대해 진심으로 감사한다. 현장연구를 하는 동안 도움을 준 이시마루 지로와 양영희, 그리고 2016년 규장각 한국학 심포지엄에서 발표한 논문의 초고에 코멘트를 해준 장 도(Jean Do), 샌드라 파히(Sandra Fahy), 세라 손(Sarah Son)에게 감사드린다. 마지막으로 유익한 제언을 해준 학술지 Cross-Currents의 익명 심사자들과 유용한 코멘트와 피드백을 해준 크리스틴 나이트(Christine Knight), 로지타 아미티지(Rosita Armytage)에게도 진심으로 감사한다.

참고문헌

Ahmed, Sara, 1999, "Home and Away: Narratives of Migration and Estrangement," *International Journal of Cultural Studies* 2(3): 329-347.

Andits, Petra, 2010, "The Politics of Hope and Disappointment: Ambivalence in the Post 1989 Homeland-Related Discourses among Hungarians in Australia," *Journal of Ethnic and Migration Studies* 36(6): 989-1008.

______, 2015, "Rethinking Home, Belonging, and the Potentials of Transnationalism: Australian Hungarians after the Fall of the Berlin Wall," *Ethos* 43(4): 313-331.

Baldassar, Loretta, 2007, "Transnational Families and the Provision of Moral and Emotional Support: The Relationship between Truth and Distance," *Identities* 14(4): 385-409.

______, 2008, "Missing Kin and Longing to Be Together: Emotions and the Construction of Co-Presence in Transnational Relationships," *Journal of Intercultural Studies* 29(2): 247-266.

Bell, Markus, 2013a, "Manufacturing Kinship in a Nation Divided: An Ethnographic Study of North Korean Refugees in South Korea," *The Asia Pacific Journal of Anthropology* 14(3): 240-255.

______, 2013b, "'We're So Happy to Have You Here (But We'd Rather You Hadn't Come)': Exclusion, Solidarity and Network Building of North Korean Refugees," *Studia UBB Philologia* 58(1): 221-230.

______, 2014, "The Ties That Bind Us: Transnational Networks of North Koreans on the Move," *Resilience: International Policies, Practices and Discourses* 2(2): 100-113.

______, 2016, "Making and Breaking Family: North Korea's Zainichi Returnees and 'the Gift,'" *Asian Anthropology* 15(3): 260-276.

Biehl, João, Byron Good, and Arthur Kleinman, 2007, "Introduction: Rethinking Subjectivity," *Subjectivity: Ethnographic Investigations*, Berkeley: University of

California Press, pp. 1-23.

Brubaker, Rogers and Frederick Cooper, 2000, "Beyond 'Identity,'" *Theory and Society* 29(1): 1-47.

Buzo, Adrian, 1999, *The Guerrilla Dynasty: Politics and Leadership in North Korea*, New York: Routledge.

Caprio, Mark, 2008, "The Forging of Alien Status in American Occupied Japan," *The Asia-Pacific Journal* 6(1): 1-14.

Conradson, David and Deirdre McKay, 2007, "Translocal Subjectivitives: Mobility, Connection, Emotion," *Mobilities* 2(2): 167-174.

di Leonardo, Micaela, 1987, "The Female World of Cards and Holidays: Women, Families, and the Work of Kinship," *Signs* 12(3): 440-453.

Fahy, Sandra, 2015, *Marching through Suffering: Loss and Survival in North Korea*, New York: Columbia University Press.

Gray, Breda, 2008, "Putting Emotion and Reflexivity to Work in Researching Migration," *Sociology* 42(5): 935-952.

Haggard, Stephan and Marcus Noland, 2007, *Famine in North Korea: Markets, Aid, and Reform*, New York: Columbia University Press.

Jung, Hyang Jin, 2013, "Do They Mean What They Act? Surveillance, Theatricality, and Mind-Heart among North Koreans," *Acta Koreana* 16(1): 87-111.

Kim, Mikyoung, 2013, "North Korean Refugees' Nostalgia: The Border People's Narratives," *Asian Politics and Policy* 5(4): 523-542.

Kleinman, Arthur and Erin Fitz-Henry, 2007, "The Experiential Basis of Subjectivity: How Individuals Change in the Context of Societal Transformation," *Subjectivity: Ethnographic Investigations*, Berkeley: University of California Press, pp. 52-65.

Koo, Sunhee, 2016, "Reconciling Nations and Citizenship: Meaning, Creativity, and the Performance of a North Korean Troupe in South Korea," *Journal of Asian Studies* 75(2): 387-409.

Lankov, Andrei, 2006, "Bitter Taste of Paradise: North Korean Refugees in South Korea," *Journal of East Asian Studies* 6(1): 105-137.

______, 2007, *North of the DMZ: Essays on Daily Life in North Korea*, London: McFarland and Company.

Leavitt, John, 1996, "Meaning and Feeling in the Anthropology of Emotions," *American Ethnologist* 23(3): 514-539.

Lee, Min Jin, 2017, *Pachinko*, New York: Grand Central Publishing.

Morris-Suzuki, Tessa, 2007, *Exodus to North Korea: Shadows from Japan's Cold War*, London: Rowman and Littlefield.

______, 2009, "The Forgotten Japanese in North Korea: Beyond the Politics of Abduction," *The Asia-Pacific Journal: Japan Focus* 7/43(2): 1-20.

Ryang, Sonia, 1997, *North Koreans in Japan: Language, Ideology, and Identity, Boulder*, CO: Westview Press.

______, 2000, *Koreans in Japan: Critical Voices from the Margin*, New York: Routledge.

Said, Edward, 2001, *Reflections on Exile and Other Literary and Cultural Essays*, London: Granta Books.

Skrbiš, Zlatko, 2008, "Transnational Families: Theorising Migration, Emotions and Belonging," *Journal of Intercultural Studies* 29(3): 231-246.

Smith, Hazel, 2015, *North Korea: Markets and Military Rule*, Cambridge: Cambridge University Press.

Song, Jiyoung, 2013, "'Smuggled Refugees': The Social Construction of North Korean Migration," *International Migration* 51(4): 158-173.

Song, Jiyoung and Markus Bell, 2018, "North Korean Secondary Asylum in the UK," *Migration Studies* 6(1): 1-20.

Svašek, Maruška, 2008, "Who Cares? Families and Feelings in Movement," *Journal of Intercultural Studies* 29(3): 213-230.

______, 2010, "On the Move: Emotions and Human Mobility," *Journal of Ethnic and Migration Studies* 36(6): 865-880.

Svašek, Maruška and Zlatko Skrbiš, 2007, "Passions and Powers: Emotions and Globalisation," *Identities* 14(4): 367-383.

Walkerdine, Valerie, 2006, "Workers in the New Economy: Transformation as Border Crossing," *Ethos* 34(1): 10-41.

Whittaker, Elvi, 1992, "The Birth of the Anthropological Self and Its Career," *Journal of the Society for Psychological Anthropology* 20(2): 191-219.

Yang Yŏng-hŭi, dir, 2005, 〈디어 평양 Dear Pyongyang〉, Ansan: Cheon, Inc.

______, 2009, "Itoshiki Sona 愛しきソナ[Sona, the Other Myself]," Tokyo: Wahaha Hompo.

B AG 232 105-030.01, *Monthly Reports on the Repatriation to North Korea, by the Immigration Control Bureau, Ministry of Justice, 31/03/1961-31/12/1964.*

B AG 232 105-002, "Problème du Rapatriement des Coréens du Japan, Dossier I: Généralités, 27/02/1953-11/10/1957," *Fundamental Conditions of Livelihood of Certain Koreans Residing in Japan*, Masutaro Inoue, Japanese Red Cross Society, November 1956.

B AG 232 105-019.01, *Monthly Reports on the Repatriation to North Korea, by the Immigration Control Bureau, Ministry of Justice, 18/03/1960-31/12/1960.*

B AG 232 105-025, "An Analysis and Appraisal of the Problems of Koreans in Japan and the Role of the International Committee of the Red Cross and Other Agencies in Their Solution," by Hallam C. Shorrock, Jr. July 15, 1959, Seoul, Korea.

B AG 232 105-030.01, *Monthly Reports on the Repatriation, 31/03/1961-31/12/1964.*

제9장

〈조국(祖國)〉(=조선민주주의 인민공화국)으로의 수학여행*

야마모토 가오리

1. 조선학교에서 〈조국〉의 의미 고찰

이 글의 목적은 조선민주주의인민공화국(북한)[1]이 조선학교 학생들에게

* 이 글은 저자의 논문 "What is Our "Homeland"?: Zainichi Korean High School Students on "Homeland Visit" Tours to the DPRK"(*Culture and Empathy* 4(2), June, 2021)의 일부를 번역한 것이다.
이 연구는 일본학술진흥회 과학연구비조성사업(JSPS KAKENHI Grant Numbers JP16K04085 and JP20K02088)의 지원을 받아 수행되었다.
번역: 김민(서울대학교 동양사학과 박사과정), 김여경(도시샤대학 대학원 사회학연구과 박사후기과정)

1 조선민주주의인민공화국의 약칭에 대한 문제는 한반도가 분단되어 있는 현실을 고려하면 정치적인 문제와도 결부된다. 일본에서는 최근 '북조선'이라는 명칭이 다양한 분야에서 정착되었으나, 본국에서는 이러한 명칭을 인정하지 않는다. 더욱이 일본사회에서 사용되는 '북조선'이라는 단어에는 멸시나 차별적인 뉘앙스가 상당히 짙게 담겨 있다. 이와 같은 이유로 이 글에서 언급하는 조선학교 관계자들도 이 명칭을 달갑게 생각하지 않았다. 당사자들은 '조선' 또는 '공화국'이라는 호칭을 사용해주기를 주장하므로, 저자는 일본 독자 대상으로는 '조선'이라는 명칭을 사용했다. 그러나 이 글이 수록될 책이 대한민국에서 출판

어떠한 의미로 받아들여지는지를 조선학교 학생들의 경험을 토대로 고찰해보는 것이다.

조선학교의 기원은 1945년 8월 15일 해방 직후, 식민지배로 인하여 빼앗긴 언어를 '회복'하기 위해서 당시 일본에 있던 조선인 아이들에게 조선어, 조선문화, 조선의 역사를 가르치던 이른바 '국어강습소'다. 현재는 일본 전국에 유치원부터 고급학교(고등학교)까지 60개 이상의 학교가 있으며, 도쿄에는 조선대학교도 소재하고 있어서 유치원부터 대학과정까지 일관된 민족교육을 받을 수 있다. 이러한 조선학교는 역사적으로 북한과 깊은 관계를 가져왔다.

이 글에서 제기하는 문제는 아마도 오늘날 일본사회에서는(그리고 남한에서도) 상당히 민감하게 받아들일 것이다. 왜냐하면, 이 문제를 논의하기 위해서는 조선학교가 가진 정치적인 입장, 즉 한반도에 존재하는 두 개의 국가 중 북쪽에 위치한 조선민주주의인민공화국을 정통성 있는 국가로 인정하는 입장에서 생각하는 과정이 필요하기 때문이다. 그럼에도 조선학교 학생들에게 〈조국〉이란 무엇인가라는 문제를 고찰해보는 것은 오늘날 일본사회 속 재일조선인의 위상을 제대로 이해하기

되는 것을 감안하여 대한민국을 '남한', 조선민주주의인민공화국을 '북한'으로 표기하고자 한다. 다만 일본사회가 북한을 바라보는 시선을 설명할 때는 '북조선'이라는 명칭을 사용하기도 했다. 또 한반도에서 사용되는 언어를 어떻게 부를 것인가에 대해서도 동일한 문제가 존재한다. 이 글에서는 기본적으로 '조선어'라고 표기하며, 또한 사람을 가리킬 때는 '조선인'으로 표기했다. 이상의 단어들은 남한이나 일본에서는 멸칭으로 사용되는 경우가 있지만, 재일조선인사회에서는 '통일조국' 및 자신들의 '뿌리(root)'를 가리키는 말로 '조선'을 사용하는 경우가 있다. 저자 역시 같은 맥락에서 '조선어', '조선인'이라는 용어를 사용하는 것을 밝혀둔다. 또한 '재일조선인'도 아직 학계에서 완전히 정착된 명칭은 아니다. 저자는 지금까지 맥락에 따라 재일한국조선인, 재일코리안 등 다양하게 표기해왔으나, 이 글에서는 대상자들의 신념과 정체성 등을 고려하여 '재일조선인'으로 표기한다.

위해서 꼭 필요한 작업이라고 생각한다. 동시에 이러한 고찰은 조선학교의 운영이 '국가주의'적이고 '민족본질주의'적이라는 '비판'에 대해 어떠한 반론을 제시할 수 있을지를 모색하는 시도이기도 하다.

최근 조선학교는 일본사회에서 매우 어려운 상황에 놓여 있다. 조선학교가 '북조선'과 관계를 가지고 있다는 이유로 사회적으로도, 정치적으로도 공격의 대상이 되고 있다. 이미 인터넷상의 비방은 일상적인 일이 되어버렸고, 2009년 12월에는 '교토조선제1초급학교 습격사건'[2]과 같은 상징적인 증오범죄(hate crime)가 발생하기도 했다. 특히 이 사건이 당사자들에게 남긴 후유증은 엄청났다. 조선학교는 재일조선인들이 일본에서 살아가면서도 조선인임을 부정받지 않아도 되는 장소로 선택한 곳인데, 이 사건으로 말미암아 그 선택이 뿌리부터 모욕당했기 때문이다.

또 조선학교에 대한 일본정부나 지방자치단체의 차별도 노골적이다. 2010년 시행된 '고교무상화제도'[3]에서 조선고급학교가 배제되자, 이를 빌미로 지자체에서는 조선학교에 대한 보조금을 보류하거나 폐지

---

2 이 사건에 대해서는 나카무라 일성(中村一成), 『르포 교토 조선학교 습격사건: 증오범죄에 저항하여』(2014, 한국어판 2018)를 참조하라.

3 정식 명칭은 「공립고등학교에 관한 수업료 불징수 및 고등학교취학지원금의 지급에 관한 법률」이며, 이 법률이 제정된 당시 민주당 정권의 대표 정책 중 하나였다. 이 법률의 적용 대상이 된 학교는 교육기본법 제1조에서 규정하고 있는 학교, 즉 소위 '일조교(一條校)'에 해당하는 공립고등학교, 사립고등학교(공립고등학교 수업료에 상당하는 액수를 지급) 외에 전수학교(專修學校) 및 각종학교인가를 획득한 외국인학교였다. 그런데 각종학교인가를 획득한 각종학교 중에서 조선고급학교만 이 법률의 적용 대상에서 배제된 것이다. 이에 대해 전국 10개 조선고급학교 중에서 5개 학교가 소송을 제기했지만, 2017년 7월 27일 오사카지방법원 판결을 제외한 모든 판결에서 패소했다. 도쿄, 오사카의 경우에는 최고재판소에서 패소가 확정(2019년 8월 29일)되었고, 아이치는 1심과 2심에서 패소 후 현재 최고재판소의 판결을 기다리고 있다. 히로시마, 후쿠오카는 1심에서 패소 후 현재 2심에서 다툼이 진행 중이다.

하였고, 최근에는 2019년 10월에 시행된 '유아보육무상화'에서 조선유치원을 제외했으며, 2020년 코로나-19 감염증 확대로 인한 '학생지원긴급급부금'에서는 조선대학교를 배제하는 등, '조선유치원 아동부터 조선대학교 학생까지' 모두를 배제하는 시스템이 '완성'되었다.

이는 사실상 "'북조선'과 관계된 조선학교에 대해서는 무슨 짓을 하든 상관없다"[4]라고, 정부가 인증해준 셈이다. 이처럼 민관일체로 조선학교를 배제하는 상태에 대해 모리 지카코는 '위로부터의 인종주의'가 '풀뿌리 인종주의(racism)'를 암묵적으로 승인한다고 주장한다(森千香子 2014).

왜 이와 같은 차별이 용인되는 것일까? 물론 그 근저에는 식민지배 이후 지속되어온 일본사회의 뿌리 깊은 식민주의가 있지만, 이를 더욱 강고하게 만드는 것이 최근 일본사회에 만연한 '노스코리아 포비아(North Korea-Phobia)'(Itagaki 2015)다. 납치, 핵, 미사일 등에서 파생되는 '북조선은 무섭다'라는 이미지와 '북조선은 황당무계한 국가'라는 이미지가 결합하여 혐오감정이 증폭되었다. 그러한 북한과 밀접한 관계에 있다는 이유로 조선학교에 대한 혐오범죄가 '정당화'되는 현상이 나타나는 것이다. 일본의 '양심적'인 시민운동 안에서도 "차별은 용인될 수 없지만, 조선학교에도 문제가 있다. 북조선, 재일본조선인총연합회(총련)와의 관계를 끊어내야 한다"라는 주장이 종종 제기된다. 그러나 이러한 비판에도 왜 조선학교는 북한과의 관계를 지금까지 유지해오고 있는지, 조선학교 학생들이 왜 북한을 〈조국(祖國)〉이라 부르며 애착을 보이는지에 대한 질문은 빠져 있다.

조선학교에 관한 연구를 살펴보면 최근에는 역사 연구뿐만이 아니

---

4 다나카 히로시(田中宏), 「아이치현립대학 다문화사회론 특별강연 강의록」(2018년 5월 7일)에서 인용.

라,[5] 직접 조선학교를 찾아가서 진행하는 참여관찰 등 현장조사를 베이스로 한 연구성과들도 점차 발표되고 있다.[6] 그러나 이러한 연구들에서도 북한과 조선학교의 관계에 대해서는 언급하지 않는다. 간혹 언급하더라도 1957년부터 지금까지 이어지는 북한정부로부터의 '교육원조비·장학금' 내용에 한정된다. 지금 조선학교가 구체적으로 북한과 어떠한 관계를 가지는지, 또 조선학교 관계자들이 북한에 대하여 어떠한 생각을 하는지에 대한 논의는 (의도적인지 아닌지는 차치하고) 찾아볼 수 없다.

조선학교가 북한과 밀접한 관계를 가지고 있다는 사실을 적극적으로 이야기하는 것이 왜 이토록 곤란한 것일까? 이는 북한이, 전후 일본이 여러 우여곡절을 겪으며 형성해온 '민주주의적 가치관'과는 다른 정치·사회체제를 가진 국가로 인식되기 때문일 것이다. 이러한 인식과 '북조선(노스코리아) 포비아'가 결부되어 북한은 철저하게 '악마화'되었다. 따라서 일본사회에 살고 있는 우리들에게 '깊이 뿌리내린' 북한에 대한 고정관념을 가능한 한 상대화하지 않으면, 조선학교에서의 〈조국(=북한)〉이 가지는 의미를 이해하기 어렵다. 아마 남한도 비슷한 문제가 있을 것이다. 어쩌면 북한을 '통일의 대상'이자 동시에 '적'으로 상정하고 있는 남한사회에서 오히려 더 어려운 문제일지도 모르겠다.

조선학교와 북한의 관계에 대해 조선학교의 정치적 입장을 존중하면서도, 당사자의 시점에서 내재적으로 이야기하려는 시도조차 '세뇌되

5 대표적인 역사연구로는 오자와 유사쿠(小沢有作), 『재일 조선인 교육의 역사(在日朝鮮人教育論: 歴史編)』(1973, 한국어판 1999); 김덕룡(金徳龍), 『바람의 추억(朝鮮学校の戦後史: 1945~1972)』(2004, 한국어판 2009) 등이 있다.

6 예를 들어 송기찬(宋基燦), 『이야기되지 않는 것으로서의 조선학교(語られないものとしての朝鮮学校)』(2012); 김여경(金汝卿), 「민족교육의 '어머니'라는 것: 조선학교 어머니회를 통해 본 여성의 〈삶의 방법〉(民族教育の『母』であること: 朝鮮学校のオモニ会に見られる女性の〈生きる方法〉)」(『ソシオロジ』 제65권 1호, 2020) 등이 있다.

었다'라는 꼬리표가 붙기 십상인 것 역시 일본사회의 현실이다. 이와 같이 어려운 점이 있지만, 이 글에서는 조선고급학교 학생들의 〈조국〉에 대한 생각을 조선고급학교 학생들의 조국방문의 동행조사를 통해 얻은 지견에 기초하여 밝혀보려 한다. 이를 통하여 조선학교나 조선학교 학생들에게 〈조국〉이란 어떤 의미인지를 고찰해보고자 한다.

2. 분석 시점

이 글은 앞서 이야기한 것처럼 조선고급학교가 실시하는 '조국방문'의 동행조사를 통하여 그들에게 〈조국〉이란 무엇인지를 고찰하는 것을 목적으로 한다. 우선 조선학교의 교육과정에서 북한의 의미를 생각해볼 필요가 있다.

조선학교가 북한과 관계를 맺는 이유에 대해서, 앞서 언급했듯이 북한으로부터의 지원금, 즉 '교육원조비·장학금' 때문이라고 설명하는 경우가 많다. 그러나 단순히 '돈'으로만 유지되는 관계인 것일까?

오영호는 『조선학교 교육사(朝鮮学校の教育史)』에서 조선학교와 북한의 관계에 대해 언급하고 있는데, 그에 따르면 북한은 언제나 조선학교에는 "없어서는 안 되는 기반이자 참조점으로 존재해왔다. 교육을 조국화(祖国化)하는 것은 불가능하지만, 그러나 그 교육은 항상 조국을 지향하려는 벡터를 가지고 있다"(呉永鎬 2019: 362)라고 한다. 오영호에 따르면 피지배자인 재일조선인 자신에게조차 깊이 내면화된 식민지의식을 극복(='탈식민지화')하는 것이 조선학교의 교육목적이며, 이를 위해서는 단순히 일본(=제국성)에서 벗어나려는 것뿐만이 아니라 민족적 정체성을 육성하는 과정을 거칠 필요가 있다. 물론 "재일조선인이라는 이유로, 국가에 구애되지 않고 남북을 동등하게"라는 주장도 존재하지만,[7] 실제로는 한반도가 분단되어 있는 현실에서 어느 한쪽을 선택하도록 강요받고 있다.

또한 '떳떳한 조선사람'으로 재일조선인 아이들을 키워내는 것이 조선학교의 궁극적인 목적이다. 이는 조선어, 조선문화 등 '민족적 소양'을 함양하고 '애국·애족의 정신을 가지고 조국과 동포사회에 기여하는' 인재가 되라는 메시지이기도 하다.

이러한 조선학교의 인간관, 교육관은 요즘 인류학, 사회학에서 반복적으로 비판받아온 '민족본질주의'이자 민족주의적인 것으로 비쳐질 것이다. 일본에서도 구축주의에 대한 논의가 시작되면서 '민족적인 것'의 '탈구축(脱構築)'이 진행되어온 지금, 앞서 언급한 것과 같은 조선학교의 운영은 '케케묵은' 것처럼 보일지도 모른다. 민족본질주의가 가지는 '권력성'과 '억압'은 이미 1990년대 이후 재일조선인 연구에서 가장 격렬한 비판의 대상이 되어왔기 때문이다(李洪章 2016).

그러나 리홍장은 이러한 탈구축론이 "민족의 사회적 구축성(構築性)을 폭로함으로써 이를 기반으로 삼아온 재일조선인들의 연대를 부정하지 않을 수 없는 딜레마를 안고" 있으며, 민족을 탈구축론적으로 이야기하는 것은 "문화론적으로는 '올바른' 사상일지라도, 현실의 민족억압 상황을 타파하는 사상은 될 수 없다"(李洪章 2016: 29-30)라고 주장한다.

재일조선인의 삶의 방식이 다양해지면서 한편으로는 '글로벌하게' 활약하는 재일조선인이 등장하고 있는 것도 사실이다. 그들은 조선학교의 공적인 언설="'떳떳한 조선사람'이 되자"에 대해서는 "그것도 중

7 이러한 이념을 가진 코리아국제학원(コリア国際学園)이 2008년 설립되었으나 그 이념을 실천하기는 쉽지 않아 보인다. '국경을 초월한 사람(越境人) 육성'을 키워드로 내세워 2017년에 국제 바칼로레아 인정을 받았으나, 한국정부로부터 보조금을 받게 되었을 당시에는 태극기를 게양할지 말지를 두고 논란이 빚어지기도 했다. 실상은 현재 외교관계가 있는 한국과의 관계가 강한 학교다.

요하다"라고 하면서도, "내 인생을 그 목표만을 위해서 바치고 싶지는 않다"라고도 한다. 그렇기 때문에 "(재일조선인사회)밖으로 나아간다"라고 말한다. 그러나 동시에 "내 자신이 조선인이라는 사실은 잊지 않는다"고 말하는 그들의 삶의 방식은 코스모폴리탄적인 공동체의 이상형이라고도 생각된다.

이러한 관점으로 보면, 코스모폴리탄적인 삶의 방식과는 대조적으로, '동포사회를 지키'기 위해서 총련사회를 중심으로 하는 재일조선인사회에서 활동하는 선택은 '민족본질주의'의 '권력적'이고 '억압적'인 교육의 결과로 비쳐질지도 모르겠다. 또 조선학교가 실천하고 있는 '떳떳한 조선사람' 육성에 대해서는 '과도한 집단적 정체성을 강요하고 있는 것은 아닌가'라는 비판도 있다.

이러한 비판은 큰 틀에서는 틀리지 않았다. 아니, 오히려 '올바르다'라고 해야 할 것이다. 조선학교의 교육이 '민족본질주의'적이며, '집단적 정체성의 육성'에 역점을 두어온 것은 사실이기 때문이다. 그렇지 않았다면 해방 후 70년 넘는 시간 동안 그토록 냉혹한 환경 속에서 운영되도록 강제당하면서도 조선학교를 유지(당사자들은 '지킨다'라고 표현)해 올 수는 없었을 것이다. 그러나 그 운영이 민족본질주의나 집단적 정체성에 대한 비판에서 지적하는 '권력'이나 '억압'만으로 가능할 수 있었을까?

이에 대해 마쓰다 모토지가 제기한 "본질주의라는 정의(正義)"(松田素二 2009: 40)에 대한 논의가 참고가 될 것이다. "(구축주의는 지금까지 본원적이라고 간주되어왔으나, 사실은 구축되었음을 폭로하였다) 현실 사회에서는, 사람들이 이 본질화된 여러 실체에 기반해서 일상 속에서의 작은 행위뿐만 아니라 정치적인 저항까지도 실천하고 있기 때문에, 이러한 폭로는 여러 가지 어려운 문제들을 불러일으킨다."(松田素二 2009: 41) 마쓰다의 이와 같은 지적은 조선학교 연구를 수행할 때의 딜레마이기도 하다. 조선학교의 교육과정에서 나타나는 '본질주의적인 측면'을 어떻게 기술해야 할 것인가? 이 글에서는 리홍장(2016)이 말하는 "'구축주의의 올바름' 대 '민족본질주의'에 대한 희구'"라는 구도에 근거하여, 조선고급학교의 '조국방문'과 거기에서 도출된 〈조국〉의 의미를 살펴보고자 한다.

또한 조선학교 교육이 내포하고 있는 민족주의적인 측면을 지적하는 비판에 대한 반론도 필요하다. 조선학교가 〈조국〉, 다시 말해 북한과의 관계 속에서 교육하고 있는 것에 대해서는 다수자인 일본사회뿐만 아니라 소수자인 재일조선인들조차도 알레르기 반응을 보이는 경우가 있기 때문이다. 그러나 서경식은 "재일조선인은 '상상 속의 고향'인 한반도에 대해 향수와 애착을 느끼기 때문이 아니라, 반대로 '상상' 속에서는 그다지 귀속의식을 느끼지 않음에도 불구하고 한반도의 정치적 현실로 인하여 일상의 삶을 구속당하고 있기 때문에 자신의 해방을 위한 조건에서 '본국'이라는 요소를 버릴 수가 없는 것이다. 즉, 민족적 '상상'이 국경을 뛰어넘고 있는 것이다"(徐京植 2002: 173)라고 말하며, 앞서 언급한 '알레르기 반응'을 비판한다.

재일조선인들조차 조선학교를 향해서 "재일조선인에게 조국은 환상에 지나지 않는다"라는 비판을 제기하기도 한다. 조선학교 관계자들은 항상 격렬한 '반(反)북조선'적인 시선에 둘러싸인 채 생활한다. 때때로 조선학교 학생들은 '조선인'이라는 말 대신 '일본에서 태어나고 자란 한국인'이라고 자신을 설명하기도 하지만, 현재 일본사회에서는 '한국'에 대한 감정도 좋지 않기 때문에, '한국=반일'이라는 시선에 둘러싸인다. 이러한 상황에서 민족이나 조국을 '탈구축'하는 것만으로는 이 사회에서 살아가기가 어려울 것이다.

물론 조선학교 학생들이 '민족'이라는 측면만으로 살아가는 것은 아니다. 그러나 식민지주의가 지속되는 일본, 하물며 조선학교가 '북조선'과 한 세트로 묶여 배외주의의 공격대상이 된 일본의 현실 속에서 조선학교 관계자들은 항상 '조선인임을, 조선인으로의 존재'를 의식하지 않을 수 없을 것이다.

여기까지가 이 글에서 이제부터 묘사하려는 '조국(=조선민주주의인민공화국)'을 방문한 조선고급학교 학생들의 모습을 어떻게 바라볼 것인지에 대한 관점이다. 즉, 언뜻 보면 과도하게 민족주의적이고, 보기에 따라서는 '세뇌된' 듯 보이는 조선고급학교 학생들의 모습을 이해하기 위한 시각이다. 물론 '조국방문'이라는 프로그램 자체는 교육의 일환이기도 하며, 조선고급학교 학생들을 하나의 방향성으로 유도하기 위한 '장치'라는 사실은 인식했다. 그러나 이를 뛰어넘어, 서경식이 지적한 일본의 현실 속에서 조선고급학교 학생들에게 〈조국〉이 가지는 의미가 무엇인지를 생각해보고자 한다.

3. '조국방문'의 배경과 내용

1) 취지와 경과

'조국방문'은 일본 전국 10군데 조선고급학교의 3학년 학생 전원을 대상으로 실시된다. 매년 6월부터 7월(일부는 9월) 사이에 실시하는데, 북한 현지에서 2주 동안 지내면서 평양 시내를 비롯한 많은 장소를 견학하고, 현지 사람들과 교류하는 프로그램도 진행한다. 방문하는 곳은 학교에 따라서 약간의 차이가 있지만, 기본적으로는 대부분 동일한 곳을 방문하는 듯하다.

이처럼 고3 학생들을 대상으로 하는 조국방문이 시작된 시기는 1980년대 전반 무렵이었다. 초기에는 무지각·무결석, 학력 향상, '우리말 100% 운동'[8] 달성 등을 평가하여 '모범반'으로 선정되어야만 조국방문을 할 수 있었고, 이러한 형식이 1982년부터 1988년까지 유지되었다고 한다.

지금과 같이 고3 학생 전원으로 대상이 확대된 것은 1989년도부터다. 북일관계 악화의 영향으로 기존에는 만경봉호(선박)를 타고 바닷길로 이동하던 것에서 베이징을 경유하는 하늘길을 이용하게 되는 등 변화는 있었지만, 지금까지 단 한 차례도 중단되는 일 없이 지속하고 있다.[9]

조국방문을 실시하게 된 이유는 재일조선인들이 일본에서 영주할 것이 점차 자명해졌기 때문이라고 한다. 1980년대에 〈조국〉을 실제로 아는 것이 필요하다는 인식이 대두되면서 교과서만으로 배웠던 〈조국〉을 '체험'하는 것의 중요성을 논의하던 가운데 조국방문이 실현되었다는 것이다. 물론 이것이 가능해진 배경에는 1965년에 조선적을 가진 재일조선인들이 '조국 왕래의 권리'를 획득하여, 그 후에 북한 쪽에서도 대응체제가 정비되어 큰 규모의 방문단도 수용할 수 있게 된 것 등 외적 요인의 영향도 있었다.

여기에서 일단 조선고급학교 학생들의 국적에 대해서 언급할 필요가 있다. 조선고급학교 학생들의 국적은 대체로 70% 정도가 '한국적'(한국국적)이다. 나머지는 대부분 '조선적'이고 학년마다 1~2명 정도 '일본국적'을 가진 학생이 있다. 남한과 북한 두 나라 모두 자국의 법률에서는 재일조선인의 국적 표시와 상관없이 이들을 모두 자국민으로 간주한다. 따라서 설령 '한국적'을 가지고 있더라도 북한으로 조국방문을 가

8 조선학교 학생들의 모어는 일본어다. 조선학교에서는 일상생활에서도 조선어를 사용하자는 방침을 가지고 학내에서 '우리말 100% 운동'을 전개한다.

9 2020년에는 COVID-19 감염증 확산의 영향으로 국외 여행이 사실상 어려워졌으며, 북한도 감염증 예방을 위해서 2020년 1월 21일부터 외국인 입국을 중지하였고 이 조치는 2020년 8월 기준으로 계속되고 있다. 따라서 2020년에는 조국방문 실시가 불가능했다.

는 데에는 문제가 없다. 남북관계의 상황에 따라 남한 영사관으로부터 "북한으로 여행하지 마시오"라는 통지를 받는 경우도 있는 모양이지만, 실제로는 학생들이 조국방문차 북한을 다녀온 것을 두고 나중에 문제 삼았던 경우는 없는 듯하다. 그러나 북한을 방문할 때는 한국 여권은 사용할 수 없기 때문에 조선적 학생들과 마찬가지로 일본정부가 발행하는 '재입국허가증'으로 출입국을 하게 된다. 다만 일본국적을 가진 학생은 일본 여권을 사용한다. 북한에 입국할 때는 비자를 제시해야 한다. 비자는 학생들의 국적과는 관계없이 총련을 통하여 사전에 학생들에게 발급된다.[10]

2) 방문 일정

조국방문 일정은 매년 거의 동일하다. 방문하는 공장, 학교, 문화시설 등이 약간씩 달라지기도 하지만 기본적인 콘셉트는 변하지 않는다. 또 학교마다 방문하는 곳이 약간씩 다르지만, 역시 조국방문 프로그램의 취지는 동일하다. 예시로서 2017년 조국방문 일정을 소개한다(표 1). 대부분의 조선고급학교 학생들에게는 조국방문이 첫 북한 방문이기 때문에 '조국입문(入門)'이라는 의미가 강하다. 저자가 6회에 걸친 동행조사에서 참여한 프로그램을 나름대로 분류하면 〈표 2〉와 같다.

2주간의 방문 중 조선고급학교 학생들은 반별로 버스를 타고, 여기에 반마다 한 사람 내지는 두 사람씩 따라붙는 해외동포사업국의 지도

10 '조선적(朝鮮籍)'은 1952년 샌프란시스코강화조약 체결로 일본정부가 재일조선인들의 일본국적을 일방적으로 박탈하면서 부여한 '기호'다. 1965년 한일기본조약이 체결되면서 '한국적'을 취득하는 재일조선인이 많아졌다. '조선적'으로는 해외여행이 상당히 제한되기 때문에 점점 더 '한국적'을 취득하는 추세다. 그럼에도 여전히 조선적을 유지하는 사상적 배경에 대해서는 나카무라 일성(中村一成), 『사상으로서의 조선적(思想としての朝鮮籍)』(2017)을 참조하라.

표 1. 2017년 조국방문 일정

날짜	오전	오후	밤
5. 25 (목)		아이치조선중고급학교 방문단 도착	
5. 26 (금)	만수대 동상 참배 개선문 주체사상탑	만경대 고향집(김일성 생가) 국립곡예단 공연(평양곡예극단)	
5. 27 (토)	【조국해방전쟁사적지】 ※1	옥류관에서 점심(평양냉면) 하나음악정보센터 과학기술전당	"춤추는 분수"(대동강) 견학
5. 28 (일)	혁명열사릉 중앙동물원, 자연박물관	경춘식당(아이치조선중고급학교 학생의 할머니가 경영) 문수물놀이장(수영장)	
5. 29 (월)	조선혁명박물관	【만경대혁명학원】	
5. 30 (화)	평양 → 삼지연공항(항공편 이용) 버스로 백두산 이동 후 등산	백두산 하산 삼지연대기념비	항공편으로 평양 복귀 ※2
5. 31 (수)	평양 지하철 승차	애국열사릉 평양대극장공연(『사계절 노래』 감상)	
6. 1 (목)	평양초중등학원 미림승마장	청년운동사적관 만경대학생소년궁전	
6. 2 (금)	묘향산으로 이동 국제친선전람관	불고기 식사(묘향산에서) 보현사 견학	
6. 3 (토)	【평양여성고사대(高射隊)】	조국해방전쟁(=한국전쟁)승리기념탑	개선청년공원(창덕고등중학교=자매학교 학생들과)
6. 4 (일)	판문점	【대덕산부대】	
6. 5 (월)	평양국제축구학교에서 운동회	신천박물관	
6. 6 (화)	총련애국림 나무심기 활동	평양볼링장(창덕고등중학교 학생들과)	총련 역전식당에서 저녁식사
6. 7 (수)	창덕고등중학교 방문, 교류	창덕고등중학교 교류 【총괄토론】	아이치조선중고급학교 환송회(평양호텔)

날짜	오전	오후	밤
6. 8 (목)	아이치조선중고급학교 방문단 귀로 순안국제공항으로		

※1: 【 】안의 프로그램은 저자가 동행할 수 없었던 일정. 이 중에서 밑줄 부분은 처음부터 저자의 동행이 허락되지 않은 경우고, 밑줄이 없는 일정은 사전에 신청하면 동행할 수 있었으나, 조선고급학교의 일정이 갑자기 변경되는 바람에 미처 동행 신청을 하지 못한 경우다.

※2: 보통은 백두산에서 1박 한 후 평양으로 돌아오지만, 2017년에는 백두산호텔에서 전기공사가 진행 중이었던 관계로 1박을 하지 못하고 당일 평양으로 돌아왔다.

표 2. 저자가 6회에 걸친 동행조사에서 참여한 조국방문 프로그램

구분	연번	일정	내용	비고
참관 일정	①	항일운동과 혁명역사에 관한 장소 방문	혁명열사릉, 개선문, 백두산, 김일성 생가 등	
	②	북한의 사회주의국가 건설의 상징으로서 소개되는 장소 방문	주체사상탑, 지하철 탑승, 김일성종합대학, 유치원 · 탁아소 방문, 공장견학 등	
	③	한국전쟁, 남북분단의 현실을 느낄 수 있는 장소 방문	판문점, 신천박물관, 조국해방전쟁박물관 등	
	④	명소 · 유적지	개성세계유산, 묘향산역사박물관 등	
	⑤	현재의 평양=인민의 문화적 생활 향상을 위한 시설 방문	최신의 오락시설=돌고래관 · 수영장 · 승마장 · 유원지 등, 교육시설, 의료시설, 평양 시내 재개발 지역 등	
	⑥	세계 속의 북한을 배울 수 있는 시설 방문	국제친선박물관, 국가선물관 등	
교류 프로그램	⑦	현지의 청년들과 교류하는 프로그램	자매학교 학생들과의 교류 볼링, 자매학교 방문교류회, 기타 또래 학생들과의 교류 프로그램	
	⑧	현지 사람들과의 교류	지도원, 호텔 종업원, 식당 종업원 등	
	⑨	친척과의 면회*		사전 신청자만 가능
	⑩	조선고급학교 학생들 사이의 교류, 대화	체육대회, 매일 밤 진행되는 반성회, 예술공연 연습	

* 본래 재일조선인 중 약 90%는 현재 남한에 해당하는 지역 출신이다. 따라서 현재 북한에 있는 조선고급학교 학생들의 친척들은 대부분 1959~84년 '귀국운동' 시에 북한으로의 '귀국'을 선택한 사람들이다.

원과 별도의 책임지도원, 의사, 간호사, 그리고 현지에서의 활동을 영상으로 촬영하는 카메라맨 또는 감독이 동행한다. 이들은 모두 같은 호텔에 숙박하고, 모든 일정을 함께하기 때문에 말 그대로 2주간 매일 24시간을 함께 보내게 된다. 이들이 학생들에게는 가장 가까운 현지인들이다.

하루 일정을 마친 후 밤이 되면 그날에 대한 반성 모임을 진행하면서 각자가 그날 느끼고 생각한 것을 이야기한다. 때로는 담임교사뿐만 아니라 지도원도 동석하여 학생들의 이해를 돕기도 한다.

3) 참고자료: 조선고급학교의 조국방문을 다룬 다큐멘터리 영상

이 절에서는 조선고급학교의 조국방문을 다룬 영상을 소개한다. 우선은 조국방문 부분만 북한에 입국한 당사자들에게 카메라를 맡겨서 영상을 찍게 하고, 나중에 그 영상을 다큐멘터리 작품에 삽입하는 방법을 택한 작품들이다. 저자가 아는 한 3편이 있다.

먼저 아이치조선중고급학교에서 촬영한 것으로 〈우리나라, 우리 안의 조국: 아이치조선중고급학교 기숙사의 1년〉(메테레 제작, 2005년 4월 12일 방송)이 있다. 이 영상은 마침 제1차 한류 붐이 일본 전국을 휩쓸던 와중에 2002년 월드컵 공동개최까지 성사된 직후, 그러나 동시에 고이즈미 준이치로 당시 일본 수상이 방북한 이후, 북한의 일본인 '납치문제'가 전면에 부상하여 일본 미디어들이 매일같이 '북조선 때리기'에 매진했던 무렵에 촬영된 것이다. 아이치조선중고급학교 기숙사에서 벌어지는 1년간의 생활을 촬영했는데, 그 중간에 조국방문차 만경봉호에 올라 출발하는 아이치조선중고급학교 학생들의 모습도 나온다. 동행취재 허가는 끝내 받지 못했기 때문에, 카메라를 건네받은 인솔 교사가 북한을 방문한 조선고급학교 학생들의 모습을 대신 촬영했다.

또 다른 작품 〈우리 학교〉(김명준 2005)는 한국인 감독이 홋카이도조선학교에서 몇 년간 생활하면서 조선학교 내부의 모습을 촬영한 다큐멘터리 영화다. 이 영화에도 조선고급학교 3학년 학생들이 만경봉호를 타고 북한으로 향하는 장면이 나온다. 니가타항을 떠나가는 배를 비추며 감독이 내레이션으로 "그전까지는 아이들과의 사이에서 남북분단의 그림자를 느껴보지 못했지만, 배가 떠나가는 모습을 보면서 처음으로 분단을 실감했다"(요약)라고 언급하는 장면이 있는데, 이 영화에서 눈길을 끄는 장면 중 하나다. 그리고 카메라는 학생들의 손에 건네져, 그들이 북한에서 찍은 장면이 영화에 삽입되었다. 일본으로 돌아온 학생들을 보며 감독은 "이전과는 어딘가 조금 달라진 듯하다"라고 이야기하며, 줄곧 북한에서의 추억에 잠겨 있는 학생들의 모습을 비춘다.

또 다른 작품은 〈60만 번의 트라이〉(박사유·박돈사 감독, 2013)다. 한국인 감독과 재일조선인 감독(일본학교 출신) 두 사람이 공동으로 만든 작품이다. 이 영화는 오사카조선고급학교의 럭비부를 촬영한 것인데, 여기에도 조국방문 모습이 찍혀 있다. 이 작품도 북한에서의 모습은 학생과 교원들이 찍은 영상을 사용했다.

위에서 언급한 3편의 다큐멘터리에서 조국방문은 내용의 일부분에 지나지 않는다. 그럼에도 조선고급학교 3학년 학생들에게 조국에서의 2주간이 얼마나 귀중한 체험이었는지를 알 수 있게 해준다. 세 작품 모두 북한에서 수학여행을 즐기는 학생들의 생생한 모습을 전달하여 관객을 매료시킨다.

여기에서 한 걸음 더 나아가서 조선고급학교 학생들과 동행하여 북한에서의 모습을 추적 촬영한 다큐멘터리 영화가 있다. 우선 감독이 재일조선인으로, 대학과정까지 조선학교 교육을 받은 박영이 감독의 작품이다. 제목은 〈하늘색 심포니〉(2016)로, 이바라키조선고급학교 3학년 학생들이 북한에서 보낸 며칠간의 모습을 스크린으로 옮겼다.

박영이 감독은 영화를 만들 때 무엇을 넣고 무엇을 생략할지, 무엇을 설명하고 또 무엇을 설명하지 말아야 할지를 결정하는 것이 무척 어려웠다고 말했다(2018년 8월 인터뷰). 일본사회를 겨냥한 다큐멘터리 작품이었기 때문에 어떻게든 "내가 알고 있는 조국의 모습을 전하고 싶다"라는 동기가 있었다고 한다. 이 영화는 관객들을 향해서 "조선고급학교 학생들에게 '조국'이란 무엇일까?"라는 질문을 던지지만, 그 대답을 언어로는 명확하게 표현하지는 않는다. 다만 북한사람들과 만나고 북한의 자연, 토지와 접하면서 정말로 즐거운 듯이, 그리고 진지하게 조국과 정면으로 마주하는 조선고급학교 학생들의 모습을 통해 북한이나 조선학교에 대해서 잘 모르는 관객들에게 신선한 인상을 주는 작품이었다. 감독 스스로 조선학교 출신이면서 총련의 전임 종사자로 활동한 경력도 있으므로 촬영 제한은 거의 없었다고 한다. 그런 점에서, 다음 절의 내용에서 보듯 일본인인 저자와는 큰 차이가 있었다.

4. 조국방문 동행조사까지의 과정

여기에서는 일본인인 저자가 어떻게 해서 아이치조선중고급학교의 조국방문에 동행하게 되었는지, 그 경위와 방법에 관해서 설명하겠다.

저자는 최근 일본사회, 특히 조선학교를 옹호하는 쪽에서 종종 "조선학교와 '북조선'의 관계가 예전처럼 긴밀하지 않다"라는 주장이 제기되는 것에 위화감을 느끼고 문제의식을 발전시키게 되었다. 물론 저자 역시 처음에는 이런 주장 덕분에 2011년 9월부터 조선학교에서 현장조사를 결심하게 되었던 게 사실이다. 조선학교와 북한의 관계가 예전처럼 긴밀하지 않다는 세간의 평가가 조선학교 연구를 시작하는 것에 대한 '거부감' 같은 것을 어느 정도 불식시켜주었기 때문이다.

그러나 조선학교를 출입하는 와중에 위와 같은 주장에 위화감을 느끼게 되었다. 조선학교는 엄연히 북한의 정통성을 인정하는 입장을 유지하고 있고, 또한 일상적인 학교생활에서도, 특히 고급학교에서는 북한과의 밀접한 관계를 시사하는 것을 많이 발견할 수 있다. 교실마다 걸려 있는 북한 지도자들의 초상은 말할 것도 없고, 북한의 경축일마다 학교 안에는 관련 내용을 담은 벽보가 나붙는다.

현장조사를 시작한 지 얼마 안 되었을 무렵에는 이러한 '사실'에 당혹감을 느꼈다. 특히 2011년 12월 17일, 북한의 김정일 총서기가 급서한 뒤 열린 학교의 종업식이나 시업식 분위기에는 압박감이 느껴질 정도여서, "여기에 있어도 괜찮은 걸까?"라는 생각에 안절부절못하기까지 했다. 물론 이성적으로는 "북한과 밀접한 관계를 유지하는 것은 조선학교의 당연한 권리다"라고 인식했지만, 그러한 이성적 판단으로는 누그러뜨릴 수 없는 위화감을 느꼈던 것이다.

그러나 동시에 이러한 사실을 눈앞에 두고, 북한과 조선학교의 관계를 너무나 간단히 '없는 것'으로 치부한 채 조선학교에 대해서 논하는 것은 불가능하다고 생각하게 되었다. 조선학교 관계자들에게 '조국(=북한)'이 어떤 의미를 가지는지를 고찰하지 않으면, 조선학교를 제대로 설명해내는 것이 불가능하다고 생각했다. 더욱이 공적인 자리나 행사에서뿐만 아니라 조선학교 학생들이 평소에도 북한에 대하여 '동경'이나 '애착'을 가지고 있다는 사실도 깨달았다.

일본사회에서 북한은 절대적으로 '타자화'되어 있는 만큼 북한에 관한 인식이 실로 빈곤했던 저자로서는 일상적인 차원에서도 학생들이 북한과 심적으로 매우 가깝다는 사실을 이해하기가 대단히 어려웠다.

그뿐만 아니라 조국방문을 마치고 북한에서 막 돌아온 학생들에게서 발견되는 변화에서도 일종의 '당혹감'을 느꼈다. 학생들은 하나같이 "즐거웠어요.", "또 가고 싶어요"라고 말하며, 저자에게 북한의 좋은 점을 전하려 했다. 그러나 저자는 도저히 그것을 이해할 수가 없었다. 제

아무리 학생들이 모든 언어를 동원하여 전달하려고 애써도, 저자는 일본사회에 넘쳐나는 부정적인 북한의 모습에서 자유로워질 수는 없었다.

가보지 않으면 알 수 없어요.

당시 조선대학교 1학년이었던 어떤 남학생에게서 이 말을 들은 것이 "북한에 가보자"라고 마음먹게 된 계기였다. 그는 저자에게 "우리나라에 가본 경험에 관해 물어보는 사람들에게 늘 하는 말이지만, 그리고 이해되지 않겠지만, 정말 달라요. 도착하는 순간 알게 됩니다. 공기가 다르다는 걸. 여기가 조국이라는 걸 알 수 있고, 느낄 수 있어요. 그곳 사람들의 대응이라든지, 공기라든지. 정말 특별해요. 그건 가보지 않으면 알 수가 없어요"라고 이야기했다.

어째서 그는 자신이 태어나거나 자라지도 않은 북한을 '조국'이라고 부를 수 있는 것일까? 그것은 단지 학교교육의 성과일까? 만약 내가 평양에 가본다면 이들과의 거리를 조금은 좁힐 수 있게 될까?

그를 인터뷰하면서 이러한 생각들이 머릿속에 떠올랐다. 그리고 "북한에 가보자. 가능하다면 조선고급학교 학생들과 함께 평양에 가서, 함께 시간을 보내 보고 싶다"라고 생각하게 되었다.

곧바로 당시의 아이치조선중고급학교 교장과 대외사업 담당 교원에게 이러한 뜻을 전했다. 그러나 대답은 "어렵다"라는 것이었다. 문제는 북한이 외국인 방문자(해외동포를 포함)를 수용하는 제도에 있었다. 방문자의 목적에 따라서 이를 담당하는 기관이 달라진다. 관광의 경우에는 관광을 담당하는 부국이, 저자와 같은 연구 목적으로 방문하는 경우에는 민간교류를 담당하는 부국이, 그리고 해외동포의 경우에는 해외동포사업국(해동국)이 각각 담당하여, 방문 기간 중 차량이나 안내원('지도원'이라고도 한다), 이용할 차량을 제공한다고 한다. 이처럼 북한의 외국인 방문자 대응체제는 사안의 성격에 따라 대응하는 부서가 분명하게 구분되어 있었다. 저자와 조선고급학교 학생들의 경우에는 담당하는 부국이 다르기 때문에, 이 경우에는 담당 부서 간 교섭이 필요한데, 북한에서는 이게 결코 쉬운 일이 아니라고 했다.

그러나 저자는 포기하지 않고 계속 설득했다. 그 과정에서 얻은 조언은 "다른 방북 기회를 잘 활용해서 먼저 북한을 방문할 것. 그 과정에서 담당 기관인 조선대외문화연락협회(이하 '대문협')의 신뢰를 얻고, 그다음에 조선고급학교 학생들과 동행하고 싶다는 뜻을 잘 관철시킬 것"이라는 것이었다.

당시에는 "어떻게 하면 이것이 가능할까?"라는 생각에 갈피를 잡을 수 없었지만, 그래도 일단 한번 해보자고 마음을 먹으니 방북 기회는 의외로 쉽게 찾아왔다. 2011년 10월 18~22일 첫 방북을 시작으로 세 차례에 걸쳐 북한을 방문할 수 있었다. 2012년 8월 하순에 북한을 방문했을 때는 대문협의 안내원과 매일 밤 함께 술잔을 주고받으며 저자의 연구 목적을 이야기했다. 평양을 떠나기 전날 깊은 밤, 안내원이 "알겠습니다. 해보죠. 다음에는 아이치조선중고급학교의 조국방문 때 같이 오십시오"라고 말해주었고, 비로소 2013년 6월 최초의 동행조사가 실현되었다.

방문 형식은 표면적으로는 조선고급학교와는 별개의 방문이라는 형태를 취해야 했다. 사전에 대문협이 해동국과 연락을 취해서 프로그램을 조율하고 일정을 짜주었다. 따라서 조선고급학교 학생들과 같은 버스에 타서 이동하는 것은 (이따금 함께 탄 경우도 있기는 했지만) 대체로 제한되었다. 공식적으로는 "저자의 참관 장소가 우연히 조선고급학생들과 겹친 것"으로 처리되었고, 저자를 위해서 별도로 2명의 안내원과 승용차가 제공되었다. 숙소도 2013년에는 조선고급학교 학생들이 묵는 평양호텔에서는 숙박할 수 없었다. 평양호텔은 원칙적으로 '재일조선인 전용 호텔'로 되어 있기 때문이었다. 그러나 첫 방북 때부터 저자를 담당해준 안내원이 "숙소도 같은 곳으로 하면 학생들의 다양한 모습을 관찰할 수 있을 것"이라면서 배려해주어 2014년부터는 학생들과 함께 평양호텔에 숙박할 수 있게 되었다.

그러나 저자는 어디까지나 '일본인' 방문자로, 북한의 '동포'인 조선고급학교 학생들과는 대우가 달랐다. 저자가 동행할 수 없는 프로그램도 있었다. 대표적으로 조선고급학교 학생들과 나이대가 비슷한 군인들과 교류하는 프로그램들이 여기에 해당했다. 군인들과의 교류회를 위해서 빈 시간을 활용해 열심히 '예술공연' 연습을 하는 학생들을 관찰할 수는 있었지만, 정작 이들이 교류회 프로그램에 참여하러 갈 때는 떠나는 뒷모습을 바라볼 수밖에 없었다. 사정을 모르는 학생들이 "가오리 선생님, 갑시다!"라고 천진난만하게 이야기하자, 학생들의 지도원도 "가오리 선생님, 함께 가… (돌연 깨닫고 겸연쩍은 표정을 지으면서) 아, 참 그렇지. 학생들의 공연을 선생님께서도 보실 수 있으면 좋을 텐데"라고 말했다. 그 장면을 바라보고 있던 저자의 안내원들이 곤란한 표정을 지으며 저자를 바라보았던 것이 인상에 남았다. 이럴 때는 재일조선인인 그들과 일본인인 저자 사이에 벽을 느꼈다.

2013년과 2014년 동행조사 때는 조선고급학교 학생 대부분이 현지 지도원들의 지도나, 교류회에서 만난 현지 동년배들의 이야기를 있는 그대로, 또 열정적으로 받아들이는 모습을 보면서 상당한 위화감을 느꼈다. 학생들 스스로 "우리나라 매직(마법)에 걸렸다"라고 말할 정도가 되어버리는 상태를 어떻게 이해해야 할지 고민하는 와중에 체재 기간이 끝나버리고는 했다. 이것은 한편으로는 저자에게 뿌리 깊게 자리한 북한에 대한 편견을 상대화하고, 나아가 조국에서 조선고급학교 학생들이 보여주는 모습을 내재적으로 관찰하기 위한 준비 기간이었을 것이다.

물론 저자는 지금도 여전히 '내면화된 북조선'에 맞서서, 조선고급학교 학생들의 조국을 어떻게 이야기해야 할 것인지에 대해서 고뇌하고 있다. 그러나 이 글에서는 동행조사에서 보고 들은 학생들의 모습이나 목소리를 민족지(ethnography)로 제시하고자 한다. 이것은 일본사회가 조선학교를 비판하는 주된 이유인 '북조선과의 관계'가 과연 비판받을 만한 것인가라는 질문에 대답하기 위한 실천적인 시도이기도 하다.

아래에서는 구체적으로 조선고급학교 학생들이 바라본 〈조국〉에 대해서 기술하겠다.

5. 조선고급학교 학생들이 본 〈조국〉

1) 조국방문을 통해 느낀 '조국의 사랑', '조국의 배려'

학생들은 북한 현지에서 진행되는 교육을 어떻게 받아들이고 있을까? 전체적으로 보아 학생들은 학생들 나름대로 수용하고 현지 사람들과의 교류도 즐기면서 2주간의 방문을 만끽한다. 2주간의 방문을 마치고 공항으로 이동하기 위해서 호텔을 떠나는 날, 학생들과 현지 사람들은 아침부터 이별을 아쉬워한다. 버스 창문으로 몸을 내밀고 손을 흔드는 학생들, 마찬가지로 손을 흔들어 작별하는 호텔 종업원들, 또 평양 인근에 살고 있는 친척들도 학생들을 배웅하러 오는데 그들의 눈에도 눈물이 그렁그렁하다. 공항으로 향하는 버스 안에서는 2주간, 24시간 행동을 함께한 지도원들에게서 마지막 메시지를 듣는다. "모두 일본에서 힘든 일을 많이 겪는다고 알고 있는데, 조국이 언제나 여러분들과 함께한다는 것을 믿으며 열심히 생활해주기를 바란다. 재일동포사회도 총련 조직도 더 강해져야 하지만, 여기 있는 한 사람 한 사람도 일본에서 겪는 어려움에 지지 말고 당당하게 살아가기를 바란다."(2017년 동행 2반 버스 안에서) 이와 같은 이야기를 전달한다. 그리고 공항까지 가는 30분 정도의 시간 동안 1분도 헛되이 하지 않으려는 듯, 현지에서 배운 북한노래(우리 노래)를 끊임없이 부른다.

공항에 도착해서도, 또 학생들과 지도원 사이를 가르는 세관을 통과한 다음에도, 멈추지 않고 손을 흔드는 학생들의 모습을 본다. 동행조사를 할 때마다 반복되는 이러한 장면을 보면서 학생들이 북한에서 이렇게까지 '감동'을 받는 이유는 무엇일까를 생각하게 되었다. 학생들이 단순히 감상에 젖어드는 것은 아니라는 점은 학생들과 행동을 함께하면 실감할 수 있지만, 이것을 언어로 설명하는 것은 참으로 어렵다.

이 글의 시작 부분에서 언급한 것처럼 학생들은 북한에 대해 친애하는 정을 가지고 있다. 그 친애의 정은 초급부 때부터 여러 형태로 반복된 교육과 실제로 북한을 방문했던 주변 사람들의 체험담 등을 통해서 생겨난 것이다. 게다가 조선학교에 대해서 압박을 가하는 일본정부나, 민족에 대해 소극적인 태도를 보이는 남한정부와는 대조적으로, 북한이 재정지원을 지속하는 데에 대한 감사의 마음도 담겨 있을 것이다. 만성적인 재정난에 직면해 있는 조선학교를 지탱해주는 조국에 대하여 학생들도 친애하는 마음을 가지게 되는 것이리라.

북한 방문 기간 중반에 이르면 학생들도 긴장이 풀어져서 여유로운 표정으로 프로그램을 소화하게 된다. 현지 사람들이 사용하는 말투에도 익숙해져서 알아듣기 쉬워지는 것도 하나의 이유일 것이다. 커뮤니케이션이 수월해지면서 현지 사람들과의 거리감이 줄어들게 되는 것은 당연하다. 그리고 방문 기간 종반에 이르면 현지 지도원이나 호텔 종업원들과 완전히 친해져서 그들을 '언니·누나', '어머니', '오빠·형님'이라고 부를 정도가 된다. 또 프로그램 중간중간 지도원들과 농담하면서 크게 웃는 모습도 자주 볼 수 있게 된다.

조국방문에서 돌아온 학생들은 '조국의 사랑' 또는 '조국의 배려'라는 말로써 북한의 좋은 점을 표현하는데, 이는 아마도 위에서 이야기한

그림 1. 2013년 조국방문을 마치고 순안국제공항행 버스에서 2주간 돌봐준 평양호텔 종업원들의 배웅에 화답하는 조선고급학교 학생들. 매년 되풀이되는 장면

것과 같은 소박하고 일상적인, 현지인들의 배려를 가리키는 것이리라.

> 저는 초급부 6학년 때와 중급부 2학년 때도 조국에 가본 적이 있어요. 설맞이 공연으로요. 그때를 돌이켜보면 한겨울 추운 날씨에 조국 인민들은 바깥을 걸어다니고 있었어요. 우리는 어디를 가든지 버스를 타고 다녔는데 말이에요. 조국의 사정이 어렵다는 것은 우리도 알고 있어요. 그래도 우리를 정말 따뜻하게 맞이해주는 거예요. 우리가 불편하지 않도록요. 그뿐만 아니라 개선청년공원(유원지)에서도 인민들은 줄을 서서 기다리는데, 우리는 줄을 서지 않고 먼저 탈 수 있게 해줬어요. 우리가 반대 입장이었다면 분명 화가 났을 것 같은데, 인민들은 웃으면서 양보해줬어요. 이게 작은 일일지도 모르겠지만, 이것도 조국의 사랑과 배려인 거겠죠.
> (2014년 8월 16일 인터뷰, 조선대학교 2학년 재학, 재일한인 3세, 여성)

'조국의 사랑', '조국의 배려'라는 말은 어찌 보면 너무 거창하게 들릴 수도 있을 것이다. 그러나 조선학교 학생들에 대한 북한의 대우는 사실 '파격'적이다. 학생들의 체재비용 상당 부분을 북한이 국가재정으로 부담하고 있다. 학생들은 북한(=조국)이 조선학교를 줄곧 지원해온 것의 연장선에서 조선학교 학생들의 조국방문도 지원해준다고 이해하는 듯하다. 그것을 학생들은 '조국의 사랑', '조국의 배려'로 이해하고, 다시금 감사의 마음을 가지게 되는 것으로 보인다.

2) 학생들의 변화

학생들에게서 나타나는 첫 변화는 "북한에 대한 이미지가 바뀌었다"라는 것이었다. 학생들은 학교에서도 북한에 관한 교육을 받고 있고, 다양한 정치외교상의 문제에 관해서도 북한의 입장에서 설명을 들을 기회가 많다. 그러나 동시에 학생들은 일본 국내의 정보에 둘러싸여 생활한다. 따라서 "학교에서는 좋은 이야기만 하지만, 실제로는 어떨까?"라는 의문은 떨쳐버릴 수 없었다는 학생도 많다. 동행조사 중에 들은 학생들의 이야기를 필드 노트에서 몇 구절 인용해보겠다.

> (북한에) 와서 좋았습니다. 그 이전이요? 음, 흥미는 있었지만 이렇게 비싼 돈을 내면서까지 올 가치가 있을까, 수학여행이라면 일본 내 어딘가도 좋지 않을까 생각했습니다. 왜냐면 일본 TV를 보고 있으면 그리 재미있는 나라는 아닌 것 같았으니까요. 뭐랄까, 독재국가라는 느낌이고, 화면에는 군대밖에 비치지 않고요. 그래도 선배들이 즐거웠다고 하니까, 정말 그럴까 싶은 생각이 들기도 했죠. (2014년 동행조사, 여성)

> 산본향 선생님,[11] 우리나라에 오시기 전에 (평양호텔 바로 앞의 고층 아파트

11 저자의 이름(山本かほり)을 다소 억지스럽게 조선어로 발음한 것. 성(姓)인 야

단지를 가리키며) 저런 멋진 건물이 있다는 사실을 혹시 아셨나요? 일본에서는 우리나라에 있는 건물, 죄다 낡아서 사람도 살기 어려울 것처럼 이야기하지만 거짓말이에요. 그걸 알게 된 것만 해도 오기를 참 잘했다고 생각해요. (2017년 동행조사, 남성)

또 북한 방문 중에 일본의 대중매체가 절대로 보도하지 않는 북한의 일상을 본 학생들은 이렇게 이야기한다.

버스 안에서 길을 걸어가고 있는 행인들을 향해 손을 흔들면 모두 생긋생긋 웃으면서 손을 흔들어줘요. 일본 TV에서 보면 북한사람들이 모두 어두운 얼굴을 하고 걸어가고 있는 것 같잖아요. 하지만 아기를 품에 안고 걸어가는 사람의 모습이라든가, 공부하면서 학교로 걸어가는 소학교 학생이라든가, 그런 소박한 분위기가 좋아요. (2015년 동행조사, 여성)

이처럼 학생들은 자신들이 직접 보고, 듣고, 느끼면서 북한을 경험함으로써 일본에서 보도된 북한의 이미지와 학교나 교과서 또는 자신과 가까운 사람들에게서 들은 북한의 이미지 사이의 차이를 해소해나간다. 그리고 일본 내에 횡행하는, 만들어진 북한의 이미지가 얼마나 왜곡되었는지를 실감하는 것이다.

그뿐만이 아니다. 일정을 소화해나가는 중에 학생들에게서 나타나는 변화는 눈으로 볼 수 있을 정도로 확연하다. "늠름해진다"라고밖에

마모토(山本)는 한자음 그대로 '산본'으로, 가오리(かほり)는 발음이 비슷한 가오리(香)로 바꾸어 한자음인 '향'으로 읽었다고 한다. 2017년 조국방문 당시 학생들은 저자를 이렇게 불러주곤 했다. "가호리 선생님만 일본어 이름인 것이 안타까워서" 그렇게 부르기로 했다고 한다.

그림 2. 2016년 백두산 하산 시 찍은 사진

등산로가 눈으로 덮여 있었기 때문에 정비되지 않은 길로 내려오게 되었다. 젊은 조고생들은 뛰어내려가고 저자(오른쪽)는 뒤처져 천천히 하산했다. 그때 조고생들과 동행한 의사(왼쪽)와 간호사(중앙)가 "선생님, 괜찮습니까?"라고 말을 걸어왔고, 간호사가 자연스럽게 저자에게 팔짱을 했다. 그 순간 '남한에서도 이렇게 여자들끼리 스스럼없이 팔짱을 했는데'라고 생각했다.

는 달리 표현할 길이 없는 그런 변화다. 그리고 그것은 저자 한 사람만이 느끼는 인상은 아닌 것 같다. 2013년 이전에 조국방문을 경험한 조선고급학교 졸업생들도 과거를 되돌아보며 다음과 같이 이야기한다.

> 우리나라에서 며칠 머물면 엄청 변하게 돼요, 모두들. 역시 자기 민족 안에서 살아보게 되니까, 솔직히 말하면 소위 좀 놀던 애들조차도 갑자기 다른 친구들한테 줄 좀 잘 서자고 말하게 된다든가. 아무튼 깜짝 놀랄 일들이 정말 많아요. 다들 자각을 하게 된달까요. 우리나라에서 잠깐 지낸 것만으로도 조선사람으로서의 자존심이랄까, 그런 것을 조금씩이라도 가지게 되는가보다고 느꼈습니다. (1992년생, 여성, 재일조선인 4세)

> 우리나라 사람들의 순수함에 우리까지 감화되었다고 할까요. 그 사람들에게는 칠칠치 못한 모습을 보이고 싶지 않다고 할까요. 그래서인지 모

두들 신기할 정도로 정신을 바짝 차리고 있어요. 허리를 꼿꼿이 펴게 된다고 할까요. (2015년 8월 13일 인터뷰, 1992년생, 남성, 재일조선인 4세)

학생들의 내면에 변화를 불러일으키는 것은 무엇일까? 그것은 북한사람들과의 만남이다. 일본에 돌아온 학생들에게 "조국방문을 한마디로 표현한다면?"이라고 질문을 던졌을 때, 어떤 여학생은 "만남"이라고 대답했다(2017년 동행조사). 방문 기간 중 자매학교 학생들이나 동년배 군인들과도 교류한다. 그러한 교류를 통해서 학생들은 또래 청년들과 밥을 함께 먹거나 간식을 나눠 먹으면서 이야기하고 함께 노래를 부르고 춤을 추는 시간을 보낸다. 언뜻 보면 그저 즐겁기만 한 시간인 것 같지만, 학생들은 또래 청년들과의 대화를 통해서 많은 것을 생각하게 된다. 예를 들어 한 여학생은 여성 군인들과의 교류 프로그램을 마치고 돌아와서 어떤 일이 있었는지를 들려주었다. 이 교류회는 앞서 말한, 저자가 동행할 수 없는 프로그램 중 하나였다. 그 학생이 호텔에 돌아왔을 때, 저자는 호텔 안에서 안내원과 차를 마시고 있었다. 그 모습을 발견한 학생이 자기 방에 돌아가지 않고 저자의 곁으로 와서 따발총처럼 이야기를 쏟아냈다.

선생님, 그 언니들(여성 군인들), 엄청 무섭기도 해요. '발사!'라고 소리치면서 훈련 모습을 보여주기도 했어요. 그런데 교류회 때 그 언니들이 "저에게도 꿈이 있었습니다. 사실은 과학자가 되고 싶었어요. 하지만 조국을 위해서 인민군에 들어가기로 결심했습니다"라고 이야기하는 거예요. 저보다 겨우 한 살 많은 언니가 말이에요. 이런저런 생각이 들어요. 저는 우리 학교에서도 대충대충 생활할 뿐이고, 그냥 제가 하고 싶은 일만 하면 된다고 생각했지만, 정말 그래도 되는 걸까 하고 말이에요. 그 언니가 우리나라를 위해서라고 이야기하니깐. 선생님, 저 세뇌당한 걸까요? 그

언니들에게? 하지만 스스로 생각하게 돼요. 제가 조국을 위해서 할 수 있는 게 뭘까? (재일조선인) 동포사회를 지켜나가는 일이라면 할 수 있을지도 몰라요. 아, 잘 모르겠어요. 선생님, 이런 게 세뇌예요? (2014년 동행조사)

이때 저자의 옆에는 일본어를 할 줄 아는 안내원이 있었기 때문에 조금 눈치가 보였지만, 그 안내원은 "괜찮아요. 학생의 솔직한 감상이니까"라며 이해해주었다. 그리고 그 여학생은 그때까지 희망하고 있던 일본의 대학이 아니라 조선대학교에 진학해서 현재는 총련 내 어느 기관에서 일하고 있다. 덧붙여 말해두지만, 그녀는 학창시절 결코 '우등생' 타입의 학생은 아니었다. 오히려 학교가 지향하는 "떳떳한 조선사람이 되자!"라는 이념에 조금 반발하는 학생생활을 보냈다.

이처럼 또래의 북한사람들과의 교류는 그 이전까지의 인생관을 변화시키는 경우가 많다. 또 다른 사람으로, 아이치조선중고급학교 졸업 후에 조선대학교로 진학하여 학업을 마친 후 총련 기관에서 일하고 있는 23세(당시)의 청년은 다음과 같이 이야기했다.

고급학교 때의 조국방문은 말이죠, 조선에 감동했다고 할까. (저자: 감동했어요?) 감동했습니다. 왜냐하면 일본 미디어와 전혀 다른 부분이 있었어요. (직접) 알아볼 기회였다는 것이 중요했어요. (가기 전까지는 지도자에게) '만세! 만세!'라고 열창하는 인민들에 대해서 저는 '아니, 말도 안 돼!'라고, '독재잖아. 나쁜 거잖아'라는 생각이 있었습니다. 하지만 인민들을 보고 있으면 마음속으로부터 존경하는 무언가가 있구나 하는 것을 (느꼈습니다). 사람들이 이렇게 살아가고 있구나 하고, 조선사람들의 삶이란 이런 것이구나 하고 생각했습니다. 순수하게 신념을 가지고 살아가고 있다는 것을 알 수 있었습니다. 그래서 저는 밤에 친구들과 토론을 하면서 저의 진로를 진지하게 고민했습니다. 조선인으로서 재일사회를 위해서 살

아가겠다고 확실히 결심했습니다. (1992년생, 남성, 재일조선인 4세)

이처럼 학생들은 현지의 사람들, 특히 또래 사람들과의 만남, 그 후 학생 간의 토론을 통해서 자신의 진로에 대해 진지하게 고민하는 시간을 갖게 된다. 일본과는 아주 다른 국가·정치·사회체제를 가진 북한의 젊은이들이 자신과 국가와의 관계 속에서 진지하게 자신의 진로를 고민하는 모습을 보고 조선고급학교 학생들은 강하게 영향을 받는 듯했다. 그리고 '조선인으로서의 자신', '일본에서도 조선인으로서 살아가는 것', '일본에 있어도 조국과 연결되어 있는 자신에 대한 자각' 등 그때까지 조선학교 교육에서 당연시되었던 것에 대해 다시 한번 생각해보는 기회를 얻게 된다. 다시 말해 자신의 정체성을 새롭게 확인하는 것이다.

17~18세 정도로 감수성이 예민한 나이대의 학생들은 북한 학생들이 살아가는 방식에서 감명도 받고, 무엇보다 물질적인 풍요로움보다도 다른 것을 추구하고 있는 모습을 접하면서 인생에서 행복이란 무엇인가를 생각해보게 되었다고 한다. 다시 만나기는 어렵다는 것을 서로 알면서도, "다시 만나자" 하고 약속하며 헤어진다. 요즘처럼 인터넷이 발달한 시대에도 북한의 청년들과는 연락을 주고받을 수 없다. 이 만남이 평생에 단 한 번뿐인 만남이라는 것을 서로 알고 있기에 그 직접적인 만남이 더더욱 농도 짙은 추억으로 남는 것이다.

6. 〈조국〉이라는 것: "어째서 〈조국〉이라고 느끼는가?"

한편 지금까지 저자가 재일조선인의 생활사 조사를 해오면서 만난 사람 중 상당수는 남한에 다녀온 경험에 대해서 부정적으로 이야기했다. "한국은 외국이었다", "한국인은 재일에 대해서 아무것도 모른다. 결국 일본인 아니냐는 얘기를 몇 번이나 들었다" 등 남한에서는 자신이 받아들여지지 않았다거나 남한은 어차피 "외국이었다"라는 느낌이었다.

그러나 조선고급학교의 학생 중 상당수는 북한을 〈조국〉이라고 느낀다고 분명하게 말한다. 물론 "조선에서 계속 살 수 있느냐고 한다면 그것은 무리죠"(2013년 동행조사, 남자)라고 솔직하게 대답하지만, 그러면서도 "조선은 좋아요. 역시 조국입니다"라고 말한다.

이러한 차이를 어떻게 이해해야 할까? 이 문제는 저자가 수행하고 있는 연구의 핵심 질문이며, 여전히 대답을 모색하는 중이다. 그러나 한 가지는 재일조선인에 대한 일본사회의 몰이해와 차별, 배외적인 정책과 북한이 보여주는 '환영' 사이의 차이에서 생겨나는 감정은 아닐까 추측해볼 수 있다.

조선고급학교 학생들은 이렇게 이야기한다.

> 평양 시내를 버스로 달리고 있을 때, 문득 생각했습니다. 아, 여기 있는 사람들은 나와 똑같은 조선인이구나라고. 그렇게 생각하자 신기한 느낌이 들었습니다. 여기서는 '나는 조선인이라고!' 이렇게 외치지 않아도 조선인으로 있을 수 있다고 생각하자 마음이 편안해졌습니다. (2014년 동행조사, 남성)

학생들은 북한을 〈조국〉이라고 느끼는 이유로 "나에 관해서 설명할 필요가 없는 편안함", "재일조선인인 우리를 받아들여주었다", "재일조선인인 우리들을 따뜻하게 환영해주었다" 등을 이야기한다. 그리고 처음으로 방문한 북한에서 "여기가 〈조국〉이다"라고 느끼며, 심적인 편안함을 느끼는 것이다. 이것은 다시 말해서 일본사회에서 재일조선인들이 받는 나쁜 처우와 대비시키고 있다는 의미가 아닐까?

조선학교라는 곳은 재일조선인 아이들에게는 최소한 자신들의 민족적인 뿌리에 대해서만큼은 부정당하지 않는 곳이다. 보호받는 장소(='안전한 집')이며, 자신이 속한 민족을 온전히 받아들일 수 있는 장소다. 일본의 공교육에서는 절대 불가능한 일이다.

최근 인터넷상에서나 길거리에서 조선인을 타깃으로 한 노골적인 차별(=혐오)발언이 횡행하고 있기는 하지만, 그래도 조선학교에서 하루의 절반 이상을 보내면서 조선인 친구, 선후배, 교원, 직원, 그리고 학부모들에게 둘러싸인 채 성장하는 학생들이 일본에서 직접적으로 차별을 경험하는 일은 드물다. 그렇기는 하나, 역시 재일조선인에 대한 일본인들의 차별적인 시선을 느끼면서 생활하고 있는 것은 사실이다. 일본사회의 차별적인 시선을 일상에서 느끼고 있기에 '동포'로서 따뜻하게 맞이해주는 북한에 더욱 감동하는 것은 아닐까.

꼭 끌어 안아줍니다. 그래서 조국입니다. (2015년 8월 3일 인터뷰)

이것은 아홉 차례 방북 경험이 있는 소설가 황영치(黃英治, 1957년생, 남성, 재일조선인 2세)의 말이다. 이 말에 모든 게 집약되어 있다고 생각한다. 그는 줄곧 일본의 공교육을 받고 성장하여 대학생 때 민족운동과 접하게 되었다. 당시 남한의 민주화운동에 동참하는 방식으로 자신의 민족적 정체성을 모색해나갔다. 1990년부터 통일운동의 일환으로 북한을 방문하게 되었는데, 그는 북한에서는 "무조건적으로 받아들여줬다"라는 느낌을 받았다고 한다. 처음 북한을 방문했을 때 그는 이미 30대 중반이었다. 대학 때부터 시작한 민족운동 활동 중에는 꽤 격렬하게 북한의 정치체제를 비판했다고 한다. 그런 그조차도 느꼈다고 하는 그 감각의 근원에 대해 물어보았다.

그만큼 우리들은 일본에서 힘들었던 거죠. 아닌 게 아니라 일본정부도,

일본사회도 우리들의 존재를 말살하려고 혈안이니까요. 그런 속에서 필사적으로 조선인임을 주장하고 있는 거죠. 그런데 평양에 가면, '일본에서 온 동포 여러분, 조국으로 잘 오셨습니다. 열렬히 환영합니다'라면서 대환영을 해주는 거예요. 물론 저쪽 사람들과도 논쟁이 붙을 때가 있죠. 하지만 우리들의 상황(재일조선인의 역사, 그리고 지금도 조선인으로서 일본사회에서 살아가고자 하는 것)에 대한 이해가 전제되어 있어요. 그래서 정말 그것만으로도 저는 눈물이 핑 돌게 되더라고요. (2020년 6월 22일, 식사자리에서)

그의 이런 발언은, 앞서 한 조선고급학교 학생이 "나에 대해서 설명할 필요가 없다"라고 표현한 '편안함'과 공통된다.

그런데 이러한 분석에 반드시 따라붙는 부정적인 비평이 있다. 그것은 "북조선의 좋은 점들만 보고 온 것에 지나지 않는다"라는 비평이다. 학생들도 이런 이야기를 듣는다고 한다. 한 학생은 "(일본의) 대학 친구들에게는 조국방문에 대해서 이야기하지 않아요. 소중한 추억이 더럽혀지니까"(2014년 동행조사, 2017년 5월 2일 인터뷰, 당시 일본의 국립대학 2학년 재학 중)라고 눈물지으며 말했다. "대학 친구들은 우리나라에 대해서 아무것도 모르잖아요. 일본의 언론 보도로만 접할 뿐이죠. 일본에서는 한쪽으로만 보도하잖아요. 그렇지만 그런 것들을 전부 설명해가면서 조국방문에 대해서 이야기하는 것이 힘들어요. 그렇게 노력하면서까지 일부러 이야기할 필요는 없지 않을까요"라고 이야기했다. 그러나 이들도 다른 한편으로는 냉정함을 유지하고 있다. 항상 지도원과 함께 행동해야 하고, 북한 국내에는 해외동포인 그들이 방문할 수 없는 곳들도 있다. 또 북한측이 학생들을 지도할 때의 의도는 분명히 북한을 북한의 시각에서 이해하도록 하려는 것이다. 그 의도에 따라서 2주간 프로그램이 진행된다. 이 사실은 그들도 인식하고 있다. 일본사회가 제기하는 부정적인 비평에 대해서, 조선고급학교 학생들은 "그런 측면이 있다는 것은 부정하지 않아요"라고 이야기한다. 본인들도 알고 있다. 자신들이 만날 수 있는 사람, 볼 수 있는 것은 상당히 제한되어 있다는 것을. 그러나 동시에 이렇게 이야기한다.

> 하지만 선생님, 선생님도 함께 계셨으니까 아시겠죠? 인민들이 우리에게 거짓말을 하는 게 아니었다는 것을요. 인민들은 우리를 정말로 환영해주었고, 그리고 우리와 함께 노력해서 조국을 위해서 살아가자고 진심으로 이야기해주었다는 것을요. 그 눈을 보면 알 수 있어요. 누군가에게 지시 받아서 그러는 게 아니에요. (2013년 동행조사, 남성)

게다가 설령 북한 측의 의도가 "북한의 좋은 부분을 보여주고 싶다"라는 것이라 할지라도, 북한이 처한 냉혹한 현실은 이동 중인 버스에서도 쉽게 엿볼 수 있다. 이를테면 평양에서 한 걸음만 외곽으로 나가더라도 기반시설들이 매우 낙후되어 있음을 확인할 수 있다. 이런 부분을 학생들이 눈치채지 못할 리가 없다. 심지어 그 불편함에 대해서 재미있다는 듯 농담조로 이야기하는 경우도 있었다. 예를 들어 도로 상태가 나빠서 버스 천장에 머리가 부딪칠 정도로 몸이 튀어올랐다든가, 백두산호텔에서 샤워하던 도중에 정전이 발생해서 몸에 묻은 비누 거품을 얼음장처럼 차가운 물로 씻을 수밖에 없었다든가 하는 사연을 유쾌하게 이야기해준다. 그러나 그렇게 웃으며 이야기한 다음 순간, 학생들은 이렇게 덧붙인다.

> 그래도 우리나라도 노력하고 있어요. 일본의 기준에서 보자면 뒤처져 있지만요. 물론 따뜻한 물이 24시간 나오면 인민들도 편하겠죠. 하지만 인민들은 그 불편함을 겪는 반면에 굉장히 자긍심이 높잖아요. 우리나라는 저 미국이랑 휴전 중이라고요. 그건 정말 힘든 일이라는 걸 우리나라에

그림 3. 2017년 백두산 천지에서

이해의 백두산 천지는 강풍이 불고 매우 추웠다. 하지만 조고생들은 날씨에 주눅 들지 않고, 〈가리라 백두산으로〉라는 노래를 부르며 씩씩하게 등산했다. 얼어붙은 천지를 배경으로 한 그때의 기념사진에는 제64기 아이치조고 고3생 전원이 담겨 있다. 1열 정중앙이 교장이고 2열에서 교장을 둘러싸고 있는 4명이 교원이다. 저자는 3열 맨 왼쪽에 있다.

가보고 잘 이해하게 된 것 같아요. 너무 욕만 해서는 안 된다고 생각해요. (2017년 동행조사, 여성, 2017년 7월 7일 인터뷰, 여성)

이처럼 일본의 미디어가 유포하는 이미지와 똑같은 모습을 학생들이 보더라도 그것을 바라보는 시각과 평가는 달라지는 것이다. 물론 북한 국내에 문제가 많다는 것은 인식하고 있지만, 학생들이 (저자도 마찬가지로) 보고 듣고 경험한 북한, 그리고 실제 만나서 함께 이야기하고 밥을 먹고 노래를 부르고 춤을 춘 현지 북한 사람들의 모습 또한 사실이다.

학생들도 북한에서 머무는 도중에 위화감이나 거부감 등을 느끼기도 하고, 갈등을 경험하기도 하면서 2주간을 보낸다. 북한에 머무는 기간 중 동급생, 조선고급학교 교원, 그리고 현지 지도원들까지도 참여하여 매일 밤 토론을 반복한다. 예를 들어 어느 토론 때는 조선고급학교 학생 중 한 명이 "여기서 하고 있는 것은 전부 종교나 마찬가지잖아!"라고 이야기했다고 한다. 현지 지도원이 그 말에 반응해서 "그런 말을 들으니 화가 난다. 하지만 화가 나는 대상은 네가 아니라, 네가 그런 말을 하도록 만든 일본사회다"라고 말하며 반론을 시작했다고 한다. 이 토론 내용을 전해준 한 학생은, 여기에 자기 생각을 아래와 같이 덧붙였다.

> 토론 때 그런 말을 했던 친구를 보고 '분위기 파악 못 하네'라고 생각했어요. '난 좀 자러 가고 싶다'라고 말이죠. (웃음) 이미 밤 12시쯤 되었거든요. 물론 그 뒤로 지도원 선생님이 따발총처럼 이야기를 쏟아냈죠. 인민들이 지금의 우리나라를 얼마나 자랑스럽게 생각하는지, 소중하게 여기는지에 대해 이야기했어요. 음, 저는 지도원의 말을 전부 납득한 것은 아니었지만, 무슨 이야기를 하는지는 좀 알 것 같았달까요. 하지만 지도원에게 반기를 든 그 녀석의 말도 물론 이해할 수 있어요. 저도 위화감을 느끼는 부분이 많았으니까요. (2013년 동행조사, 2014년 2월 27일 인터뷰)

또 어느 졸업생은 다음과 같이 이야기했다.

> 고교무상화나 보조금 같은 문제를 다루는 일본의 보도를 보고 있으면 마치 우리들이 아무 생각도 없이 그저 '지도자에게 충성을 맹세'한 것처럼 말하잖아요. 그야 그곳(북한)에서는 그런 말을 하는 경우도 있습니다. 하지만 말이죠, 우리는 우리 나름대로 여러 가지를 생각하고 고민해서 이야기하는 것입니다. 일본사람이 어째서 북한사람들은 저런 식으로 지도자를 존경하는 것인지를 조금도 진지하게 고민해보지 않고 그저 '세뇌'라고 말하면 열받습니다. 여러 문제가 있다는 것은 알고 있습니다. 우리

나라는 100점이 아닙니다. 분명 우리가 다 알지 못하는 안 좋은 일도 많이 있을 거라고 생각합니다. 그래도 심각한 것은 우리나라만이 아니잖아요. 일본도 미국도 영국도 다른 나라도 모두 나쁜 짓을 하잖아요. 우리도 우리나라에서 들은 것이나 학교에서 이야기하는 것들을 전부 그대로 믿을 만큼 바보는 아니에요. 그래도 적어도 우리는 우리나라에 가서 우리나라 사람들과 만나서 이야기를 하고 있어요. 길을 걸어가는 사람도 많이 보고요. 그렇게 우리는 우리 나름대로 우리나라를 이해하는 겁니다. (1992년생, 남성, 재일한인 4세)

이처럼 사고하는 과정을 통해서 학생들은 학생들 나름의 '조국관(祖國觀)'을 형성해나간다. 그것은 결코 맹목적인 것이 아님을 이상의 이야기를 통해서도 파악할 수 있을 것이다.

7. 결론을 대신하여: 재일조선인과 민족·〈조국〉·내셔널리즘

이 글에서는 '사상교육', '개인숭배', '충성의 강요' 등 일본사회가 그동안 비판의 타깃으로 삼아왔던 조선학교와 조선민주주의인민공화국과의 관계를 조선고급학교 3학년 학생들의 조국방문에 동행하여 실시한 참여관찰을 통해서 살펴보았다.

조선학교의 보호자도, 학생도, 그리고 아마도 현장의 교원들도 북한 본국에 대한 의견이나 태도는 제각각일 것이다. 특히 보호자들은 긍정적인 의견을 이야기하는 사람부터 비판적인 의견을 이야기하는 사람들까지 다양하다. 그래도 보호자들은 자녀들이 북한 본국과의 거리를 어떻게 설정할 것인가는 '아이들이 성장하는 과정에서 스스로 생각하고 판단할 일'이라고 여긴다.

학생 대부분이 고3 때 처음으로 방문하는 〈조국〉(=북한)에서 그때까지 교과서만으로 배워온 다양한 시설과 역사유적을 방문하고, 그뿐만 아니라 현지에서 또래의 북한 학생들을 중심으로 다양한 사람들과 교류하며, 자기 나름의 '북한관(=조국관)'을 형성하는 과정을 북한 현지에서 실시한 동행조사의 기록을 바탕으로 묘사해보았다. 학생들이 자신의 온 감각을 동원하여 "'조국'을 파악"하기 위해서 고민하고 생각하며 안간힘을 다하며 말하는 모습이 전해졌기를 바란다.

일본사회가 피상적으로 비판하는 것과는 달리 조선고급학교의 '조국방문'은 단순한 '프로파간다' 여행이 아니며, 학생들 또한 그곳에서 그저 '세뇌당한' 자들이 아니다. 북한 안에서 다양한 갈등과 모순을 느끼지만 그런데도 자신들을 '동포로서' 환영해주는 북한사람들의 모습을 피부로 느끼는 가운데, 북한이 자신의 '조국'이라고 확실히 말할 수 있게 된다. 물론 아직 18세 전후의 젊은 청년들이기 때문에 어떤 점에서는 너무 순수하게 받아들이는 부분이 있다는 것도 부정할 수는 없다. 앞으로 성장하는 과정에서 그들의 '조국관'이 변화할 가능성은 있다. 그러나 조선고급학교의 학생으로서 〈조국(=북한)〉에 강한 애착을 가진 상태로 학교를 졸업한다.

한편 재일조선인의 역사가 100년을 넘기면서 재일조선인의 삶의 방식도 실로 다양해졌다. 조선학교에 다니는 재일조선인 학생들은 재일조선인 전체에서 10% 정도라고 한다.

재일조선인에게 한반도로 귀환하는 것이 더는 현실적인 선택지로 존재하지 않게 된 오늘날, "재일을 살다(在日を生きる)" 등의 '재일론(在日論)'이라 일컬어지는 인식이 1970년대부터 재일조선인사회에서 우세를 점하게 되었다. 즉, '남도 북도 아닌' 혹은 '남도 북도 모두'라는 입장을 취하면서, '일본에서 살아가는 조선인으로서' 본국의 분단을 재일조선인사회로까지 끌어들이는 것은 지양하자는 입장이다. 이러한 관점에서

조선학교에서 이야기하는 '민족'이나 〈조국〉이 본질주의를 앞세우는 폐쇄적인 개념이라고 지적하는 등, 재일조선인사회 내부에서도 많은 비판이 제기된다.

그런데 조선학교가 지금까지도 여전히 '민족'이나 〈조국〉에 집착하는 것은 왜일까? 그것은 일본사회 속 재일조선인들이 처한 현실이 여전히 민족이나 국가 같은 문제들과 직접적으로 대치하면서 살아갈 것을 강요당하고 있기 때문이다. 한반도의 남북분단, 일본 식민지/전후책임의 미청산, '북조선' 혐오, 최근 일상화된 혐오발언에서 현저하게 나타나고 있는 배척 등등 재일조선인들, 특히 북한과 밀접한 관계가 있는 조선학교 관계자들은 일상적으로 민족·국가·조국과 같은 문제들과 정면으로 마주할 수밖에 없다. 국경을 넘어서 이동·유동해온 사람들을 '디아스포라'라고 부르는데, 서구의 연구에서는 디아스포라가 '문화의 재창조'를 통해서 민족/국가를 부정하고 '새로운 것'을 창조해왔다는 식으로 설명하고 있지만, 재일조선인의 상황은 그것과는 다르다는 것 또한 의미한다.

그런 의미에서도 조선학교가 북한을 〈조국〉으로 간주하고, 언뜻 '낡아빠진 듯' 보이는 민족이나 내셔널리즘을 이야기하는 것은 재일조선인들이 일본사회에서 살아가기 위해서는 필요한 것이며, 그러한 것들은 결코 위로부터의 일방적 강요로 인하여 지니게 된 것이 아니라, 학생들 스스로 능동적으로 체득했다고 볼 수 있다.

조선고급학교 학생들의 지도원에게 "조국방문을 지도하면서 가장 크게 느끼는 것은 무엇인가?"라는 질문을 한 적이 있다. 그 지도원은 망설임 없이 "조국"이라고 대답했다. 그리고 "학생들은 조국을 만져보거나, 껴안아보기도 하고, 냄새를 맡아보거나 또 곱씹어보기도 합니다. 저한테는 너무나도 당연한 존재입니다만, '조국을 잡아 알고자 하는 모습'은 몇 번을 보아도 정말 감동하게 됩니다"(2019년 3월 28일, 평양호텔에서)라고 대답했다. "조국을 잡아 알자", 이 말은 묘하게도 조선고급학교 학생들이 조국방문 중에 〈조국〉과 마주한다는 의미로 사용한 표현과 똑같다. 학생들이 북한에서 활기 넘치고 즐겁게 생활하는 이유를 이 지도원의 말에서 깨달을 수 있을 것 같다.

〈조국〉에서의 만남을 일생의 보물로 여기며, 그 이후의 삶을 걸어나가는 조선고급학교 학생들의 모습은 '우리나라 매직'이라는 말만으로는 다 표현할 수가 없다. 학생들은 〈조국〉에서 힘껏 우리 노래를 부르고, 우리말로 이야기하는 체험을 하고, 우리들에게도 '우리나라가 있다'라는 실감을 평양에서 처음으로 느낀다. 이러한 경험은 〈조국〉과 이어져 있음을 구체적으로 느낀 그들이 '조선인으로서'의 정체성을 재확인하고, 자신과 "조국 사이의 퍼즐을 끼워맞"(朴英二 2018)추면서 살아가는데 하나의 토대가 되는 경험이다.

참고문헌

金徳龍, 2004,『朝鮮学校の戦後史: 1945-1972』, 東京: 社会評論社.

金汝卿, 2020, "民族教育の『母』であること ―朝鮮学校のオモニ会にみられる〈生きる方法〉,"『ソシオロジ』65(1): 23-40.

朴英二, 2018, "祖国とわたし,"『イオ』, 東京: 朝鮮新報社, pp. 16-17.

森千香子, 2014, "ヘイト・スピーチとレイシズムの関係性―なぜ, 今それを問わねばならないのか," 金尚均 編著,『ヘイト・スピーチの法的研究』, 京都: 法律文化社.

徐京植, 2002,『半難民の位置から』, 東京: 影書房.

小沢有作, 1973,『在日朝鮮人教育論: 歴史編』, 東京: 亜紀書房.

宋基燦, 2012,『「語られないもの」としての朝鮮学校: 在日民族教育とアイデンティティ·ポリティクス』, 東京: 岩波書店.

松田素二, 2009,『日常人類学宣言! 生活世界の真相へ/から』, 京都: 世界思想社.

李洪章, 2016,『在日朝鮮人という民族経験: 個人に立脚した共同性の再考へ』, 東京: 生活書院.

呉永鎬, 2019,『朝鮮学校の教育史: 脱植民地化への闘争と創造』, 東京: 明石書店.

中村一成, 2014,『ルポ京都朝鮮学校襲撃事件〈ヘイトクライム〉に抗して』, 東京: 岩波書店.

Itagaki, Ryuta, 2015, "The Anatomy of Korea-phobia in Japan," *Japanese Studies* 35(1): 1-18.

제10장

디아스포라 재일한인의 '귀환': 한국사회에서의 경험과 정체성*

권숙인

교포는 토마토야. 과일나라에서 자라온 토마토.

어느 날 나는 과일이 아니라고 느꼈다.

과일나라에서 토마토를 먹을 때는 소금을 뿌리는데, 생긴 그대로를 인정받고 싶었던 토마토는 야채나라에 갔어. 조국에 간 거지. 하지만 야채나라는 토마토를 과일같이 취급할 때가 있었다. 게다가 설탕을 뿌리는 습관이 있었다. (정구미 2005: 157-158).

---

* 이 글은 저자의 논문 "디아스포라 재일한인의 '귀환': 한국사회에서의 경험과 정체성"(『국제지역연구』 17(4): 33-60, 2008)을 수정·보완한 것이다. 처음 논문이 나온 뒤 시간이 꽤 흘렀고 급변하는 한국사회 속에 재일한인을 둘러싼 제도적·일상적 환경도 변화해왔다. 수정·보완 과정에서 그동안의 변화에 대한 업데이트는 최소화했다. 좀 더 최근의 상황에 대해서는 조경희(2011, 2016)의 연구가, 1960~80년대 한국에서의 재일한인에 대한 인식이 결혼을 통해 귀환한 재일한인 2세 여성들의 경험에 미친 영향에 대해선 이 책의 6장에 실린 김이향(2017)의 연구가 좋은 참고가 될 것이다. 본 연구는 2000년대 초의 상황을 반영하는 하나의 참조가 될 수 있을 것이다. 해외독자를 고려하여 이 장의 내용에 한국 현대사 속 재일한인의 위상과 경험 부분을 대폭 보완한 두 가지 글이 영어 단행본의 일부(Kweon 2014, 2018)로 출간되었음도 밝혀둔다.

1. 디아스포라의 귀환

이 연구에서는 '조국'으로 '귀환(return)'한 재일한인의[1] 경험과 이들에 대한 한국사회의 수용과 인식을 고찰한다. 여기서 말하는 재일한인은 1945년 이전에 일본으로 이주했던 조선인, 소위 '올드커머' 재일한인과 그 후손으로, 최근 이주한 '뉴커머' 재일한국인은 포함하지 않는다. 또한 '귀환'은 한국에서의 체류가 영구적인지 아닌지와 상관없이 '조국으로 돌아왔다'라는 측면을 강조하기 위한 개념으로 사용한다. 아래에서 살펴보겠지만 본 연구의 피면담자들이 한국으로 오게 된 목적은 유학이나 연수인 경우가 많고, 체류 기간이나 계획도 다양하다. 그러나 저자가 주목하고자 한 것은 이들이 한국행에 대해 부여하는 의미가 단순한 '방문'이 아니라 조상의 나라, 혹은 자신의 나라에 '돌아왔다'라는 측면이 강하다는 점이다.

그런 점에서 본 연구에서 고찰하는 사례들은 최근 연구가 축적되고 있는 디아스포라 귀환(diasporic return)의 경우와 비교의 관점을 제공한다. 디아스포라 귀환(이주)이란 민족적 기원지를 떠나 수 세대에 걸쳐 다른 나라에서 거주하다가 다시 그 기원이 되는 나라로 돌아오는 경우를 의미한다. 즉, 세대에 걸친 이산 경험을 가진 종족/민족집단이 변화하는 상황 속에 다시 조상의 나라로 돌아오는 것을 말한다. 유대인 귀환이라는 고전적인 사례 이외에도, 2차대전 이후 대규모로 진행된 게르만인의 서독으로의 귀환(Dietz 2000; Levy 2003; Munz 2003)이나 구소련지역에 거

1 재일한인에 대한 명칭과 그 명칭이 함의하는 정치적 의미는 다양하나 이 장에서는 "ethnic Koreans in Japan"이라는 의미로 재일한인이라는 표현을 사용하기로 한다. 다만 인터뷰 자료를 인용할 때는 "재일한국인", "재일조선인", "자이니치" 등 당사자들의 표현을 그대로 사용한다.

주하던 다양한 민족적 배경의 사람들이 1990년대 저마다의 민족국가로 귀환한 경우(Iglicka 1998; Kulu and Tammaru 2000; Tsuda 2009) 등을 예로 들 수 있다. 동아시아지역에서는 19세기 후반 이래 중남미로 이주해갔던 일본인의 후손들, 소위 '닛케이진(日系人)'이 일본의 경제성장과 혈통적 연결성을 우대하는 법제도를 활용해 귀환하는 것(Linger 2001; Roth 2002; Tsuda 2000, 2003, 2009)과 조선족을 중심으로 한 디아스포라 한인의 귀환(유명기 2002; 이혜경 외 2006; 전형권 2006) 등이 주목을 받고 있다.

이 글에서는 다른 지역의 디아스포라 귀환 집단과의 비교를 염두에 두고 귀환한 재일한인의 경험을 고찰한다. 구체적으로는 일본에서 태어나서 자란 재일한인 후손들이 한국행을 선택하게 되는 배경과 목적, 한국에서의 경험, 그리고 이러한 경험이 그들의 귀속의식과 정체성에 끼치는 영향에 초점을 맞춘다. 특히 다른 디아스포라 귀환 사례들과의 비교 분석을 통해 재일한인의 사례가 갖는 독특한 이론적 함의에도 주목한다.

2. 재일한인의 특수성과 조국으로의 귀환

해외 디아스포라 한인 중 재일한인이 갖는 특수성은 이들의 역사가 일본 식민지배에 기원을 둔다는 점, 그리하여 이들에 대한 한국사회의 반응과 태도가 식민지배의 역사와 일본에 대한 한국인들의 인식에 크게 영향을 받는다는 점이다. 적지 않은 한국인들은 일본, 일본인, 일본문화에 대해 단순한 편견에서부터 극단적인 혐오감까지 포함해 부정적인 인식을 갖고 있으며, 이런 감정은 종종 귀환한 재일한인에게 투사된다. 재일한인에 대한 "반쪽발이"라는 표현은 이런 부정적인 평가를 잘 보여주는 예다. 즉, 재일한인에 대한 한국사회의 수용 태도는, 다른 지역 출신의 디아스포라 귀환자 집단의 경우와 달리, 귀환자들이 드러내는 문화적 차이나 이들의 사회적·경제적 지위보다 한일 간의 역사적 관계에 많은 영향을 받는다.

한편 국민국가 속에 살아가는 소수민족집단으로서 재일한인이 보이는 또 다른 특징은 이들이 "문화적으로는 높은 동화양상을 보이면서도 구조적으로는 낮은 수준으로 동화되어 있는 점"(Kashiwazaki 2000: 53)이다. 한국행을 하는 재일한인 후손 대다수는 아직 한국국적을 유지하고 있다. 다시 말해 자신들이 태어나 살고 있는 일본에서는 법적으로 외국인 신분이다. 그러나 국적이 있음에도 불구하고 이들은 언어를 포함해 한국문화에 대해서는 무지하거나 서투르다. 이들에게 모어(母語)는 일본어이며, 한국어와 한국문화는 자연스럽게 체화되는 것이 아니라 새로 배워야만 하는 자질이다.

반면 많은 한국인이 한국문화에 대한 재일한인 귀환자의 무지를 이해하기 힘들어한다. 한국인이면 '응당' 한국어를 할 수 있어야 한다고 생각하고 한국문화와 역사를 알고 있을 것으로 기대한다. 물론 이때 말하는 '한국인'의 기준엔 다분히 혈통주의적 전제가 작용한다.[2] 특히 재일한인 귀환자의 경우, 몸에 밴 언어와 문화가 다름 아닌 일본의 것이라는 점이 상황을 더욱 어렵게 만든다. 한국인들은 재일한인이 드러내는 일본적 속성에 대해 강한 거부반응을 보이며, 그들을 동료 한국인으로 받아들이길 주저한다. 예를 들어 박재명·김상진(2004)이 2004년 6월에 서울 소재 5개 대학 남녀대학생 457명을 대상으로 한 설문조사는 이러한 측면을 잘 보여준다. 재일한국인, 재미한국인, 재러시아한국인 등 여러 재외국민 중 어느 집단을 가장 좋아하느냐에 관한 질문에 대해서

2 예를 들어 한국으로 귀화하여 법적으로 한국인이 된 외국 출신자의 서툰 한국어에 대해선 훨씬 너그러운 태도를 보인다.

"예상대로 재미한국인이 가장 좋다고 답한 사람이 가장 많았다." 재일한인을 일본인으로 봐야 하는지 한국인으로 봐야 하는지를 묻는 질문에 대해서는 응답자의 58%가 "일본인 혹은 국적 불명자"로 본다는 답을 했다. 설문에 응한 연세대의 한 학생은 "솔직히 학교 복도에서 일본어로 떠드는 학생들을 보면 일본인이라는 생각밖에 들지 않는다"라고 말했다. 이러한 반응에 대해 재일한인 당사자들은 자신들이 결국 한국에서 "국적 있는 외국인"이거나 "한국인에 포함되지 못하는 재일교포"[3]라고 깨닫게 된다.

언급했듯이 디아스포라 귀환자들이 조국에서 겪게 되는 부정적인 경험과 이로 인한 정체성의 재구성과 협상은 최근 다른 사례 연구(Iglicka 1998; Levy 2003; Tsuda 2003 등)에서도 자주 지적된 점이다. 디아스포라 귀환자들은 조상의 나라로 이주할 경우 제도적인 수용에서 종종 특권적인 대우를 받는다. 그리고 이들의 귀환을 촉발하는 배경에도 경제적 고려뿐만 아니라, 민족적 연결성과 충성심이 의미 있게 작용한다. 그러나 이러한 연결성과 충성심이 귀환 후 조국에서의 긍정적인 경험과 우호적인 대우를 보장하는 것은 아니다. 이 장에서 살펴보고자 하는 재일한인의 경우도 디아스포라 귀환자들이 조국에서 겪게 되는 갈등 상황을 잘

3 한국사회에서 재일한인에 대한 호칭은 일반적으로 '재일동포'와 '재일교포'가 혼재되어 사용되고 있다. 이 점과 관련해 권혁태(2007)는 해방 후 미디어에서 이 두 용어가 실제 사용되온 빈도수를 추적하면서 재일한인의 호칭이 한국사회에서 이들에 대한 표상의 정치를 반영해왔음을 보여준다. 즉, "전체적으로 1950년대 중반 이후 민족적 입장을 강조하는 '재일동포'에서 '북송사업'에 대한 대항이라는 냉전적 입장이 강하게 반영되어 있는 '재일교포'로 변화하게 되었고, 1970년대 중반 이후에는 총련계 동포에 대한 동화/회유라는 차원에서 '재일동포'라는 용어로 다시 변화"(권혁태 2007: 244)했다는 것이다. 반면 본 연구에 협조한 재일한인들은 대부분 '재일교포'라는 용어를 사용했는데, 이는 '재일동포'란 말이 내포하는 강한 민족주의적 함의가 부담스럽기 때문이다. 본 연구에서는 피면담자들이 선택한 '재일교포'란 용어를 사용한다.

보여주는 사례다. 비록 재일한인은 경제적으로는 더욱 선진국에서 귀환한 경우지만 다른 귀환자 집단, 예를 들어 재미한인의 경우와는 달리 한국사회에서 심한 편견과 차별을 경험하며, 이러한 경험은 이들이 자기 정체성과 관련해 좀 더 복잡하고 갈등적인 여정을 겪게 만든다.

귀환 재일한인의 경험과 정체성에 대한 기존의 학문적 접근은 매우 소략하다. 그런 점에서 한 재일한인 학생의 석사학위논문(유키 2001)은 귀환한 재일한인 학생들의 경험과 정체성에 대한 풍부한 인터뷰 자료를 소개하고 있어서 좋은 참조가 되었다. 이정훈(1997) 역시 재일동포 모국 수학생에 대한 설문과 인터뷰를 통해 재일동포의 민족정체성이란 주제를 연구한 바 있으나, 분석의 초점이 포괄적인 민족정체성에 맞춰져 있어 이들의 정체성이 귀환 후 어떻게 변화하는지에 대한 구체적이고 면밀한 분석까지는 나아가지 못하고 있다. 귀환자 자체에 대한 연구는 아니지만, 한국인들이 재일한인에 대해 갖는 편견과 고정관념에 대해선 정대성(2003)과 권혁태(2007) 등의 연구가 있다. 특히 권혁태는 주로 대중문화 텍스트를 활용하면서 한국사회에서 재일한인들이 '민족', '반공', '개발주의'라는 필터를 통해 재현되어왔음을 분석하고, 이들 필터가 최근 현저히 변화하고 있음을 지적한다. 물론 이러한 재현방식과 고정관념은 재일한인의 귀환 경험에서 중요한 맥락이 된다.

이 연구에서는 한국에 와 있는 11명의 재일한인에 대한 심층인터뷰 자료에 기초해[4] 귀환하는 재일한인들의 귀환 동기와 배경, 한국사회에서의 경험, 그리고 이런 과정에서 진행되는 정체성 협상 양상을 살펴

4 이들에 대한 인터뷰는 2006년에서 2007년에 걸쳐 진행되었다. 주로 저자의 연구실에서 2~3시간 동안 이루어진 인터뷰는 구조화된 설문을 사용하지는 않았지만, 개인의 생애사와 가족사 전반, 귀환의 동기, 한국사회에서의 경험, 향후 계획, 정체성의 변화 여부 등을 공통 질문으로 진행했다. 피면담자는 기본적으로 개인적인 소개를 통해 선정되었다. 이 장에 등장하는 이름은 모두 가명이다.

보고자 한다. 특히 귀환을 통해 민족과 조국, 국민국가, 문화를 매개로 한 정체성이 어떠한 변화를 겪으며 타협되고, 새로운 모색이 시도되고 있는지 주목한다. 심층인터뷰에 응한 11명 중 교환교수로 체재 중인 1명을 제외하고는 모두 20대 혹은 30대 초반으로, 8명은 한국의 대학(원)과 어학원에서 수학 중이며, 1명은 전업주부, 1명은 대학 졸업 후 직장생활을 하고 있다. 11명 모두 한국국적을 소지하고 있으며, 조총련계 민족학교나 유치원을 다닌 경험이 있는 2명을 제외한 9명은 한국으로 오기 전에 일본학교만 다녔다. 20~30대의 10명은 모두 재일한인 2.5세 혹은 3세로, 일본에서 1980년대와 1990년대에 학교에 다녔고 1990년대 중반에서 2000년대 사이에 한국으로 왔다. 그런 의미에서 이들은 최근에 한국사회로 귀환한 젊은 세대 재일한인의 사례라고 할 수 있을 것이다(표 1 참조).[5]

3. 한국으로의 귀환 경험과 정체성 협상

통상 일반적인 국제노동이주는 국가 간에 존재하는 경제적 격차를 배경으로 더 좋은 경제적 기회를 찾아 제3세계 국민이 제1세계로 이동하는 양상으로 이루어진다. 전지구화와 신자유주의적 경제관행의 확산은

5 '문우식'이라는 가명으로 등장하는 재일한인 2세이자 50대 중반인 교환교수의 사례는 〈표 1〉에 포함하지 않았다. 성장과정이나 한국으로 오게 된 경위와 시기에서 나머지 다른 피면담자들과 시대적 배경이 많이 다르기 때문이다. 그러나 '디아스포라재일조선인' 문제에 대한 심도 있는 연구와 논의를 해온 이 학자와의 면담은 젊은 세대 귀환자들의 경험을 해석하는 데 많은 도움이 되었으며, 그 자신의 귀환 경험은 젊은 세대 귀환자들과 공통점과 차이점을 보여주는 유용한 자료가 되었다.

표 1. 피면담자 관련 주요 사항

이름	출생연도/출생지	세대/가족	성장지 환경	언어생활	차별 경험	교육배경	한국 온 경로와 시기	한국 온 동기	현재 직업	장래계획	정체성 정의
김선미(여)	1984 히로시마	재일교포 2.5세/ 부: 2세 모: 1세 가족 모두 한국국적	'한국인'들이 비교적 많이 사는 지역	엄마에게 한국어 배워서 조금 할 줄 알았음	없었음 외국인 친구가 있어서 좋다고 친구들이 말함	고교까지 일본학교	유학(2002)	한국말/ 한국에 대해 공부하기 위해, 외교관이 되기 위해	대학생	아직 잘 모름	재일교포다(나를 쉽게 한마디로 설명할 수 있는 단어다)
이나라(남)	1983 오사카	부: 3세 모: 1세 부모, 여동생 모두 한국국적	(질문 누락)	어머니는 자주 한국어 사용. 듣기는 대충 가능했음. 배운 것은 한국 와서	여러 형태로 좀 있었던 듯. 어렸을 땐 그저 좀 다르다는 이유로 또래들이 달리 보는 정도	유치원과정 6개월 민족학교, 이후 소학교에서 고교까지 일본학교	유학(2002)	아버지의 '강요'와 본인이 느낀 막연한 당위성	대학원생	한국과 일본을 연결하는 일/ 재일교포에 대한 학문적 탐구	누가 뭐래도 한국인이다. 그리고 자이니치다. 재일교포라는 것을 그대로 받아들이기로 했다. 국적을 버릴 수는 없을 것 같다.
김영혜(여)	1980 오사카	재일교포 2.5세/ 부:2세 모:1세 언니 1, 여동생 1	일본인들만 사는 거주지	한국어 못하고 자람	별로 없다 일본인 친구들이 부러워함	전문대학까지 줄곧 일본학교	유학(2004)	조국을 알기 위해	직장인	아직 잘 모름	중간자(일본인도 한국인도 아님)
고수철(남)	1984 도쿄	재일교포 3세/ 부모 모두 2세, 여동생 포함 가족 모두 한국국적	(질문 누락)	한국어 하는 환경이 아니었음	차별받았던 기억은 없음	고등학교까지 일본학교만 다님	유학(2004)	한국어 배우기 위해	대학생	아직 잘 모르지만, 일본에 돌아가서 직장 잡을까 한다	한국에서는 확실히 '재일교포'인 것 같다. 한국인이라기보다
강우희(여)	1980 도쿄	재일교포 3세/ 부모, 여동생 1, 모두 한국국적	일본인 거주지	한국어 거의 사용하지 않으며 자람	직접적으로 경험한 적은 별로 없음	고등학교까지 일본학교	유학(2000)	한국에 대해 배우고 싶었다. 한국어도 하고 싶고	대학원생 +일본어 학원강사	정확하는 모르겠으나 한국서 일본어 가르치는 일 찾고 싶다	일본에서는 자이니치, 한국에서는 재일교포다. 이제는 이렇게 정리되었다.

이름	출생연도/출생지	세대/가족	성장지 환경	언어생활	차별 경험	교육배경	한국 온 경로와 시기	한국 온 동기	현재 직업	장래계획	정체성 정의
양석 (남)	1977 도쿄	재일교포 3세. 형-조선적/누나-한국국적/모-한국국적 신청 중/본인-한국적	도쿄의 재일조선인 집주지. 최근엔 뉴커머 급증. 집 가난했다. 고생하며 학교 다님	조선학교에서 배움. 그러나 공부는 잘 못함	3, 4년 선배들까지만 해도 하루하루가 일본아이들하고 싸움이었다. 맞지 않기 위해 싸운 적 있다. 권투 판정에서 차별 겪은 적 있다	소·중·고교 조선학교 졸업. 조선대 2년 중퇴. 세 명의 형제자매 모두 조선학교	유학(2003)	한국에 대해 더 많이 알아야 할 것 같아서	대학생	아직 잘 모른다. 작가? 한국서 계속 살 계획도 있음	일본사람도 아니고 한국사람도 아니다. 굳이 물으면 재일조선인이다
박혜선 (여)	1979 교토	재일교포 3세/오빠만 일본국적(회사관계출장으로 불편해서). 나머지 가족은 한국국적(조선적에서 2000년 바꿈)	주변에 재일교포가 없었다	일본어로 성장. 한국어 거의 모름	직접 느낀 건 별로 없음. 우연인지 취직 때 한국 이름으로는 계속 떨어짐	형제들 전부 유치원부터 대학까지 일본학교. 돈이 없어 대학 못 가신 부모님이 대학 강조. 형제 모두 대학 감	대학 어학당 4개월(2004) 국제교육진흥원(2006년부터 1년)	한국어 배우기 위해. 한국에 대해 공부하고 싶어서(처음엔 부친 반대)	사설학원서 한국어 공부. 한국 조각보 만들기 배움	현재 결혼계획한 한국남자 있고, 결혼하면 한국서 살아야 할 듯하다.	한국사람 되는 거 이제는 포기했다
김혜자 (여)	1975 도쿄	재일교포 3세	일본인 거주지	일본 사용	특별히 차별받은 기억 없다	유치원부터 고교까지 전부 일본학교	유학(1998)	한국어 공부하고 한국에 대해 배우기 위해. 부모님 권유	대학졸업 후 한국남자와 결혼 전업주부	아마 계속 한국에서 살게 될 듯. 우선은 육아에 신경쓰고 있다	한국인? 한국인들과 차이도 느끼고 갈등도 겪었으나 이제는 크게 개의치 않으려고 한다
정길용 (남)	1982 교토	재일교포 3세/부모 모두 2세 가족 모두 한국국적	(질문 누락)	집안 식구 중 한국어 쓰는 사람 없었다. 조부모는 조금 하지만 자주 못 만남	별로 없다	고등학교까지 일본학교	대학 어학당으로 한국어 연수 후 유학(2003)	대학은 한국에서 다니고 싶었다. 뿌리의 확인이랄까	대학생	아직 잘 모르지만, 부모님 계시니까 일본으로 갈 것 같다	자이니치. 온전하게 일본인도 한국인도 될 수 없다
이은미 (여)	1980 후쿠오카	재일교포 2.5세/부모, 여동생 1 모두 한국국적	일본인 거주지	일본어 사용. 한국어 간단한 표현 몇 개 아는 정도	직접 경험한 적은 거의 없다	소학교에서 고등학교까지 일본학교 다님	유학(2001)	한국사회에 대해 제대로 공부하고 싶어서	대학원생	한국전문 연구자? 박사학위 받고 일본에서 취직할까 생각 중이다	재일교포이자 자이니치다. 이제는 재일교포인 것이 떳떳하다

기존의 국경을 급속히 약화시켰고, 자본과 노동은 그 어느 때보다 활발히 국경을 넘어 이동하고 있다. 이런 상황 속에 다수의 국민국가는 종족/민족적 연결성을 우대하는 이주정책을 통해 해외 디아스포라 집단의 '본국' 이동 경로를 제공하고 있다. 특히 경제적 어려움을 겪고 있는 제3세계 출신 디아스포라들에겐 이러한 우대정책을 활용한 노동이주가 조국으로 귀환하는 주요 배경이자 동기다. 브라질과 페루 등 중남미 출신 일본이민자 후손들이나 중국 조선족과 구소련지역 고려인들의 귀환이주가 좋은 사례다.

그러나 언급했듯이 이러한 제도적 우대와 출계상의 연결성이 귀환한 디아스포라가 조상의 나라에서 주변화되는 것을 막아주지는 못한다. 이들을 주변화하는 큰 이유는 노동시장에서 귀환자들이 차지하는 주변적인 위치지만, 이런 경제적 이유 외에도 문화적 차이, 특히 민족적 정체성과 귀속을 둘러싼 기대와 가정의 상충이 조국에서의 삶을 더욱 힘들게 하거나 갈등의 원인이 된다(권숙인 2004; 유명기 2002; Tsuda 2000, 2003 등). 이런 점에서 최근의 초국가적 노동이주의 일부로 이루어지는 귀환이주의 경우도 2차대전 직후 게르만인의 서독이주나 구소련지역의 귀환이주처럼 주로 정치적 이유를 배경으로 이루어진 귀환에서 귀환자들이 겪게 되는 경험과 많은 공통점을 보여준다. 따라서 디아스포라 귀환 현상은 초국가적 이동, 민족/종족, 문화, 국적, 계급 등이 교차하면서 연출되는 정체성 정치를 고찰할 수 있는 매우 흥미롭고 전략적인 연구지점을 제공한다.

재일한인의 귀환은 경제적으로 선진국 출신의 디아스포라 집단이 덜 발전된 조국으로 돌아오는 경우로, 디아스포라 귀환이라는 연구 주제와 관련해 좋은 비교 사례를 제공한다. 실제로 한국으로 온 재일한인들은 대개 학교에서 일본어를 가르치고 화이트칼라로 기업에 고용되어 있거나 혹은 대학에 재학하고 있어, 제3세계에서 귀환하여 육체노동을 하는 다른 한인 디아스포라들과 대조를 보인다. 또한 한국으로의 귀환이 반드시 이들이 경제적 기회를 높여준다고도 할 수 없다. 인터뷰한 피면담자 중 누구도 경제적인 이유로 한국에 왔다고 답한 사람은 없었다.

1) 귀환의 동기와 배경

앞의 〈표 1〉에서 볼 수 있듯이 피면담자들이 한국에 오게 된 표면적인 형식은 대부분 유학이다. 그러나 유학이나 공부의 목적이 단순히 전문적 지식을 습득하는 데 있는 것은 아니다. 한국과 관련된 공부를 하거나 한국유학을 통해 조국을 체험하고 배우는 것이 더 중요한 동기로 작용하고 있다. 이런 동기 때문에 일부는 일본의 좋은 대학에 입학할 가능성을 포기했다고 답했다. 피면담자들은 한국어와 한국의 역사와 문화를 공부하여 더욱 "온전한" 혹은 "완벽한" 한국인이 되고 싶다는 본인의, 혹은 부모의 희망을 자주 언급했다. 어려서부터 줄곧 조선학교에 다녔고 조선대학교[6]를 2학년까지 다닌 적이 있는 양석은 다음과 같이 말한다.

> 조선대학교를 2학년까지 다니다 그만두었어요. 조선대를 졸업하면 결국 재일조선인사회 안에서 삶을 택할 수밖에 없어요. 새로운 세상을 알고 싶다는 생각에 2년 만에 중퇴하고, 회사에 취직해 3년간 일을 했어요. 호주에 가기 위해서. 일본을 한번 벗어나보고 싶다는 생각이 들었어요…. 2001년에 호주에 갔는데, 호주에서 사람들이 물으면 "I'm a Korean"이라고 자기소개를 하잖아요. 근데 Korean이라고 하면서도 한국말도 잘 못하고 한국에 대해서 아는 것도 없고. 그게 부끄럽고 스스로 마음에 들지

6 도쿄에 소재한 조총련계 민족학교로 민족학교 중 유일한 대학교다. 대개 민족학교에서 초중고과정을 이수한 학생들이 진학하며, 졸업생들은 각 급의 민족학교 교사를 비롯해 재일조선인공동체 안에서 직장을 구하는 경우가 대부분이다.

않았어요. 한국에 대해 더 알아야 한다고 생각하게 되었어요. 호주에서 한국 형들도 많이 만나면서 점점 한국이 현실적으로 다가오고, 한국에 가야겠다는 생각이 커졌어요. 북한에는 갈 수도 없고, 가서 살고 싶은 생각도 없었어요.

현재 한국어와 한국 전통공예를 배우고 있는 박혜선 역시 고등학교 무렵부터 한국국적을 가지고 있으면서도 한국말을 못하는 것이 뭔가 창피하다고 느끼기 시작했고 한국어를 제대로 배우기 위해 한국행을 결심했다. 반면 이나라의 경우는 아버지의 '강요'로 한국행을 했다는 점에서 다른 피면담자들과 차이가 있지만, 이 경우도 아버지의 '강요'의 목적은 아들을 "제대로 된 한국인"으로 키우려는 것이었다.

아버지는 어렸을 때부터 일본인들한테 차별을 엄청 많이 당하셨어요. 일본의 한 대학에 다니다가 1970년대 후반에 서울의 유명 사립대학으로 유학을 오셨어요. 대학을 마치고 대학원에 들어가셨다가 재일동포학원간첩사건, 뭐 그런 거에 잡혀 들어가셨어요…. 1983년에 가족을 데리고 겨우 일본으로 도망칠 수 있었어요…. 아버지는 일본으로 오신 뒤 더더욱 민족주의자가 되셨는데, 그래도 민족학교는 싫어하셔서 저를 일본학교에 보냈어요. 그렇지만 일본인으로 키우시려는 의도는 전혀 없었고, 어려서부터 매일, 너는 한국인이고, 때문에 일본인에게 지면 안 된다는 식의 말씀을 하셨어요. 그래서 나도 절대 지면 안 된다는 생각으로 굉장히 열심히 했던 것 같고…. 자라면서 한국인이라는 게 자부심이었어요. 뭔가 영웅 같은 그런 느낌을 가지고 있었던 것 같고, 나는 특별하다 뭐 그런 생각도 했던 것 같고…. 아버지가 많이 강요하셨어요. 대학을 한국으로 가라고…. 한국인으로 제대로 키우고 싶어서 나를 한국으로 보내고자 하셨던 것 같아요. 저는 처음에는 일본대학 가려고 준비를 하고 있었어요. 동시에 어려서부터 들은 강요가 있어서 한국에 가야 할 것 같은 생각도 막연히 있었구요. 주변의 선생님과 친구들이 많이 반대했어요. 그러나 아버지의 생각은 아주 확고했어요.

다른 피면담자들도 "한국어를 배우고 싶어서", "한국에 대해 알고 싶어서", "내 나라이기 때문에" 등 비슷한 동기를 강조했다. 특히 자신의 민족적 정체성과 관련된 고민, 더 정확히는 민족적 정체성의 기준에 대한 본인이나 가족이 생각하는 '결함'을 — 언어나 지식과 관련된 — 보완하고자 하는 동기가 강하게 부각된다. 한편 피면담자 대부분이 일본에서의 민족차별에 대해 적어도 직접적인 경험은 없거나 거의 없었다는 대답을 하였다.[7] 즉 한국행을 하는 주요 동기인 '민족적인 이유'가 이전처럼 차별과 억압적인 현실에서 벗어나기 위한 것이라기보다는 한국인으로서의 '자격'을 좀 더 잘 갖추고 조국을 경험하고 싶다는 데 있다. 물론 다음에 인용하는 김선미의 경우에서처럼, 아직도 일부는 민족적 정체성을 확고히 하는 것에 덧붙여 자신의 꿈을 실현할 수 있는 현실적 기회를 찾아 한국행을 선택하고 있음을 보여준다.

제가 어려서부터 좀 활동적이었어요. 초등학교 때도 계속 반장을 했었고. 친구들도 많고 일본 대학에도 가보고 싶고. 그런 리더십을 강조하면 추천제도로 동경 쪽 좋은 대학에 갈 수 있어서 일본대학으로 갈까 생각하다가 그래도 마지막에 생각하게 된 게 한국에 대해서 배워야겠다는 거랑

7 이것은 일차적으로는 일본 내 차별현실이 많이 개선된 것을 반영한 것이다. 덧붙여 본 연구의 샘플이 갖는 '한계'도 일정한 정도 작용했을 수 있다. 조선학교에 다닌 양석을 제외하고는 경제적 어려움을 직접 언급한 경우는 없었으며, 학력사회 일본에서 대부분 '우수한' 학생이었던 점도 차별 가능성을 완화하는 효과가 있었을 것이다.

또 하나는 중학교 때쯤부터는 외교관이 되고 싶었거든요. 국제적으로 활동을 한다 하면 외교관밖에 생각이 안 났어요. 외교관이 되려면 일본에서는 될 수 없잖아요. 될 수 없다는 사실을 고등학교 때 리(李) 선생님한테 배운 거 같아요. 변호사도 그렇고 그런 직종은 재일교포는 못 한다 그런 이야기를 들었기 때문에. 그럼 일단 한국에 가야겠다. 일단 한국어 먼저 빨리 배워야겠고, 시험 같은 것도 한국에서 봐야 하니까 일단 한국에 가자 해서 한국 대학에 들어가게 됐고요. 한국에서 시험을 치고 외교관이 되고 싶었어요.

2) 어려움과 장애, 그리고 편견

재일한인 귀환자들은 조국에 도착하는 순간, 여러 종류의 어려움과 편견, 차별에 부딪친다. 예상치 못했던 어려움을 경험하면서 이들은 실망하거나 배신감, 분노를 느낀다. 한국사회의 편협성에 유감스러워하며 자신의 정체성에 대해 새로이 고민하고 재고하기 시작한다.

(1) 주민등록증: 제도적 장애와 차별

인터뷰에 응한 모든 피면담자는 일상생활에서 좌절감을 느끼게 만들고 민족적 정체성을 심각하게 훼손시키는 대표적인 제도적 장애로 주민등록증을 꼽았다. 국내의 한국인들은 만 17세가 되면 누구나 주민등록증을 발급받고 이는 국민을 관리하는 가장 기초적이고 중요한 제도로 작용하고 있다. 재일한인은 한국국적을 가지고 있지만, 일본 영주권을 보유한 '재외국민'으로 주민등록제도에서 배제되어왔다. 이들은 90일 이상 국내에 체류할 경우 다른 외국인들과 마찬가지로 출입국관리소에 가서 등록하고 '재외국민 국내거소신고증'을 발급받는다.[8] 거소

8 2015년 1월 주민등록법이 개정되어 '재외국민 주민등록' 제도가 신설되었다. 이

신고증의 모양은 주민등록증과 거의 흡사하지만 번호체계가 다르다. 주민등록증의 뒷번호 7자리는 성별에 따라 1 혹은 2로 시작하지만, 거소신고증은 5 혹은 6으로 시작된다. 따라서 더욱 안정적인 제도적 자격을 얻을 것이란 기대로 번거로운 절차를 거쳐 거소신고증을 발급받지만 실제로는 아무 쓸모가 없다는 것이 이들의 공통된 지적이다. 예를 들어 인터넷 사이트에 가입하기 위해 번호를 입력하면 "틀린 번호입니다" "잘못된 번호입니다" 등의 메시지가 뜨는데, 그런 메시지를 볼 때마다 "한국에서 마음의 거리가 멀어지는 것"을 느낀다는 것이다. 또한 거소신고증으로는 휴대폰 계약도, 심지어 마라톤대회 접수도 할 수 없었다고 한다. 그러한 일들을 처리하기 위해선 "다른 외국인들과 똑같이" 다른 증명서류를 더 만들어내야 한다. 이나라는 주민등록번호에 의한 배제의 경험과 관련해 좀 더 극적인 에피소드를 이야기한다.

> 한국에서 생활하면서 점점 신경이 예민해지는 저를 발견했는데, 어느 날 눈이 너무 아픈 거예요. 새벽에. 하숙집에 살고 있었는데 제가 워낙 쉽게 사람들한테 도와달라 이런 부탁을 잘 못 했는데…. 그래서 혼자 새벽 3시에 밖으로 나와서 택시를 잡아 가까이 있는 응급실까지 가달라 했는데, 갔더니 거기 응급실에서 간호사가 주민등록증 보여달래요. 뭐 상상이 가겠지만 주민등록증이 없잖아요. 있는 게 학생증밖에 없는데 학생증 보여줬더니 "외국인이에요?" 하는 거예요. 그래서 "외국인은 아닌데…" 했더

에 따라 국내에 30일 이상 체류하는 재외국민은 주민등록 신고를 하고 주민등록증을 발급받을 수 있게 되었고, 기존의 재외국민 국내거소신고증은 2016년 7월 1일부터 효력이 상실되었다. 그러나 여전히 '재외국민'이라는 표식이 붙은 주민등록증은 재일한인의 특수한 역사에 대한 몰이해와 이와 결부된 제도적 배제의 문제를 해결해주지 못하고 있다. 일본에서 귀환한 재일한인들이 주민등록번호를 받은 후에도 경험하는 제도적 차별을 포함해 재외한인 관련 국내의 등록제도와 법적 지위에 대해선 조경희(2016)를 참조할 수 있다.

니 "그럼 왜 주민등록증이 없어요?" "재일교포예요, 국적은 한국이고" 했더니, "그럼 왜 주민등록증이 없어요? 그러면 진료를 받을 수 없는데" 하는 거예요. "그러면 어떻게 해요? 아픈데요" 했더니 "게다가 여긴 안과가 아니에요. 안과는 강남역에 가면 있어요. 다시 가주세요" 하는 거예요…. 전 그때 되게 떨고 있었어요. 오버일 수도 있는데 그때는 정말 그때 죽는 줄 알았어요. 무서웠어요, 죽을 줄 알고. 죽을 줄 알았어요, 진짜로! 택시로 강남역까지 가고 있었는데 혼자 울고 있었어요. 여기서 끝난다! 이러면서. 거기서 안과를 가서, 주민등록증이 없어요, 그런데 일단 좀 봐주세요, 죽을 것 같아요. 그래서 진료를 받았는데, 아무 문제도 없다고 했어요.

특히 재일한인들이 한국국적을 유지하면서 일본사회에서 겪어야 했던 제도적 차별을 고려하면[9] 재일한인 귀환자들이 한국사회에서 겪는 제도적 배제에 대한 반응은 더욱 민감해질 수밖에 없다. 교환교수로 한국에서 처음으로 장기체류 중인 문우식은 거소신고증을 신청하면서 느낀 제도적 불합리성과 무신경한 대응방식을 다음과 같이 비판한다.

주민등록증이 없어서 휴대전화도 못 만들고 짐 찾고 할 때 고생을 많이

---

9 2차대전 이후 재일한인은 일본사회에서 오랫동안 차별을 받았는데, 일상적인 차별과 편견 외에도 소위 "국적조항"은 이들에 대한 공식적이고 제도적인 차별의 편리한 근거가 되었다. 재일한인이 본국 국적을 유지하고 있는 한, 참정권이 거부되고 공무원을 비롯한 각종 취업차별을 받았으며, 사회보장에서 배제되고 공영주택 입주 권리도 부정되었다. 1980년대 이후 국적조항은 상대적으로 완화되어 일본국적 없이도 지자체 공무원이 되거나 일부 사회보장 프로그램의 혜택을 받을 수 있게 되었다. 한편 저자와의 인터뷰에서 피면담자들은 한국에서 선거권이 없는 것을 주요 제도적 차별 중 하나로 지적했는데, 2009년의 선거법 개정으로 재외국민도 투표를 할 수 있게 되었다.

했어요. 이번에는 최소한 일 년 있을 생각이어서 출입국관리소에 갔는데, 호적등본과 영주권 증명서가 필요하다고 했어요. 호적등본은 온라인으로 신청해서 받을 수 있었는데, 한국 내 호적지 번지수를 기억하지 못해서 일본에 전화해서 번지를 물어서 비교적 쉽게 해결했어요. 또 하나는 영주권 증명서인데, 이건 마침 복사해온 것이 있어서 됐습니다. 그러나 없었으면 어떻게 되는 건가? 물어봤더니 "일본대사관에 가라"고 합니다. 그러나 거기서 그런 증명을 해줄 리가 없지요. 또한 재일조선인의 오랜 차별과 고통의 근원이 그 외국인등록령하의 법적 지위인데, 왜 한국정부가 그 일본의 영주권 증명을 요구하는지요?

그러나 쉽지 않게 얻은 거소신고증이 실생활에서 도움이 되는 일은 거의 없다. 김영혜 역시 주민등록증제도에 의한 배제 경험을 겪으며 자신이 느꼈던 점을 다음과 같이 말한다.

완전히 외국인이구나, 국적 있는 외국인. 그렇게 느꼈어요. 일본에 있을 때도 외국인이고 한국에 있을 때도 외국인이구나, 그렇게. 재일교포라는 국적은 없지만, 그렇게 생각하고 살아야겠구나, 하고 생각했어요.

(2) 한국어, 두려움과 좌절감의 원인

재일한인 귀환자들이 일상생활을 통해 가장 자주 경험하는 어려움은 한국어 사용과 관련된다.[10] 많은 한국인은 혈통상 한국인이라면 응

10 96명의 재일한인 모국 수학생에 대한 이정훈의 설문결과 역시 이들이 한국사회에서 겪는 가장 큰 어려움이 언어소통의 어려움(55.2%)과 한국인들의 편견과 차별(14.6%)임을 보여준다(이정훈 1997: 97). 그러나 본 연구에서 나타나듯이 재일한인에게 한국어 사용의 문제는 단순히 "의사소통의 어려움" 문제를 넘어서 정체성과 자긍심에 밀접히 연결된다.

당 한국어를 할 수 있어야 한다고 생각하기 때문에 일본으로부터의 귀환자들은 공항에 발을 딛는 순간부터 '모국어' 능력과 관련해 질책을 듣거나 의심스러운 눈총을 받게 된다. 공항의 입국심사관들은 종종 귀환자들에 대한 한국사회의 호의적이지 않은 반응을 암시해주는 첫 번째 역할을 하고, 혹시 공항에서 운이 좋았더라도 택시운전수가 심문관 혹은 교사 노릇을 자처한다. 혹은 하숙집의 어린 꼬마도 순진한 호기심을 숨기지 않는다. 이들은 모두 한목소리로 묻는다. "한국인인데 왜 한국어를 못해요?" 한국어와 한국에 대해 제대로 배우고 싶어 유학을 왔던 박혜선은 말한다.

> 유학 온 뒤 한국어가 정말 안 됐어요. 처음 들어갔던 하숙집 주인들은 당연히 일본어 못하니까, 저도 한국말 안 되니까 너무 답답하고…. 가장 충격을 받은 것이 뭐냐면, 거기 사는 초등학교 어린이가 있었어요. 그 어린이가 같이 간 재일교포 친구 얼굴 보고 누나들은 왜 한국사람인데 한국말 못하냐고, 그런 말을 했어요. 그때 정말… 그때 혼자 울었어요. 어디 쇼핑하러 가든가 지하철 타러갈 때 사람들이 제가 한국사람인 줄 알고 길을 묻는 거예요. 그런데 말을 못하잖아요. 이상하게 보고 가는 거예요. 그래서 더 말을 하는 것이 두려워서…. 그때는 부모님을 많이 원망했어요. 왜 어렸을 때부터 한국말을 가르치지 않으셨나 하고. 조선학교에 보내던가, 왜 그렇게 안 하셨는지 원망했는데, 그래도 부모님 마음을 알고 있으니까 할 수 없다고 생각했어요.

한국어와 관련해 귀환한 재일한인들이 느끼는 좌절감은 이들 역시 부분적으로는 본질주의적인 언어민족주의에 어느 정도는 공감하기 때문에 더욱 심화한다. 언급한 대로 젊은 세대의 재일한인 대다수는 언어를 포함해 문화적으로는 일본화되어 있는 상황이다. 이들은 한국인으로서 민족적 정체성을 느끼게 되면서 서툰 한국어에 수치감을 느끼는 경우가 많고, 살펴본 것처럼 한국어를 배우는 것은 귀환의 주요 이유 중 하나다. 따라서 자신이 한국어를 제대로 못하는 것, 그 점에 대한 한국인들의 반응에 대해 매우 복잡한 심경을 갖게 된다. 박혜선의 인용에 나타난 것처럼 스스로에 대한 수치감, 부모에 대한 원망, 쉽게 한국어 실력이 좋아지지 않는 데서 오는 좌절감, 자신들의 처지를 이해해주지 못하는 한국인들에 대한 섭섭함과 상처 등이 교차한다. 왜 한국어를 못하냐는 한국인들의 질문에 대해서 자신들이 겪은 일본에서의 어려운 역사를 고려하지 않은 일방적인 비판이라고 간주하면서도 동시에 자신이 한국어를 더 잘할 수 있어야 한다고 동의한다.

어느 쪽이 되었건 귀환자들은 일상생활을 통해 언어와 관련해 딜레마를 겪게 된다. 만약 서툰 한국어에 유창한 일본어를 쓰면 한국인들은 단번에 이들을 일본인이라고 결론짓는다. 일본에서 온 한국인이라고 고백하면, "그런데 왜 한국어를 못하냐?"란 질문으로 이들의 정체성을 의심한다. 그 결과, 특히 한국 체재 초기 단계에서는 한국어를 하는 것은 커다란 도전이며 두려움이기도 하다. 어떤 이들은 공공장소에서는 아예 말을 하지 않고 그냥 한국인으로 '통하는' 전략을 취하기도 하는데,[11] 이는 강우희도 언급하듯이 이들이 일본사회에서 일본인으로 '통하기 위해' 한국이름('본명')을 쓰지 않고 일본식 이름('통명, 通名')을 사용하는 전략을 환기시킨다.

한국어 사용과 관련해 재일한인 귀환자가 느끼는 자신감 없음과

11 현재 한국에서 활동하는 재일한인 만화가 정구미는 자신의 한국 체험을 소재로 한 만화책(정구미 2005)에서 이런 전략 때문에 겪었던 '희비극'을 고백한다. 만화의 한 에피소드에서 저자는, 시장에서 딸기를 사던 중 딸기를 파는 아주머니가 상한 것들을 함께 비닐봉지에 넣는 것을 보면서도 자신의 정체가 탄로 날까 두려워 결국 아무 말도 못하고 만다.

한국인들의 인내심 부족의 저변에는 재일한인의 모어(母語, mother tongue)가 다름 아닌 과거 식민지배자의 언어라는 점이 있다. 일본어 원어민으로서 귀환자들은 한국어를 할 경우에도 종종 독특한 일본어 억양과 발음을 구사하게 되는데, 많은 한국인은 이것을 좋아하지 않거나 비웃는다. 문우식은 재일한인이 언어와 관련해 부딪치는 특별히 딜레마적인 상황을 "모어의 수인(囚人)"이란 말로 표현한다. 재일한인이 소수자로서의 자신의 지위를 초래한 식민지배를 인식하게 되고 스스로의 민족적 정체성을 굳건히 하고자 애쓰더라도 이들은 별수 없이 바로 그 식민자의 언어인 일본어에 의존해 자신을 표현할 수밖에 없다는 것이다.

나아가 조총련이 운영하는 민족학교('조선학교')에 다녔던 경우에는 한국어 사용과 관련된 좌절감이 한 번 더 뒤틀릴 수도 있다. 조선학교의 공식 언어는 '조선어'이기 때문에 이 학교에 다녔던 학생들은 그렇지 않은 사람들에 비해 한국어 능력이 훨씬 좋다.[12] 그러나 이들이 쓰는 한국어는 북한말의 일종으로, 남한에서 쓰는 말과 어휘나 억양 등에서 차이가 난다. 현재 한국사회에서는 북한식 언어가 매체 등을 통해 종종 조롱거리나 희화화의 대상으로 등장하고 있는데, 이런 상황에서 귀환한 재일한인이 쓰는 북한식 언어는 한국인들의 차별적 평가에 매우 취약하게 노출될 수 있다. 예상치 못한 이런 반응을 직면하면 재일한인들은 상처를 받거나 '분노'를 느낀다. 조선대학교를 중퇴한 양석에 의하

---

12 현재 조총련은 유치원에서 대학까지 연결되는 민족학교 시스템을 운영하고 있다. 민단이 운영하는 민족학교는 조총련계 학교와 달리 일본 문부성의 인가를 받은 커리큘럼을 운영하고 있으며 일본어를 공식어로 쓰고 있다. 한국에서 일반적으로 생각하는 것과 달리 조총련계 사람들만 자녀들을 조선학교에 보내는 것은 아니다. 한국국적을 가지고 있거나 특별히 어느 한쪽을 지지하지 않는 재일한인 중에도 한국어를 배울 수 있다는 점, 혹은 아이들의 인성교육에도 좋다는 이유로 조선학교에 아이들을 보내는 경우도 많다고 한다.

면, 그것은 단순히 자신의 언어 습관에 대한 비판이 아니라, "일본에서의 인생을 다 부인받는 것 같은" 느낌을 주기 때문이다.

(3) 일상의 편견, "반쪽발이" 혹은 "부자 재일교포"

제도적 장애와 언어 사용의 어려움 외에도 귀환자들은 일본에서는 미처 예상하지 못했던 여러 편견에 부딪치는데, 이러한 편견은 상당 부분 한국사회의 강한 반일감정에서 연유한다. 한국인들의 반일감정이 재일한인에 투사되는 것을 가장 잘 보여주는 예가 '반쪽발이'란 말일 것이다. '쪽발이'란 말은 일본의 식민지배기에 생겨난 말로 알려져 있는데, 일본인들이 신은 일본식 버선(타비)의 앞 발가락 쪽이 두 부분으로만 갈라져 있는 것을 보고 돼지발(족발)에 비유한 데서 유래했다고 한다. 물론 일본인들에 대한 강한 경멸을 담은 표현이다. 일본에서 온 귀환자들은 그들의 몸에 밴 일본문화의 특질이 노출되는 순간 반쪽발이로 불릴 각오가 되어 있어야 한다. 아니, 그들의 국적, 민족의식, 한국문화 구사능력과 무관하게 일본에서 왔다는 사실만으로도 언제든 그 부정적인 호칭의 대상이 될 위험이 있다.

한편 반쪽발이라는 부정적인 이미지를 상쇄시킬 수 있는 한 가지 변수가 있긴 하다. 많은 한국인에게 일본은 과거 식민지배를 했던 나라임과 동시에 경제강국으로 다가온다. 특히 한국과 일본의 경제수준에서 격차가 컸던 1960년대와 1970년대만 하더라도 재일한인에 대해 한국사회에서 팽배했던 이미지/편견은 "부자 재일교포"라는 것이었다. 다시 말해 재일한인은 그동안 한국사회에서 이중적인 이미지를 투사하며, 경멸의 대상인 동시에 선망의 대상이기도 했다. 이러한 이중적인 이미지는 현재에도 남아 있지만, 최근 한국경제의 급성장과 함께 "부자 재일교포"의 이미지는 상당히 약화한 것도 사실이다. 따라서 문우식은 "요즘 한국에 들어오는 재일조선인 젊은 사람들은 더 힘들 것이라고 생각한다. 1960년대에는 '잘먹고 잘살고 있는 사람들' 식으로라도 생각했지만, 요즘은 반대로 이쪽의 상황이 올라가서 '연민의 대상'으로만 보고 있는 것은 아닌지 생각이 든다"라고 지적한다.[13]

또한 재일한인 귀환자들은 종종 한국과 일본 사이에서 양자택일을 요구받는다. 그리고 그 선택은 흔히 민족성의 존재 유무로 연결된다. 그러나 귀환자들이 국적을 유지하고 스스로를 한국인으로 여기더라도, 일본은 나서 자란 곳이며 한국에 영구귀국을 하지 않을 경우 앞으로도 살아가야 할 곳이다. 한국에서 살아온 한국인처럼 일본에 대한 태도와 감정이 그렇게 단순하게 구획되기 힘든 경우가 많다. 한국생활 3년 반째인 양석은 다음과 같이 말한다.

> 제가 가장 많이 듣는 말은, 제 하숙집 아줌마가 그러는데요, "일본에서 왔으니까 돈이 많을 거 아니야?" 그런 말 가장 많이 듣고요. 돈 없어요, 저는 진짜. 그건 이미지니까 어쩔 수 없는데, 재일교포라고 하면 대개 두 개로 갈라지는 것 같아요. "아, 우리네"라고 말하는 사람도 있고, "일본사람이네" 하는 사람도 있고…. 가장 듣기 싫은 말은 "독도문제에 대해서 어떻게 생각하냐?"라는 질문. 그 말, 너무 싫어요. 또 하나는 "축구 하면 한국하고 일본 중 어느 쪽 응원하냐?" 예전에 호주 갔을 때, 그때는 일본

---

13 연구자와의 인터뷰에서 문우식은 1966년 그가 처음으로 한국을 방문했을 때 느꼈던 복잡한 심경을 회상했다. "그러니까 아주 복잡했어요, 마음이. 간단히 말해서 그때는 여기 있는 이 나라 사람들은 저희를 부러워하기도 하고 일본사람에 대한 적대감을 저희들에게 표출하시는 것도 있고. 반대로 저로서는 솔직히 말해서 일본에 살고 있으니까 이렇게 가난하게 제대로 밥도 못 먹는 상태가 아니어서 좋았다는 생각도 있었지만, 죄스러운 생각이라고 할까 그런 것도 있고. 아버지가 일본에 남았기 때문에 내가 좀 더 나은 처지가 되었던 건데, 아버지가 해방 직후 귀국하셨으면 지금 고아로 방황하거나 가난에 허덕이는 한국 소년들, 제가 바로 이런 사람이지 않을까 하는 식의 느낌이 많이 들었어요."

을 응원했었거든요. 왜냐하면 일본팀을 더 잘 아니까. 깊은 생각 없이 아는 사람이 잘하면 좋겠다, 뭐 그런 생각이었어요. 그런데 호주의 같은 어학원에 있는 한국사람들이 교실로 와서는 "너 교포라며? 너 한국하고 일본 붙으면, 어느 쪽을 응원하냐?"라고 했어요. 그때는 일본이었는데 "한국"이라고 답했어요. 왠지 그렇게 대답해야 할 것 같은 분위기라서. 그랬더니 "오, 너 그럼 우리네!" 했어요. 지금도 그런 질문 받아요. 만나는 사람마다. 요즘은 독도문제로 바뀌었지만.

물론 재일한인 귀환자들이 한국사회에서 부정적인 경험만 하는 것은 아니다. 양석은, 그 모든 편견과 문제에도 불구하고 한국을 아주 좋아하며 앞으로 한국에서 계속 살게 될지도 모른다고 말한다. 사람들이 정이 많고 열심히 살고, 한 명 한 명이 힘이 있고, 완성된 것 같은 일본사회에 비해 아직 사회적으로 개선의 여지가 많고 역동적인 것이 좋다고 한다. 이나라 역시 지금은 한국에 오길 잘했다고 생각한다. 무엇보다 자기 스스로에 대해 "굉장히 깊이 생각해볼 수 있는 기회"가 되었고, 지금 하고 있는 일과 지금부터 하려는 일에 대해 굉장히 만족하고 있다. 2명의 여성 피면담자는 가까운 장래에 결혼할 계획을 하고 있는 한국인 남자친구가 있다. 20대의 또 다른 2명의 피면담자는 아직 어디에서 살지를 정하지 못했으나, 한국과 일본 사이에서 무언가 잘할 수 있는 일을 찾아서 하고 싶다고 했다.

3) 정체성의 갈등과 재구성

김선미는 어머니가 재일한인 2세인 아버지와 결혼하여 일본으로 건너온 경우이기 때문에 어려서부터 한국을 방문할 기회가 여러 번 있었다. 따라서 일본인 친구들은 그녀가 한국인이라는 것을 "자연스럽게" 알게 되었다. 친구들에게 특별히 차별을 받은 기억은 없고, 오히려 "외국인이라는 이유로" 선미를 부러워하는 식이었다. 그녀는 일본에 있을 때는 스스로를 '재일교포'라거나 '자이니치'[14]라고 생각해본 적이 전혀 없었다. 그냥 한국인이었기 때문이다.

김선미는 한국어를 배우고 외교관이 되고 싶은 꿈을 실현하기 위해 한국행을 택했다. 다른 피면담자들과는 달리 그녀는 "더 온전한" 한국인이 되기 위해 한국행을 택한 것은 아니었다. 자신이 한국인임을 한 번도 의심해보지 않았기 때문이다. 국제관계학을 전공할 생각으로 서울의 한 명문대학에 입학했지만, 1학년이 끝나고 전공배정을 받을 때 학점이 좋지 않아 원하던 학과에 배정받을 수가 없었다. 그녀는 한국어 실력 때문에, 특히 한국에 온 뒤에 배우기 시작한 글쓰기 능력이 부족하기 때문에 학점이 나쁘게 나왔다고 생각한다. "다른 외국인보다는 글을 잘 썼고, 그렇지만 모자란 부분이 너무 많고. 그래서 선생님이 보시기엔 대충해서 낸 것처럼 보였을 것"이라는 게 그녀의 생각이다. 자신은 한국인이라고 생각했기 때문에 담당 교수들에게 외국에서 왔다는 사실을 이야기한 적이 없다. 재일교포라고 생각은 하지 않았었다. 그러나 현재는 '재일교포'란 말이 자신의 정체성을 쉽게 설명할 수 있는 가장 편리한 말이 되었다.

정말 화난 적이 많았어요. 대학교 1학년 들어왔을 때, 재일교포가 뭐야, 하는 질문을 받으면. 그리고 어디서 왔느냐. 아무래도 한국어 말투를 들

14 '자이니치'란 말 그대로 "일본에 거주한다/머무른다"라는 뜻이지만, 일반적으로는 "재일한인"의 줄임말로 일본 내의 구식민지 출신 한인 후손을 지칭한다. 특히 1980년대 이후 일본 내 영구거주의 현실을 받아들이고 조국과의 무조건적 동일시와 거리를 두면서 재일한인 고유의 위치를 강조하는 말로 쓰이는 경우가 많아졌다. 재일한인의 정체성이란 쟁점과 관련해 '자이니치'가 갖는 의미에 대해선 권숙인(2000), 金泰永(1999), 朴 一(1999) 등을 참조할 수 있다.

어보면 외국에서 온 거 같으니까, 그렇게 물으면 한국사람이라고 말할 수 없잖아요, 한국사람인데…. 처음에는 재일교포라고 말할 수 없었어요. 그냥 일본에서 왔다고 말했어요. 지금은 '재일교포'가 저를 쉽게 한마디로 설명할 수 있는 단어가 되었어요. 제일 편해요, 그 한마디로. '아, 일본에서 왔구나, 근데 한국인이구나'라고 이해하겠죠.

많은 재일한인 귀환자들은, 김선미의 경우와 다르지 않게 자신이 한국인이라는 믿음을 가지고 고국을 찾는다. 귀환의 동기는 복합적일 수밖에 없겠지만 대부분의 피면담자는 민족적인 이유를 지적했다. 민족적 뿌리를 찾는 것, 한국어와 한국문화를 배워 좀 더 "완전한" 혹은 "진짜" 한국인이 되고 싶었다는 것이다. 그러나 매우 자주, 한국인이라는 이들의 정체성은 한국에 도착한 뒤 흔들리거나 약화하며, 귀환 재일한인들은 정체성을 재구성할 수밖에 없게 된다.

재일한인의 정체성에 대한 한국사회의 몰이해 배경 중 하나는 재일한인이 겪어온 역사와 상황에 대한 많은 한국인의 무지다. 그들이 소수집단으로서 일본에서 겪어야만 했던 지독한 차별과 주변화에 대해 보통의 한국인들은 별로 알지 못하며, 심지어 일본 내 한인의 역사가 식민지배에서 연유했음에 대해서도 감이 없는 경우도 허다하다.[15] 한국인들에게 재일한인은 여러 종류의 재외한인 집단 중 하나일 뿐이며, 기

15 2000년대 초, 당시 저자가 재직하고 있던 대학의 한 학생이 일본 관서지방의 한 명문대학에 교환학생으로 가게 된 일이 있었다. 일본에 간 뒤 얼마 후 그 학생은 저자에게 급한 부탁의 이메일을 보내왔다. 수강하고 있는 강좌 중 하나가 재일한인 관련 강의인데, "도대체 재일한인이란 사람들이 어떤 사람들인지 전혀 감이 없기 때문에" 강의를 따라가기 힘드니 참고할 수 있는 책을 추천해달라는 것이었다. 위의 김선미의 인용문에서도 나타나듯이, 재일한인에 대한 전반적인 무지는 현재 한국의 대학생들 사이에서 별로 예외적인 것은 아닌 듯하다.

껏해야 부자 나라에 사는 부자 교포로 다가오는 경우가 많다. 예를 들어 많은 재일한인이 유지하고 있는 한국국적은 여러 현실적 어려움 속에서도 지켜온 것이며 민족적 정체성을 현실적으로 뒷받침하는 중요한 의미를 갖는데,[16] 이러한 점은 한국에서 잘 이해받지 못하고 있다. 일본에서 태어나고 자란 재일한인 3세나 4세가 한국국적을 유지하고 있다는 것이 한국인들에게는 상상하기 쉽지 않은 일이다. 실제로 다른 지역의 해외한인 집단이나, 다른 민족의 디아스포라 집단의 경우와 비교해도 재일한인의 국적 문제는 특수한 사례다.

재일한인의 역사에 대해 무지하고 이해가 부족한 한국인들은 귀환 재일한인을 '한국인됨'에 대한 자신들의 잣대에 맞춰 평가해버린다. 그리고 이 평가 잣대에서 '온전한 한국인'을 만드는 데 중요한 것은 하루미 베푸가 일본인들이 일본인이 되기 위한 기준으로 고수한다고 지적하는, "영토, 사람(인종), 문화, 언어 사이의 상동성과 이 요소들이 하나의 세트로 가는 것"(Befu 2001: 71)과 같은 것이다. 즉, 문화적 능력과 언어 능력은 한국인의 유전자('피')에 내재한 것으로 가정되며, 한국인의 혈통을 물려받고 한국인 외모를 한 사람이 한국어를 못하는 것을 이해하기 힘든 것이 된다. 혹은, 한국인 혈통에 한국국적까지 갖고 있고 한국인으로서의 민족의식을 갖고 있는 사람이 한국문화와 언어 능력을 갖추지 못하고 있는 것은 정말로 비정상적인 것으로 다가온다. 그런 사람은 외국인이거나 "반쪽발이"임이 분명한 것이다. 다음 이나라의 말에서처럼 그들을 좀처럼 한국인으로 인정해주지 않는다.

---

16 재일한인들에게 국적문제가 갖는 의미와 최근 국적과 영주권을 둘러싸고 진행되고 있는 재일한인사회 내부의 변화상에 대해선 권숙인(2007), 한영혜(2017)를 참조할 수 있다.

제가 일본에 있을 때는 부모님께 한국에 대해 엄청 칭찬을 많이 듣고, 제 머릿속에는 아주 이상적인 나라라는 인상이 있었는데 완전히 다른…. 가장 힘들었던 건 아무도 저를 한국인으로 인정 안 해준 거라고 봐요. 재일동포? 그거 일본사람이잖아, 그렇게 얘기해요. 제가 국적이 한국이라 하면 되게들 놀래요. 그때 되게 슬펐던 걸로 기억해요, 저는. 제가 아무리 한국인이라고 설명해도 아무도 그렇게 생각 안 하는…. 그 사람들은 관심이 없는 것 같아요, 교포에 대해. 자기 나라 바깥에 있는 사람은 국적이 무엇이든 간에 외국인이라고 생각하는 것 같고. 내 국적이 지금 한국으로 되어 있는 것이 우스꽝스럽대요, 그 사람들 말로는. 왜 일본국적을 받지 않느냐, 그렇게 하면 편하게 살 수 있을 텐데. 왜 이렇게 힘든 나라 국적을 계속 유지하고 있느냐고…. 그런 이야길 들으면 기분이 나쁘고 자존심이 상해요. 지금까지 꾸준히 지켜온 국적인데 그런 한마디로 버릴 수가 있는 건지. 설명하기도 힘들고, 이제 조금 귀찮아요.

이러한 무지와 일방적인 판단에 덧붙여 위에서 언급한 제도적 차별들은 한국인으로서의 재일한인 귀환자들의 자기 정체성을 손상한다. 그리고 이들은 조국에 대한 "환상에서 깨어나는" 경험을 반복하면서 자신의 정체성을 타협하거나 수정해간다. 2004년에 처음으로 한국어를 배우러 왔다가 스트레스로 병이 나 반년 만에 일본으로 돌아가야 했던 박혜선은 1년 뒤에 한국을 다시 찾았다. 그녀는 그동안 한국에서의 경험을 통해 현재 도달한 결론을 다음과 같이 이야기한다.

절대 완벽한 한국사람이 될 수 없는데, 그래도 한국사람이 되고 싶었어요…. 이젠 포기했어요. 어떤 한국친구는 저를 일본사람이라 하고 다른 친구들은 "당연히 한국사람이지" 하는 거예요. 헷갈리잖아요. 됐다고! 그래도 저를 일본사람이라고 하면 왠지 기분이 나쁜 거예요. 집에서 제사도 지내고 한국음식도 먹고 했었는데…. 어떤 사람들은 "너는 국적도 한국이고 생긴 것도 한국인이고 말도 이 정도 되면 한국사람이다" 하고…. 도대체 저는 어느 나라 사람인지 헷갈려서, '아, 이제 뭐 됐다, 재일교포 그거면 된다' 그렇게 생각하게 되었어요.

민족적 유산에 기초한 디아스포라 귀환자들의 정체성이 조상의 나라로 귀환한 뒤 문제시되고 흔들리는 것은 드문 현상은 아니다. 예를 들어 최근 일본으로의 귀환이주가 급증한 일본계 브라질인에 대한 일련의 연구들은(Linger 2001; Roth 2002; Tsuda 2000, 2003) 이들이 일본에서 체류가 길어질수록 '일본인'으로서의 정체성이 약화하고 '브라질인'으로서의 정체성이 점점 강화되어가는 것을 보여준다. 다만 재일한인과의 차이는 양 집단이 조국에서의 부정적인 경험을 한 뒤에 어떤 반응을 보이는가 하는 점이다. 일본계 브라질인의 경우 일본에서의 시간이 길어질수록 "브라질적인 것과 보다 강하게 동일시"(Roth 2002)를 하거나, "브라질다움을 일부러 드러내고"(Tsuda 2000), 이러한 것을 일종의 종족적(ethnic) 저항으로 연행하는 것으로 나타난다. 반면 귀환한 재일한인의 경우, 조국에서의 부정적인 경험이 일본과의 동일시 강화로 연결되지는 않는다. 한국인들이 자신을 한국인으로 간주하지 않는 것은 받아들이면서도 일본인으로 간주하는 것은 여전히 기분 나쁜 것이다. 이들은 오히려 "이중의 부정"(유키 2001)을 통해, 즉 일본인도 아니고 한국인도 아니라는 부정을 통해 '양쪽 사이(in-between)'의 정체성을 받아들이게 된다. 혹은 다음 이나라의 말처럼 '양쪽 다(double)'이기도 하다.

저는 누가 뭐라면 한국인이라고 말해요. 쉽게 한국인들이 저를 일본인이다, 혹은 뭐 자이니치 교포다 해도 저는 스스로를 한국인으로 규정하고 싶어요. 그리고 자이니치라고도 생각해요. 두 가지가 모순되지만, 결론을 내릴 수가 없어요. 사람들이 저를 일본인이라고 하면 되게 화가 나고, 자이니치라고 하면 뭐 그렇다고 하고, 너 한국인이냐 하면, 그렇다 한국인이에요 하고, 그래요.

재일한인 귀환자들은 한국에 오면 "더 진짜 한국인"이 될 거라 기대했지만, 그리고 스스로는 여전히 한국인이라 생각하지만, "한국인이 될 수 없음"을 깨닫게 된다. 그 대신 "재일교포"라는 범주를 비로소 자신의 정체성으로 받아들인다. 한국에 오기 전 재일교포라는 정체성에 대한 입장은 다양했지만, 모든 피면담자는 한국에서의 경험을 통해 재일교포라는 범주를 무언가 긍정적이고 '한국인'과는 다른 것으로 받아들이게 되었다고 이야기한다. 즉, 이들의 경우는 조국에서의 부정적 경험을 통해 출신국과의 동일시를 강화하는 것이 아니라, 새로운 디아스포라 정체성을 구축하게 된다고 할 수 있다. 그러나 이 새롭게 강화된 재일교포 정체성은, 자신들이 재인식한 종족적 문화와 정체성을 의식적으로 드러내고 연행하기도 하는 다른 귀환자 집단의 경우와 달리, 독특한 문화적 특징이나 내용을 가지고 있는 것은 아니다. '재일교포'라는 종족적 정체성에는, 예컨대 일본계 브라질인의 삼바축제와 같은(Tsuda 2000), 재일한인 귀환자들이 드러내거나 과시할 종족적 표식(ethnic markers)이 없다. 한국사회에서 재일교포라는 정체성은 여전히 개인화된, 비가시적인 것이다.

4. 초국적시대 재일한인 디아스포라의 귀환

분명 최근 몇 년 사이 한국사회에서는 재일한인에 대한 관심이 확대되었고 이들에 대한 고정관념과 편견도 완화되고 있는 분위기다. 일본 내

재일한인의 삶을 다양한 각도에서 소개하는 다큐멘터리 프로그램이 눈에 띄게 늘어났고, 재일한인에 대한 한국사회의 편견을 가차 없이 비판하며 한국인들의 성찰을 촉구하는 재일한인 논자들—예를 들어 강상중, 서경식, 신숙옥, 윤건차 등—의 목소리도 그 어느 때보다 많이 들린다. 시민운동단체나 학계에서도 재일한인 관련 쟁점이 과거에 비해 크게 부각되었고, 공식·비공식적 교류도 확대되고 있다. 조선학교를 다룬 다큐멘터리 〈우리 학교〉가 개봉되면서 대학가를 비롯해 많은 일반인에게 선풍적인 반응을 불러일으킨 것도 이러한 변화를 보여주는 좋은 예가 될 것이다. 그러나 본문의 인터뷰 사례에서도 알 수 있듯이, 재일한인은 한국사회에서 여전히 많은 편견의 대상이 되고 있으며, 이들을 바라보는 한국사회의 인식과 태도도 과거의 고정관념과 오해에서 자유롭지 못하다.

지금까지 살펴본 것처럼, 다른 많은 디아스포라 귀환자들과 다르지 않게 재일한인 귀환자들은 조상의 나라에 온 뒤 자신과 조국에서 나고 자란 사람들 사이의 근본적인 차이를 인식하게 되며 스스로의 정체성을 새로 구축할 수밖에 없게 된다. 또한 다른 나라 출신의 한국계 귀환자들과 비교할 때 재일한인의 귀환 동기 중엔 민족적 혹은 '정치적' 이유가 중요한 역할을 한다.[17] 일본사회에서 재일한인들이 겪어야 했던 심각한 차별과 배제는 이들을 귀환하게 한 중요 배경이 되어왔다. 특히 1960년대와 1970년대의 귀환자는 문우식의 표현을 빌자면 "일본사회로부터 밀려난" 사람들이라고 할 수 있다. 비록 1980년대 이래 재일한인을 둘러싼 현실적인 상황은 많이 개선되었지만, 이 연구의 인터뷰

17 서승·서준식 형제, 신격호, 문세광, 이양지, 권(김)희로, 안영학을 포함해 1960년대 후반에서 2000년대 초까지 한국으로 '귀환'했던 유명 재일한인과 이들에 대한 한국사회의 태도에 대해서는 Kweon(2014)을 참조할 것.

자료들은 아직도 일본사회에서 재일한인이 겪는 정체성 혼란이 조국을 찾는 중요한 배경이 되고 있음을 보여준다.

다른 한편 일본 내 재일한인의 생활형편이 개선되고 한국의 국제적·경제적 위상이 높아지면서 재일한인의 귀환은 그 어느 때보다 '자발적인' 것으로 보인다. 적어도 20~30대의 피면담자들은 일본에 있는 동안 (직접적인) 차별 경험이 없거나 거의 없었고, 만일 일본 대학에 갔더라도 일본에서 직장을 구하는 데 거의 문제가 없었을 거라고 답을 했다. 물론 김선미의 경우에서 보듯이 직종에 따라서는 엄연한 진입 장벽이 여전하지만, 젊은 세대는 본인이 실력만 쌓으면 과거에 비해 취직차별은 받지 않을 것이라고 생각한다. 나아가 최근의 글로벌한 상황에서는 '이중문화(bi-cultural)'의 경험과 능력이 점점 더 중요하게 평가되기 때문에 한국 대학에서 교육을 받으면 이중언어와 이중 문화적 능력을 활용하여 일자리를 찾을 수 있다고 예상하기도 했다. 경우에 따라서는 "일본에서 이름 있는 대학에 가지 못할 바에야, 한국에서 이름 있는 대학에 가는 게 낫다고 생각하는 경향이 약간씩 나타나고 있는 게 현재의 상황"(유키 2001: 29)이라는 분석도 들린다.

적어도 당분간은 여러 가지 '민족적 이유'가 재일한인을 귀환케 하는 중요 요인으로 작용할 것으로 보이지만 변화가 감지되고 있는 것도 분명한 듯하다. 물론 이런 변화에는 여러 요인, 예를 들어 일본사회에서 재일한인의 지위, 한국의 재외한인정책, 재일한인사회 내부의 (세대) 변화, 한국의 경제적 위상, 초국적 이동과 이주의 확산 등 다양한 요인이 작용한 결과일 것이다. 이런 다양한 요인의 작용에 따라 재일한인의 귀환에서 향후 좀 더 '실용적인' 고려가 점점 더 중요하게 작용하고, 더 많은 재일한인이 인생설계에서 하나의 '초국적 전략'으로 고국 귀환을 고려하게 될 가능성은 충분히 존재한다.

비약적으로 발전한 교통 및 통신기술과 글로벌 경제구조의 확산은 국경을 넘는 다양한 형태의 이동을 일상화시키고 있다. 초국적 세계라 불리는 상황에서 '유연(flexible)'해지는 것은 자본만이 아니다. 기존의 국민국가 역할이나 통제력이 급속히 변화하고 있으며, 이주자들은 출신국가와 정착국 양쪽 사회에 대한 귀속과 충성심을 놓고 이전보다 훨씬 복잡한 협상을 펼치고 있다. 해외이주자와 디아스포라들에게 이중국적을 허용하고, 참정권을 부여하며, 본국으로의 투자를 호소하며 이들을 해외 자산이자 '영웅'으로 칭찬하는 것은 초국적 이동과 삶이 편재한 상황에서 국민국가가 기울이는 대표적인 노력이며, 한국도 예외는 아니다. 바야흐로 초국적 삶의 방식 확대와 국민국가의 변신이라는 상황에서 식민지배에서 연유한 재일한인들이 민족, 국민국가, 이념과 경제적 기회 사이에서 새롭고 다양한 방식의 관계와 정체성을 구축해가는 양상은 매우 흥미롭고 중요한 연구과제가 될 것이다

참고문헌

권숙인, 2000, "재일한인의 아이덴티티: '제3의 길'을 중심으로," 『한국 문화인류학의 이론과 실천』, 서울: 소화출판사, pp. 499-520.

______, 2004, "일본사회의 변화와 민족문제의 새로운 전개," 『일본연구논총』 19(1): 181-210.

______, 2007, "귀속과 정체성의 분화와 통합: 변모하는 재일한인사회의 지평," 한경구·이토 아비토 편, 『한·일사회의 중심과 주변』, 서울: 아연출판부.

권혁태, 2007, "'재일조선인'과 한국사회: 한국사회는 재일조선인을 어떻게 '표상'해왔는가," 『역사비평』 78: 234-267.

김이향, 2017, "돌아온 조국과 그리운 고향 사이에서: 재한 자이니치 2세 여성의 집," 서울대학교 인류학과 석사학위논문.

박재명·김상진, 2004, "나는 한국국적을 가진 외국인," 중앙일보 대학생 기획 탐사기사 우수상(중앙일보 2004. 9. 30).

서경식, 2006, 『난민과 국민 사이』, 파주: 돌베개.

유명기, 2002, "민족과 국민 사이에서: 한국체류 조선족들의 정체성 인식에 관하여," 『한국문화인류학』 35(1): 73-100.

유키(구라시게 정우희), 2001, "한국에 유학하는 자이니치(在日)학생의 삶과 문화," 서울대학교 교육학과 석사학위논문.

이정훈, 1997, "재일동포의 민족정체성에 관한 연구: 재일동포 모국 수학생의 경우를 중심으로," 고려대학교 석사학위논문.

이혜경·정기선·유명기·김민정, 2006, "이주의 여성화와 초국가적 가족: 조선족 사례를 중심으로," 『한국사회학』 40(5): 258-298.

전형권, 2006, "모국의 신화, 노동력의 이동, 그리고 이탈: 조선족의 경험에 대한 디아스포라적 해석," 『한국동북아논총』 38: 135-160.

정구미, 2005, 『재일교포 2.5세 '노란구미'의 한국·일본 이야기』, 파주: 안그라픽스.

정대성, 2003, "한국에게 재일동포란 무엇인가," 한일민족문제학회 엮음, 『재일조선인 그들은 누구인가』, 서울: 삼인, pp. 50-67.

조경희, 2011, "'탈냉전'기 재일조선인의 한국이동과 경계 정치," 『사회와 역사』 91: 61-98.

_____, 2016, "낯선 이웃, 재일조선인," 『황해문화』 봄호: 189-203.

한영혜, 2017, "협정영주권과 재일한인 정체성의 재구성: '조선'과 '한국'; 경계짓기와 경계넘기," 『사회와 역사』 113: 161-218.

金泰永, 1999, 『アイデンティティ·ポリテックスを超えて: 在日朝鮮人のエスニシティ』, 京都: 世界思想社.

朴 一, 1999, 『〈在日〉という生き方: 差異と平等のジレンマ』, 東京: 講談社.

福岡安則, 1993, 『在日韓国·朝鮮人』, 東京: 中央公論社.

李進熙 編, 1996, 『〈在日〉はいま: 在日韓国人·朝鮮人の戦後五十年』, 東京: 青丘文化史.

Befu, Harumi, 2001, *Hegemony of Homogeneity: An Anthropological Analysis of Nihonjinron*, Melbourne: Trans Pacific Press.

Dietz, Barbara, 2000, "German and Jewish Migration from the Former Soviet Union to Germany: Background, Trends, and Implications," *Journal of Ethnic and Migration Studies* 26(4): 635-652.

Iglicka, Krystyna, 1998, "Are They Fellow Countrymen or Not?: The Migration of Ethnic Poles from Kazakhstan to Poland," *The International Migration Review* 32(4): 995-1014.

Kashiwazaki, Chikako, 2000, "To be Korean without Korean Nationality: Claim to Korean Identity by Japanese Nationality Holders" in Sonia Ryang (ed.), *Koreans in Japana*, New Haven: East Rock Institute, pp. 48-70.

Kulu, Hill and Tiit Tammaru, 2000, "Ethnic Return Migration from the East and the West: The Case of Estonia in the 1990s," *Europe-Asia Studies* 52(2): 349-369.

Kweon, Sug-In, 2014, "Ethnic Korean Returnees from Japan in Korea: Experiences and Identities" in Yuk Wah Chan, David Haines, and Jonathan Lee (ed.), *The Age of Asian Migration: Continuity, Diversity, and Susceptibility*, Newcastle upon Tyne: Cambridge Scholars Publishing, pp. 83-104.

_____, 2018, "Ethnic Korean Returnees from Japan in Korea: Experiences and Identities" in Takeyuki Tsuda and Changzoo Song (ed.), *Diasporic Returns to the Ethnic Homeland*, London: Palgrave Macmillan, pp. 99-117.

Levy, Daniel, 2003, "The Politicization of Ethnic German Immigrants: The Transformation of State Priorities" in Rainer Münz and Rainer Ohliger (ed.),

Diaspora and Ethnic Migrants, London & Portland, OR: Frank Cass, pp. 289-304.

Linger, Daniel Tourom, 2001, *No One Home: Brazilian Selves Remade in Japan*, Stanford: Stanford University Press.

Münz, Rainer, 2003, "Ethnic Germans in Central and Eastern Europe and Their Return to Germany" in Rainer Münz and Rainer Ohliger (ed.), *Diaspora and Ethnic Migrants*, London & Portland, OR: Frank Cass, pp. 261-271.

Münz, Rainer and Rainer Ohliger (ed.), 2003, *Diaspora and Ethnic Migrants: Germany, Israel and Post-Soviet Successor States in Comparative Perspective*, London & Portland, OR: Frank Cass.

Roth, Joshua Hotaka, 2002, *Brokered Homeland: Japanese Brazilian Migrants in Japan*, Ithaca: Cornell University Press.

Tsuda, Takeyuki, 2000, "Acting Brazilian in Japan: Ethnic Resistance among Return Migrants," *Ethnology* 39(1): 55-71.

______, 2003, *Strangers in the Ethnic Homeland: Japanese Brazilian Return Migration in Transnational Perspective*, New York: Columbia University Press.

______, 2009, *Diasporic Homecomings: Ethnic Return Migration in Comparative Perspective*, Stanford: Stanford University Press.

Tsuda, Takeyuki and Chanzoo Song (ed.), 2018, *Diasporic Returns to the Ethnic Homeland: The Korean Diaspora in Comparative Perspective*, London: Palgrave Macmillan.

제11장

70년 만의 귀향: 일제 강제노동 희생자 발굴과 추모의 인류학*

정병호

1. 일제 강제노동 희생자들의 '70년 만의 귀향'

2015년 추석 무렵 한국과 일본의 시민단체는 일제 강제노동 조선인 희생자 유골 115구를 고국으로 송환했다. 2차대전 중에 일본 홋카이도의 탄광, 항만, 비행장, 댐 공사장으로 끌려간 지 70여 년 만이었다. 양국의 자원 활동가들이 지난 20년간 함께 발굴하고 수습한 유골을 모신 운구 행렬은 희생자들이 강제로 끌려갔던 길을 되돌아 북에서 남으로 일본 열도를 종단하면서 삿포로, 도쿄, 교토, 오사카, 히로시마, 시모노세키에서 추모제를 지냈다. 바다를 건너 관부연락선이 떠났던 부산항 부둣가에서 도착노제를 지내고 서울광장에서 유족들과 함께 장례식을 치른 후 서울시립묘지에 유골을 안장했다.

'70년 만의 귀향'의 전 과정을 살펴보면 바로 다음과 같은 질문이

* 이 글은 저자의 논문 "기억과 추모의 공공인류학: 일제강제노동 희생자 발굴과 귀환"(『한국문화인류학』 50(1): 3-46, 2017)을 일부 수정한 것이다.

떠오를 것이다. 일제 강제노동 희생자 유골의 귀향이 왜 70년이나 걸렸나? 희생자 유골을 발굴하고 귀향하는 일을 왜 한일정부가 아닌 민간단체가 했나? 왜 홋카이도에서 희생된 115구만 돌아오게 되었나? 누가 언제 어떻게 그 유골들을 찾아서 왜 2015년 추석에 모시고 오게 되었나? 항공편으로 2시간 반이면 올 거리를 왜 일주일 이상 육로와 해로로 돌아왔나? 왜 그렇게 여러 도시에서 추모식과 장례식을 했나? 왜 그 유골들을 가족묘지나 국립묘지(망향의 동산)가 아니라 서울시립묘역에 안장하였나? 어떻게 한국과 일본의 시민단체가 과거 희생을 발굴하고 귀향하는 일을 함께할 수 있었나? 어떻게 이런 희생 사실의 기억과 추모 작업이 역사적 갈등을 부추기는 것이 아니라 화해와 평화의 계기가 되도록 할 수 있었나?

일제 강제노동 희생자의 유골발굴과 그 유해의 '70년 만의 귀향'은 한국과 일본의 국경을 넘는 민간 차원의 자원활동으로 이루어졌다. 나는 유골발굴부터 귀환까지 지난 20년간 인류학적 차원에서 이 사업을 기획하고 실천해왔다. 이 글은 이 사업의 참여자이자 기획자의 입장에서 그 의미를 확인하고 해석한 것이다. 특별한 역사적 상황에서 인류학적으로 문제해결 방안을 모색한 하나의 실천사례로서 구체적인 상황인식과 실행과정을 기록하고, 기억과 추모의 인류학 이론에 비추어 이 사업의 보편적인 사회문화적 의미도 함께 알아볼 것이다.

1) 일제 강제노동 희생자 문제

일제강점기의 조선인 강제노동 문제는 일본군 '위안부' 문제와 함께 미완의 탈식민적 과제다. 아직도 진상규명과 피해보상이 제대로 이루어지지 않았기 때문이다. 이 문제는 전후 70여 년 동안 몇 차례 국가 간 협상의 주제가 되기도 했으나, 언제나 국제적 냉전논리와 정권 차원의 이해관계에 이용되며 무시, 은폐, 회피의 대상이 되었다. 미국이 주도하여 일본의 전쟁책임과 전후 동아시아 국제정치 질서를 규정한 샌프란시스코강화조약은 물론이고, 한일 양국 간의 식민지배 문제를 정리한 한일기본조약(한일협정)에서도 식민지배와 전시동원의 직접적 피해(강제노동, 강제연행, 징용징병, 일본군 '위안부', 원폭피해자, 사할린억류자 등)에 대한 구체적인 진상규명과 책임보상은 제대로 다루어지지 않았다(吉沢文寿 2013).

일제강점기의 조선인 '강제노동'에 대해서 흔히 '강제연행' 또는 '강제징용'이라는 표현이 혼용되고 있다(김민영 1995). 그러나 '징용'은 전쟁 말기인 1944년 8월부터 시행된 '국민징용령'에 의한 노동으로 좁게 해석될 여지가 있다. '강제연행'은 재일 역사가 박경식(1986)이 제안한 용어로, 1939년 9월부터 '모집'이란 명목으로 시작된 '조선인 노동자 이주'와 1942년 2월부터 '할당' 및 '관알선' 방식으로 동원된 조선인 노동력과 전시 '징용'되어, 주로 조선 밖으로 동원된 모든 조선인 노동수탈 방식을 의미한다. 김민영(2000: 6-7)은 '노동자 한 사람 한 사람에 대한 개별적 개념'이 강한 '강제연행'이란 표현 대신 국가권력에 의한 '강제적, 집단적, 대량 동원체제'의 성격을 분명히 드러나는 '전시노무동원'이라는 표현을 제안했다. 최근 일본정부는 '강제노동'이란 용어를 적극적으로 반대하면서 강제성 자체를 인정하지 않는 '징용공'이란 용어를 사용하기 시작했다. 이 글에서는 일제에 의한 조선인 노동력 동원방식에 주목한 '강제연행', '강제징용', '전시노무동원'이란 용어 대신 노동현장의 인신구속과 폭력적 노동조건에 주목하여 '강제노동'이라는 용어를 사용하고자 한다. 당시 대부분의 노동현장은 조선인만이 아니라 일본인 다코베야(문어방) 노동자, 중국인 죄수, 연합군 포로 등이 따로 또 함께 강제노동에 시달렸던 보편적 인권유린 상황이었기 때문이다.

한일협정을 체결한 박정희정부는 징병징용자에 대한 보상 차원에서 받은 돈마저 피해자나 가족들에게 알리지 않고 정권 차원에서 일방적으로 유용했다. 가해국인 일본정부의 사실부정과 책임회피에 더해서 피해국인 한국정부마저 문제를 얼버무리는 입장이 된 것이다. 이후 이 문제는 국가 차원의 공식적 '역사'보다 개인적이고 사적인 일상적(vernacular) '기억'의 문제가 되었다. 민간 차원에서는 가족적·민족적인 식민지배의 상징적 경험으로 구술과 작품을 통해 꾸준히 그 '기억'이 재생산되었지만, 국가 차원에서는 진상규명과 배상책임을 외부로 돌리는 소극적인 과거사 문제로 축소되었다.

한일 양국 정부는 강제노동 현장에서 희생된 조선사람들에 대해서 아무런 책임도 지지 않았다. 살아 있는 강제노동 피해자에 대한 조사와 보상조차 제대로 시행하지 않았던 양국 정부는 강제노동 현장에서 죽은 희생자를 파악해서 그들의 생사 여부를 가족들에게 알려주는 일이나 노동현장 주변에 흩어져 있는 희생자 유골을 수습해서 유족들에게 돌려주는 일에 대한 책임의식은 아예 없었다(김광열 2007). 한국정부의 구체적인 요구도, 일본정부의 최소한의 노력도 없었다. 강제노동 현장에서 희생된 연합국 포로나 전승국인 중국인 희생자의 유골 대부분이 1954년까지 공식적으로 발굴 송환된 것과는 대조적이다(정혜경 2005; 殿平善彦 2013). 냉전시대에 가난한 분단국가의 유족들이 개인적으로 국경을 넘어 강제노동 현장에서 직접 희생 사실을 확인하고 유골을 찾아온다는 것은 아예 불가능한 일이었다.

2) 강제노동 희생자 발굴과 인류학적 실천

잊혀져가던 강제노동의 희생을 다시 기억하고 되살려내려는 움직임은 1970년대에 일본의 혁신적 지식인과 종교인들이 전개한 '민중사발굴운동(民衆史掘り起こし運動)'으로 나타났다(殿平善彦 2004). 이 풀뿌리 '기억 활동가'들은 자신이 거주하는 지역을 중심으로 국가권력과 자본에 의해 희생된 민중의 역사를 찾아서 되살려내는 실천적 저항운동을 전국적으로 전개했다. 1960년대 일본의 안보투쟁세대의 젊은 지식인들은 독일의

'68세대'가 나치즘과 전쟁책임을 회피한 자신의 부모세대를 비판한 것처럼, 군국주의와 침략전쟁의 역사로부터 스스로 단절시킨 전후 일본의 국가적이고 공식적인 기억에 반대하는 입장을 취했다. 그중 홋카이도 소라치(空知) 지역에서 결성된 민중사 발굴모임인 '소라치민중사강좌'는 그 지역에 산재한 탄광과 광산, 댐 공사 체험자의 구술을 토대로 강제노동의 역사를 되살리는 작업을 진행했다. 1983년부터는 홋카이도 북서부 슈마리나이댐 공사장에서 찾아낸 강제노동 희생자 매장기록을 토대로 주변 숲속에 묻힌 희생자들의 유골을 발굴하기 시작했다. 바로 이들이 '70년 만의 귀향'의 일본 측 시민단체의 뿌리가 되었다.

기억 활동가의 노력만으로는 공적 기억의 무게가 변동되지 않는다(글럭 2014: 240-241). 실제로 그들의 활동은 다양한 요인과 결합해야 성공적 효과를 얻을 수 있다. 가장 중요한 요인은 기억을 둘러싼 각 나라의 '시간의 정치(chronopolitics)' 상황이었다. 1980년대 말 민주화운동과 탈냉전이라는 사회변화의 영향으로 비로소 피해자 측인 한국사회에서도 일제 강제노동 문제에 대한 '아래로부터의 기억'이 시작되었다. 군사독재정권에 의해 침묵을 강요당하고 있던 일제 강제노동 피해자들과 희생자 유족들이 진상규명과 보상을 공식적으로 요구하는 저항의 움직임이 나타났다. 그러나 1990년대 초까지 권위주의적인 한국정부는 태평양전쟁희생자유족회 등 유족단체를 공식적으로 인정하지 않았다. 한편 사적 기억의 영역에만 존재하던 일본군 '위안부' 문제는 1991년 김학순 할머니의 증언에 의해 최초로 공적 기억의 영역에서 논의되기 시작했다. 이는 정신대대책협의회와 '수요집회'와 같은 시민운동으로 확대되었고, 전쟁과 여성에 대한 성폭력 문제를 고발하는 '외부로부터의 기억'의 지원을 받으면서 아시아만이 아니라 전 세계적인 여성인권운동의 선도적 사례가 되었다. 이러한 1990년대 한국의 역동적 '시간의 정치' 상황 속에서 '70년 만의 귀향'의 한국 측 참가자들은 상대적으로 덜 주목받고 있던 강제노동 희생자 유골발굴 작업에 참여하게 되었다.

대부분의 인류학자가 현장연구 과정에서 경험하듯, 뜻하지 않은 만남에서 이 모든 일은 시작되었다. 내가 미국 대학 학위논문을 위해 일본 어린이집들을 비교하는 현지조사를 진행하고 있던 1989년 가을이었다. 홋카이도의 시골 작은 절에서 어린이집을 운영하고 있던 일본 스님을 만났다. 이후 '70년 만의 귀향'의 일본 측 대표를 맡게 된 도노히라 요시히코 스님이다. 매일 밤 서로의 가치관, 아동관, 보육관을 이야기하며 새벽을 맞이하곤 하던 어느 날, 도노히라 스님은 그곳에서도 멀리 떨어진 산중의 한 댐 공사현장에서 일제에 의해 강제연행으로 끌려온 조선사람들이 많이 희생되었다는 사실을 우연히 알게 되었다는 이야기를 들려주었다. 벌써 10년째 숲속 여기저기에 묻힌 유골을 찾아내어 불교식으로 화장하여 모시고 있다고 했다. 희생된 분들의 유족을 찾아서 그 유골을 전해드리고 싶다고 안타까운 마음을 전했다.

함께 찾아간 하얀 자작나무 숲속에서 아직도 많은 유골이 무성한 조릿대 더미 밑 어딘가에 그대로 방치되어 있다는 스님의 설명을 들으며 비감한 마음이 되었다. 그 자리에서 스님과 한 가지 약속을 했다. 한국에 돌아가 인류학 교수가 되면 학생과 동료들과 함께 와서 땅속에 묻혀 있는 그 유골들을 발굴하고, 억울한 희생의 역사적 진실을 다음 세대와 함께 밝히겠다고 다짐했다. 여러 해가 지난 다음에야 그 약속을 지킬 수 있게 되었다.

일제 강제노동 희생자 발굴 프로젝트는 1997년 7월부터 양국의 전문가, 대학생, 자원활동가가 참여하는 '한일대학생공동워크숍'으로 시작되었다. 처음에는 한국, 일본, 재일동포와 아이누족 젊은이들이 중심이 되어 진행되었던 이 워크숍은 이후 다양한 초국가적 한민족 구성원들과 중국, 타이완, 미국, 독일, 호주 등 문화 배경이 다른 사람들도 참여하는 '동아시아공동워크숍'으로 발전했다. 지난 20년 동안 매년 여름

그림 1. 1997년 한일대학생공동워크숍

과 겨울 워크숍을 통해 유골발굴, 유족조사, 역사현장탐방, 상호문화이해 프로그램을 진행하면서 기억, 추모, 화해와 인권을 주제로 하는 실천적 평화운동이 되었다.

홋카이도의 한 강제노동 현장에서 그 지역의 종교인, 사학자, 시민활동가들이 시작한 '민중사발굴' 작업은 희생자의 유골을 의례적 의미에서 수습하고 추모하는 종교적 '장의' 행사의 의미가 강했다. 그들은 매장 추정지역의 지표면 모양을 보고 추측해서 그 주변을 파보고 유골을 찾으면 잘 씻고 화장을 해서 납골당에 모셨다.

미국 유학시절 고고학 발굴 경험이 있었던 나는 일본의 기억 활동가들의 희생자 유골발굴과 추모의례의 진정성을 이해하면서도 체계적인 고고학적 발굴과 체질인류학적 분석 작업의 필요성을 절감했다(정병호 1998). 유골발굴을 통해 알 수 있는 중요한 사실과 증거들이 그대로 사라져버리고 있었기 때문이다. 유골의 출토 위치, 매장 방식, 유골 형태를 체계적으로 기록하고 분석하여, 희생자의 나이와 신체적 특징, 사망원인과 강제노동 상황 등에 대해서 추정하고, 부장품과 DNA 검사 등을 통해서 신원확인 작업도 해야 했다. 고고학과 체질인류학, 의료인류학, 법인류학(forensic anthropology) 전문가들과의 협업이 필요했다.

동시에 이 유골발굴 작업이 몇몇 학자와 시민활동가의 고립된 작업에 그치는 것이 아니라, 다양한 사회 구성원이 참여하여 이 문제를 직접 보고 느끼고 그 해결을 함께 모색하는 과정이 된다면 더욱 폭넓은 사회적 소통이 가능하리라 생각했다. 특히 가해자 측과 피해자 측의 젊은이들이 참여해서 공동작업을 통해 역사적 사실을 함께 확인하고 이 문제의 해결을 위해 노력한다면 단순히 과거를 기억하고 추모하는 일만이 아니라, 이를 통해서 서로 다른 입장과 가치관을 이해하고, 화해와 평화의 미래를 여는 실천적 프로그램이 되리라 기대했다.

일제 강제노동 희생자 발굴에서 귀향에 이르는 모든 작업은 철저히 홋카이도 현지 주민 활동가들의 자발적 활동으로 시작하여, 한국과 일본의 학자, 활동가, 젊은이들이 자진해서 자신의 전문성과 노력을 기울였고, 국가나 기업의 행정·재정적 지원에 의존하지 않고자 처음부터 참가자의 회비와 자발적 후원금으로 진행했다. 지난 20년간 많은 어려움과 시행착오를 겪으면서 문제 해결을 위해 각 상황에 인류학적 지식과 방법론을 활용한 임상적인 해법을 시도하며 끈질기게 실천해왔다는 점에서도 이 작업은 공공인류학적 의미가 크다.

"인류학의 근본적 성격은 공공적 실천(public practice)"이고 "(현장연구를 하는) 인류학자의 일(혹은 실천, practice)은 언제나 세상 밖으로 나가는 것을 의미한다"(Forte 2011: 2)라고 한 막시밀리안 포르트는 "인류학은 단지 빠르게 변화하는 세계에 대한 것만이 아니라, 세계를 변화시키는 것이어야 한다"(Forte 2011: 18)라고 했다. 또한 인류학이란 학문분야의 전문성을 좁게 규정하고 자기 전공분야 안에 갇힌 '제도화된 인류학(institutionalized anthropology)'은 급격하게 변화하는 세계와 세계를 변화시켜야 하는 절박한 요구에 침묵하고 있다고 비판한다. 스스로의 전문성을 신비화하는 학술용어와 유행하는 이론에 매달려 위신과 특권을 유지하는 일에만 가치를 둔다는 것이다. 그러한 비판은 바로 인간에 대한 폭넓은 탐구와 참여를 지향하는 인류학의 정신이 학문활동 면에서는 민족지 기술이라는 좁은 영역에 갇히게 된 문제를 지적하며 "민족지는 인류학이 아니다. 인류학은 민족지가 아니다"(Forte 2011: 7)라는 주장으로까지 이어진다. 사회체제가 학문분야에 특권을 주고 있지만, 힘없는 사람들의 문제를 현장에서 알고 있는 인류학자들은 바로 그 특권을 지배구조에 저항하고, 권력 감시체제에 도전하며, 권력의 진실을 밝히는 데 써야 한다는 것이다.

포르트는 인류학이 더 나은 인류학이 되기 위해서는 우선 인류사회의 억압받고 착취당하는 사람들의 권리와 삶을 위해서 헌신하는 인류학적 윤리의식을 확고한 바탕으로 삼아야 할 것이라고 했다(Forte 2011: 16). 세계에 대한 지식 소비가 아니라 지구적 위기와 대전환에 대응하는 실천적 작업에 동참해야 하고, 인류학의 특수성을 강조하며 고립되기보다는 비전문가들과의 대화와 사회적 협력을 모색해야 하며, 오늘날 세계체제의 바탕이 된 제국주의적 지배에 대한 비판적 분석과 아울러 역사적·사회적·문화적으로 뿌리 깊은 탈식민적 과제 해결에 적극적으로 참여해야 한다는 것이다. 이 글은 탈식민적 과제 해결을 위해서 가해자 측과 피해자 측, 외부 전문가와 주민 활동가, 종교인과 학자, 그 밖의 민족·국적·직업·나이·성별 차이를 넘는 장기간에 걸친 사회적 협력 과정을 인류학적 실천사례의 하나로 소개하고자 한다.

2. 유골발굴 공동워크숍과 기억의 인류학

1) 유골발굴 공동워크숍

일본에서 가장 추운 영하 42도의 혹한의 땅에 세운 슈마리나이댐 공사 현장에서 희생된 사람들의 유골을 찾는 고고학적 발굴작업은 지표면부터 측량과 기록을 해가며 삽과 손 도구로 한 층씩 흙을 파들어가는 지난한 작업이었다. 변색된 흙의 흔적으로 당시의 삽 자국, 발자국의 모양까지 선명하게 드러났다. 계속되는 빗속에 진흙탕이 되어버린 발굴현장에서 악전고투 끝에 처음 4구의 유골을 발굴했다. 참혹한 주검이었다. 좁고 야트막한 구덩이 속에 관도 없이 쪼그린 자세로 꺾여들어간 주검. 두개골 파열의 흔적이 역력한 주검…. 나무뿌리에 뒤엉키고, 지나간 세월 속에 삭은 뼈마디를 보며 이러한 작업이 10년 전에만 이루어졌어도 더욱 확실한 사실규명이 가능했으리라는 아쉬움과 아픔을 느꼈다(정병호 1998: 215-217).

유골이 발굴되는 순간 함께 작업하던 가해자의 자손, 피해자의 자손, 그리고 아직도 그 차별의 역사를 현실로 안고 사는 재일한국·조선인 자손들은 자신의 손으로 확인한 역사적 사실 앞에 전율하고 눈물을 흘렸다. 유골발굴 작업의 전 과정을 동행 취재한 홋카이도 TV 기자는 이 작업을 〈할아버지를 파다(ハラボジを掘る)〉라는 다큐멘터리로 기록했다(HBC-TV 1997). 반세기가 지났어도 강제노동 희생의 현장에 손자뻘 되는 한일 양국의 젊은이들을 불러모아 그들의 손으로 그 희생의 증거를 확인하게 하고, 함께 확인한 진실을 토대로 새로운 미래를 다져나가게 하는 역사의 힘을 그린 것이다.

"과거는 보존되는 것이 아니라 현재를 바탕으로 재구성되는 것"(Halbwachs 1992: 40)이라고 한다. '집단기억(collective memory)'은 현재의 관심을 바탕으로 재현된 과거이기에 그렇게 조정된 관점에서 연구해야 한다는 것이다. 그러한 관점에서 해방 후 70년이 지난 지금 이 시점에 이루어진 일제 강제노동 희생자 발굴과 귀환을 통한 과거의 재구성은 한일 양국 정부, 유족, 시민들에게 과연 어떤 '집단기억'을 되살렸는지 검토할 필요가 있다. 오늘의 관점에서 과거를 재구성하는 '집단기억'에 대한 연구들은 주체적 행위자들(agents)의 위치와 입장을 중시했다. 이 경우 누가 언제 어떤 동기로 어떻게 그 유골들을 발굴하였고 또 어떤 과거를 재구성했는지 구체적으로 살펴보는 것이다.

강제노동 희생에 대한 역사적 사실 확인을 위한 노력은 당연히 필요하다. 그러나 해방 후 수십 년이 지난 상황에서 유골발굴과 유족조사를 통해 객관적으로 완벽한 증거자료를 축적해서 사실을 규명하기란 어려운 일이었다. 과학적 연구방법에 기초한 고고학적 유골발굴도 극도로 교란된 현장에서 출토된 제한된 정보로는 실증적인 '역사적' 사실을 제시하기에는 역부족이었다. 작은 구덩이에 여러 시신을 겹쳐서 묻었거나, 사후 식목 등 개발로 인해 유골이 흩어진 경우도 있었고, 화장한 뼈들이 섞여서 출토되기도 했다(안신원 2013). 이렇게 출토된 유골을 통해서 희생자 개개인의 신원을 정확히 확인하기는 어려웠다. 그러나 그렇게 버려지듯 묻혀서 오랜 세월 방치된 유골 문제의 원인 제공자인 일본 정부와 기업은 이제 와서 객관적 증거가 부족하다는 이유로 희생 사실 자체를 부정하거나 유골 문제에 대한 책임을 외면하고 있었다. 해방 후 지금까지 강제노동 희생 사실 규명과 유골수습 작업을 게을리한 한국 정부도 강제노동 현장에서 발굴되거나 수습된 유골에 대해서 오늘날의 법적·행정적 기준을 적용한 객관적 사실증명을 요구하기까지 했다.[1]

1 개별적 신원확인이 어려운 유골 문제와 관련해서 유족과 종교단체, 시민단체와 한일국가 간의 입장 차이와 법적 해석 문제에 대해서는 정혜경(2005), 김광열(2007), 이승우(2008) 참조.

이런 상황에서 완벽한 증거에 집착하는 실증주의적 엄밀성 논리에 빠져서 다양한 해석의 가능성을 외면하는 일이 없도록 조심했다. 모리스-스즈키는 "과거에 대한 특정한 표현이 어디까지 '진실'인가—절대적이고 궁극적인 리얼리티에 어디까지 근접해 있는가—를 논쟁하기보다는, 사람들이 과거에 대한 의미를 창조하는 과정의 '진실성(truthfulness)'을 평가하는 쪽이 유익하다"(Morris-Suzuki 2005: 27)라고 했다. 과거의 사건과 사람들과의 열린 발전적 관계에 주목하면서, '역사적 진실성(historical truthfulness)', 즉 현재 사람들이 과거를 이해하는 과정에 초점을 두고, 하나의 사건에 대한 여러 가지 표현에 귀를 기울이며, 지속적인 대화를 통해 점점 더 불어나는 과거의 목소리가 들려주는 다양한 이야기에 귀를 기울여 거듭 새롭게 이야기함으로써 현재 우리의 입장을 다시 분명하게 하는 노력을 기울여야 한다고 주장한다(Morris-Suzuki 2005: 27-28).

피에르 노라는 기억과 역사를 정교하게 구분했다. "기억은 생명체다. 그 기억의 이름으로 세워진 살아 있는 사회가 낳은 것이다. 기억은 '기억하기(remembering)'와 '망각하기(forgetting)'의 변증법 속에 있으며, 계속된 변형을 의식하지 못하고, 조작되고 이용되기 쉽고, 오랫동안 잠재해 있다가 주기적으로 되살아나기도 쉽다. 반면, 역사는 과거의 재현이다. 역사는 지적이고 세속적인 생산물이기 때문에 분석과 비판을 요구한다. 기억은 '기억하기'를 성스럽게 만드는 반면, 역사는 '기억하기'를 세속적으로 만든다. 기억은 다양하고 특수하고, 집합적이고 복수적이지만 또한 개인적이다. 역사는 보편적 권위를 주장하기 때문에 모두에게 속해 있지만, 동시에 아무에게도 속하지 않는다."(Nora 1989) 국가중심 역사에서 소외된 원주민, 소수자, 약자를 주로 연구해온 인류학자들이 이러한 기억 개념을 활용한 연구에 적극적으로 참여하면서 '기억의 인류학'이란 새로운 분야가 등장하게 되었다.[2]

강제노동 희생자의 발굴과 귀환 과정에 고고학자와 역사학자를 포함한 다수의 전문가가 참여했지만, 객관적인 '역사'를 밝히는 실증적 역사학으로서의 의미보다는 오늘의 관점에서 '기억'을 되살리는 기억의 인류학적 의미가 크다고 할 수 있다. 워크숍의 일본 측 대표인 도노히라는 유골발굴의 의미를 "죽은 사람의 목소리를 듣는 것"이라고 했다. 그런 의미에서 "유골은 보는 것이 아니라 만나는 것"이다. 자신의 손으로 파올린 확실한 역사적 사실을 눈앞에 두었을 때 되살아나는 '상상력'이 워크숍의 출발점이라고 했다(殿平善彦 2004: 80-81).

1997년 슈마리나이댐 공사현장에서의 첫 발굴 이후, 2006년 아사지노 일본군비행장 공사 희생자 발굴 등 총 7차례의 유골발굴 결과 총 38구를 수습하였고, 고고학적 발굴조사 작업으로 복원한 부장품과 체질인류학적으로 복원된 유골의 특징을 통해 희생자의 신원을 최대한 확인하고자 했다.[3] 아울러 지난 20년 동안 10여 차례의 유족찾기와 상호문화이해를 주제로 한 현장연구도 매해 진행했다. 희생된 한 사람 한 사람의 개인사를 복원하여 하나의 생명으로서 그 존엄성을 되찾으려 한 것이다. 당시의 매장(화장)기록부를 통해 희생자의 이름과 생년월일, 원적지 주소, 사인 등을 확인하고 한일 양국에서 호적지 탐문조사 등을 통해 유족찾기 작업을 했다.

---

2 윤택림은 서구 학계의 기억에 대한 이론적 논의와 구술사를 통한 인류학적 기억 연구를 인류학계를 넘어서 역사학, 문학, 민속학 영역까지 널리 소개하였다(윤택림 편역, 2010). 한편 최근에는 많은 인류학자가 과도하리만큼 확산된 '기억' 개념으로 연구를 양산하고 있는 현상에 대한 비판도 있다(Berliner 2005).

3 체질인류학자로서 유골발굴부터 유골귀향까지 전 과정을 함께하며 유골감식을 전담했던 박선주 교수는 1997년 슈마리나이 강제노동희생자 유골발굴 작업이 한국의 국군전사자 유골발굴 작업(2000)의 계기가 되었고, 이후 국군유해발굴감식단 설립(2007)과 연결되었으며, 진실화해위원회가 추진한 민간인 희생자 유골발굴(2007)로까지 이어졌다는 사실을 증언하였다(『한겨레』, 2010. 8. 11일자).

그림 2. 발굴 유골의 체질인류학적 분석

그러한 유족찾기 작업을 통해 반세기가 지나도록 돌아오지 않은 넋을 기리는 치유되지 않은 아픈 마음들이 있음을 확인할 수 있었다. 더 많은 유족을 찾아서 그 아픔을 어루만지고, 그 기억이 스러지기 전에 진실을 되살리는 일은 시급히 이루어져야 할 과제라는 점도 재확인할 수 있었다. 오늘을 살고 있는 우리가 과거에 대한 다양한 진술과 복합적 사실을 대면하는 과정에서 알게 되고 느끼게 되는 역사적 진실의 폭과 깊이가 더욱 의미 있는 일이었다.

동아시아공동워크숍은 고고학적 유골발굴과 함께 문화인류학적 상호문화이해 프로그램으로 기획한 것이었다. 당시 나는 미국 대학생들이 1년 동안 일본에 체류하며 언어와 문화를 익히며 학점을 이수하는 현지 교육기관의 책임자로서 학생들의 집단 현장연구 프로그램을 교육적으로 기획하고 진행해본 경험이 있었다. 특히 미국 대학생들이 홋카이도 아이누민족과 함께 생활하며 전면적인 만남을 체험한 현장연구가 성공적이었다(Konan-Illionis Center 1988). 문화상대주의적 현장연구 방식의 만남과 공동생활 경험이 참여한 젊은이들의 가치관과 태도를 통과의례처럼 단기간에 크게 변화시키는 것을 보고, 이러한 방식의 교육인류학적 문화이해 프로그램을 고고학적 유골발굴 작업과 결합해서 실천하고

자 했다.

가해자와 피해자의 입장으로 역사적으로 '연루(implication)'[4]된 한국과 일본의 젊은이들이 함께 참여하는 유골발굴 작업은 결과를 예측하기 어려운 도전적 과제였다. 엄중한 역사적 희생 사실을 마주하면서 서로의 입장 차이와 상대방 문화에 대한 편견과 고정관념을 어떻게 이해하고 화해할 수 있을지(또는 충돌할지) 염려되는 점이 많았다. 오해와 충돌의 위험성을 최소화하기 위해 한국 측 참가자들은 사전에 문화인류학적 탐구 주제를 조별로 설정하여 일본문화 이해와 문화상대주의적 현장연구 방법을 익혔다. 나로서는 그동안의 한일 간 상호작용을 관찰한 경험에서 피해자 측의 도덕적 우월감과 공격성에 대한 우려를 더 했다고 할 수 있다. 일본 측은 개인적 지원, 소개, 추천 등을 통해 다양한 배경의 젊은이들이 모였다. 다른 나라의 학생들을 만나 이국적인 경험을 할 거라는 가벼운 마음으로 온 사람도 많았다. 이들은 공동생활을 위한 자치조직을 만들고, 공동작업을 위한 조편성을 하여 발굴과 토론을 긴밀하게 함께했다. 참혹한 유골이 출토되자 양국 젊은이들 사이에 일순 긴장감이 돌았다. 그러나 함께 발굴을 시작해서 함께 확인한 역사적 사

4 '연루(implication)'란 집단적인 '역사적 책임'보다 더욱 폭넓은 개념으로 '나중에 태어난 세대도 과거의 사건과 깊이 결부되어 있다'라는 의미로, 나중 세대가 역사상 저질러진 폭력에 직접 책임이 없다고 해도 그러한 행위의 결과가 빚은 수익을 누리는 경우 간접적으로 과거에 저지른 범죄에 연루된 이른바 '사후 종범(accessories after the fact)'이라고 할 수 있다는 것이다. 오늘날 우리의 삶은 과거의 행위(상상력, 용기, 관용, 탐욕, 잔학행위 등)를 통해 구축된 제도, 구조, 개념에 의해 형성된 역사적 산물이기에 이를 변혁시키기 위한 행동을 취하지 않는 한 앞으로도 계속 그럴 것이다. 따라서 과거에 침략행위를 직접 일으키지는 않았어도 그러한 행위 덕분에 현재의 우리가 존재한다는 의미에서 '연루'되어 있다는 것이다(Morris-Suzuki 2005: 24-27). 주로 역사적 가해자 측의 나중 세대의 책임 문제에 주목한 이 개념은 피해자 측의 후손들에게도 성찰적으로 적용할 수 있다.

실 앞에서 함께 눈물을 흘리며 추도하는 과정에서 동지적 우애를 확인하게 되었다.

2) 추모의례와 기억의 인류학

강제노동 희생자의 발굴과 귀향의 모든 과정마다 종교적 추모의례와 다양한 예술양식의 공연이 있었다. 역사적 희생과 각 사회집단의 관계 표현이자 문화적 자기성찰과 정체성의 표현이기도 했다. '기억의 인류학' 분야를 개척한 폴 코너튼은 한 집단의 '사회적 기억(social memory)'은 추모행사와 육체적 실천을 통해 가장 결정적으로 작동하고 있다고 했다. 즉, 사회적 기억의 생산은 공연 안에서 이루어지며, 추모행사는 의례의 형태를 띠고, 의례는 습관을 통해 익히고, 습관은 육체적으로 길들여져야 되는 것이라고 설명한다(Connerton 1989: 4-5).

발굴현장에서는 간단한 추도의식을 가진 후, 다양한 종교의례와 예술공연으로 위령제를 거행했다. 먼저 한국 유교식으로 축문, 헌주, 재배를 하는 약식 묘제를 올리고, 일본 불교 승려들이 독경을 한 후, 강제징용자들과 함께 고통을 겪은 홋카이도의 선주민인 아이누 민족대표들이 '이치알파(아이누 위령의례)'를 진행했다.[5] 다종교 의례에 이어서 종교가 없는 유물론자들도 자신들의 사회정치적 추모의례를 했다. 발굴현장에서 기독교식 추모예배를 집전한 일본인 목사는 인류 최초의 살인행위를 적은 성경 구절을 인용하며 다음과 같은 사죄의 기도를 올렸다.

---

5 홋카이도로 끌려간 조선인과 선주민족인 아이누는 차별받는 소수자로서 역사적으로 함께 고통을 겪었다. 강제노동 현장에서 탈주한 조선인 노동자가 아이누 마을에 숨어들어가 도움을 받은 사례는 많았다. 조선인 노동자와 아이누 여인과의 사이에서 출생하여 아이누 민족운동의 지도자가 된 오가와 류키치 씨의 사례를 소개한 다큐멘터리 〈조용한 인간의 대지〉(KBS-TV, 1992. 8. 15) 참조.

"'카인이 그 아우 아벨에게 고하니라. 그 후 그들이 들에 있을 때 카인이 그 아우 아벨을 쳐 죽이니라. 여호와께서 카인에게 이르시되 네 아우 아벨이 어디 있느냐. 그가 가로되 내가 알지 못하나이다. 내가 내 아우를 지키는 자이니까. 가라사대 네가 무엇을 하였느냐. 네 아우의 핏소리가 땅에서부터 내게 호소하느니라. 땅이 그 입을 벌려 네 손에서부터 네 아우의 피를 받았은즉 네가 땅에서 저주를 받으리니(창세기 4장 8-11절).' 사람의 손으론 지울 수 없는 범죄의 흔적, 반세기 전에 이 땅에 흘린 그 희생의 피가 우리를 불러 오늘 이 자리에 모이게 했습니다. 이 움직일 수 없는 범죄의 증거 앞에서 진심으로 사죄와 용서를 빕니다. 우리가 우리 손으로 확인한 이 준엄한 역사적 사실을 통해 다시는 이 땅에서 이러한 인간의 인간에 대한 범죄와 희생이 되풀이되지 않도록 하겠다는 결의를 다져야 할 것입니다. 오늘 이 자리에서부터 동아시아의 평화로운 새 역사가 시작되도록 해야 합니다." 참가자 모두는 각자 자기 언어로 〈우리 승리하리라(We Shall Overcome)〉를 부르며 위령제를 마쳤다. (정병호 2002: 292-293)

첫 번째 유골발굴이 있었던 슈마리나이댐 현장에는 진도 씻김굿을 전수한 한국 무당이 참가했다. 발굴작업을 시작하는 개토제에서 기도를 올렸다. "오랜 세월 이 땅에 묻혀 돌아가지 못하고 잠들지 못하는 원혼들이여, 이제 당신들을 깨우는 삽질을 시작하려 합니다. 시끄럽고 괴롭겠지만 잠시 참아주십시오. 당신들을 고향으로 돌아가게 하려는 착한 마음으로 하는 일입니다. 우리들의 손길을 받아주십시오." 땅속에 묻혀 있던 영혼들을 달래고 깨우는 기도 소리가 한국 대학생들의 풍물소리와 함께 숲속에 울려퍼졌다. 함께 참여한 원로 역사학자가 눈물을 닦으며 말했다. "왜 인류학자가 무당과 함께 오자고 했는지 이제 알겠네." 일본 승려의 독경과 찬송가 소리에도 풀리지 않던 마음이 비로소 깊은

그림 3. 슈마리나이 발굴현장 개토제와 진도 무당의 기도

위로를 받았다는 것이다.

김성례는 제주 4·3 희생자들에 대한 기억과 추모의 의례가 군사독재정권에 의해 공공영역에서는 철저히 금기시되었지만, 억울하게 죽은 원혼에 대한 애도(lamentation of the dead)의 의례가 사적인 영역(특히 여성영역)에서는 제주 무당들의 몸과 말을 통해 어떻게 연행되었는지 민족지적 연구를 통해 자세히 소개했다(Kim 1989a). 아울러 민주화의 진전과 더불어 그러한 사적 신앙 형태의 의례가 점점 더 공적인 영역의 미학적인 대규모 연행으로 확대되어 희생의 진실을 사회적으로 전달하는 상징적 기능을 했는지 밝혔다(Kim 1989b). 1997년 유골발굴 작업에 자비부담을 하며 적극적으로 참여한 진도 무당도 명량해전에서 죽은 조선수군과 왜군의 원혼을 달래는 위령제 등 공공영역의 연행을 하면서 역사적 희생자의 소리를 사회적으로 알리는 역할을 했다.

한국과 일본의 젊은이들은 매 순간 역사의 무게를 느끼며 강행되는 고된 발굴작업 속에서도 새로운 만남의 흥분과 진지한 토론의 열기 속에서 우정을 쌓아나갔다. 함께 땀 흘려 일하고, 함께 자고, 먹고, 마시고, 이야기하고, 노는 공동생활 체험을 통해 이제까지 추상적으로만 알았던 이웃 나라 젊은이들의 살아 있는 존재를 총체적으로 느낄 수 있었다고 한다.[6] "한국인", "일본인"이라는 서로에 대한 집단적 이미지와 고정관념을 넘어서 고유명사를 가진 개인으로서의 만남과 이해가 시작된 것이다(殿平善彦 2004: 81). 언어의 장벽을 넘을 수 있도록 재일한국·조선인 젊은이들이 적극적으로 도와주었다. 한국과 일본, 그 국경과 국민정체성을 당연시하던 참가자들은 '자이니치'란 새로운 존재를 통해 국민국가의 틀을 넘나드는 현실을 보게 되었다.

인적이 드문 홋카이도의 숲속에서 뜨겁게 진행된 워크숍은 일종의 통과의례처럼 여러 젊은이의 삶을 변화시켰다. 짧은 기간이었지만 비일상적인 특별한 시공간에서 실존적인 만남이 거듭되었다. 산 자와 죽은 자의 만남, 민족·국가·언어·종교·세대·입장의 차이를 넘는 충격적인 만남을 통해 그동안 당연시했던 가치관이 흔들리는 강렬한 경험을 했기 때문이다. 워크숍이 끝나고 일상으로 돌아와서도 이들은 젊은 의욕으로 서로의 언어를 배우려는 노력을 시작하였고, 서로에 대한 기대와 호기심으로 인터넷을 통해 일상적으로 교류하게 되었다. 몇몇은 연애를 했고, 몇 명은 결혼해서 아이도 낳고, 상대방의 나라에서 일하며 살고 있다. 강제노동 희생자 유골발굴 작업은 새로운 세대 간의 진정한 만남과 상호문화이해를 위한 하나의 문화인류학적 프로그램으로 꾸준히 이어지고 있다.

---

6 김영환(2002), 안도간·미치마사(2007)는 학생 참여자로서의 자신들의 경험과 그 의미를 논문으로 소개했다.

3. 70년 만의 귀향과 추모의 인류학

1) 70년 만의 귀향

광복 70주년을 기념하던 2015년, 홋카이도에서 유골발굴을 시작한 지도 18년이 되었다. 그동안 확인한 강제노동 생존자와 유족들이 하나둘 세상을 떠나고, 중장년이었던 형제들도 여든, 아흔의 노인이 되었다. 이제 그 억울한 희생에 대한 기억도 사라져가고 있었다. 유족 중에는 희생 현장의 흙 한 줌이라도 선산에 묻어드려야 눈을 감겠다는 사람도 있었다. 양국 정부는 이런 절박한 강제노동 희생자에 대한 기억과 추모 문제에 대해서 아무런 노력도 관심도 기울이지 않고 있는 상황이었다.

'70년 만의 귀향'이란 말이 뜻하듯이, 지난 70년 동안 강제노동 희생자들에 대해서 일본정부는 물론, 한국정부도 제대로 책임을 지지 않았다. 오히려 그들에 대한 기억이 지워지기만을 기다렸다고도 하겠다. 세월과 함께 양국 국민은 물론, 가족 친척들도 이들의 존재를 잊기 시작했다. 한국사회도 영웅의 역사는 기념하고 희생의 기억은 덮고자 했다. 일본군'위안부'기념관이 서대문 독립공원에 들어서는 것을 광복회가 막았고, 강제노동기념관을 천안 독립기념관 부지 안에 설립하는 계획도 거부당했다. 이런 상황에서 홋카이도의 수풀 속에서 잊혀가던 희생자들의 유골을 다시 찾아내서 고국으로 귀환하여 그들을 추모하는 장례식을 거행하고 기념묘역을 조성하는 일은, 국가권력이 주도하는 역사에 대한 기억의 투쟁이자, 망각에 저항하는 사회적 실천이라고 할 수 있다.

그러나 역사와 기억이 언제나 뚜렷하게 차이가 나는 것은 아니다. 윈터는 "역사와 기억은 겹치고, 서로 주입되기도 한다. 그리고 때로는 생산적인 강력한 불일치를 만든다"(Winter 2006: 5-6)라고 주장한다. 역사와 기억은 공적 영역에서 서로 꼬여서 늘 경합하고 변화하는 우리들의 과거에 대한 이해에 정보를 주고 있다는 것이다. 그는 기억하는 행위를 역사적(historical)·가족적(familial)·의례적(liturgical)인 것으로 나누어 설명했다. 그중 역사적 기억(historical remembrance)은 과거에 대한 기록, 그 때를 살았던 사람의 증언, 역사와 기억 모두를 끌어들여서 과거를 해석하는 방법인데, 가족적 기억(familial remembrance)과 다른 점은 서로를 묶어줄 인연이 없는 사람들을 연합시키는 힘이 있다. 또한 종교적으로 성스러운 의례형식과 예정된 의례주기에 묶여 있는 의례적 기억(liturgical remembrance)과 달리 자유로운 특징이 있다. 그러나 이 셋은 서로 많이 중첩되기도 하는데, 셋이 모두 융합될 때, 역사적 기억은 지속적인 힘이 있는 현상이 된다고 한다. 망각에 저항하는 투쟁으로서 기억의 문학이나 예술작품과 같은 사회적 실천도 역사적·가족적·의례적 기억의 결합을 추구하고 있다고 할 수 있다.

『과거 침묵시키기(*Silencing the Past*)』를 쓴 트루요는 기억을 지우기 위한 다양한 권력 작동에도 불구하고, 모든 소수자는 문화적 권리를 주장할 수 있다고 했다(Trouillot 1995: 19). 그들의 존재와 위치 자체가 역사적 정통성을 의미한다는 것이다. 역사성(historicity)에 대한 이러한 주장은 바로 집단기억이 갖는 여러 목소리(polyvocal)의 논쟁적인 정치적 성격을 뜻한다. 소수자들의 다양한 기억은 국민국가의 집단정체성 모델에 질문을 던지는 일이라고 했다.

모든 소수자의 '자기만의 역사', '자신의 기억'에 대한 요구는 국가공동체의 '집단정체성'에 균열을 내는 일이자 '내부적 탈식민화'를 촉진하는 과정이 된다. 냉전시대의 국가권력이 침묵시켰던 한국전쟁 시기의 민간인 학살 희생자에 대한 기억과 추모의 문제를 연구해온 노용석(2015)도 민주화 초기에 유족 중심의 '가족적 장의'의 문제로 여겨지던 희생자 유골발굴이 점차 보편적 인권과 학살사건 자체의 역사적 의미를 기념하기 위한 '사회적 기념'의 방향으로 전환되었다고 했다.

프렌치는 고고학은 물론, 체질·언어·사회·문화인류학 등 거의 모든 분야의 인류학자가 논쟁적인 집단기억 프로젝트에 실천적으로 참여하고 있다고 소개했다. 특히 강제노동 희생자 유골귀환과 유사한 사례로는 전쟁이나 식민상황에서 벌어진 사회문화적으로 존중받지 못한 죽음, 즉 원주민의 무덤에서 강탈한 유골, 집단학살 피해자 유골을 고향으로 송환하여 적절한 장례와 매장 의례를 치를 수 있도록 하는 일 등이 있다(French 2012: 347-348). 또한 탈사회주의 정치상황에서 정치적으로 중요한 인물의 시체를 발굴해서 상징적으로 의미 있는 기억의 장소에 다시 매장하는 일(Verdery 1999), 인권 피해자의 증언을 모으는 일(Ross 2003) 등도 인류학 전문가들이 참여하고 있는 기억의 인류학적 실천사례들이다. 강제노동 희생자 발굴과 귀환 프로젝트도 기억의 인류학의 탈식민적 실천사례로서 다른 지역 사례들과 함께 나란히 검토할 필요가 있다.

1997년부터 2014년까지 7차례의 발굴을 통해 슈마리나이댐과 아사지노 일본군비행장 공사장에서 수습된 강제노동 희생자 유골 38구는 발굴현장 주변의 일본 사찰에 보관했다. 유골발굴 사실이 일본 언론기관을 통해 널리 알려진 것을 계기로 홋카이도지역의 여러 사찰에서 무연고 조선인 유골의 존재를 알려와서 100여 구의 유골이 추가로 수습되었다. 그러나 2015년 9월, 한국과 일본의 민간단체가 이 유골들을 모시고 '70년 만의 귀향'을 단행할 때까지 고향으로 돌아오지 못했다. 한국과 일본 정부 모두 유골송환에 소극적이었기 때문이다.

일본정부가 유골송환에 관여하지 않은 것은 희생자들이 국가와 법률적 고용관계가 없었으므로 이들을 직접 고용한 기업과 관련된 일이라는 입장 때문이었다. 국가 정책에 의해 국가기관이 적극적으로 알선, 모집, 징용 방식으로 강제로 동원하여 발생한 희생자에 대해서 국가적 책임을 인정하지 않겠다는 것이다. 설사 그 책임을 인정한다고 하더라도 그에 대한 보상 문제는 1965년 한일협정을 통해 해결되었다는 것이다(吉沢文寿 2013).

2004년 노무현 대통령이 고이즈미 총리에게 강제동원 희생자 유골송환에 협조를 요청할 때까지, 한일 양국이 정부 차원에서 논의한 송환문제는 조선인 출신 군인·군속 유골로 국한되었다. 양국 정상회담 이후, 한국정부 차원에서 '일제강점하강제동원피해진상규명위원회'를 설치하고 일본정부와 직접 희생자 유골조사와 송환을 계속 협의하고 진행하도록 하였다(김광열 2007). 그러나 2015년 말 이 위원회가 해산될 때까지 일본기업이 고용한 민간인 희생자의 유골송환을 위한 국가 간 합의는 1건도 성사되지 않았다. 1965년 박정희정부가 한일협정을 체결할 당시, 한국정부는 일제강점기 강제노동과 일본군 '위안부' 희생자들에 대한 국가 차원의 책임규명과 보상 문제를 부실하게 처리했다. 협정 후 40여 년이 지나서야 그때까지 생존한 소수의 피해자와 유족에 대해 조사하고 보상금을 지급하기 시작했다. 한국정부의 예산으로 마련한 수천억 원의 보상금 배분사업은 주로 관련 부처 퇴직 공무원들의 직장이 된 '진상규명위원회'의 주업무가 되었다. 한국정부의 근본적 책임 문제가 거듭 제기될 가능성이 큰 희생자 유골조사와 송환 문제는 일본정부의 협조를 얻기 어렵다는 이유로 적극적으로 추진하지 않았다고 볼 수 있다.

홋카이도 북부의 아사지노 일본군비행장 공사 희생자 발굴은 현지의 지방자치단체와 지역주민들의 적극적인 참여와 협조로 2005년부터 2010년까지 4차에 걸쳐서 진행되었다(안신원 2013). 일본의 지방자치단체와 주민들이 한국과 일본의 민간단체와 함께 자기 지역의 강제노동의 어두운 역사를 발굴했다는 것은 획기적인 일이었다. 역사적 상처가 화해와 협력의 계기가 된 것이다. 중앙정부와 국민국가의 경계를 넘어서 지역사회와 주민, 민간 차원의 풀뿌리 연대가 실현된 사례로 주목받았다. 그러나 강제노동 희생자들과 유골발굴을 기념하는 추모비 건립이 2013년 11월 제막식 직전에 우익의 사이버 공격으로 중단되는 사태를 겪게 되었다.[7] 직접적 원인은 실적을 서두른 한국의 '진상규명위원회'가 일본의 지방자치단체도 건립비용을 부담했다는 잘못된 보도자료를 배부한 탓이었다. 그러나 그 배경에는 이명박 대통령의 독도 방문과 천황 사죄 발언(2012년 8월)으로 일본사회와 언론이 급속하게 한국에 대해 냉담하게 된 상황에서, 아베정권이 등장(2012년 12월)하여 더욱 우경화된 일본의 사회 분위기가 있었다. 일본의 다른 지역에 이미 설치된 강제노동 추모 상징물들도 철거 압박을 받게 된 상황에서 홋카이도의 강제노동 현장에서 발굴된 유골들은 인근 사찰에서 돌아갈 기약 없이 보관되고 있었다.

한국과 일본의 두 민간단체는 더 늦기 전에 그동안 홋카이도에서 발굴하고 수습한 115구의 유골을 한국으로 모시고 오기로 했다.[8] 그중 니시 혼간지 삿포로 별원 안치 유골의 귀환과 관련해서는 이곳에 대량의 유골이 존재한다는 사실과 그것이 유족들의 동의 없이 합골되었다는 사실이 처음 밝혀진 2000년 3월부터 많은 논쟁이 있었다. 이 문제를 사회적으로 처음 알린 일본 민간단체 대표 도노히라는 2003년에 홋카이도지역의 대한민국거류민단과 재일조선인총연맹 대표까지 참여한 '(강제연행·강제노동 희생자를 생각하는)홋카이도포럼'을 설립했다(殿平善彦 2013). 그 후 10여 년간 이 문제해결을 위해서 한국의 관련기관과 전문

---

7 『뉴욕타임스』는 2014년 10월에 "Pressure in Japan to Forget Sins of War"라는 특집칼럼과 아시아판 1면 기사로 이 사건에 대하여 보도했다. 이에 대해서 일본 J-CAST news는 무허가 추도비 건립 문제였을 뿐인데 잘못된 내용을 보도해서 물의를 일으키고 있다고 전했다.

8 귀환유골은 아사지노 일본군비행장 건설 희생자 중 발굴유골 34구, 슈마리나이 댐 건설 희생자 중 발굴유골 4구, 비바이 미츠비시탄광 희생자 중 죠코지 안치 유골 6구, 니시 혼간지 삿포로 베츠인 안치 유골 중 한국(남한) 출신 희생자 71구로 모두 115구였다. 그중 니시 혼간지 삿포로 별원의 납골당에 전쟁 중에 안치된 강제노동 희생자 유골은 1997년에 합골되어 개별성을 상실한 것이다.

가, 유족들과 긴밀하게 협의하며 오랜 기간 유족들의 다양한 의견을 듣고 시간이 흐름에 따라 변화하는 요구에 대응해왔다.

이전에는 민간 주도로 유골송환을 기획하는 일에 대해 비판적인 의견이 강했다. 시민단체가 일방적으로 유골송환을 추진하면 일본정부나 기업의 책임의식을 흐리게 하고, 책임기피의 빌미를 줄 것이라는 우려도 있었고, 일본정부에 책임지고 송환하라고 촉구하고 있는 한국정부의 주장을 약화시킬 수도 있다는 경계도 있었다(정혜경 2005: 203). 그러나 그렇게 정부 간 합의나 극적인 법적·정치적 해결을 기다리는 사이에 아무런 실질적 변화 없이 수십 년의 세월이 흘렀다. 문제해결을 추진하던 기관이나 단체 자체가 없어지거나 양국 사회에서 이 문제해결 자체에 무관심해지기도 했다.[9]

2) 귀환여정과 추모공간

'70년 만의 귀향'을 추진한 양국의 민간단체는 무엇보다도 유골에 대한 유족들의 생각을 최우선으로 존중해서 귀환을 추진하기로 했다. 일본정부와 기업의 책임보상 문제 때문에 억류된 유골귀환 문제를 우선 추진하기를 바라는 유족들이 나타났기 때문이다. 대구 출신의 한 유족이 늙어가는 자신이 죽기 전에 선산에 비어 있는 아버지 묫자리를 채워야 그 아래에 자기도 들어갈 수 있겠다고 돌아가신 강제노동 현장의 흙 한 줌과 합골된 유골 중 한 사람분이라도 자기가 모셔야겠다고 요구했다. 거듭된 전란의 역사 속에서 객지에서 희생된 조상을 실제로 그런 방식으로 선산에 모신 사례도 있었다. 이분의 간절한 요구에 따라 2014년에 합골유골 중에서 한 구가 먼저 귀환길에 오르게 되었다. 이 귀환을 계기로 다른 유족들의 동의를 얻어 합골된 유골 중 남한 출신 71구를 고국

9 자세한 내용은 殿平善彦(2013: 260-261) 참조할 것.

그림 4. '70년 만의 귀향'(홋카이도 강제노동 현장에서 서울시립묘지까지)을 알리는 2015년 당시 팸플릿

으로 모시고 와서 (개별성을 상실하여 화장된 유골인 관계로) 납골당 형식의 합동묘역을 조성하여 함께 모시기로 했다.

광복 70주년과 한일협정 50주년을 동시에 기념하게 된 한일 양국 정부는 광복보다는 협정의 의미를 강조하면서 과거보다 미래를 향하자는 메시지를 강조했다. 처음부터 양국 정부당국의 협조를 기대할 수 없는 상황이었다. 오히려 국경을 넘는 유골송환 과정에 무수하게 놓여 있는 양국의 관료주의와 제도적 장벽을 마지막까지 염려해야 했다. 해외에서 희생된 사람들의 유골을 안치하기 위해 만든 국립 '망향의 동산' 측은 115구 유골 각각에 대한 사망진단서와 유족동의서를 요구하기까지 했다. 유골의 통관과 출입국 수속 등도 언제 어디서 어떤 규정에 걸려서 송환여정을 중단하게 될지 몰랐다. 항공편보다 배편을 택하고, 철도보다 버스를 이용하게 된 것도 가능한 한 복잡한 규정을 피해가기 위

그림 5. 추모제 운구행렬, 교토 니시 혼간지 (촬영: 손승현)

해서였다.

결과적으로 조선인 강제노동 희생자들이 70여 년 전에 끌려갔던 그 길을 7일간의 운구여정으로 되돌아오면서 도쿄, 교토, 히로시마, 시모노세키에서 추모제를 지냈다. 일본사회가 다시 전쟁을 할 수 있는 국가가 되는 안보법안 문제로 갈등을 겪던 시기였다. 일본 열도의 북쪽 끝 홋카이도 아사지노 비행장 공사장에서 남한의 북쪽 끝 파주의 서울시립묘지까지 3,500km의 긴 여정이었다. 홋카이도까지 끌려간 사람들이 두 번의 바다를 건너며 절망했다던 그 바닷길을 다시 건너 부산 항구에서 진혼노제를 지내고, 추석 전 주말인 9월 19일, 서울광장에서 장례식을 거행하고, 9월 20일 서울시립묘지에 안장했다. 이들이 안장된 납골묘역을 '70년 만의 귀향' 묘역이라고 부르기로 했다.

모리스-스즈키는 일본 아베정권의 '안보법안' 처리 문제로 동아시아 각국이 다시 과거의 '역사' 문제로 갈등하고 있는 시점에 추진한 조선인 희생자 유골귀환 여정은 일본인들이 전쟁 중 잘못된 행동을 바로잡기를 바라는 염원이자, 일본이 주변 국가와의 화해를 도모하도록 촉구하는 증언이라고 했다(Morris-Suzuki 2015). 동시에 기억과 화해를 위한 길을 가로막고 있는 문제의 뿌리를 찾아서 국경을 넘는 대화의 장을 열

그림 6. 70년 만의 귀향 묘역, 파주 서울시립묘지 (촬영: 손승현)

어갈 평범한 사람들의 힘을 보여주는 증거가 될 것이라고 했다.

2015년 추석, 파주 용미리 서울시립묘역에는 많은 참배객이 찾아왔다. 희생자의 유족과 그 후손들은 마침내 명절에 찾아올 곳이 생겼다고 했다. 가족묘지를 찾았던 일반 시민들도 역사적 희생자들을 위한 묘역이 조성되었다는 소식을 듣고 자발적으로 추모의 발길을 이어갔다고 한다. 일본의 평화운동단체들은 이 '70년 만의 귀향' 묘역을 한국을 방문하는 일본시민들이 우선 방문해야 할 곳 중 하나로 소개하기 시작했다. 한국과 일본의 시민들이 함께 역사를 공감하고 희생의 기억을 역사적 교훈으로 되새기는 '기억의 터전(les lieux de memoire)'(Nora 1989)이 마련된 것이다.

권헌익은 베트남인들이 전쟁유령을 위해 수행하는 추모의례에 대한 연구를 통해, 대규모학살의 역사적 상처와 고통을 넘어 인류 차원의 화해와 연대의 가능성을 여는 "창조적인 문화적 실천"으로서의 의미를 발견했다(Kwon 2006; 2008). 또한 그는 국가권력이 냉전시대에 금지시켰던 제주 4·3 희생자를 기억하고 추모하는 의례와 상징물들이 한국민주화 이후 제주도에서 새롭게 나타나고 있는 것은 희망적인 화해의 궤적으로서 이념적 좌우대립을 넘어서는 중요한 사회적 진보의 핵심 요소라고 하였다(Kwon 2009: 14). 실제로 제주 4·3의 경험과 이로 인한 마을공동체의 파괴와 복구의 과정은 이러한 기억과 추모의 의례와 상징물들을 통해 재현되고 서사화되고 있다(김성례 외 2001).

강제노동 희생자 유골발굴을 비롯해서 귀향까지 그 모든 과정은 한국과 일본의 국경을 넘은 민간 차원의 자원활동과 후원으로 이루어졌다. 그것은 또한 다양한 종교와 신앙을 배경으로 한 사람들이 삶과 죽음에 대한 다문화적 상상력을 의례화하는 과정이었다. 유골의 귀향을 계기로 그러한 의례적 추모가 주기적 또는 일상적으로 이루어질 수 있도록 한국과 일본에 '기억의 터전'을 만들어나가는 일도 시작되었다. 양국의 민간단체는 가해와 피해의 입장을 넘어, 인류 보편의 인도주의에 대한 범죄로서의 강제노동과 그 희생의 진실을 함께 확인하고 공유함으로써 진정한 화해와 평화로운 미래를 열어가겠다고 했다.

4. 기억과 추모의 상징: 평화디딤돌

역사적 사실이 기억의 영역으로 넘어가고 있는 요즈음, 가해자 측인 일본에서는 아시아에 대한 침략과 반인도적 범죄 사실에 대한 부정을 통해 민족적 긍지를 회복하려는 위험한 움직임이 강화되고 있다. 자유주의사관이라는 이름으로 남경학살은 조작된 것이고, 일본군 '위안부'는 매매춘이었을 뿐이며, 징용은 보편적인 국가총동원이었다고 주장한다. 문제는 이러한 역사왜곡이 근대 일본의 침략사에 무관심하고, 오늘날 정체성의 혼란을 겪고 있는 일본의 젊은 세대들에게 강한 설득력을 갖게 되었다는 점이다.

동아시아는 아직도 식민과 탈식민, 전쟁과 냉전, 가해와 피해의 경험으로 단절된 벽 속에 갇혀 있다. 교류의 물꼬가 트이고 경제적 의존관계는 깊어졌지만 동아시아 각 사회의 벽은 여전히 높다. 오늘날 교통, 통신의 발달로 상호 간에 활발한 인적교류와 문화적 접촉이 이루어지고 있으나, 과거에 대한 최소한의 공통인식이 없는 상황에서 이루어지는 기능적이고 피상적인 접촉은 오히려 서로 간의 편견과 고정관념을 강화하는 방향으로 발전하기 쉽다. 한 방향으로만 강화된 막연한 피해의식을 계승한 젊은 세대들의 상대방에 대한 인식은 더욱 편협하고 왜곡된 것일 경우가 많다. 체험과 사실에 바탕을 두지 않은 집단주의적 적개심은 위험하다. 특히 이것이 상대의 무관심과 회피와 마주치게 될 때 감정적인 분노로 폭발하기 쉽다. 과거사 문제로 새로운 갈등이 격화되고 있는 오늘날, 동아시아 젊은이들의 진정한 만남과 이해는 그래서 어려운 것이다.

이러한 동아시아의 국가권력과 국제정치가 빚어내고 있는 현실은 동아시아 시민사회가 함께 극복해야만 할 과제가 되었다. 먼저 국경을 넘어, 가해자와 피해자의 자기주장을 넘어, 공동의 역사를 함께 직시하고, 공통의 역사를 다시 써야 한다는 시대적 과제가 주로 역사교과서 문제를 중심으로 제기되곤 한다(이경훈 2016: 283-317). 그러나 오늘날 과거에 대한 기억과 역사인식 문제는 교과서와 제도교육을 넘어서 문학, 사진, 영화, 만화 등 각종 미디어 영역에서 더 큰 영향력을 발휘하고 있다. 과거는 여전히 우리 주변에 살아 있다(Morris-Suzuki 2005). 그러나 그 시대를 직접 체험한 개인과 가족, 그리고 희생 집단의 기억들은 이제 곧 사라지려 하고 있다. 땅속에 묻혀 있는 역사의 희생자들, 우리 주변에 있는 유족과 체험자들, 사라져가는 증거들을 불러일으키고 희미해지는 기억을 다시 더듬어서 역사의 증언으로, 앞날의 거울로 삼는 새로운 모색이 필요하다.

독일과 유럽의 거리에는 '걸림돌(Stolpersteine)'이 있다. 반짝이는 놋쇠로 덮은 보도블록에 나치에 의해 강제노동수용소에서 죽어간 그 지역에 살던 유대인과 독일인 사회주의자, 동성애자, 집시 희생자의 이름이 새겨져 있다. 독일인 조각가 귄터 뎀니히(Gunter Demnig)는 1992년부터 지난 20여 년간 독일과 유럽 전역에 5만 6천 개의 '걸림돌'을 놓았고, 지금도 꾸준히 그 작업을 계속하고 있다(세룹-빌펠트 2016). 이러한 '기억의 예술'은 우리의 일상생활 공간에서 있었던 역사적 희생의 기억을 되살려 국가권력의 폭력성을 경계하고, 미래의 평화를 염원하는 작업이다.

독일과 유럽의 거리에 설치한 '걸림돌' 사례와 정반대로, 일본정부는 한국과 국제사회에 이미 설립된 '평화소녀상'마저 철거를 요구하며 '기억의 예술'을 말살하려는 압력을 행사하고 있다(김서경·김운성 2016). 일본 각지에서 강제노동 희생자를 위한 추모비 건립이 우익단체의 압력으로 중단되거나, 이미 각지에 세워진 강제노동 추모 상징물과 안내판도 철거 협박을 받고 있다. 일제에 의해 강제로 동원되어 희생된 사람들의 억울한 죽음과 그 유족들의 아픈 기억을 되살리는 것은 피해자 측으로서도 불편한 일이다. 그러나 과거의 아픈 기억으로부터 멀어져가는 사이에 민족 간 갈등과 국가 간 전쟁을 부추기는 세력이 다시 자라나고 있다. 경계하지 않을 수 없다.

'70년 만의 귀향'을 함께 추진했던 한국의 '평화디딤돌' 단체와 일본의 '동아시아시민네트워크'는 파주 서울시립묘지에 강제노동 희생자 추모 묘역을 조성한 이후, 그 희생자들이 살았던 고향집 어귀에 각 개인의 존재와 희생을 기억하고 추모하는 '평화디딤돌'을 놓기 시작했다. 또한 일본 각지의 강제노동 현장에도 그 장소에서 희생된 사람들의 이름과 희생경위를 새긴 '평화디딤돌'을 놓고 있다. 양국의 국가권력이 외면하고 빨리 지우려 하고 있지만, 양국의 시민사회가 지금 우리가 살고 있는 지역의 일상생활 공간에서 언제, 어떤 사람이, 어떻게 희생되었는지

그림 7. 고향집 어귀의 평화디딤돌

는 새롭게 확인하고 되새길 수 있도록 한 것이다.

'평화디딤돌'은 과거 전쟁과 반인도적 범죄로 희생되어 역사상 숫자로만 기록된 희생자 한 사람 한 사람의 삶과 죽음에 대한 기억을 일상생활 공간에서 불러일으키는 '기억의 상징물'이자, 오늘날 이 땅에 살고 있는 사람들이 과거 같은 장소에서 살았던 평범한 사람들의 유린당한 삶의 진실을 확인하고 되새기는 '진실의 상징물'이다. 역사적 진실을 바탕으로 진정한 민족화해와 인류평화를 함께 모색하는 '평화의 상징물'이기도 하다.

강제노동 희생자 유골발굴과 귀향은 기억과 추모를 주제로 한 공공인류학적 실천으로서 의미가 있다. 교육인류학 현장연구를 계기로 시작된 이 일은 국가중심 역사의 변경에서 이름 없이 희생되어 잊혀져가는 유골 하나하나를 발굴하고 수습하는 일, 국가 간 협상에서 피해자 수와 보상액수로만 거론되던 그 개개인의 삶과 죽음을 기억하고 추모하는 일, 그리고 그 과정에서 가해자와 피해자 집단이 서로를 이해하고 화해하는 일이 되었다. 또한 기억과 추모 작업에 참여한 사람들의 삶과 가치관을 변화시키는 통과의례 프로그램이 되었다. 저자는 이러한 실천과정을 학술적으로 공유함으로써 탈식민, 탈분단, 탈냉전 과제의 인도적 해결을 위해 노력하는 다양한 활동과 연대하고자 한다.

참고문헌

글럭, 캐롤, 2014, “기억의 작용: 세계 속의 위안부,” 나리타 류이치 외, 『감정, 기억, 전쟁』, 정실비 외 옮김, 서울: 소명출판, pp. 223-265.

김광열, 2007, “被强制動員 韓人 생사불명자에 대한 한일 양국의 전후처리,” 『한일관계사연구』 26: 303-340.

김민영, 1995, 『일제의 조선인 강제노동력 수탈 연구』, 서울: 한울아카데미.

______, 2000, “식민지시대, 조선인 ‘전시노무동원’문제에 대한 연구쟁점과 전망 II,” 『전남대학교 지역개발연구』 36: 43-62.

김서경·김운성, 2016, 『빈 의자에 새긴 약속: 평화의 소녀상 작가노트』, 서울: 말.

김성례, 1991, “제주무속: 폭력의 역사적 담론,” 『종교신학연구』 4: 9-28.

김성례·유철인·김은실·김창민·고창훈·김석준, 2001, “제주 4·3의 경험과 마을공동체의 변화,” 『한국문화인류학』 34(1): 89-137.

김영환, 2002, “한일시민연대를 통해 본 한국의 민족주의 연구: 한일공동워크숍의 사례,” 서강대학교 석사학위논문.

남상구, 2008, “한국인 강제동원 희생자 유골문제의 현황과 전망,” 동북아역사재단. www.historyfoundation.or.kr/…/한국인%20강제동원%20희생자%20유골문제의%2 (2015. 10. 15. 접속)

노용석, 2015, “‘장의’에서 ‘사회적 기념’으로의 전환,” 『역사와 경계』 95: 207-242.

박경식, 1986, 『일본 제국주의의 조선지배』, 서울: 청하출판사.

세룹-빌펠트, 키르스텐, 2016, 『걸림돌: 나치의 학살로 희생된 사람들을 잊지 않기 위하여』, 문봉애 옮김, 서울: 살림터.

안도간·미치마사, 2007, “역사매체로서의 유골: 홋카이도 슈마리나이의 유골발굴 운동을 사례로,” 『한일민족문제연구』 12(0): 135-160.

안신원, 2013, “日本 淺茅野 舊日本陸軍 비행장 건설 강제징용 희생자 유해발굴,” 『비교일본학』 28: 27-47.

윤택림 편역, 2010, 『구술사, 기억으로 쓰는 역사』, 서울: 아르케.

이경훈, 2016, 『쟁점한일사』, 서울: 북멘토.

이승우, 2008, “조선인 강제연행 희생자의 유골반환문제,” 『한국동북아논총』 47: 247-271.
정병호, 1998, “한국 체질인류학의 역사적 과제: 일본 북해도 강제징용 희생자 유골발굴의 인류학적 의미,” 『대한체질인류학』 11(2): 213-221.
______, 2002, “강제징용 희생자 유골발굴과 한일대학생 평화워크숍,” 『인문학 교수의 삶과 길』, 서울: 한양대학교출판부, pp. 290-300.
______, 2017, “기억과 추모의 공공인류학: 일제 강제노동 희생자 발굴과 귀환,” 『한국문화인류학』 50(1): 3-46.
정혜경, 2005, “태평양전쟁 희생자의 유골문제와 일본; 인제말기 강제동원 희생자 유해문제의 본질과 해결을 위한 제언,” 『한일민족문제연구』 8: 193-223.
吉沢文寿, 2013, 『日韓会談1965』, 東京: 高文研.
殿平善彦, 2004, 『若者たちの東アジア宣言』, 京都: かもがわ出版.
______, 2013, 『遺骨』, 京都: かもがわ出版.
Berliner, David, 2005, “The Abuses of Memory: Reflections on the Memory Boom,” *Anthropological Quarterly* 78 (Winter): 197-211.
Connerton, Paul, 1989, *How Societies Remember*, Cambridge: Cambridge University Press.
Forte, Maximilian C., 2011, “Beyond Public Anthropology: Approaching Zero,” The 8th Annual Public Anthropology Conference, Washington, DC.
French, Brigittine M., 2012, “The Semiotics of Collective Memories,” *Annual Review of Anthropology* 41: 337-353.
Halbwachs, Maurice, 1992, *On Collective Memory*, Chicago: University Chicago Press.
Kim, Seong Nae, 1989a, “Chronicle of Violence, Ritual of Mourning: Cheju Shamanism in Korea,” Ph.D. Dissertation, The University of Michigan.
______, 1989b, “Lamentations of the Dead: Historical Imagery of Violence,” *Journal of Ritual Studies* 3(2): 251-285.
Kwon, Heonik, 2006, *After the Massacre: Commemoration and Consolation in Ha My and My Lai*, Berkeley and Los Angeles: University of California Press. (유강은 옮김, 2012, 『학살, 그 이후』, 아카이브)
______, 2008, *Ghosts of War in Vietnam*, Cambridge: Cambridge University Press. (박충환·이창호·홍석준 옮김, 2016, 『베트남 전쟁의 유령들』, 산지니)
______, 2009, “Healing the Wounds of War: New Ancestral Shrines in Korea,” *The*

Asia-Pacific Journal 24(4): 1-16.

Morris-Suzuki, Tessa, 2005, *The Past within Us: Media, Memory, History*, Verso. (김경원 옮김, 2006, 『우리 안의 과거』, 휴머니스트)

______, 2015, "Long Journey Home: A Moment of Japan-Korea Remembrance and Reconciliation," *The Asia-Pacific Journal* 13(36).

Nora, Pierre, 1989, "Between Memory and History: Les lieux de memoire," *Representations* 26: 7-25.

Ross, Fiona C., 2003, *Bearing Witness: Women and the Truth and Reconciliation Commission in South Africa*, London: Pluto.

Trouillot, Michel-Rolph, 1995, *Silencing the Past: Power and the Production of History*, Boston: Beacon Press.

Verdery, Katherine, 1999, *The Politics of Dead Bodies: Reburial and Post-socialist Change*, New York: Columbia University Press.

Winter, Jay, 2006, *Remembering War: The Great War between Memory and History*, Yale University Press.

『한겨레』, "민중사 연구가 등 봉사자들, 60여 년 전 자료들 건네와," (김효순), 2010. 8. 11일자.

Konan-Illionis Center, 1988, *The Ainu: American Students' Perspectives*, Kobe: Konan-Illinois Center.

New York Times, "Pressure in Japan to Forget Sins of War," 2014. 10. 24일자.

小川哲司(PD), 1997, 〈ハラボジを掘る(할아버지를 파다)〉, HBC-TV.

박정옥(PD), 1992, 〈조용한 인간의 대지〉, KBS-TV.

Kageyama Asako(影山あさ子), Fujimoto Yukihisa(藤本之久), 2013, 〈Sasa no Bohyo(Beneath the Bamboo Grass Tombs)〉, Vol.1-5, Morinoeigasha.

Plath, David W., 2016, 〈So Long Asleep(길고 긴 잠)〉, Media Production.

찾아보기

ㄱ

가계계승 20
가계도 22
가까운 이웃 30
가족 200, 241
가족적 기억(familial remembrance) 395
가족주의 5
가족해체 30
강제노동 377
강제징용 12
개발국가 192
개발주의 166
결혼 199
경계넘기 255
경제적 후원 21
고국 귀환 369
고무산업 36
고베 35, 36
고베고무공업협동조합 48
고베슈즈 64
고베정주외국인지원센터 56
고베코리아교육문화센터 56
고향 방문 4
공공배급제 281
공공인류학적 실천 406
공공적 실천(public practice) 382
관계성 238
관동대지진 93
교포결혼 163
교환관계 23
구축주의의 올바름 305
국경 30
국민국가 9
국민국가의 변신 370
국민적 정체성 291
국적조항 354
국제결혼 213
국제노동이주 345
국제적십자 29
국제적십자위원회(ICRC) 268
권력의 기하학 203
귀국 5
귀국사업 9, 200
귀국자 13
귀향 6, 375
귀화 13
귀환 200
귀환이주 348
귀환이주자 121
글로벌화 228
기억 378
기억과 추모의 인류학 376
기억의 인류학 390
기억의 터전(les lieux de memoire) 402
기억하기(remembering) 386
기억 활동가 378
김일성 261
김치 26

ㄴ
나가사키 144
나가타 35, 36
난민 122
남한 29
내셔널리즘 333
냉전 29
냉전사 10
냉전시대 264
냉전 이데올로기 290
냉전체제 5
네트워크 11
넷우익(ネトウヨ) 73
노동수용소 279
노스코리아 포비아(North Korea-Phobia) 300
농민 11
뉴커머 30
'뉴커머' 재일한국인 340
니가타항 273
닛케이진(日系人) 341

ㄷ
다노모시 24
다문화공생 62
다문화화 255
다중-감각적 결속 265
다중적 전망 265
단일쟁점정치(single issue politics) 89
대동아공영권 272
더블 248
도래인(渡来人) 7
도쿄한국학교 105
동시대감각 228
동아시아공동워크숍 380
동질성 9
동화 203
디아스포라 202
디아스포라 귀환(diasporic return) 340
디어 〈평양〉(2005) 286
떳떳한 조선사람 303

ㅁ
마도메 24
망각하기(forgetting) 386
맞불시위 76
메이커 49, 50
모국 5
모국방문제도 200
모국수학제도 200
모국어 356
모리스-스즈키 279
모어(母語, mother tongue) 358
모어의 수인(囚人) 358
모집 12
문화정치 174
미쓰비시중공업 126
민단 268
민단청년회 228
민족 305, 333
민족교육 4
민족귀속의식 201
민족본질주의 305
민족성(ethnicity) 7
민족의 고향 263
민족적 정체성 291, 302, 348
민족주의 166, 305
민족지(ethnography) 318
민족차별 65, 351
민족학교 280, 358
민중사발굴 381
민중사발굴운동 378
밀항 152

ㅂ
반(反)북조선 305
반공주의 166
반구조화된 인터뷰 268
반일(反日) 76
반일감정 359
반쪽발이 341, 359
배외주의 73
배우자 선택 207
본질주의라는 정의(正義) 304
부산 27
북송사업 343
북한 28
북한 송환 261
불안정성 30
비자발적 이주민집단 269
뿌리 199, 227

ㅅ
산소 30
상상된 귀환자 266
상상 속의 고향 305
상징물 406
상징조작 176
상향혼(hypergamy) 162
샌프란시스코평화조약 272
생애 31
생애사 10
생존의 여성화 208
생활보호 80
서울 227
소라치민중사강좌 379
소수민족 8
송환(repatriating) 264
송환여정 400
송환운동 264
송환자 264
슈퍼인덱스(superindex) 268
시간의 정치(chronopolitics), 379
식민주의 29
식민지 5
식민지의식을 극복(='탈식민지화') 302
신오쿠보 84
신자유주의 232
쓰루하시 267

ㅇ
아래로부터의 기억 379
아파치 280
압축적 근대성 5
애도 392
양영희 285
양쪽 사이(in-between)의 정체성 366
어머니학교 19
언어민족주의 356
역사 378
역사수정주의 77
역사적 기억(historical remembrance), 395
역사적 진실성(historical truthfulness) 386
연합군사령부 128
영속성 29
올드커머 재일한인 340
외국인등록 7
외국인등록령 355
〈우리 학교〉 233, 244, 368
우리말 100% 운동 306
우호세력 278
원폭피해자 123
월경 227
유골발굴 376
유언비어 82
유해 376

의례적 기억(liturgical remembrance) 395
이광규 201
이동성 13
이민사회 13
이민자 247
이산 8
이주 6
이주노동자 62
이주사회 5
이주와 감정 269
이주와 자아 269
이주와 정체성 269
이중국적 370
이중문화(bi-cultural) 369
이중적 충성심 291
이쿠노구(生野區) 10
인류학적 윤리의식 383
인종차별 75
인종차별철폐위원회 90
일본계 브라질인 366
일본색채 167
일본인 납치 의혹 278
일본케미컬슈즈공업조합 48
일제 강제노동 희생자 376

ㅈ

자녀교육 216
자이니치 36, 43, 199, 227, 362
자이니치공동체 228
자이니치코리안 227
자학사관(自虐史觀) 86
잔류 5
잠녀 17
장거리 친족노동 284
재산상속 19
재외국민 국내거소신고증 352
재외국민주민등록 352
재외국민참정권 106
재일 1세 가족 6
재일교포 6, 343, 362
재일동포 43, 343
재일본대한민국거류민단(민단) 16, 74
재일본조선유학생동맹 250
재일본조선인총연합회(총련) 9, 261, 300
재일산업 39
재일조선인 6, 43, 299
재일코리안 6, 35, 36, 43
재일코리안청년연합(KEY) 99
재일특권(在日特權) 71
재일특권을허용하지않는시민모임 75
재일한국인 43
재일한국·조선인 43
재일한국학생동맹 247
재일한인사회 5
재일한인 송환자 264
재입국허가 281
재혼 27
적대세력 278
점령정책 121
정체성 4, 218, 227, 229
정체성 정치 348
정체성 협상 344
정체화(identification) 271
정치적 자아 267
정치적 정체성 263
제노사이드 75
제사 20
제조업 36, 43
제주도 6
제주도민 11
조국(祖國) 219, 227, 300, 333
조국방문 306
조국의 배려 318
조국의 사랑 318

조국화(祖國化) 302
조상의 나라 366
조선 4, 11
조선국적 21
조선노동당 278, 282
조선대외문화연락협회 316
조선대학교 349
조선민주주의인민공화국 263, 297
조선시장 15
조선어 358
조선인고무공업협동조합 47
조선적 250, 307
조선학교 79, 235, 240, 297, 358
조총련계 민족학교 349
종족/민족적 연결성 348
종족적(ethnic) 저항 366
종족적 표식(ethnic markers) 367
주민등록증 352
주체사상 282
중립세력 278
중층성(重層性) 5
증오범죄(hate crime) 299
지상낙원 290
지역사회 43
지역산업 36
집 214
집단기억(collective memory) 384
집주지 38
집주지역 229
쪽발이 281

ㅊ
차별 227
초국가적 노동이주 348
초국가적 이주민 네트워크 264
초국적 209
초국적 교류 263
초국적 실천 284
초국적 전략 369
초국적 친족 네트워크 291
초남성성 182
초지역적(translocal) 정체성 265
초지역적 기억 291
총련계 동포 343
추모의례 381
출입국관리 및 난민인정법 62
친족 5
친족노동 264, 284

ㅋ
케미컬슈즈 35
코리아NGO센터 89
코리안디아스포라 63

ㅌ
타자화 214
탈구축(脱構築) 303
탈국민화정책 273
탈식민적 383
태생지 귀환자 266
통명(通名) 234, 357
통일 25
트라우마 93
특별영주자격 79
특별영주제도 99

ㅍ
『파친코』 284
파친코사업 284
평화디딤돌 405
포섭/배제 255
피폭자 123
피해(자)의식 114

ㅎ
하루미 베푸 364
하프 248
한국 227
한국민단효고현지방본부 56
한국유학 229
한국으로의 귀환 345
한국적 307
한민족경제공동체 8
한신·아와지대진재 35
한인 노동자 11
한인동포 9
한인타운 15
한인회 107
한일대학생공동워크숍 380
해녀 모집 18
해방 23
해방공간 121
해외동포 315
해외동포사업국 315
행동하는 보수(行動する保守) 73
헤이트스피치 69
「헤이트스피치해소법」 94
헤이트크라임 75
혐한 71
혐한시위 84
홋카이도 375
효고재일한국상공회의소 56
히라노가와(平野川) 14
히로시마 123
2세 199
4·3사건 23
70년 만의 귀향 401
GHQ(연합국군최고사령관총사령부) 7
JR신나가타역 35
UN인종차별철폐위원회 110

저자(게재 순)

안미정

제주 잠녀(해녀) 연구로 한양대학교에서 문화인류학 박사학위를 받았다. 2008년 일본 민족학박물관의 외래연구원을 거쳐 현재 한국해양대학교 국제해양문제연구소 부교수로 재직 중이다. 제주 잠녀의 일제강점기 출어 역사를 조사하며 재일한인 연구를 시작하게 되었고, 이후 동시대의 부산 화교들의 이주 등 국경을 가로지른 이주자들의 삶에 관심을 가지게 되었다. 여전히 바다의 유동성과 사회적 경계성에 대한 관심으로 물길을 찾아가는 중이다.

대표 업적

2019 『한국 잠녀, 해녀의 역사와 문화』, 역락.

2016 “식민지시대 한일해역의 자원과 해녀의 이동,” 『한국민족문화』 58.

2013 『해양문화와 해양거버넌스』, 선인(공저).

2013 『경계를 넘다: 술루 해역세계의 사람들』, 선인(공저).

2008 『제주 잠수의 바다밭』, 제주대학교출판부.

박승현

도쿄대학 총합문화연구과에서 도쿄 대규모 공공단지의 고령화와 재건축에 관한 인류학 연구로 박사학위를 받았다. 현재 계명대학교 인문국제학대학 일본학전공 조교수로 재직하고 있으며, 재해와 시민사회, 고령화와 죽음, 거주와 복지 등을 주제로 현대일본의 사회문화를 연구하고 있다.

대표 업적

2020 “코로나19 팬데믹과 불안억제사회 일본: 재난공동체의 불안과 자숙, 그리고 연대,” 『아시아연구』 23(4).

2019 『老いゆく団 地: ある都営 住宅の高齢化と建替え』, 森話社.

2019 『흔들리는 공동체 다시 찾는 ‘일본’』 박문사(공저).

2018 “‘공공의 집’ 다시 짓기: 도쿄 대규모 공영단지의 재건축과 커뮤니티,” 『한국문화인류학』 51(2).

2018 "고독한 죽음과 돌봄의 연대: 일본의 한 공공단지 사례를 중심으로," 한국외대 일본연구소 『일본연구』 75호.

김웅기

한국학중앙연구원에서 박사학위를 취득하고 한림대학교 일본학연구소 HK교수로 재직 중이다. 재외동포정책실무위원회 민간위원, 오사카 금강학원 이사 등으로 활동해 왔으며, 정책 대상으로서의 재일코리안이라는 관점에서 한일관계를 연구하고 있다. 전공은 정치학이다.

대표 업적

2021 『朝鮮籍とは何か: トランスナショナルの視点から』, 明石書店(공저).

2019 『문화권력: 제국과 포스트제국의 연속과 비연속』, 소화(공저).

2016 『경쟁과 협력의 한일관계』, 보고사(공저).

2016 『誠心交隣に生きて: 負の歴史を超えて』, 合同フォレスト(공저).

오은정

서울대학교 화학과와 환경대학원 석사를 거쳐 한국 원폭피해자에 대한 연구로 인류학박사학위를 받았다. 현재 서울대학교 인류학과 BK21교육연구단 계약교수로 재직 중이다. 원자력의 사회사, 과학기술과 환경정책 등 자연·지식·권력의 상호작용, 한국 원폭피해자와 한일간 시민연대 등의 역사인류학적 주제에 관심을 가지고 있으며, 현재 히로시마와 후쿠시마의 유산, 방사능 측정에 관한 크라우드소싱 시민과학과 위험 거버넌스에 관한 연구를 수행하고 있다.

대표 업적

2020 "재후(災後)의 시공간에 울려 퍼지는 '부흥'이라는 주문: 후쿠시마 원전사고 이후 부흥의 사회드라마와 느린 폭력," 『한국문화인류학』 53(1).

2020 "파괴의 보존: 유네스코 문화유산 히로시마원폭 돔의 보존과 '평화'의 문제," 『한국문화인류학』 53(1).

2019 『문화권력: 제국과 포스트제국의 연속과 비연속』, 소화(공저).

2019 『계간삼천리해제집 1,2,3』, 학고방(공저).

2018 "'제국의 신민'에서 '재한피폭자'로: 한국 원폭피해자 운동에서 한·일 시민연대의 사회문화적 토대와 그 변화," 『기억과 전망』 39.

2018 "'전재민(戰災民)'에서 '피폭자(被爆者)'로: 일본 원폭피폭자원호의 제도화와 새로운 자격의 범주로서 '피폭자'의 의미 구성," 『일본비평』 19.

2017 "Nationalism and Reflexive Cosmopolitanism in Korean A-bomb Victims' War Memory and Transnational Solidarity," *Development and Society* 46(2).

2012 『과학, 기술, 민주주의』, 갈무리(공역).

지은숙

"비혼의 관점에서 본 일본의 가족관계와 젠더질서의 변화"를 주제로 서울대학교 인류학과에서 박사학위를 받았고, 서울대학교 비교문화연구소 학술교수로 재직 중이다. 인구 고령화와 가족관계의 변동, 돌봄의 민주화와 젠더질서의 변화, 젠더와 나이듦의 의미, 한국여성의 일본 이주 등을 키워드로 연구를 진행하고 있다.

대표 업적

2020 『여성연구자 선을 넘다: 지구를 누빈 현장연구 전문가 12인의 열정과 공감의 연구 기록』, 눌민(공저).

2020 "한·일비교의 관점에서 본 한국 비혼담론의 특징과 생애서사 구축에서 나타나는 정치성," 『한국문화인류학』 53.

2016 『남성의 관점에서 본 노인돌봄 경험과 역할 전환에 관한 연구』, 한국여성정책연구원(공저).

2016 『젠더와 일본사회』, 한울(공저).

2011 "디아스포라 관점에서 본 재일조선인 여성의 결혼문제: 30대 여성들의 결혼활동을 중심으로," 『재외한인연구』 25.

김이향

와세다대학 문학부를 졸업하고 서울대학교 인류학과에서 "돌아온 조국과 그리운 고향 사이에서: 재한(在韓) 자이니치(在日) 2세 여성의 집"으로 석사학위를 취득했다. 졸업 후 YTN에서 PD로 재직하면서 제작한 프로그램 〈재일동포 1세의 기록: 하나의 역사, 또 다른 기억〉이 방송통신심의위원회의 '이달의 좋은 프로그램'(2018. 4)에 선정되었으며, 조지현 작가의 『이카이노: 일본 속 작은 제주』(2017)의 번역작업에도 참여했다.

대표 업적

2017 "돌아온 조국과 그리운 고향 사이에서: 재한(在韓) 자이니치(在日) 2세 여성의 집," 서울대학교 인류학과 석사학위논문.

2017 『이카이노: 일본 속 작은 제주』(공역).

가와바타 코헤이(川端浩平)

호주국립대학교에서 동아시아학으로 박사학위를 취득하고, 현재 쓰다주쿠대학교 다문화국제협력학과 교수로 재직 중이다. 현지조사를 바탕으로 현대일본사회의 다문화화와 배외주의의 전개를 분석하는 데 주력해왔다. 현재는 랩 음악을 통한 소수자의 언어표현과 커뮤니케이션의 가능성에 착목해 현지조사를 수행 중이다.

대표 업적

2019 *Cultural and Social Division in Contemporary Japan: Rethinking Discourses of Inclusion and Exclusion*, *Yoshikazu Shiobara*, *Kohei Kawabata*, *and Joel Mathew*, *Routledge*(공저).

2018 『サイレント·マジョリティとは誰か: フィールドから学ぶ地域社会学』, ナカニシヤ出版(공저).

2017 『出来事から学ぶカルチュラル·スタディーズ』, ナカニシヤ出版(공저).

2017 『コミュニティ事典』, 春風社(공저).

2017 『フィールドから考える「社会問題」』.

마커스 벨(Markus Bell)

호주국립대학교에서 북한 이탈민 연구로 인류학 박사학위를 취득하고 현재는 셰필드대학교(University of Sheffield)에서 한국학·일본학 교수로 재직 중이다. 동북아시아지역의 한인 디아스포라의 이동과 교류에 관심을 기울여왔으며, 이주와 기억, 친족관계와 초국가적 사회적 연망에 관심을 갖고 연구하고 있다.

대표 업적

2020 "North Koreans' Public Narratives and Conditional Inclusion in South Korea," *Critical Asian Studies*, 52(2): 161-181, Routledge.

2018 "Reimagining the Homeland: Zainichi Koreans' Transnational Longing for North Korea, *The Asia Pacific Journal of Anthropology*, 20(1): 22-24.

2016 *Textbook for Peace Education: A North Korean Refugee in Japan-Hana's Stories*, Asia Press Publishing(공저).

2016 "Making and Breaking Family: North Korea's Zainichi Returnees and "the Gift," *Asian Anthropology* 15(3): 260-276.

2014 "The Ties That Bind Us: Transnational Networks of North Koreans on the Move" *Resilience: International Policies, Practices and Discourses*, Routledge, Vol.2. 2.

야마모토 가오리(山本かほり)

고베여학원대학 영문과를 졸업하고 간사이대학대학원 박사과정을 수료했고, 현재 아이치현립대학교 교수로 재직 중이다. 주요 연구 분야는 국제이주와 민족문제로서, 일본계 브라질인의 이주 경험, 재일조선인의 생애사, 정체성과 에스니시티 문제 등에 관해 다양한 연구업적을 쌓아왔다.

대표 업적

2020 "在日朝鮮人の生活史―世代を超えて,"『社会構築の再挑戦』, ミネルヴァ書房(공저).

2017 "排外主義の中の朝鮮学校,"『移民政策研究』 9: 38-57.

2015 "『北朝鮮』バッシングと朝鮮高校,"『ナゴヤ・ピース・ストーリーズ―ほんとうの平和を地域から―』, 風媒社(공저).

2014 "朝鮮学校で学ぶということ,"『移民政策研究』 6: 74-93.

권숙인

서울대학교 인류학과를 졸업하고 스탠퍼드대학에서 인류학 박사학위를 받았다. 숙명여대 일본학과를 거쳐 현재 서울대학교 인류학과 교수로 재직 중이다. 주변부 집단의 정체성, 이주와 이산, 여성과 이주, 식민지 조선의 일본인, 재일한인 등의 주제에 관심을 갖고 연구하고 있다.

대표 업적

2020 『재일한인 연구총서 1: 일과 생활세계: 공간 노동 젠더』, 한울(공저).

2017 *Contemporary Korea: An Introduction*, Andrew E. Kim(ed.), Korea University Press(공저).

2016 『젠더와 일본사회』, 한울(공저).

2014 *The Age of Asian Migration: Continuity, Diversity, and Susceptibility*, Cambridge Scholars Publishing(공저).

2013 *Coree-France, Regards Croises sur Deux Societes Face a L'occupation Etrangere*, France, Universite de Technologie de Belfort-Montbeliard(공저).

2012 『현대일본의 전통문화: 새로운 과거, 오래된 현재』, 박문사(공저).

2010 『다문화사회 일본과 정체성 정치』, 서울대학교출판문화원(공저).

정병호

한양대학교 문화인류학과 명예교수이며, 일제 강제노동 희생자 유해발굴과 송환을 추진하는 '평화디딤돌' 대표로 일하고 있다. 미국 일리노이대학에서 일본문화 연구로 박사학위를 받았고, 한국문화인류학회 회장을 역임했다.

대표 업적

2020 『고난과 웃음의 나라: 문화인류학자의 북한 이야기』, 창비.

2013 『극장국가 북한: 카리스마 권력은 어떻게 세습되는가』, 창비(공저).

2006 『웰컴 투 코리아: 북조선 사람들의 남한살이』, 한양대학교출판부.

2004 "북한 기근의 인류학적 연구," 『통일문제연구』 41(1).

2003 "문화적 저항과 교육적 대안: 재일 조선학교의 민족 정체성 재생산," 『비교문화연구』 9(2).

발간사

서울대학교 비교문화연구소는 '한국인류학총서' 발간을 시작합니다. 이 총서는 한국 인류학계의 우수한 연구 성과를 단행본으로 발간하여 그 학문적 성과를 공유하고 학술적 소통의 장을 확대하기 위해 기획되었습니다.

1990년에 설립된 서울대학교 비교문화연구소는 1993년부터 학술지 『비교문화연구』를 발간하는 등 다양한 방면으로 인류학 학술 활동을 지원해 왔습니다. 이번에는 국내 학계의 연구 성과를 집대성하여 보여 줄 수 있는 연구총서를 발간하게 되어 기쁘고 자랑스럽습니다. 그동안 선학들과 동학들의 노력으로 인류학계의 연구 역량과 성과가 상당히 축적되었으나, 이를 학계에 널리 알릴 수 있는 우리말로 된 전문학술서는 아직 부족한 실정입니다.

'한국인류학총서'의 발간으로 인류학자는 물론 인접 분야 전문가들도 우리 인류학계의 연구 성과를 더욱 쉽게 공유할 수 있게 되기를 바랍니다. 또한 인류학 후학들의 교육에도 유익하게 쓰이기를 기대합니다. 나아가서 인류학 후학들이 발전적인 후속연구를 할 수 있는 계기가 된다면 더할 나위 없이 큰 보람이 될 것입니다.

2018년 7월 8일

서울대학교 비교문화연구소장